DIE STEIRISCHE
KÜCHE

Willi Haider · Christoph Wagner

DIE STEIRISCHE
KÜCHE

600 traditionsreiche
und zeitgemäße Rezepte

Fotografiert von:
Kurt-Michael Westermann

:STYRIA

Herzlicher Dank von Willi Haider an ...

Renate Haider, *meine liebe Frau,*
   für tatkräftige Unterstützung
   bei den Foto-Arbeiten
meine Tochter Christina Haider
   für viel Schreibarbeit
Heimo Hofer, *Hobbykoch und Kursteilnehmer,*
   Lannach („Vorlektor" und Rezept-Controller)

Besonderer Dank gilt folgenden
   Personen und Institutionen:

Für Informationen und Rezepttipps:
Helfried Reimoser, *Werndorf-Spofize*
   (Fisch und Wild)
Roland Saringer, *Fleischer und Gastwirt, Graz*
   (Schlachten und Wursten)
Sepp Stiendl, *Dipl. Käsesommelier,*
   Berglandmilch, Raaba (Käse)
Sepp Zotter, *Bergl/Riegersburg*
   (Rund um's Backen)
Familie Rennhofer, *Waissenegg*
   (Oststeirische Kuch'l)

Für Rezepte und selbst zubereitete Gerichte:
Heidi Großschädl *vulgo Krenweber,*
   Hitzendorf (Rund um's Brotbacken)
meiner Schwester Annemarie Lackner
   aus Graz (Spagatkrapfen und Mohnkuchen)
meiner Nachbarin Anni Nager, *Kalsdorf*
   (Osterbrot und Nusskipferl)
der Ortsbäuerin Rosi Kolar, *Kalsdorf*
   (Rosenkrapfen und Mürbe Strauben)
Gertrude Heiling, *Gradenfeld (Nusspotitze)*
Walter Steyer, *dem Marktsprecher am*
   Kaiser-Josef-Platz (Rund um's Sauerkraut)

Für Fotos „Käsewerkzeuge" und
   Grafik „Käse-Schneide-Technik"
   der Fa. Berglandmilch
Für Foto-Arbeiten in der „Alten Küche"
   der Fam. G. Forstner, Hofbräu Kalsdorf

Für die Zurverfügungstellung von Geschirr:
Firma Gastro Holzmann, Graz
Familie G. u. H. Eberle, Graz

ISBN 3-222-13179-1
ISBN 978-3-222-13179-0
© 2005 by Styria Verlag in der
Verlagsgruppe Styria GmbH & Co KG
Wien-Graz-Klagenfurt
Alle Rechte vorbehalten
Internet: www.styriaverlag.at

Foodstyling: Willi Haider

Redaktion und Fachlektorat: Renate Wagner-Wittula
Lektorat: Ute Simonlehner und Georg Loidolt

Fotos: Kurt-Michael Westermann

Umschlag- und Buchgestaltung: Bruno Wegscheider

Reproduktion: Pixelstorm, Wien
Druck und Bindung:
Druckerei Theiss GmbH, St. Stefan im Lavanttal
Gedruckt auf Hello High Silk von **sappi**

Inhalt

Liebe Leserinnen und Leser,

die Steiermärker, so steht es schon 1792 in einer *Skitze von Grätz* zu lesen, „schätzen eine gute fröhliche Mahlzeit, suchen Gesellschaft, speisen gerne an öffentlichen Orten, und das macht, dass der Fremde glaubt, sie bringen ihre ganze Lebenszeit mit nichts als dem lieben Essen und Trinken zu."

Das mag, angesichts der in früheren Zeiten vor allem in bäuerlichen Gebieten oft recht kargen Lebensumstände, vielleicht etwas übertrieben sein. Doch man versteht auch, dass damals bereits der Grundstein für jene Sonderstellung der steirischen Küche gelegt wurde, die sie bis heute genießt. Nicht zufällig wird die Steiermark immer wieder als der „Bauch von Österreich" apostrophiert und hat sich, zumal im Süden des Landes, den vor allem unter Feinschmeckern ehrenvollen Ruf einer „österreichischen Toskana" erworben.

Tatsächlich kann es die steirische Kochkunst, alleine schon, was die Kochbuchproduktion betrifft, durchaus mit der „Wiener Küche" aufnehmen. Zu den bedeutendsten historischen Werken der österreichischen Kochbuchliteratur zählt etwa das 1686 in Graz gedruckte *Koch- und Artzney=Buch*. Ihm folgte 1795 mit dem *Grätzerischen Kochbuch* eines der Grundlagenwerke der damaligen europäischen Küche. Und schließlich ist auch die 1858 erschienene *Süddeutsche Küche* der Katharina Prato, die mit weit über einer halben Million verkaufter Exemplare zu den erfolgreichsten Kochbüchern der Welt zählt, ein genuin steirisches Werk. Es wurde nicht nur in Graz verlegt, sondern stammt aus der Feder der 1818 in Graz geborenen Katharina Polt, verh. Pratobevera, wiederverh. Edle von Scheiger, einer Beamtengattin, die ihre Rezepte vor allem auf ihren ausgedehnten Reisen durch die Ober- und Untersteiermark sammelte.

Der Humus, auf dem sich eine landestypische und im besten Sinne des Wortes autochthon-steirische Küche entwickeln konnte, ist also viel versprechend. Und wer sich wie wir auf die Suche nach alten, fast vergessenen oder gerade noch lebendigen Kochtraditionen macht, hat keine Probleme allenthalben fündig zu werden.

Das vorliegende Werk will aber nicht nur das Alte bewahren, sondern auch ein im besten Wortsinn „steirisches Grundkochbuch" für die Haushalte von heute mit all ihren küchentechnischen Errungenschaften von der Tiefkühltruhe bis zum Bratenthermometer sein, das auch moderne ernährungsphysiologische Erkenntnisse mit einbezieht. Denn vieles, was einst als bäuerlich oder gar „derb" galt, wird heute unter makrobiotischen Vorzeichen wieder als besonders gesund erkannt, manches auch unter dem Modewort „biologisch" völlig neu entdeckt.

Die steirische Küche steht mit ihrer eingestandenen Liebe zu vollwertigem Getreide zwischen Gerstenbrein und Heidensterz, zu Süßwasserfischen aus ökologischer Teichwirtschaft, zu Fleisch aus artgerechter Bodenhaltung, zu hohen Gemüseanteilen und zu ungesättigten Fettsäuren heute auch unter Ernährungswissenschaftern hoch im Kurs. Vor allem aber ist diese Küche schmackhaft – und sie wird, wenn man sich dafür ein wenig Zeit nimmt, noch viel schmackhafter. Gerade in einer Epoche, in der alles immer schneller gehen muss, sollte man sich für eines unserer wertvollsten Güter – einer gesunden, sorgfältig zubereiteten Nahrung – wieder mehr Zeit nehmen. Selbstverständlich finden Sie in einem Grundkochbuch, das wie dieses auf den jahrzehntelangen Erfahrungen eines erfolgreichen Kochschulbetriebs basiert, auch viele Tipps und Tricks, wie man in der Küche rationell und schnell arbeiten kann. Wir möchten damit aber auch dazu beitragen, dass Unwiederbringliches nicht vergessen wird und man auch im 21. Jahrhundert, aller schnelllebigen Globalisierung zum Trotz, noch „typisch steirisch" kochen und gemeinsam essen kann.

Einen g'sunden steirischen Appetit dabei wünschen

Willi Haider und Christoph Wagner

VOM JAGAWECKEN BIS ZUM STEIRERKAS

Steirische Köstlichkeiten
für Vorspeis' und Jause

Der Begriff „Vorspeise", mit dem sich auch die Wiener Küche kaum jemals wirklich anzufreunden vermochte, ist der steirischen Küche seit jeher fremd. Der harte Arbeitsalltag früherer Zeiten ließ für mehrgängige Menüs ohnedies weder zeitlichen noch finanziellen Raum. Und außerdem gab es ja die „Jause", ein fast magisches Element aus der steirischen Kulinarik, das sich bis heute am Leben erhalten hat.

Wer unter dem Wörtchen „Jause" lediglich Jausenbrot versteht, der irrt freilich gewaltig. Denn die steirische Jause ist ein kleiner Küchenkosmos, der Jause einerseits als „Proviant" oder „Verpflegung für Reisende" versteht, andererseits jedoch auch als Mahlzeit zwischen den üblichen drei Hauptmahlzeiten, also zwischen Frühstück und Mittagessen sowie zwischen Mittag- und Abendessen.

Ein „Recht auf Jause" gab es in der Steiermark dennoch nicht. Jausen wurden vor allem dann eingelegt, wenn der Arbeitstag während des Sommerhalbjahres besonders lang und hart war. Gejausnet wurde häufig im Freien. Man reichte oft nur trockenes, wenngleich besonders würziges und schmackhaftes Brot zu Milch, Butter- oder Sauermilch oder aber auch zu Most oder – in Weingegenden – zu einem aus Pressrückständen hergestellten billigen Haustrunk.

Außerdem gab's jede Menge Obst und Dörrobst. Butter, Fleisch, Speck oder Wurst galten als rare Ausnahme, mit der man lediglich Schwerstarbeiter oder besonders tüchtige Handwerker belohnte. Auch durchreisende Gäste kamen in den Genuss einer etwas üppigeren Jause, die in der kalten Jahreszeit auch aus einer guten Suppe oder kleineren warmen Gerichten bestehen konnte.

Die heute so beliebte Buschenschank- oder Brettljause hat kaum historische Wurzeln. Seit der 1784 von Kaiser Joseph II. erlassenen Zirkularverordnung zur Regelung des Buschenschankwesens in den Kronländern war es üblich, dass die Gäste ihren „Proviant" selbst in die Buschenschank mitbrachten. Erst in den 70er- und 80er-Jahren des vorigen Jahrhunderts bürgerte es sich ein, eine üppige „Brettljause" aus Speck, Hauswürsten, Käse, Sulz, G'selchtem und einer neuzeitlichen Art von „Verhackert" – luftgetrockneter Speck mit feinsten Wurststücken – oder gleich ein ganzes Buffet aus Salaten, kalten Braten, Sulzen, Geräuchertem, saurem Rindfleisch oder Ochsenmaul, Pasteten, Terrinen oder neuerdings sogar Gerichten aus dem mediterranen Bereich anzubieten.

Da sich während der letzten Jahrzehnte, nicht zuletzt über Einflüsse der so genannten „Nouvelle Cuisine", auch in steirischen Gastwirtschaften mehrgängige Menüs einbürgerten, bestand plötzlich auch ein massiver Bedarf an Vorspeisen, die sich durchwegs aus dem Repertoire der alten, kalten und warmen Jausengerichte bedienten.

Die im folgenden Kapitel angeführten Rezepte basieren auf der traditionellen, aber gehobenen steirischen Bürgerküche, sind aber zum Teil auch neueren Ursprungs.

Zum Schluss noch zwei Tipps aus der Profiküche:

■ Achten Sie beim Anrichten Ihrer Vorspeisen auf Abwechslung und ordnen Sie die einzelnen Bestandteile nach Form, Farbe und Kontrast an.

■ Heben Sie „Küchenreste" von Fleisch, Fisch oder Gemüse immer auf! Vieles davon lässt sich, etwas kulinarische Phantasie vorausgesetzt, gut für Salate oder Cocktails verwenden.   Foto rechte Seite: Steirischer Jägerwecken

KALTE KÖSTLICHKEITEN

Steirischer Jägerwecken

Eine rar gewordene Spezialität, eignet sich auch für den „Nachmittagstee"

ZUTATEN

1 Sandwichwecken,
ca. 35 cm lang, nicht
zu dick, Durchmesser
ca. 4–6 cm
140 g Butter
100 g Gervais
2 Sardellen (oder
Sardellenpaste)
40 g Essiggurkerln,
klein geschnitten
100 g Rindszunge,
klein gewürfelt
100 g Schinken,
klein gewürfelt
70 g Edamer-Käse,
klein gewürfelt
Salz, weißer Pfeffer aus
der Mühle, scharfer Senf

ZUBEREITUNG

Die temperierte Butter und den Gervais mit einem Rührgerät durchkneten. Die passierten Sardellen bzw. die Sardellenpaste darunter mischen, Essiggurkerln, Rindszunge, Schinken und Edamer zugeben. Mit Salz, Pfeffer und Senf abschmecken. Den Sandwichwecken an den Enden abschneiden, eventuell halbieren und am besten mit einem Kochlöffel aushöhlen. Die Masse fest einfüllen und den gefüllten Wecken in Folie wickeln, einige Stunden kalt stellen und in fingerdicke Scheiben geschnitten servieren.

Foto Seite 10

Hirschrohschinken

ZUTATEN

1 kg schieres Hirsch-
fleisch (eher größere
Stücke vom Schlegel wie
Schale bzw. Kaiserteil,
Nuss oder Rose)

Für die Beize

25 g Pökelsalz-Mischung
(ca. 92 % Kochsalz und
8 % Nitrit Pökelsalz)
1 Lorbeerblatt
25–30 schwarze
Pfefferkörner
20 Wacholderbeeren
2 EL Thymian,
frisch gehackt
2 EL Rosmarin,
frisch gehackt
2–3 Knoblauchzehen
1–2 Gewürznelken,
etwas Zimt
Preiselbeer-Oberskren
als Garnitur

ZUBEREITUNG

Alle Zutaten im Küchencutter oder Mörser zerkleinern, Fleischstücke gut damit einreiben und in einen hohen und eher engen Topf pressen, gut beschweren. Das Fleisch ca. 2–3 Wochen im Kühlschrank lagern, bei mehreren Stücken einmal wöchentlich umschlichten.

Fleisch ohne Anbraten im auf ca. 70–80 °C vorgeheizten Backofen auf einen Gitterrost setzen, frische Kräuter und Zweige nach Wahl als Aromaträger auf ein Backblech darunter stellen (z. B. Wacholder, Lorbeer, Thymian, Rosmarin, Koriander, Orangenschale, Tannenzweige) und mindestens 2–3 Stunden mit Hilfe eines Bratenthermometers bis ca. 60 °C Kerntemperatur langsam garen. Den fertigen Schinken am besten nach 2–3 Tagen mit Hilfe einer Aufschnittmaschine dünn aufschneiden und mit Preiselbeer-Oberskren anrichten.

TIPPS

■ Werden mehrere Stücke gleichzeitig im Ofen gegart, hilft ein zwischendurch in die Backofentüre gesteckter Kochlöffelstiel, um die Feuchtigkeit aus dem Backofen entweichen zu lassen.

■ Hirschrohschinken ist im Kühlschrank höchstens 2 Wochen lagerfähig.

■ Anstelle von Hirsch oder Damhirsch kann auch Wildschwein oder Gams verwendet werden.

Lammrohschinken

ZUBEREITUNG

Siehe oben stehendes Rezept für Hirschrohschinken. Allerdings sollte das Lamm im Ofen eine Kerntemperatur von 62 °C erreichen. Für die entsprechende Aromatisierung im Rohr unbedingt Rosmarin und Thymianzweige auf ein Backblech legen.

TIPP: Besonders gut mundet der Lammrohschinken, wenn man ihn mit lauwarmen Zwiebeln oder Zucchini mit Knoblauch serviert.

ZUTATEN

1 kg schieres Lammfleisch (eher größere Stücke vom Schlegel wie Schale bzw. Kaiserteil, Nuss oder Rose)

Für die Beize
25 g Pökelsalz-Mischung (ca. 92 % Kochsalz und 8 % Nitrit Pökelsalz)
1 Lorbeerblatt
25–30 schwarze Pfefferkörner
20 Wacholderbeeren
3 EL Thymian, frisch
3 EL Rosmarin, frisch
5 Knoblauchzehen

AUFSTRICHE

Sämtliche Rezepte dieses Kapitels sind für ca. 10 Brote bzw. ca. 500 g Aufstrich bemessen.

Fisch-Verhackert

ZUBEREITUNG

Fischfilets braten oder dämpfen und abkühlen lassen. Gemeinsam mit dem Räucherfisch mit einem großen Messer nicht zu fein hacken bzw. faschieren. Mit Sauerrahm oder Frischkäse sowie Kräutern, Zwiebel, Salz, Pfeffer und evtl. auch etwas Knoblauch abschmecken.

TIPP: Besonders hübsch sieht das Fisch-Verhackert aus, wenn es wie Fisch-Tatar in Laibchenform serviert wird.

ZUTATEN

300 g Fischfilet, entgrätet
100 g Räucherfisch, entgrätet
100 ml Sauerrahm oder Frischkäse
frische Kräuter (z. B. Dille, Kresse, Schnittlauch)
1 Zwiebel, fein geschnitten, kurz überbrüht und kalt abgespült
Salz, Pfeffer
1 Knoblauchzehe

Fischtatar

500 g Süßwasserfisch-
filet (Lachsforelle, Forelle,
Saibling etc.), entgrätet
Salz
Zitrone
1 Zweiglein Dille, gezupft

ZUBEREITUNG

Entgrätetes Fischfilet roh hacken oder faschieren, mit Salz, Zitrone und
Dille würzen. Gut gekühlt mit kleinem Salatbouquet servieren.

TIPP: Dieses Rezept lässt sich auch mit gebeiztem Fisch (z. B. Lachs oder
Lachsforelle) sehr gut zubereiten.

Kräutertopfen

Ein auch für Bärlauch- oder Schinkentopfen geeignetes Rezept

ZUTATEN

100 g Butter
400 g Topfen, grob,
20 % oder 40 % F.i.Tr.
Salz
Kümmel, gemahlen
Kräuter nach Belieben
(z. B. Schnittlauch, Kresse
oder Kerbel)

ZUBEREITUNG

Butter und Topfen gut schaumig rühren und mit den restlichen Zutaten
würzig abschmecken.

TIPP: Wird anstelle von Kräutern Bärlauch verwendet, entsteht ein feiner
Bärlauchtopfen. Ersetzt man die Kräuter hingegen durch fein gehackten
Schinken, Speck oder eventuell auch Räucherfleisch, erhält man einen
köstlichen „Schinkentopfen".

Kürbiskerntopfen

ZUTATEN

100 g Butter
400 g Topfen, grob,
20 % oder 40 % F.i.Tr.
50 g Kürbiskerne,
gehackt
1–2 EL Kürbiskernöl
Salz, Kümmel, gemahlen

ZUBEREITUNG

Butter und Topfen gut schaumig rühren und mit den restlichen Zutaten
würzig abschmecken.

Steirischer Liptauer

ZUTATEN

200 g Butter
200 g Topfen, grob,
20 % oder 40 % F.i.Tr.
(sehr gut mit Schaf-
milchtopfen)
70 g Zwiebeln, fein
geschnitten und zuerst
heiß, dann kalt abge-
spült und abgetropft
30 g Kapern, fein gehackt
1 EL Schnittlauch,
fein geschnitten,
2 Knoblauchzehen,
fein geschnitten
Salz
Pfeffer aus der Mühle
1 TL Kümmel, gemahlen
1 TL Paprikapulver,
edelsüß

ZUBEREITUNG

Butter und Topfen gut schaumig rühren und mit den restlichen Zutaten
würzig abschmecken.

Aufstriche

Eieraufstrich mit Gurkerln

ZUBEREITUNG

Topfen gut schaumig rühren und mit den restlichen Zutaten würzig abschmecken.

TIPP: Dieser Eiaufstrich kann mit gehackten Zutaten nach Wahl belegt bzw. bestreut werden. Besonders gut eignen sich Paprika, Pfefferoni, Essiggurkerln, Radieschen, Schinken, Schnittlauch und Räucherfisch.

ZUTATEN
6 Eier, ca. 12–15 Minuten hart gekocht und fein gehackt
ca. 125 g Topfen, grob, 20 % oder 40 % F.i.Tr.
1 kl. Essiggurkerl, gehackt
1 kl. Zwiebel, fein geschnitten und erst heiß, dann kalt abgespült sowie gut abgetropft
Salz, Pfeffer
scharfer Senf

Grammelkas

Ein herzhafter Schwarzbrotaufstrich, der auch gerne
zu Wein oder Bier serviert wird.

ZUBEREITUNG

Alle Zutaten am besten mit dem Handmixer sehr gut schaumig rühren.

ZUTATEN
300 g Grammeln, fein faschiert oder gehackt
50 g Zwiebeln, fein geschnitten
3 Knoblauchzehen, fein geschnitten
3 EL Schmalz
1 EL Senf
1 EL Paprikapulver, edelsüß
Salz, Pfeffer, Schnittlauch

Grammelschmalz

ZUTATEN

250 g Schweineschmalz
(s. auch S. 426)
100 g Grammeln
(s. auch S. 426)
1 kl. Zwiebel, klein-
würfelig geschnitten
2 Knoblauchzehen,
gehackt
1 EL Petersilie, gehackt
Salz, Pfeffer, Kümmel

ZUBEREITUNG

Grammeln grob hacken, Zwiebel und Knoblauch kleinwürfelig schneiden. Schweineschmalz mit einem Schneebesen oder mit Handmixer cremig rühren. Grammeln, Zwiebel, Knoblauch und Petersilie zugeben und gut vermischen. Mit Salz, Pfeffer und gemahlenem (oder grob gehacktem) Kümmel würzen und nochmals verrühren.

TIPPS

◼ Wer ein paar Kalorien sparen will, kann das Schmalz natürlich auch ohne Grammeln aufs Brot streichen.

◼ Besonders appetitlich sehen Grammelschmalz-Brote aus, wenn man sie mit einer fein geschnittenen Jungzwiebel belegt.

Verhackert

Bratlfett & Verhackert
Köstliche steirische „Todsünden"

Zu den köstlichsten „Todsünden" der steirischen Küche zählen zwei Aufstriche, ohne die eine zünftige „steirische Jaus'n" kaum denkbar wäre.

Das klassische Bratlfett entsteht aus dem Braten- bzw. Fleischsaft vom Schweinsbraten, der in erkaltetem Zustand durchsichtig wie dunkler Bernstein und angenehm gelierend ist und sich unter dem beim Braten ausgetretenen weißen Schweinefett dekorativ absetzt. Obwohl alle Ingredienzien eines guten Bratls bereits im Geschmack des Bratlfetts enthalten sind, schadet es nicht, denselben mit etwas Knoblauch, Kümmel, Zwiebel oder Schnittlauch noch weiter zu variieren oder zu verfeinern. Voraussetzung für ein gutes Bratlfett ist und bleibt jedoch ein kerniges und daher auch entsprechend fettes „Bratl". Wer anämisch-mageres Schweinefleisch in etwas Pflanzenöl abbrät, der darf sich nicht wundern, wenn er auf sein Bratlfett vergeblich wartet.

Ebenso wie das Bratlfett ist auch das typisch steirische „Verhackert" ein fast unentbehrlicher Bestandteil jeder steirischen Brettljause. Freilich: Das faschierte, geselchte oder gekochte Schweinefleisch, das mit Speck gehackt oder gecuttert wird und heutzutage überall im Steirischen als „Verhackert" auf den Tisch kommt, hat mit dem traditionellen Verhackert weder bezüglich Verwendung noch Geschmack viel zu tun. Das „Original" stammt vielmehr aus der südlichen Weststeiermark und aus der Untersteiermark, wo man das Verhackert früher vor allem als äußerst schmackhaftes Kochfett verwendete, das, leicht erhitzt, auch über Salat, Erdäpfel, Sterz und ähnliche Gerichte gegossen wurde. Häufig stampfte man auch leicht angebratene Fleischstückchen von feinster Qualität mit ein oder man verwendete das Verhackert zur Konservierung von „Hauswürstchen" und „Kübelfleisch".

Die traditionelle Herstellung eines „Original-Verhackert" ist nicht ganz unkompliziert:

Zunächst wurde das frisch geschlachtete Schwein am Rücken geöffnet, wo man die beiden Speckhälften, die nach dem Herausschneiden aller anderen Teile im Ganzen blieben, einsalzte und den Winter über auf dem Dachboden aufhängte. Der auf diese Weise luftgetrocknete Speck wurde anschließend zerkleinert oder fein gehackt und mit Salz zur Fermentierung möglichst luftdicht eingestampft.

ÜBRIGENS: *Das klassische Verhackert, das sich durch extrem lange Haltbarkeit auszeichnet, wird erst unmittelbar beim Verzehr mit Salz, Pfeffer, Knoblauch oder Zwiebelringen verfeinert.*

Reinischkogler Buschenschank-Verhackert

ZUBEREITUNG

Den Speck salzen, pfeffern und im Blitzcutter zerkleinern. Eine Steingutform mit zerdrücktem Knoblauch und etwas Schmalz ausstreichen und den gehackten Speck einfüllen. Den Rest des Schmalzes (oder Kernfetts) erhitzen und über die Speckmasse gießen. Den Topf mit einem Tuch verschließen und ca. drei Wochen im Kühlschrank ziehen lassen. Mit Zwiebelringen und Paprikapulver zu (nach Wunsch auch getoastetem) Bauernbrot servieren.

ZUTATEN
400 g luftgetrockneter Speck ohne Schwarte
Salz, Pfeffer
1 Knoblauchzehe
2–3 EL Schweineschmalz oder Rinderkernfett
2 gr. Zwiebeln
1 KL Paprikapulver

KALTE VORSPEISEN

Räucherforellenmousse

ZUTATEN für
10–12 Portionen
(ca. 1 kg Masse)
1 Forelle, geräuchert
(ca. 280–300 g)
4 cl Wermut oder
Sherry, trocken
250 ml Fischfond
(Suppe oder Wasser)
ca. 625 ml Schlagobers
4–5 Blatt Gelatine
Salz, weißer Pfeffer
aus der Mühle
Dillzweig und Blattsalate
zur Dekoration
Butter zum Andünsten

ZUBEREITUNG

Forelle enthäuten und filetieren, Filets beiseite stellen, restliche Abfälle (Haut und Gräten) kurz in Butter andünsten. Mit Wermut ablöschen, einkochen lassen und mit Fischfond oder Suppe aufgießen. Auf ca. 125 ml Flüssigkeit einkochen und abseihen. Etwa 375 ml Obers zugeben, kurz aufkochen und mit den Filets im Turmmixer 2–3 Minuten mixen. Abseihen, gut würzen, eingeweichte und ausgedrückte Gelatine zugeben. Alles im Kühl- oder Tiefkühlschrank abkühlen lassen, bis die Masse zu stocken beginnt.

Restliche 250 ml Obers steif schlagen und nach und nach unter die gestockte Forellenmasse rühren. Kalt stellen und danach mit einem in heißes Wasser getauchten Löffel Nockerln ausstechen. Mit Dille garnieren und mit kleinem Salat servieren.

TIPPS

■ Für Räucherforellenparfait verwenden Sie ca. 3–4 Blatt Gelatine mehr und heben das geschlagene Obers schon vor dem Stocken mit etwas gehackter Dille unter. Füllen Sie das Parfait in eine mit Klarsichtfolie ausgelegte Form, streichen Sie es gut glatt und lassen Sie es am besten über Nacht stocken. Schneiden Sie das Parfait nach dem Stürzen mit einem Elektromesser auf und richten Sie es als Terrine mit Blattsalat, Forellenkaviar, Dillzweig und eventuell etwas Preiselbeer-Oberskren an.

■ Besonders schön werden solche Terrinen durch einen Geleemantel. Dafür wird die Grundmasse in eine kleinere Form (z. B. einen mit Klarsichtfolie ausgelegten Karton) gegossen und nach dem Stocken aus der Form genommen (Karton einfach abziehen!). Danach in eine geölte und mit Klarsichtfolie ausgelegte Form ca. 125 ml abgekühlten Schwartenfond oder Gelee mit Kräutern gießen, kalte Terrine einlegen, nach dem Festwerden nochmals mit ca. 125 ml Gelee begießen und kalt stellen.

Räucherforellenmousse
in der Strudeltulpe

ZUBEREITUNG

Räucherforellenmousse wie beschrieben zubereiten. Inzwischen fertige Strudeltulpen wie beschrieben herstellen. Vorbereitete Mousse erst kurz vor dem Servieren mit einem Dressiersack in die Strudeltulpen einfüllen. Mit Forellenkaviar und eventuell Dillzweigen garnieren, mit Blattsalat servieren.

ZUTATEN

1 kg Räucherforellen-
mousse (s. S. 18)
Strudeltulpen nach
Bedarf (s. Rezept S. 344 f.)
Forellenkaviar, Dillzweige
und Blattsalate für die
Garnitur
Preiselbeeroberskren
als Garnitur (s. S. 327)

Spargelmousse

ZUBEREITUNG

Die eingeweichte und gut ausgedrückte Gelatine im Spargelkochsud erwärmen und auflösen. Mit dem Spargelpüree vermischen, kalt stellen, bis die Masse zu stocken beginnt. Gestocktes Spargelpüree mit dem Handmixer aufrühren. Obers steif aufschlagen und nach und nach unter die Spargelmasse rühren. Einige Stunden kalt stellen. Mit einem heißen Löffel zu Nockerln formen oder mit einem Dressiersack auf Teller portionieren und mit kleinem Salat oder Spargelspitzen servieren.

TIPPS

■ Aus dieser Mousse lässt sich auch eine Spargelterrine bzw. ein Parfait herstellen: Dafür ca. 3–4 Blatt Gelatine mehr verwenden und das geschlagene Obers schon vor dem Stocken unterheben.

■ Wenn man die Grundmasse mit Mascarino oder Gervais aufschlägt, entsteht ein feiner Spargel-Aufstrich.

ZUTATEN für
ca. 6 Portionen
(ca. 750 g Masse)

500 g Spargel, gekocht
und püriert (= ca. 1 kg
roher Spargel)
125 ml Spargelkochsud
10–12 Blatt Gelatine
250 ml Schlagobers
Salz, Pfeffer, evtl.
etwas Kerbel
gekochte Spargelspitzen
und kleiner Salat als
Garnitur

Hausgebeizte Lachsforelle
Der Klassiker aus Willi Haiders Kochschule

ZUTATEN
4–6 Lachsforellenfilets
Salz oder Pökelsalz
Staubzucker

Für den Beizsud
500 ml Weißwein
1 l Wasser
20 g Petersilstängel
20 g Dille
10 g Pfefferkörner
1 Lorbeerblatt
10 g Wacholderbeeren
30 g Salz

**Zum Vollenden
der Beize**
4 Lorbeerblätter
10 Pfefferkörner
10 Wacholderbeeren
etwas frischer Thymian
40 g Aromat
5 g Paprikapulver
20 g Zucker
30 g Dille
20 g Petersilie

Für die Dillrahmsoße
250 ml Sauerrahm
Salz, Pfeffer
Dille, fein geschnitten
1 KL Honig

Für die Cocktailsoße
Sauerrahm und Ketchup
im Verhältnis 2:1
1 Schuss Cognac
Kren, frisch gerissen,
nach Geschmack
Salz, Pfeffer

Für die Garnitur
Toasts
Wachteleier,
3 Minuten gekocht
Blattsalate
Forellenkaviar

*Foto rechts
von oben nach unten:
Goldforelle, Lachsforelle
Regenbogenforelle
Bachforelle
Bachsaibling*

ZUBEREITUNG
Lachsforelle nach Wunsch mit Haut filetieren und von den Gräten befreien. Mit Salz oder Pökelsalz sowie Staubzucker würzen und 30 Minuten marinieren lassen, bis die Filets nass sind.

Inzwischen die Beize vorbereiten. Dafür zunächst für den Sud Weißwein, Wasser, Petersilstängel, Dille, Pfefferkörner, Lorbeerblatt, Wacholder und Salz aufkochen und auf ca. 2/3 der Flüssigkeit einkochen lassen. Abseihen und abkühlen lassen. Lorbeerblätter, Pfefferkörner, Wacholderbeeren, Thymian, Aromat, Paprika und Zucker in einer Küchenmaschine cuttern und zum Sud geben. Zuletzt Dille und Petersilie fein schneiden und in die Beize geben. Fischfilets einlegen und ca. 2–3 Tage beizen.

Für die Dillrahm- und Cocktailsoße jeweils alle Zutaten miteinander verrühren. Dabei den Sauerrahm nur ganz kurz, am besten mit einem Löffel verrühren, damit die Soße schön mollig bleibt und nicht zu dünnflüssig wird.

Fischfilets vor dem Servieren mit einem scharfen Messer (Lachsmesser) dünn aufschneiden und mit Salat, Toast, gekochten Wachteleiern, Forellenkaviar sowie den vorbereiteten Soßen servieren.

TIPPS
■ Die Beize ist auch für Forellen und Saiblinge geeignet und ist 4–5 Tage haltbar. In jedem Fall sollte man darauf achten, dass nur ganz frische Fische gebeizt werden!

■ Für eine Senfsoße ersetzt man bei der Dillrahmsoße den Honig durch etwas Dijonsenf.

Saurer Bratfisch

ZUBEREITUNG

Fischfilets in kleine Stücke schneiden und falls nötig schröpfen (siehe Tipp). Für die Marinade alle Zutaten aufkochen und anschließend abkühlen. Fischstreifen mit Salz sowie Zitronensaft würzen, in griffigem Mehl wenden und in heißem Öl eher etwas länger frittieren. Herausheben, leicht überkühlen und lauwarm mit der Marinade begießen. Eventuell noch etwas Öl hinzufügen. Im Kühlschrank mindestens über Nacht, längstens zwei Wochen lagern.

GARNITURVORSCHLÄGE

Was Dekor und Service von Sauerfisch betrifft, so sind der Phantasie keine Grenzen gesetzt. Hier einige Vorschläge:

Sauerfisch mit Gurken und Dille

Gurken geschält, entkernt, grob geschnitten, kurz überkocht und in Eiswasser abgeschreckt.

Sauerfisch mit Zwiebeln und buntem Paprika

Paprika mit dem Sparschäler geschält, geviertelt, entkernt, grob geschnitten, Zwiebeln grob geschnitten und Paprika extra kurz überkocht und in Eiswasser abgeschreckt, Dille.

Sauerfisch mit Zwiebeln, Käferbohnen und Rettich

Käferbohnen mit Rettich wie für einen Salat abmachen und mit Sauerfisch dekorieren.

Sauerfisch mit Spargel, Paradeiserwürfeln und Kerbel

Geschälter, gekochter und abgeschreckter Spargel wird mit geschälten und entkernten Paradeiserwürfeln sowie dem Sauerfisch mit Marinade und hellem Öl angerichtet.

TIPPS

■ Anstelle von Fischstreifen können auch sehr kleine, ganze Fische, ausgenommen, ohne Kopf und Hauptgräte, verarbeitet werden.

■ Grätenreiche Fische wie z. B. Karpfen sollten für dieses Rezept unbedingt geschröpft werden. Man schneidet die Filets zu diesem Zweck im Abstand von 3–4 mm ein, wodurch die Gräten gekürzt und in weiterer Folge durch die Zugabe von Zitrone und durch die Hitzeeinwirkung bei der Garung weich werden und man sie beim Genuss kaum noch spürt. Sollte trotzdem beim Essen eine größere Gräte in die Speiseröhre gelangen und stecken bleiben, so empfiehlt es sich, eine sehr saure Zitronenlimonade oder verdünnten Essig nachzuspülen oder damit zu gurgeln. Auch das „Nachessen" von rohem Sauerkraut kann sich als hilfreich erweisen.

ZUTATEN
500 g festfleischige heimische Fischfilets, z. B. von Karpfen, Amur, Zander
Salz
Zitronensaft
griffiges Mehl zum Wenden
Pflanzenöl zum Frittieren

Für die Marinade
125 ml Essig
ca. 500 ml Wasser
ca. 50 g Zwiebeln, geschnitten
3 Lorbeerblätter
Dille
Pfefferkörner,
Wacholderbeeren
Knoblauch, gehackt
Salz
Zucker

Rollmops aus dem Bach

ZUTATEN

Forellen- oder Saibling-
filets nach Belieben
Salz
Dille, Basilikum
Zitronensaft
Gemüse (Karotten,
Kohlrabi, Sellerie,
Fenchel, Zwiebel u. a.),
streifenförmig
geschnitten
Butter
trockener Weißwein
Blattsalate und Salat-
herzen zum Garnieren

ZUBEREITUNG

Forellen- oder Saiblingfilets nach Belieben mit oder ohne Haut entgräten
oder schröpfen (siehe Seite 180). Zwischen einer etwas stärkeren Plastikfolie leicht flach klopfen, mit Salz und je nach individuellem Geschmack auch
mit Dille, Basilikum und Zitrone würzen. Filets mit kurz überkochten und
anschließend in Eiswasser abgeschreckten Gemüsestreifen je nach Wunsch
locker füllen und straff einrollen. Die „Rollmöpse" mit einem Zahnstocher
oder einer Rouladennadel fixieren und entweder auf einer ausgebutterten
Platte mit etwas Weißwein im Rohr bei 200 °C oder auf einem Siebeinsatz
über Dunst ca. 5–6 Minuten garen. Etwas abkühlen lassen und anschließend
in einer milden Essigmarinade (siehe Rezept für eingelegte Fische auf S. 21)
mindestens über Nacht marinieren lassen. Mit kleiner Salatgarnierung bzw.
Salatherzen (in die Beize getaucht) und Gebäck servieren.

Zungen-Porree-Cocktail

*Eine Appetit anregende Vorspeise aus Pökelzunge und Porree
mit dillgewürzter Mayonnaisesoße*

ZUBEREITUNG

Aus Sonnenblumenöl und Dotter eine Mayonnaise herstellen (s. S. 328).
Mit Salz, weißem Pfeffer, Zitronensaft, Dillspitzen, Staubzucker, Senf und
Gurkerlessig würzen. Den Porree mit der Zunge vermischen. Cocktailglas
oder Sektschale mit je einem Salatblatt auslegen, das Zungen-Porree-
Gemisch darin verteilen und mit Soße überziehen. Mit je einem Dillzweig
und Zitronenscheiben garnieren.

TIPP: Dieser Cocktail lässt sich mit Schinken und Radieschen, Pilzen oder
Gemüse abändern.

ZUTATEN

100 g Rindspökelzunge,
gekocht, in feine Streifen
geschnitten
100 g Porree
(nur das Weiße),
nudelig geschnitten
100 ml Sonnenblumenöl
guter Qualität
2 Eidotter
(für die Mayonnaise)
Dillzweige zum
Garnieren
Zitrone zum Garnieren
Staubzucker
Zitronensaft
Gurkerlessig
1 TL Dillspitzen
Senf
Salz, weißer Pfeffer
4 Salatblätter

Kürbis-Mayonnaisesalat

ZUBEREITUNG

Kürbisfleisch schwach salzen, fest durchdrücken und dann 1 Stunde kalt
stellen. In der Zwischenzeit für die Mayonnaise Eidotter mit Senf, Salz,
Pfeffer und Essig glatt rühren. Das Öl zuerst tropfenweise und, sobald die
Mayonnaise gebunden ist, in dünnem Faden unter ständigem Rühren
einlaufen lassen. Den Kürbis fest ausdrücken, unter die Mayonnaise
mischen und mit Sauerrahm cremig rühren. Auf Blattsalat anrichten und mit
Dillspitzen sowie Kürbiskernöl nach Belieben garnieren.

TIPP: Man kann auch nur die Hälfte der Masse mit etwas Kernöl grün
färben. Mit Kürbis- oder Walnusskernen und Paradeiserscheiben garnieren.

ZUTATEN

1 kg Speisekürbis,
geschält, entkernt,
grobnudelig geschnitten
Salz
200 ml feines Speiseöl
2 Eidotter
5 cl Sauerrahm
1 TL Dillspitzen, gehackt
eventuell Kürbiskernöl
Senf, ein Spritzer Essig
Salz, weißer Pfeffer
Blattsalate als Dekor

Kernspaltung auf Steirisch

Wie das Steirische Kürbiskernöl Weltkarriere machte

Es gibt Menschen, die verdanken ihre Liebe zum Kürbiskernöl ihrer steirischen Großmutter, einem Kurzurlaub an der Südsteirischen Weinstraße oder einem Initiationserlebnis im Wiener Steirereck. Das war vor mehr als zwanzig Jahren und damals wusste in Österreich kaum noch jemand etwas über Halloween, jenen zwar auf keltische Vorbilder zurückreichenden, aber zutiefst amerikanischen Brauch, in der Nacht vor Allerheiligen Kerzen in ausgehöhlten Kürbissen brennen zu lassen und arglose Mitmenschen durch gefährliche Kürbismasken zu erschrecken. (Übrigens gelangte auch die „Cucurbita pepo", der steirische Ölkürbis, auf den Schiffen spanischer Eroberer von Amerika nach Europa.)

In Österreich waren Kürbisse noch in den 70er-Jahren fast ausschließlich in der Steiermark verbreitet und auch die „Wagenschmiere", wie die Steirer selbstironisch ihr aus leicht angerösteten und anschließend ausgepressten Kürbiskernen gewonnenes Kernöl damals noch nannten, bekam man zumeist in unetikettierten Flaschen fast ausschließlich südlich des Semmerings.

Mittlerweile findet man die Flacons mit dem gar nicht billigen Elixier (für 1 Liter Kernöl müssen immerhin 33 Kürbisse „geschlachtet" werden) in den Feinkostläden an der Waterkant ebenso wie in den Gourmetlokalen des Big Apple. Wenn Sie einen amerikanischen Gourmet nach den bekanntesten österreichischen Spezialitäten fragen, wird die Antwort vermutlich „Sachertorte, Süßweine und Kernöl" lauten. Mittlerweile hat sich die Qualität des Kernöls allerdings auch in Österreich selbst schon bis in die westlichen Bundesländer herumgesprochen. Und die Schicksalsfrage, ob man Rindfleisch-, Gurken- oder Erdäpfelsalat mit oder ohne Kernöl bevorzuge, wird heute sogar schon in der Arlberg-Hotellerie gestellt.

Weniger bekannt ist immer noch die „Kernölprobe", mit der jedermann leicht beurteilen kann, ob er wertvolles, unverschnittenes Öl aus Erstpressung oder billigen Verschnitt mit anderen Pflanzenölen vor sich hat: Man muss dafür lediglich einen Tropfen Öl auf einen weißen Teller fallen lassen und beobachten, wie er sich verhält: Bei echtem Kernöl hält die Adhäsion die Flüssigkeit zusammen, bei verschnittenem oder gepanschtem läuft der Tropfen auseinander.

UND NOCH EIN TIPP: Probieren Sie einmal, mit Kernöl eine Mayonnaise zuzubereiten und diese auf dünne, kalte Kalbfleischscheiben gestrichen mit einem Gläschen Schilcher zu servieren. Es schmeckt ganz vorzüglich.

Steirischer Rindfleischsalat

ZUTATEN

300 g nicht zu mageres Rindfleisch, gekocht, in feinste Scheiben geschnitten
1 Zwiebel, in Scheiben geschnitten
Salz, Pfeffer
Mostessig und Kernöl zum Marinieren

ZUBEREITUNG

Fein geschnittenes Rindfleisch mit den übrigen Zutaten vermischen. Einige Stunden ziehen lassen. Vor dem Anrichten auflockern und mit Zwiebelscheiben garnieren.

TIPP: Dieser steirische Klassiker kann mit Ei, Paprikaschoten, Gurkerln, frisch geriebenem Kren, gekochten Käferbohnen sowie Erdäpfeln ergänzt oder zu einem herrlichen Bauernsalat abgewandelt werden. Die Grundzubereitungsart eignet sich übrigens auch für Ochsenmaul, gekochten Kalbskopf oder für gekochte Würste.

Russischer Salat

Ein typisches Rezept aus der Besatzungszeit nach dem Zweiten Weltkrieg

ZUBEREITUNG

Eier schälen, Dotter vom Eiweiß trennen und passieren. Für die Marinade passiertes Eigelb mit Essig, Öl, Senf und Gewürzen zu einer glatten Soße verrühren. Mit etwas heißer Rindsuppe verdünnen und mit gekochtem Eiweiß mischen. Hühner- und Selchfleischstreifen mit Gurkerln und Marinade vermischen und auf Salatblättern anrichten.

TIPP: Besonders gut mundet der Russische Salat auch in Aspik: Dafür eine Kuppelform mit Aspik ausgießen, dekorieren, den Salat schichtweise einfüllen, jede Schicht mit Aspik übergießen, einige Stunden auf Eis stellen und stürzen.

ZUTATEN

200 g Hühnerbrust, gebraten oder gekocht, nudelig geschnitten
4 Eier, hart gekocht
200 g mageres Selchfleisch, nudelig geschnitten
200 g Gewürzgurkerl, nudelig geschnitten
Öl, Weinessig
Estragon, fein geschnitten
Petersilie, gehackt
Schnittlauch, geschnitten
Senf
Rindsuppe, heiß
Salz, Pfeffer
Salatblätter zum Anrichten

Marinierte Hühnerleber auf Vogerlsalat mit Kernöl

ZUBEREITUNG

Die Hühnerleberstücke mit Rotwein, Rosmarin, Thymian, Lorbeer und Knoblauch 2–3 Stunden marinieren. Auf Küchenpapier abtropfen lassen und mit Salz sowie Pfeffer würzen. Die Hühnerleber mit Rosmarin- und Thymianzweiglein in geklärter Butter bei ca. 80 °C 8–10 Minuten ziehen lassen (sie sollte noch leicht rosa sein). Mit einem Siebschöpfer vorsichtig aus der Butter heben und mit Sonnenblumenöl sowie Weinessig marinieren. Bei Bedarf noch leicht nachwürzen.

Gewaschenen Vogerlsalat mit Erdäpfelwürfeln, Kürbiskernöl, Mostessig, Salz und Pfeffer marinieren. Auf kalten Tellern anrichten. Mit gerösteten Kürbiskernen bestreuen. Die Leber um den Salat legen und mit den geschälten, gekochten Wachteleiern garnieren.

TIPP: Die bei diesem Gericht übrig bleibende Kochbutter eignet sich, etwa gemeinsam mit fein gehackter Hühnerleber, vorzüglich für einen Aufstrich.

ZUTATEN

500 g Hühnerleber, in kleine Stücke zerteilt
4 cl Rotwein
je 1 Rosmarin- und Thymianzweig
1 Lorbeerblatt
1 Knoblauchzehe
200 g Butter, am besten geklärt
2 Erdäpfel, gekocht, würfelig geschnitten
Kürbiskernöl
Sonnenblumenöl
Most- oder Weinessig
Salz, Pfeffer
4 Wachteleier, 3 Minuten gekocht (oder 1 gekochtes Hühnerei)
150 g Vogerlsalat
geröstete Kürbiskerne zum Bestreuen

Kaninchenrückenfilet mit Blattsalat und Wachtelei

ZUTATEN

4 kl. Kaninchenrücken-
filets (oder 2 Hühner-
brüstchen)
150 g Blattsalat
(Vogerlsalat, Lollo Rosso,
Kopfsalat usw.)
4 Wachteleier,
3 Minuten gekocht
Salz, Pfeffer
frische Kräuter
(Rosmarin, Thymian etc.)
nach Belieben
Raps- oder Sonnen-
blumenöl zum Braten

Für die Salatmarinade

1 Teil Balsamico-Essig
2 Teile Nussöl (Walnuss-
oder Haselnussöl)
Salz, weißer Pfeffer
aus der Mühle
1 EL Zwiebeln,
fein geschnitten

ZUBEREITUNG

Kaninchenrückenfilets mit Salz und Pfeffer würzen, in heißem Öl anbraten, wenden und auf der anderen Seite ebenfalls kurz anbraten. Filets in eine mit Öl ausgestrichene Form legen, evtl. Rosmarin und Thymian beilegen und im Rohr bei 200 °C ca. 8 Minuten (Hühnerbrüstchen ca. 12–13 Min.) braten. Inzwischen für die Salatmarinade Essig mit Gewürzen und Zwiebeln verrühren, Öl einrühren. Den Blattsalat vorsichtig mit Marinade vermischen und auf kalte Teller verteilen. Filets aus dem Ofen nehmen und einige Minuten rasten lassen, schräg aufschneiden und auf die Salatteller geben. Mit gekochten, geschälten Wachteleiern dekorieren.

Saurer Hirschfleischsalat

ZUTATEN

200 g gekochter Hirsch-
schlögel, in dünne
Scheiben oder Streifen
geschnitten
2 Paprikaschoten (rot,
gelb und/oder grün)
1 Frühlingszwiebel,
fein geschnitten
1 rote Zwiebel, halbiert
und in Ringe geschnitten
Salz, Pfeffer, Schnittlauch
Öl oder Kernöl und
Essig (Weinessig oder
Apfelessig)
evtl. geröstete
Kürbiskerne

ZUBEREITUNG

Paprikaschoten entkernen und in Streifen schneiden. Fleisch mit Paprika, Frühlingszwiebel und roter Zwiebel vermischen. Aus 1 Teil Essig und 2–3 Teilen Öl eine würzige Marinade anrühren, mit Salz und Pfeffer abschmecken. Alles gut vermischen, würzig abschmecken und auf kalten Tellern anrichten. Nach Belieben mit gerösteten Kürbiskernen und Schnittlauch bestreuen. Am besten mit Schwarzbrot servieren.

HINWEIS: Sollte der saure Hirschfleischsalat eher mild und bekömmlich schmecken, so blanchiert man Paprikaschoten, Zwiebeln und Porree ca. 30 Sekunden in kochendem Wasser. Anschließend sofort kurz in eiskaltem Wasser abschrecken, aber nicht ganz auskühlen lassen und noch lauwarm mit dem Fleisch und der Marinade vermischen.

Saurer Hirschfleischsalat

Kalbszüngerl mit Krensoße auf Roten Rüben

ZUBEREITUNG

In einem großen Topf Wasser mit Wurzelgemüse, Salz und Lorbeerblatt zustellen. Kalbzüngerl in den heißen Gemüsesud einlegen und ca. 2–2 1/2 Stunden sanft weich köcheln. Kurz in kaltem Wasser abschrecken. Haut abziehen und Zunge zuerst in kaltem Wasser, anschließend im Kühlschrank gut abkühlen lassen. Mit einer Aufschnittmaschine in dünne Scheiben schneiden und am besten lauwarm (in Suppe, im Backrohr oder Mikrowelle kurz erwärmen) anrichten. Weich gekochte Rote Rübe am besten mit einer Rohkostreibe in feine Streifen schneiden. Aus 2–3 Teilen Öl und 1 Teil Essig mit Salz eine Vinaigrette anrühren und den geputzten Vogerlsalat damit marinieren. Streifen der Roten Rübe ebenfalls mit dieser Marinade abmachen und auf den kalten Tellern flach verteilen. Vogerlsalat darauf anrichten und mit lauwarmen Zungenscheiben (evtl. auch mit Vinaigrette bepinselt) belegen. Frisch geriebenen Kren mit Obers, Sauerrahm und evtl. etwas Suppe zu einer glatten, nicht zu dicken Soße rühren. Mit Salz würzig abschmecken und über die Zunge träufeln.

ZUTATEN
1–2 Kalbszüngerl
Wurzelgemüse
(Karotte, Sellerie, Porree)
Salz und Lorbeerblatt
150 g Vogerlsalat
1 Rote Rübe
(ca. 300 g), gekocht
Apfelbalsamicoessig,
Sonnenblumen-, Nuss-
oder Traubenkernöl
2 EL Schlagobers
1 EL Sauerrahm
1 EL Suppe bzw. Kochsud
Kren, frisch gerieben

SULZEN

Sulz-Grundrezept (Schwartenfond)

ZUTATEN
für 10–12 Portionen
1,5–2 kg Schweine-
schwarten
Wurzelgemüse
ca. 4–5 l Wasser
ersatzweise:
500 ml kräftige, gut
gewürzte Suppe
ca. 14 Blatt Gelatine

ZUBEREITUNG

Schweineschwarten mit Wurzelgemüse und Wasser bedeckt ca. 2–3 Stunden auskochen, abseihen und auf 500 ml Flüssigkeit einkochen. (Ersatzweise die kräftige, gut gewürzte Suppe mit geweichter und ausgedrückter Gelatine verkochen.)

TIPPS

- Als Grundlage für die Zubereitung von Sulzen eignet sich eine Vielzahl von Produkten wie z. B. Fleisch (Rind-, Schweine- oder Lammfleisch, Ochsenschlepp, Geflügel, Wild, Kaninchen), Fisch (Karpfen, Lachsforelle, Forelle etc.), Pilze und Gemüse.
- Für die Einlage einer Sulz sollte man mit Knochen oder Gräten ca. 1,5–1,75 kg bzw. ein Reingewicht von ca. 750 g berechnen.
- Alle Zutaten für die Sulz sollten sehr weich gekocht sein.
- Tiefgekühlte Sulzen erhalten eine bessere Konsistenz, wenn man sie leicht erwärmt und dann wieder kalt stellt.
- Geben Sie Essig bzw. Vinaigrette erst kurz vor dem Anrichten auf die Sulz.

Rindfleischsulz

ZUTATEN
für ca. 10–12 Portionen
500 ml kräftige Rindsup-
pe (bei Schwartenfond-
zugabe nur 250 ml
verwenden)
12–14 Blatt Gelatine oder
500 ml Schwartenfond
(s. oben), gut gewürzt,
auf 250 ml
eingekocht
300 g Rindfleisch (Schul-
ter, Beinfleisch u. a.),
weich gekocht, klein
gewürfelt
400 g Gemüsewürfel,
weich gekocht (z. B.
Karotten, gelbe Rüben,
Sellerie usw.)
Salz, Pfeffer, Liebstöckel,
Schnittlauch, Lorbeer
Öl für die Form

ZUBEREITUNG

Rindfleisch und Gemüse in der kräftigen Rindsuppe kurz köcheln lassen. Abschmecken, eingeweichte und ausgedrückte Gelatine (oder kräftigen Schwartenfond) einrühren und gut abkühlen lassen. Vor dem Stocken die frischen Kräuter dazugeben. Eine Kastenform, Schüssel oder Portionsförmchen mit Öl ausstreichen und mit Klarsichtfolie auslegen. Die Sulz einfüllen und gleichmäßig verteilen, mehrere Stunden kalt stellen. Dann aus der Form stürzen und portionieren.

TIPPS

- Schneiden Sie die Sulz mit einem Elektromesser auf und richten Sie dieselbe mit Salat sowie Vinaigrette und gehackten harten Eiern an.
- Für die besonders feine Tafelspitzsulz wird gekochter Tafelspitz verwendet.
- Wild-, Hirsch- oder Rehsulz wird nach demselben Rezept zubereitet, nur wird statt Rindfleisch Wildfleisch und statt Rindsuppe eine kräftige Wildsuppe verwendet. Wie andere Sulzen schmeckt Wildsulz besonders fein, wenn sie mit einer pikanten Vinaigrette sowie Zwiebelringen und Paprikawürferln serviert wird.

Rindfleischsulz

Die schöne Gelatine

Gallerte ist der beste Freund des Kochs, da sie bindet und sich mit ihrer Hilfe viel Köstlich-Erfrischendes und Schmackhaftes auf den Tisch zaubern lässt. Selbstverständlich ist die feinste Form der Gallerte jene, die man in oft stundenlangen Extrahierungsprozessen direkt aus Knochen und Karkassen zieht. Gerade im häuslichen Küchenalltag hat sich jedoch auch die Gelatine bewährt, die in kürzester Zeit aufgelöst und wieder erstarrt ist, ohne wie die Gallerte unaustilgbare Dünste und Dämpfe in den Küchenvorhängen zu hinterlassen.

Um mit Gelatine gute Ergebnisse – vor allem feine Sülzchen – zu erzielen, muss man jedoch einige grundsätzliche Regeln beachten:

- Weichen Sie Gelatine immer in kaltem Wasser ein. Ideal sind ca. 5 Minuten. Zu langes Wässern schadet.
- In warme Massen kann die Gelatine stets sofort eingerührt werden. Danach muss man sie allerdings gut abkühlen lassen und erst dann weiterverarbeiten, wenn die Grundmasse zu stocken beginnt. Ansonsten könnte sich die Gelatine am Boden absetzen!
- Achten Sie darauf, dass die Gelatine beim Auflösen nicht überhitzt oder überkocht wird, da dadurch ihre Gelierkraft vermindert wird.
- Mit Gelatine versetzte Speisen sollen immer kräftig gewürzt werden, da die Gelatine stets etwas von der Geschmacksintensität wegnimmt. Auch gute Kühlung ist wichtig. Manchmal lohnt es sich, eine mit Gelatine zubereitete Speise kurzfristig für etwa eine Stunde in den Tiefkühler zu stellen.
- Werden kalte Massen mit Gelatine vermischt, bedarf es unbedingt des stetigen Rührens, während die flüssige bzw. lauwarme Gelatine eingemengt wird.
- Bei Süßspeisen ist darauf zu achten, dass einige Früchte (z. B. Ananas, Kiwi, Papaya, Feigen, Erdbeeren, Rhabarber) durch Säure oder Enzyme das Erstarren der Gelatine verhindern. In diesem Fall muss festeres Obst in Zuckerwasser gekocht und weicheres in lauwarmes Zuckerwasser zumindest kurz eingelegt werden.
- Gelatine einzurühren nicht vergessen! (Auch das kommt vor!)

Schweinssulz auf altsteirische Art

ZUTATEN

2 Schweinshax'ln
500 g Schweins-
schwarten
500 g Schweinskopf,
ausgelöst
100 g Petersilwurzeln
Pfefferkörner
Lorbeerblätter
Salz

ZUBEREITUNG

Alle Zutaten miteinander in kaltem Wasser aufsetzen und weich kochen. Sollte das Kopffleisch früher weich werden, herausnehmen. Abseihen und Hax'lfleisch noch warm von den Knochen lösen. Über Nacht stehen lassen. Am nächsten Tag entfetten. Sollte der Sud nicht fest gestockt sein, nochmals aufstellen und einkochen. Fleisch und Schwarten in die heiße Brühe geben, in Form gießen und abstocken lassen.

TIPPS

■ Diese nach einem historischen Rezept zubereitete Sulz passt perfekt zu Bauernbrot oder kann mit Zwiebeln, Essig und Öl angerichtet werden.

■ Will man anstelle von Sulz eine Presswurst bereiten, füllt man die noch etwas dicker gelierte Sulzmasse in einen gereinigten Saumagen und lässt sie in leicht wallendem Salzwasser ca. 2 Stunden ziehen. Danach auf einem Brett beschwert erkalten lassen und die Sulz dünn aufgeschnitten mit Essig, Öl (Kürbiskernöl) und eventuell auch einer Hand voll geschnittener Zwiebeln servieren.

■ Typisch steirisch wird die Schweinssulz auch in Würfel geschnitten und mit Zwiebeln, Paprikastreifen, Käferbohnen, Essig und Kernöl sowie gekochten Eiern angerichtet und mit Schnittlauch bestreut serviert.

Kaninchensulz

ZUBEREITUNG

Das Kaninchen zerteilen, würzen und in Öl rundum anbraten. Mit etwas Weißwein ablöschen und gemeinsam mit den Kräutern im Rohr zugedeckt bei mittlerer Hitze ca. 45 Minuten weich dünsten. Fleisch von den Knochen lösen und klein schneiden. Knochen mit Schwartenfond und dem Kaninchen-Bratensaft auskochen. Abgeseihten Schwartenfond (ca. 500 ml) abschmecken und mit Kräutern würzen. Fleisch- sowie gekochte Gemüsewürfel untermengen und kurz überkühlen lassen. Eine Kastenform (oder Portionsförmchen) mit Öl ausstreichen und mit Klarsichtfolie auslegen. Die Sulz einfüllen und gleichmäßig verteilen, mehrere Stunden kalt stellen. Dann aus der Form stürzen und portionieren.

TIPP: Liebhaber der zarten Kaninchenleber können auch die gegarte Leber als Einlage dazugeben.

ZUTATEN für
12–15 Portionen bzw.
für 1 Kastenform
mit ca. 1,2 l Inhalt
1 Kaninchen ca. 1,5–1,7 kg
Weißwein
500 ml Schwartenfond
(s. S. 28)
Salz, Pfeffer, Majoran,
Thymian, Rosmarinzweig
2 Lorbeerblätter
ca. 250 g Gemüsewürfel
für Einlage, gekocht
Öl zum Anbraten

Lammsulz

ZUBEREITUNG

Das Fleisch mit ein paar Schwarten, Wurzelgemüse, Lorbeerblättern, Petersilstängeln und Knoblauchzehen mit ca. 4–5 l schwach gesalzenem Wasser zustellen und weich kochen. Fleisch aus dem Sud heben, Sud abseihen und auf ca. 500 ml einkochen. (Falls keine Schwarten verwendet werden, Gelatine in 500 ml Suppe auflösen.) Mit Salz, Pfeffer und Kräutern würzen. Fleisch in kleine Würfel schneiden, mit den gekochten Gemüsewürfeln in den Schwartenfond bzw. die Suppe geben und nochmals abschmecken. In eine geölte und mit Klarsichtfolie ausgelegte Kastenform füllen und über Nacht kalt stellen. Aufschneiden und mit einem in Essig und Öl marinierten Salat anrichten. Mit gerösteten Kürbiskernen bestreuen.

TIPP: Die Einlage kann ganz nach individuellem Geschmack etwa durch gekochte Lammzungenwürfel oder gegarte Pilzstückchen verfeinert werden.

ZUTATEN für
12–15 Portionen bzw.
1 Kastenform mit
ca. 1,2 l Inhalt
ca. 750 g Lammfleisch
(Schulter oder Hals)
Schwarten nach Belieben
500 g Wurzelgemüse
(Karotten, Sellerie,
Porree, Zwiebel)
2 Lorbeerblätter
3 Knoblauchzehen,
Petersilstängel
Thymian, Majoran
(möglichst frisch)
1,5 kg Schweins-
schwarten oder
10–12 Blatt Gelatine
Salz, Pfeffer aus der
Mühle
300 g gekochte
Gemüsewürfel
(Karotten, Sellerie)
Salat als Beilage
Essig und Öl (Kernöl)
für die Marinade
Kürbiskerne, geröstet

Eierschwammerlsulz

ZUBEREITUNG

Schwammerln in heißem Öl gut anrösten, fein geschnittene Zwiebel mitdünsten. Mit Salz, Pfeffer und etwas Kräutern abschmecken. In den Schwartenfond geben, kurz köcheln lassen und dann abschmecken. (Ist kein Schwartenfond vorhanden, eingeweichte und ausgedrückte Gelatine in die warme Suppe einrühren.) Abkühlen lassen und kurz vor dem Stocken die frischen Kräuter dazugeben.

Eine Kastenform (oder Portionsförmchen) mit Öl ausstreichen und mit Klarsichtfolie auslegen. Die Sulz einfüllen und gleichmäßig verteilen. Mehrere Stunden oder am besten über Nacht kalt stellen. Aus der Form stürzen. Mit einem Elektromesser aufschneiden und mit mariniertem Salat und Paradeiserconcassé (Paradeiserwürfeln) anrichten. Dafür feste Paradeiser an der Kuppe kreuzweise einritzen, ca. 20 Sekunden in kochendes Wasser geben, kalt abschrecken, Haut abziehen, vierteln, entkernen und in Würfel oder Streifen schneiden.

TIPP: Um der Schwammerlsulz einen kräftigen Geschmack zu verleihen, sollte man zuerst etwaige Abschnitte von Schwammerln und Pilzen in der Suppe etwas auskochen, abseihen und diesen Sud für die Sulz weiterverwenden.

Kuttelsulz

ZUBEREITUNG

Alle Zutaten mit der eingeweichten und ausgedrückten Gelatine noch lauwarm vermischen und in eine geölte und mit Klarsichtfolie ausgelegte Form geben. Einige Stunden kalt stellen. Dann stürzen, aufschneiden und mit mariniertem Salat anrichten.

Spargel und Paradeiser im Kerbelgelee

ZUBEREITUNG

Paradeiser kreuzweise an der Oberseite einschneiden und für ca. 10–20 Sekunden in kochendes Salzwasser legen, anschließend sofort in Eiswasser abschrecken. Mit einem kleinen Messer die Haut abziehen, Paradeiser vierteln, entkernen und in Längsstreifen schneiden. Geflügelsuppe oder Spargelkochsud mit den Paradeiserabfällen kurz aufkochen. Abseihen und kräftig abschmecken. Eingeweichte und ausgedrückte Gelatine in der lauwarmen Suppe auflösen.

Eine längliche Form mit Öl ausstreichen und mit Klarsichtfolie auslegen. Gekochten Spargel längs halbieren (dickere Stangen vierteln), einen Teil des Spargels einlegen, Paradeiserspalten und Kerbel sowie restlichen Spargel abwechselnd einschlichten. Mit dem fast abgekühlten Kochsud begießen und einige Stunden oder über Nacht kalt stellen. Terrine stürzen und mit einem scharfen Messer oder Elektromesser in Scheiben schneiden und mit Blattsalat anrichten.

ZUTATEN für 5–6 Portionen
400 g weißer Spargel, gekocht
2 Paradeiser
200 ml sehr würzige Geflügelsuppe oder Spargelkochsud
6 Blatt Gelatine
Salz, Pfeffer, Kerbel
Blattsalat als Garnitur

Nächste Doppelseite: Tellersulz von Süßwasserfischen

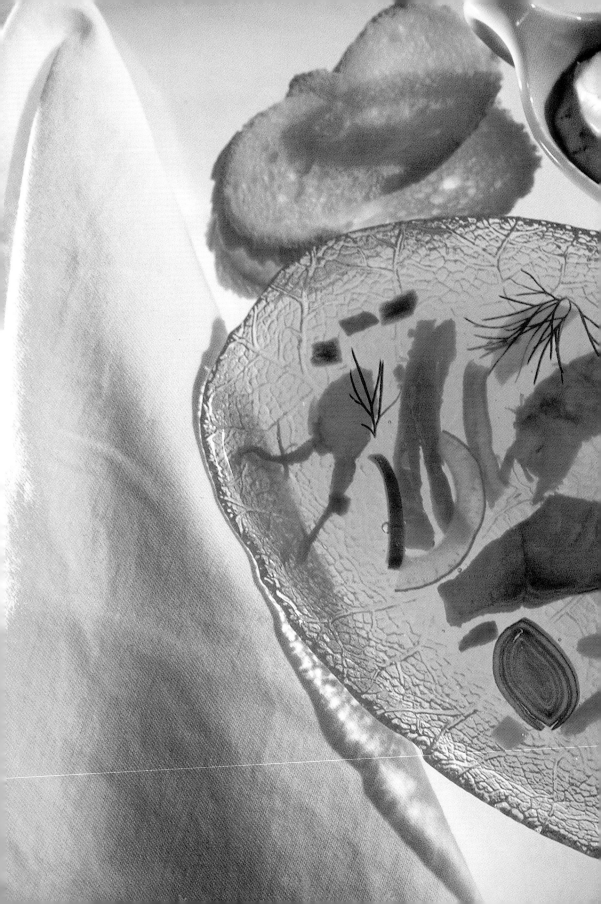

Wildente im Apfelmostgelee

**ZUTATEN für
10–12 Portionen bzw.
1 Kastenform mit
ca. 1,2 l Inhalt**
1 Wildente (ca. 700 g),
geputzt
Salz, weißer Pfeffer
aus der Mühle
Öl
250 g Zwiebelringe
250 g Wurzelgemüse-
würfel (Karotten, gelbe
Rüben, Sellerie und
Petersilwurzen)
750 ml Apfelmost
750 ml Suppe
(eventuell Wild- oder
Geflügelsuppe)
2 EL Apfel- oder
Apfelbalsamessig
1–2 EL Zucker oder Honig
10 Wacholderbeeren
3 Lorbeerblätter
12–14 Blatt Gelatine
oder Schwartenfond
(s. Grundrezept S. 28)
Salat nach Belieben
als Garnitur

ZUBEREITUNG

Die Wildente grob zerteilen, mit Salz und Pfeffer aus der Mühle würzen und in heißem Öl rundum kurz anbraten. Aus dem Topf nehmen und Zwiebelringe sowie Wurzelgemüse kurz im Bratrückstand anrösten. Mit Apfelmost und Suppe ablöschen. Entenstücke wieder einlegen. Wacholderbeeren mit dem Messerrücken etwas andrücken und mit Lorbeerblättern in ein Teesäckchen gebunden beigeben. Kurz aufkochen lassen und auf kleiner Flamme langsam nicht zugedeckt weich kochen. Zwischendurch immer wieder abschäumen und entfetten. Sobald das Fleisch sehr weich ist, aus dem Sud heben und klein schneiden.

Suppe erst durch ein grobes Sieb abseihen, so dass Zwiebeln und Karotten zurückbleiben, anschließend durch ein feines Sieb oder Tuch abseihen und auf ca. 500 ml einkochen lassen.

Mit Apfelessig und Honig oder Zucker süß-sauer abschmecken. Mit Salz sowie Pfeffer kräftig würzen und mit der eingeweichten und ausgedrückten Gelatine vermischen. In eine geölte und mit Klarsichtfolie ausgelegte Form füllen und kalt stellen. Aufschneiden und nach Belieben mit mariniertem Salat anrichten.

TIPP: Ausgezeichnet gelingt dieses Rezept auch mit Stücken von der Gans oder der Hausente. Wünscht man eine rötliche Färbung und einen leicht „gesurten" Geschmack, so können die Geflügelteile einige Tage vor der Weiterverarbeitung mit Pökelsalz mariniert werden.

Tellersulz von Süßwasserfischen

**ZUTATEN für
6 Portionen**
ca. 750 ml klarer,
kräftiger Fischfond
(s. S. 317)
ca. 350 g Fischfiletstücke,
gemischt (Forelle,
Zander, Saibling usw.),
ohne Gräten
ca. 350 g gekochtes
Gemüse (Karfiol, Porree,
Karotten, Paprikawürfel,
Paradeiserwürfel,
Schwammerln usw.)
7–9 Blatt Gelatine
Salz, etwas Pfeffer
Safran
1 Schuss trockener
Wermut (nach Belieben)
Dillzweige
Kerbel oder Basilikum
als Dekoration

ZUBEREITUNG

Den Fischfond mit Safran eine Weile köcheln lassen und kräftig abschmecken. Fischfiletstücke gut würzen und ca. 4–5 Minuten im Fischsud ziehen lassen. Aus dem Sud heben und abkühlen lassen. Blattgelatine ca. 5 Minuten in kaltem Wasser quellen lassen, gut ausdrücken und in den lauwarmen Fischsud geben. Das vorgekochte und in Eiswasser abgeschreckte Gemüse sowie Dille zugeben und nochmals abkühlen lassen, bis der Fischfond fast zu stocken beginnt. Fischfleisch auf kalte Suppenteller verteilen, mit gelierendem Fischfond begießen und mit Kräutern dekorieren. Am besten über Nacht stocken lassen.

Foto Seiten 34/35

Karpfensulz auf Vogerlsalat

ZUBEREITUNG

Die Schwarten gut auswässern und mit Wasser und Weißwein kalt zustellen. Karpfen filetieren, Kopf und Gräten ebenfalls gut auswässern und mit dem Wurzelwerk, Lorbeerblättern, Dillstängeln, Petersilie, Safran, Pfefferkörnern, Wacholderbeeren sowie Knoblauch zu den Schwarten geben. Etwa 2–3 Stunden kochen, abseihen und auf ca. 500 ml einkochen. Abkühlen lassen.

Die Karpfenfilets im vorgeheizten Rohr bei 200 °C mit etwas Fischfond oder Weißwein ca. 15 Minuten pochieren (gar ziehen) und auskühlen lassen. In Würfel schneiden, mit den Gemüsewürfeln, Schnittlauch und Dille vorsichtig vermischen, gut würzen und in eine geölte, mit Klarsichtfolie ausgelegte Kastenform füllen. Mit dem abgekühlten Fond begießen und mindestens 12 Stunden erkalten lassen. Stürzen, aufschneiden und auf mariniertem Vogerlsalat anrichten.

TIPP: Dieses Sulz-Grundrezept kann nicht nur mit Karpfen, sondern auch mit anderen Fischen, aber auch mit diversen Fleischarten (z. B. Huhn, Kaninchen, Wild) zubereitet werden.

ZUTATEN für
ca. 12–15 Portionen
1 Karpfen (Spiegel-
karpfen) von ca. 1,8 kg
Lebendgewicht
ca. 1,3 kg Schweine-
schwarten
5 l Wasser
500 ml Weißwein
je 1 kl. Sellerie, Petersilwurzel, Karotte, Lauch
3 Lorbeerblätter
1 Bund Petersilie
2 Bund Dille oder
Dillstängel
1 Päckchen Safran
3 Knoblauchzehen
weiße Pfefferkorner,
Wacholderbeeren
gekochte Gemüsewürfel,
Dille, Schnittlauch
als Einlage
Vogerlsalat, Mostessig
und Kernöl

Gesulzte Joghurt-Gemüseterrine

ZUBEREITUNG

Gemüse putzen, schälen (Zucchini ungeschält lassen), in gleichmäßige kleine Stücke schneiden und in leicht gesalzenem Wasser nacheinander weich kochen. Abseihen, sofort in Eiswasser abschrecken (Gemüse behält so seine schöne Farbe) und abtropfen lassen. Terrinenform mit Öl ausstreichen und mit Frischhaltefolie auslegen. Gelatine in kaltem Wasser ca. 5 Minuten einweichen, Kräuter fein schneiden. Sauerrahm glatt rühren, salzen, Kräuter und Gemüse zugeben und alles miteinander vermischen.

Gelatine ausdrücken, über Wasserdampf (oder in der Mikrowelle) kurz erwärmen und in die Sauerrahm-Gemüsemasse zügig einrühren. In die vorbereitete Form füllen und glatt streichen. Terrine in den Kühlschrank stellen und einige Stunden oder besser über Nacht stocken lassen. Vor dem Servieren stürzen, Folie vorsichtig abziehen und anschließend – am besten mit einem Elektromesser – in nicht zu dünne Scheiben schneiden.

TIPP: Richten Sie dieses wohlschmeckend-frische Gericht mit Kräuterjoghurt an, für das Sie einen halben Becher Joghurt mit frischen, nicht zu fein gehackten Kräutern verrühren.

ZUTATEN für
10–12 Portionen
(2 kleine oder 1 große
Terrinenform)
500 g Gemüse, gekocht
(z. B. Zucchini, Karotten,
gelbe Rüben, Spargel)
500 g Sauerrahm oder
Joghurt
14–16 Blatt Gelatine,
1 Hand voll Kräuter
Salz
Öl

PASTETEN UND TERRINEN

Feine Fleischfülle – Köstliche Teighülle
Die besten Pastetentricks

Pasteten – schon seit der Antike bekannt – sind Fleischmusfüllen unterschiedlichster Art, die in einen Teigmantel gehüllt und in diesem auch gegart oder gebacken werden. Wenn Fülle und Hülle einander richtig „anziehen", so entsteht absoluter Wohlgeschmack.

Die Pastetenfülle kann aus Fisch oder Fleisch, in seltenen Fällen auch aus Gemüse bestehen. Die Pastetenhülle wird zumeist aus einer Art Mürbteig hergestellt. Sie darf keinesfalls Zucker enthalten, muss aber ein wenig gesalzen sein. Auch Germ- oder Blätterteige lassen sich gut als Pastetenhüllen verwenden. In jedem Fall gilt es bei der Pastetenherstellung jedoch einige Grundregeln zu beachten:

■ Achten Sie bei der Teigherstellung darauf, dass Fett- und Wasseranteil der Masse ausgewogen sind. Zu viel Fett und wenig Flüssigkeit lassen den Teig zu mürb und damit brüchig werden. Wenn Sie den Wasseranteil erhöhen, wird der Teig geschmeidiger und ist leichter zu verarbeiten.

■ Achten Sie darauf, dass Fleisch oder Fisch vor dem (sehr feinen) Faschieren gut durchgekühlt werden.

■ Setzen Sie der Farce Fett in Form von Butter, Obers oder Speck bei, damit diese nicht zu trocken wird.

■ Da beim Garen im Inneren der Pastete Dampf entsteht, muss dieser durch kleine „Kamine" (ca. 10 cm hohe Papier- oder Alufolienrollen) abgeleitet werden, die in den Deckel der Pastete gesteckt werden. Diese verhindern auch, dass die Teighülle beim Backen einreißt.

■ Sobald die Pastete fertig gegart und abgekühlt ist, gießen Sie durch diese „Kamine" ein kräftig gewürztes und gut bindendes Gelee in die Pastete. Dadurch werden alle Hohlräume gefüllt, die durch entwichenen Dampf entstanden sind, und die Pastete hält sich länger frisch.

■ Kontrollieren Sie den genauen Garzustand der Pastete mit einem Bratthermometer und beachten Sie, dass beim Garen eine Temperatur zwischen 68 und 70 °C erreicht werden sollte.

■ Schneiden Sie die gut ausgekühlte Pastete nur mit einem sehr scharfen Sägemesser oder einem Elektromesser auf.

■ ACHTUNG! Alle Terrinenrezepte können unter Verwendung des folgenden Grundteigs auch zu Pasteten verarbeitet werden.

Fischterrine

Pastete (Grundrezept)

ZUBEREITUNG

Für den Teig Mehl auf eine Arbeitsfläche sieben, Butter in kleine Stücke teilen, mit dem Mehl verbröseln. Ei, Eidotter, Wasser oder Milch und Salz einarbeiten und rasch zu einem glatten Teig verkneten. In Folie wickeln und mindestens 1 Stunde oder besser über Nacht an einem kühlen Ort rasten lassen. Pastetenform mit Butter ausstreichen, Teig etwa 2 mm dick ausrollen und die Form so damit auslegen, dass jeweils genug Teig über den Rand hängt, damit die Pastete überlappend bedeckt werden kann. Füllmasse und Einlage nach Belieben (siehe die nachfolgenden Terrinenrezepte und Pastetentricks) einfüllen. Mit Teig gut abdecken und je nach Geschmack kunstvoll verzieren. Aus Küchenpapier oder Alufolie 2 kleine Kamine (ca. 1,5 cm Ø) formen, gleich große Löcher in die Pastete schneiden und die Kamine einsetzen, damit Dampf entweichen kann. Mit Dotter bestreichen und im vorgeheizten Backrohr ca. 1 Stunde bei 180 °C backen. Herausnehmen und auskühlen lassen. Durch die Kamine kräftig gewürztes Gelee eingießen, damit alle Hohlräume ausgefüllt werden, Kamine entfernen und Pastete erkalten lassen. Mit einem scharfen Säge- oder Elektromesser aufschneiden.

TIPP: Für eine Pastete wird zwar nur die Hälfte des Teiges benötigt, ein wirklich guter Pastetenteig lässt sich jedoch aus der doppelten Menge der Zutaten besser herstellen. Den Rest des Teiges friert man am besten in einem Tiefkühlbeutel ein und kann ihn zu einem späteren Zeitpunkt (bis ca. 3 Monate nach dem Einfrieren) bequem verarbeiten.

ZUTATEN
für 2 Pasteten
1 kg glattes Mehl
(Type 700)
350 g Butter
250 ml Wasser
oder Milch
1 Ei
1 Eidotter
20 g Salz
Butter für die Form
Dotter zum Bestreichen
kräftig gewürztes
Gelee zum Eingießen
(s. Weingelee S. 448)

Pasteten ohne Mantel
Die besten Terrinentricks

Die Terrine ist die weniger deftige und oft auch noch duftigere Schwester der Pasteten und kommt daher ohne kalorienreichen Teigmantel aus. Umso sorgfältiger heißt es zu Werke zu gehen, damit alle Aromen erhalten bleiben. Bei Terrinen wird die vorbereitete Farce (bei Fleisch auch Brät genannt) in eine feuerfeste Terrinenform gefüllt, die vorher meist, aber keineswegs immer mit Scheiben von grünem (rohem) Speck ausgelegt wurde. Dabei gilt es Folgendes zu beachten:

- Achten Sie darauf, dass der Speck möglichst glatt und fugenlos an der Terrinenwand anliegt.
- Legen Sie Gemüse- oder Fischterrinen, die mit Gelatine kalt zubereitet werden, statt mit Speck mit einer Klarsichtfolie aus. Dadurch lässt sich die fertige Terrine leichter aus der Form stürzen.
- Achten Sie darauf, dass die Zutaten für die Farce gut gekühlt verarbeitet werden und beim Pochieren das Wasser nicht aufkocht.
- Garen bzw. pochieren Sie Terrinen grundsätzlich im Wasserbad und achten Sie darauf, dass der Siedepunkt dabei keinesfalls überschritten wird. Stellen Sie zu diesem Zweck die Terrinenform zunächst in ein großes Gefäß (z. B. eine Bratpfanne), das mit siedendem Wasser gefüllt ist. Schieben Sie die beiden Gefäße dann in ein auf 130 °C vorgeheiztes Backrohr und kontrollieren Sie die Einhaltung der richtigen Temperatur wieder mittels eines Bratthermometers.
- Achten Sie darauf, dass die Terrine vor dem Stürzen vollkommen abgekühlt ist. Es empfiehlt sich zu diesem Zweck, die Terrine eine Nacht lang in den Kühlschrank zu stellen.
- Falls Sie eine kalte, schnittfeste Gemüseterrine oder eine lockerere, mit weniger Gelatine zubereitete Mousse herstellen möchten, achten Sie bitte auf einen möglichst feinen Pürierungsgrad und streichen Sie die Masse nach dem Pürieren am besten noch einmal durch ein feines Haarsieb.
- Verwenden Sie für Gemüseterrinen nur Gemüse, das sich gut zum Pürieren eignet, wie etwa Kohlrabi, Karfiol, Spargel, Paprika, Karotten, Petersilwurzen, Sellerie, Kürbis oder Brokkoli.
- Schmecken Sie das Gemüsepüree möglichst noch in lauwarmem Zustand gut und kräftig ab, bevor Sie es mit aufgelöster, flüssiger Gelatine verrühren.
- Rühren Sie das geschlagene Obers erst kurz vor dem Stocken der Terrine ein.
- Verwenden Sie zum Schneiden der Terrine ein scharfes Messer, das vor jedem Schnitt in heißes Wasser getaucht wird (ersatzweise ein Elektromesser).

Gemüseterrine (Grundrezept)

ZUBEREITUNG

Gemüse weich kochen und mit dem Mixer pürieren. Danach am besten nochmals durch ein feines Haarsieb streichen. Mit Gewürzen und Aromen nach Belieben mehr oder weniger würzig abschmecken, solange die Terrine noch lauwarm ist. Dann erst die eingeweichte und ausgedrückte Gelatine einrühren. Überkühlen lassen. Kurz vor dem Stocken das geschlagene Obers unterheben. Terrine abkühlen und dann über Nacht im Kühlschrank stocken lassen.

ZUTATEN
ca. 800 g Gemüsepüree
nach Wahl (Spargel,
Brokkoli, Kohlrabi,
Karfiol, Paprika, Karotten
etc.)
8–10 Blatt Gelatine
Gewürze und Aromen
nach Wahl
ca. 600 ml Schlagobers,
geschlagen

Fischterrine (Fischfarce-Grundrezept)

ZUBEREITUNG

Faschiertes (oder sehr fein gehacktes) Fischfilet zu 2 Laibchen formen und ca. 1 1/2 Stunden tiefkühlen. Danach klein schneiden und in der Küchenmaschine mit Eiklar sowie nach und nach zugegossenem Schlagobers zu einer glatten Masse cuttern. Mit Salz, Pfeffer sowie etwas Zitronensaft würzen und – wegen eventuell noch vorhandener Gräten – wenn möglich durch ein Haarsieb streichen. Passierte Fischfarce kalt stellen. Dann mit gehackten Kräutern und der gewünschten Einlage (gekochtes Gemüse und/oder Fischwürfelchen) verrühren. In eine geölte, mit Klarsichtfolie ausgelegte Form füllen, in ein Wasserbad stellen und zugedeckt im Rohr bei 120 °C (70 °C Wassertemperatur) ca. 1 Stunde pochieren. Anschließend abkühlen lassen.

TIPP: Reinigen Sie das umgedrehte Haarsieb gleich nach dem Durchpassieren der Fischfarce mit einem kräftigen, kalten Wasserstrahl! Erst dann waschen Sie das Haarsieb heiß ab. (Durch heißes Wasser würde das Eiklar im Haarsieb stocken und dadurch das feinmaschige Netz verkleben!)
Foto Seite 39

**ZUTATEN für
10–12 Portionen bzw.
eine Kastenform
mit ca. 1,2 l Inhalt**
400 g Fischfilet
(Hecht, Forelle, Saibling,
Karpfen), faschiert
250 ml Schlagobers
4 Eiklar
Salz, weißer Pfeffer,
Zitronensaft
Öl für die Form

**Für die Einlage
nach Belieben**
Gemüse, weich gekocht
Fischfilet, grob faschiert,
gewürfelt oder ganz
Kräuter (z. B. Dille,
Basilikum, Estragon
oder Kerbel)

Wildterrine (Grundrezept)

**ZUTATEN für
10–12 Portionen bzw.
eine Kastenform
mit ca. 1,2 l Inhalt**

ca. 350 g Wildfleisch
(Reh, Hirsch, Fasan,
Wildente)
2 Scheiben Toastbrot,
entrindet, in Obers
eingeweicht
3–4 helle Hühnerlebern
ca. 250 ml Schlagobers
(oder 200 ml Obers und
80–100 g grüner Speck)
2 Eier oder 4 Eiklar
Salz, Pfeffer
Wacholder, Weinbrand
eventuell Preiselbeeren
grüner Speck, in
Scheiben geschnitten,
zum Auslegen der Form

**Für die Einlage
nach Belieben**
Wildfilets, gewürzt
und in grünen Speck
gewickelt
Wildfleisch, grob
faschiert oder grob
gewürfelt, roh oder
gebraten
grüner Speck,
klein gewürfelt
Pilze, grob geschnitten
Rindspökelzunge,
gekocht
Pistazien

ZUBEREITUNG

Wildfleisch fein hacken oder faschieren, zu zwei gleich großen Laibchen formen und ca. 1 1/2 Stunden tiefkühlen. Eines der Laibchen klein schneiden und in der Küchenmaschine mit der Hälfte von Toastbrot, Hühnerleber, Ei, Gewürzen und eventuell Preiselbeeren pürieren. Nach und nach die Hälfte des Obers (und bei Bedarf Speck) sowie Weinbrand zugeben und feinst pürieren (dauert maximal 1 Minute). Zweites Laibchen mit den restlichen Zutaten ebenso zubereiten.

Beide Massen gut durchrühren und kalt stellen. Die kalten Massen mit der gewünschten Einlage vermischen und nochmals gut abschmecken.

Eine Kastenform mit Speck so auslegen, dass die Speckscheiben ca. 5 cm über den Rand hängen. Die Hälfte der gekühlten Masse einfüllen, die in grünen Speck eingewickelten rohen Wildfilets einlegen und mit der restlichen Masse auffüllen. Glatt streichen und mit den überhängenden Speckstreifen zudecken, leicht andrücken. Die Kastenform in eine mit Papier oder Geschirrtuch ausgelegte tiefe Bratpfanne stellen, mit heißem Wasser zwei Finger hoch auffüllen und im vorgeheizten Rohr bei ca. 130 °C ca. 75 Minuten so pochieren, dass dabei eine Wassertemperatur von 75 °C und eine Kerntemperatur von 68–70 °C erreicht wird. Die fertige Terrine am besten etwas beschweren bzw. leicht pressen und über Nacht kalt stellen.

Jägerterrine
Nach einem altsteirischen Rezept

ZUBEREITUNG

Fleisch, Champignons, Schalotten sowie Äpfel getrennt voneinander anrösten und gut durchkühlen lassen. Danach gemeinsam doppelt (zweimal) faschieren (oder mit einem Kleincutter bearbeiten). Mit Madeira, Salz und Pfeffer abschmecken. Zuletzt den sehr kalten, extrem fein faschierten Speck untermischen. Eine Kastenform mit Speck so auslegen, dass die Speckscheiben ca. 5 cm lang über den Rand hängen. Masse einfüllen und gut mit Speck abdecken. In ein Wasserbad stellen und im vorgeheizten Rohr bei 140 °C ca. 1 Stunde pochieren. Herausnehmen, etwas beschweren bzw. leicht pressen und über Nacht erkalten lassen.

TIPP: Diese Terrine schmeckt noch besser, wenn man sie mit Pistazien, rohen Speckwürfeln oder gerösteten Pilzen verfeinert.

ZUTATEN für
**ca. 14 Portionen
bzw. 1 Terrinenform**
1 kg Fasan- oder
anderes Wildfleisch
250 g Kalbfleisch
250 g Schweinefleisch
250 g Hühnerleber
200 g Champignons
40 g Salz
25 g Schalotten
200 g Äpfel, geschält
Madeira
Pfeffer aus der Mühle
350 g grüner (roher)
Speck, sehr fein faschiert
Öl zum Anrösten
grüner Speck, in Scheiben geschnitten, zum
Auslegen der Form

Falscher gefüllter Gänsehals
*Küchentechnisch gesprochen handelt es sich bei diesem Gericht um eine
Rollpastete – klassisch auch Galantine genannt – von der Gänsebrust*

ZUBEREITUNG

Von der Gänsebrust vorsichtig die Haut ablösen, so dass diese nicht reißt. Brust flach einschneiden, auseinander klappen und zwischen starker Klarsichtfolie zu einer möglichst breiten Fläche ausklopfen. Kalt stellen. Etwa ein Drittel der Brust in Streifen oder Würfel schneiden und den Rest in der Küchenmaschine etwas zerkleinern. Kalt stellen bzw. anfrieren lassen. Das gut angefrorene Gänsebrustfleisch in der Küchenmaschine mit Obers und Eiklar sowie Salz, Pfeffer, Majoran und 2–3 Dörrzwetschken (oder Pilzen) zu einer homogenen Masse pürieren bzw. cuttern. Mit den restlichen klein geschnittenen Dörrzwetschken oder Pilzen und Kräutern nach Geschmack vermischen.

Haut mit Salz sowie Pfeffer würzen und auf eine Alufolie legen. Farce auftragen, nach Belieben mit Kräutern und den rohen Gänsebruststücken belegen. Mit Hilfe der Alufolie einrollen, gut zudrehen und in ca. 80 °C heißem Wasser oder im Rohr bei ca. 150 °C mindestens ca. 50–60 Minuten pochieren. Gut auskühlen lassen. Folie entfernen und in wenig Öl rundum eher langsam anbraten. Dünn aufschneiden und mit grob gemahlenem Koriander bestreut servieren.

GARNITUREMPFEHLUNG: leicht angewärmter Rotkraut-Apfelsalat (s. S. 174), aber auch frittierte, gut abgetropfte und leicht gesalzene Blatt- oder Kräuselpetersilie sowie Vogerlsalat

TIPP: Anstatt in die Haut kann die Gänsefarce auch in Speckstreifen (5–6 dünne Scheiben gekochter Jausen- od. Frühstücksspeck) oder Palatschinken eingerollt werden.

ZUTATEN
1 Gänsebrust (ca. 450 g)
ca. 125 ml Schlagobers
1–2 Eiklar
4–5 Dörrzwetschken
(oder feine Pilz- bzw. Champignonwürfel)
Salz
weißer Pfeffer
aus der Mühle
Majoran
(am besten frisch)
Koriander,
grob gemahlen
Kräuter nach Belieben,
gehackt
Öl zum Anbraten

Sulmtaler Hühnerleberparfait

ZUBEREITUNG

Hühnerleber am besten über Nacht in Madeira, Weinbrand oder Portwein marinieren. Butter mit Kräutern erhitzen (s. u.) und mit Hühnerleber, Salz und Pfeffer im Turmmixer pürieren. Erst dann Ei zugeben und zu cremiger Konsistenz mixen. Bei Bedarf noch 1–2 EL kaltes Obers zugeben.

(Achtung! Bei der Durchführung dieses Arbeitsgangs ist höchste Vorsicht geboten. Ist die Butter zu heiß, so könnte das Ei ausflocken bzw. die Masse ölig-fett sein. In diesem Falle die Masse etwas abkühlen und 1–2 EL kaltes Obers zugießen, dann nochmals aufmixen. Ist die Butter indessen zu kalt, könnte wiederum sie ausflocken. In diesem Fall den Mixerbecher kurz in heißes Wasser stellen und nochmals aufmixen.) Masse durch ein feines Sieb streichen und in eine Schüssel (oder Rexglas) füllen, mit Folie zudecken. Schüssel in einen Topf mit heißem Wasser stellen (Topfboden vorher evtl. mit Papier oder Geschirrtuch auslegen) und im Rohr bei ca. 130 °C oder am Herd bei ca. 75 °C Wassertemperatur ca. 50–60 Minuten pochieren. (Um zu testen, ob das Parfait wirklich fest ist, die Schüssel gut durchschütteln.) Das Parfait anschließend erkalten und im Kühlschrank mindestens 1–2 Tage durchziehen lassen. Mit einem Löffel oder einem in heißes Wasser getauchten kleinen Eisportionierer kleine Kugeln ausstechen und diese in geriebenen Nüssen, Kürbiskernen oder Pumpernickel wälzen.

GARNITUREMPFEHLUNG: Traminer-, Madeira- oder Ruländergelee (s. Weingelee S. 448), kleiner Blattsalat, Apfel-Nusssalat oder Brioche
TIPP: Von diesem Rezept lässt sich auch eine Hühnerleberterrine ableiten: Die Masse dafür in eine mit grünem (= rohem) Speck oder mit Klarsichtfolie ausgelegte Form gießen, im Wasserbad pochieren, bis sie leicht zu stocken beginnt, dann erst Speck über die Oberfläche legen und fertig pochieren.

**ZUTATEN für
ca. 6 Portionen
(ca. 600 ml)**
200 g Hühnerleber, geputzt (eher helle Leber)
4 cl Madeira, Weinbrand oder Portwein
200 g Butter
1–2 frische Lorbeerblätter, Majoran, Thymian
1 Ei
1–2 EL Schlagobers bei Bedarf
Salz (evtl. mit ca. 10 % Pökelsalz gemischt)
Pfeffer
geriebene Nüsse, Kürbiskerne oder Pumpernickel zum Wälzen

WARME KÖSTLICHKEITEN

„Stoansteirischer" Bauerntoast

ZUBEREITUNG

Bauernbrot beidseitig dünn mit Butter bestreichen und vortoasten. Dann mit einer Knoblauchzehe abreiben. Mit Selchfleisch, Käse sowie Speckscheiben belegen und bei maximaler Oberhitze oder unter der Grillschlange überbacken, bis der Käse geschmolzen und der Speck knusprig ist.

TIPP: Probieren Sie einmal die obersteirische Variante dieses Rezepts: Dort werden solche Brote auch „Schnitten" genannt, in Schmarrenteig getaucht und in Schmalz herausgebacken.

ZUTATEN
4 Bauernbrotscheiben
Butter zum Bestreichen
2 Knoblauchzehen
250 g Selchfleisch, nicht zu mager (Teilsames, Selchschopf u. Ä.)
8 Scheiben Hamburgerspeck
4 Scheiben Käse, gut schmelzend

Flusskrebserln mit Eierschwammerln

ZUTATEN

16–20 Flusskrebse
(Grundzubereitung
s. S. 211)
ca. 200 g Eierschwam-
merln
2–3 Teile Haselnussöl
1 Teil Apfelbalsamessig
Salz, Pfeffer aus der
Mühle
Petersilie oder Thymian
nach Belieben
Blattsalat nach Belieben
Gänseblümchen oder
Kapuzinerkresseblüten
als Dekor
Butter oder Öl zum
Andünsten

ZUBEREITUNG

Eierschwammerln möglichst trockenputzen und in mundgerechte Stücke schneiden. In Butter oder Öl gut andünsten, mit Salz und schwarzem Pfeffer aus der Mühle würzen und noch warm mit Öl, Essig sowie eventuell Petersilie oder Thymian marinieren. Krebse nach dem Grundrezept zubereiten und noch lauwarm ebenfalls mit dem Dressing marinieren. Blattsalat anmachen und auf kalten Tellern anrichten. Krebse sowie Eierschwammerln darauf platzieren und mit Gänseblümchen oder Kapuzinerkresse dekorieren.

TIPP: Haben frische Eierschwammerln gerade keine Saison, so können auch nicht zu sauer eingelegte Eierschwammerln verwendet werden.

Oblatwürstel mit Fleck

Eine raffinierte Vorspeise aus der „Altgrätzerischen Küche":
panierte und knusprig herausgebackene Kuttelkroketten

ZUTATEN

500 g Fleck (Kutteln),
sauber gereinigt
Wurzelwerk (Petersil-
wurzel, Sellerie etc.)
50 g Mehl, glatt
50 g Butter
50 g Selchspeck
(Hamburger), fein-
würfelig geschnitten
50 g Zwiebeln, fein
geschnitten
2 Eidotter
2 Eier zum Panieren
Backoblaten, befeuchtet
Semmelbrösel
zum Panieren
Öl oder Schmalz
zum Herausbacken
Petersilie, Thymian,
Majoran
Salz, Pfeffer
Essig

ZUBEREITUNG

Die gut gereinigten Fleck einmal in gesalzenem Essigwasser aufkochen, mit etwas Wurzelwerk frisch zusetzen und weich kochen (s. S. 102). Im Sud auskühlen lassen und nicht zu fein hacken. In einer Kasserolle Speck in etwas Butter goldbraun rösten, Zwiebeln beifügen und Farbe nehmen lassen. Mehl einrühren und mit so viel Kochsud aufgießen, dass eine dicke Soße entsteht. Auskühlen lassen.

Die gehackten Kutteln dazugeben, mit Thymian, Majoran, Petersilie, Salz und Pfeffer abschmecken. Eidotter in die Masse einarbeiten und daraus Würstchen in der Größe von Kroketten formen. Diese in befeuchtete Oblaten einwickeln. In versprudelten Eiern und Bröseln panieren und in schwimmendem Fett herausbacken.

TIPP: Dieses Gericht mundet köstlich mit Paradeisersoße oder verschiedenen kalten Mayonnaisesoßen.

Ofenerdäpfel mit Räucherfischtopfen

ZUTATEN

4 kl. mehlige Erdäpfel
(Ostara, Ukama, Bintje
u. a.)
30 g Räucherfisch,
fein gehackt (Forelle,
Lachsforelle u. a.)
50 g Topfen,
Fett i. Tr. 40 % oder
20 %, eher trocken
30 g Sauerrahm
Salz, Dille
Forellenkaviar und
Dillzweige zum
Garnieren
braune Butter
nach Belieben

ZUBEREITUNG

Topfen mit Sauerrahm, etwas Salz, Dille und Räucherfisch glatt rühren, kalt stellen. Die Erdäpfel gut waschen und anschließend in leicht gesalzenem Wasser schwenken (ergibt einen besseren Geschmack). In Alufolie einpacken und im vorgeheizten Rohr bei 200 °C je nach Größe und Sorte 45–60 Minuten garen. Etwas abkühlen lassen und halbieren, an der Unterseite eine Kappe abschneiden und Erdäpfel auf Teller stellen.

Mit einem kleinen Ausstecher (Pariserausstecher) oder Löffel etwas aushöhlen. Nach Belieben mit brauner Butter ausstreichen. Zart salzen und den Topfen mit Hilfe eines Dressiersackes einfüllen. Mit Dillzweigen und Forellenkaviar dekorieren.

TIPPS

- Sollten nur speckige Erdäpfel zur Verfügung stehen, diese vor dem Garen unbedingt kurz vorkochen.
- Die Topfenmasse kann auch zwischen gekochte, angebratene Erdäpfelscheiben, Gurkenscheiben oder Salzkekse (Crackers) gefüllt werden.
- Zu diesem Gericht trinkt man am besten Muskatellersekt oder einen trockenen steirischen Muskateller.

Kürbiskerndalken mit Kernöl-Eierspeis

Steirische Blinis

ZUTATEN

100 g Heidenmehl
(Buchweizenmehl)
80 g Weizenmehl, glatt
10 g Germ
2 Eidotter
2 Eiklar
125 ml Milch, lauwarm
30 g Butter, flüssig
1–2 EL Kürbiskernöl
2–3 EL Kürbiskerne,
grob gerieben und
geröstet
Salz
3–4 Eier für die
Eierspeise
Butter für die Eierspeise
Öl zum Herausbacken

ZUBEREITUNG

Germ in lauwarmer Milch auflösen und mit beiden Mehlsorten, Eidottern und Butter zu einem Teig verarbeiten. Eiklar halbsteif schlagen, unterheben und 1–2 Stunden quellen lassen. Am besten in einer Dalkenpfanne Öl nicht zu heiß werden lassen und jeweils 1 EL Masse hineingeben, mit gerösteten Kernen bestreuen und langsam auf beiden Seiten goldgelb backen. Währenddessen in einer anderen Pfanne Butter schmelzen und die verschlagenen Eier zu einer Eierspeise braten. Zart salzen und mit etwas Kernöl beträufeln. Die Dalken auf vorgewärmten Tellern anrichten und etwas Eierspeise daneben platzieren. Mit Kürbiskernen bestreuen.

TIPPS:

■ Die steirischen Blinis können dünn wie Palatschinken oder dick wie Dalken gebacken werden.
■ Eine besonders stimmige Begleitung zu diesem Gericht ist Kürbisbier.

Polenta-Auflauf mit Blattspinat

Ein Rezept von Hans Wöls (Vitalgasthof Hubinger, Etmissl)

ZUTATEN für
6–8 Portionen

200 g Polenta (Mais-
grieß)
500 ml Wasser
Salz
3 EL Mascarino
2 Eiklar
2 Eidotter
Paprikapulver nach
Wunsch
Öl oder Butter für die
Form

Für den Blattspinat

400 g Blattspinat,
blanchiert (oder
aufgetauter Tiefkühl-
spinat)
80 g Zwiebeln, fein
geschnitten
30 g Butter
1 Knoblauchzehe
Salz, Pfeffer
Muskatnuss
120 g Schafskäse

ZUBEREITUNG

Leicht gesalzenes Wasser aufkochen, Polenta einrieseln lassen und auf kleiner Flamme unter oftmaligem Umrühren 25 Minuten dünsten bzw. köcheln. Leicht abkühlen lassen.

Blattspinat kurz blanchieren (überbrühen), kalt abschrecken, gut ausdrücken, klein schneiden oder hacken. Zwiebeln und Knoblauch in Butter glasig werden lassen, Spinat dazugeben und mit Salz, Pfeffer sowie Muskatnuss abschmecken. Schafskäse unterrühren. Eine passende Auflaufform mit Butter ausstreichen, einen Teil Polenta einfüllen und Spinatfülle darüber verteilen.

Eidotter und Mascarino mit der restlichen Polenta verrühren. Eiklar zu Schnee schlagen, unterziehen und Spinat damit abdecken. Nach Wunsch mit Paprikapulver bestauben und im vorgeheizten Rohr bei 180 °C ca. 30–40 Minuten backen.

BEILAGENEMPFEHLUNG: Paradeisersoße und grüner Salat

TIPPS:

■ „Typisch steirisch" schmeckt dieser Auflauf auch, wenn Sie den Schafskäse durch einen Österkron aus dem steirischen Ennstal ersetzen.
■ Anstelle von Blattspinat können auch Pilze, Mangold, Zucchini oder Faschiertes in die Polenta gefüllt werden.

Zwiebelspeckkuchen

ZUBEREITUNG

Für den Topfenteig alle Zutaten rasch zu einem Teig kneten (am besten Rührmaschine verwenden!). Zu einem flachen Ziegel formen und gut verpackt mindestens 1–2 Stunden, am besten jedoch über Nacht rasten lassen. Auf einer gut bemehlten Arbeitsfläche ausrollen.

Eine passende Backform oder Backblech mit hohem Rand mit Butter ausstreichen und mit Teig auslegen. Denselben gut einölen und mehrmals einstechen. Zwiebelringe und Porreestreifen kurz blanchieren (überbrühen), abschrecken und sehr gut ausdrücken bzw. trockentupfen. Beides über den Teig verteilen. Schinken- und Speckwürfel in etwas Butter anrösten, über Zwiebel und Porree gleichmäßig verteilen, mit Petersilie oder Kräutern bestreuen.

Für den Eierguss die Butter erwärmen. Mehl einrühren, mit kalter Milch aufgießen und aufkochen lassen. Etwas abkühlen lassen, dann Eier, Topfen sowie Gewürze einmixen. Über den Kuchen gießen und im Rohr bei 200 °C ca. 40–45 Minuten backen. Etwa 5 Minuten rasten bzw. etwas abkühlen lassen und lauwarm servieren.

TIPPS

■ Noch raffinierter schmeckt dieser Kuchen, wenn man in den Topfenteig gehackte Kräuter und/oder etwas geriebenen Käse einarbeitet.

■ Dieses Rezept ermöglicht zahlreiche Variationen: Nur Zwiebel und Speck für Zwiebelkuchen, gekochtes Gemüse nach Saison, einzeln oder gemischt, Pilze und Schwammerln oder Geflügel bzw. Fisch, auf den Teig gelegt und mit gekochtem Gemüse bedeckt überbacken.

**ZUTATEN für
16 Portionen bzw.
1 kl. Backblech
(ca. 30 x 40 cm)**
500 g Zwiebelringe
500 g Porreestreifen
300 g Schinken und
gekochter Jausenspeck,
würfelig geschnitten
Petersilie oder Kräuter,
gehackt
Butter und Öl
zum Bestreichen

Für den Eierguss
30 g Butter
30 g Mehl, glatt
300 ml Milch
4 Eier
100 g Topfen
Salz, Pfeffer und Muskat

Für den Topfenteig
200 g Topfen, trocken
(40 % Fett i. Tr.)
200 g Butter oder
Margarine, kalt und auf
Röstireibe grob gerieben
250 g Mehl, griffig
Salz
Mehl für die
Arbeitsfläche

Strudelsackerl mit Wildhaschee

ZUBEREITUNG

Strudelblätter auf ein leicht befeuchtetes Tuch legen und auf eine Größe von ca. 10 x 10 cm zurechtschneiden. Teigstücke mit einer Mischung aus flüssiger Butter und Dotter bestreichen. Restliche Zutaten zu einer nicht zu feuchten Füllmasse vermengen und auf den Strudelblättern verteilen. Vorsichtig zu Säckchen zusammenfalten und mit Porreestreifen oder Schnittlauch zubinden. Auf ein mit Backpapier belegtes Backblech legen und im vorgeheizten Rohr bei 180 °C ca. 15 Minuten backen.

ZUTATEN
1–2 Pkt. Strudelblätter
(oder hausgemacht)
80 g Butter, flüssig
1 Eidotter
ca. 250 g Wild- oder
anderes Fleisch, faschiert
50 g roher Speck,
faschiert oder fein
gehackt
Dörrzwetschken
1–2 Scheiben Toastbrot,
in Milch geweicht und
ausgedrückt
Salz, Pfeffer, Wacholder
Porree oder Schnittlauch
zum Abbinden der
Sackerln

Dörrzwetschken mit Speck

ZUTATEN
12 Dörrzwetschken
120 g Frühstücksspeck
ohne Knorpel, in nicht
zu dünne Scheiben
geschnitten
2 EL Butter oder
Pflanzenöl

ZUBEREITUNG

Entkernte weiche Dörrzwetschken (bei Bedarf vorher einweichen) mit nicht zu dünn geschnittenem gekochtem Jausen- oder Frühstücksspeck umwickeln. Mit Zahnstochern befestigen und beidseitig kurz in heißer Butter oder Öl anbraten. Im nicht zu heißen Rohr kurz nachbraten. Auf Küchenpapier abtropfen lassen und lauwarm servieren.

TIPP: Anstelle von Dörrpflaumen können auch Apfel- oder Birnenstücke verwendet werden.

VORSPEISEN MIT STEIRISCHEM KÄSE

Käse ist im Käseland Steiermark ein in der Küche höchst vielseitig zu verwendendes Grundprodukt. Landestypische Käsesorten sind der Schlossdamer, Amadeus, Moosbacher, St. Patron, Dachsteiner, Raclette, Steirerkas, Österkron und Le Rosé. Im Murtal gibt es den typischen Murbodner Steirerkäse und im Ennstal den klassischen Steirerkäse. In der Oststeiermark findet man viel Käse aus Schafmilch – etwa den steirischen Selchkas.
Ähnlich wie der Weinbau war auch das Molkereiwesen in den letzten beiden Jahrzehnten des 20. Jahrhunderts in der – wegen ihrer saftigen Weiden so benannten – „Grünen Mark" von kompromisslosem Qualitätsdenken bestimmt. Käse passt in der Steiermark von der Brettljaus'n bis zur Festtagstafel überall hin. Viele der im Folgenden beschriebenen kalten und warmen Käsevorspeisen eignen sich daher auch perfekt dafür, am Ende eines Menüs als „Käsedessert" eingesetzt zu werden.

Steirische Crostini

ZUBEREITUNG

Weißbrot- oder Sandwichscheiben in einer Pfanne mit reichlich nicht zu heißem Öl oder Schmalz gemeinsam mit Kräutern nach Belieben sowie Knoblauch beidseitig anrösten. Herausheben, auf einen Rost oder in eine Form geben und mit Apfel- oder Birnenstreifen belegen. Mit Österkron abdecken und im vorgeheizten Rohr bei maximaler Oberhitze oder unter der Grillschlange auf mittlerer Schiene überbacken.

TIPPS

▪ Anstelle von Apfel oder Birne können auch gekochtes Gemüse, geröstete Schwammerln oder gehackte Paradeiser überbacken werden. Auch der Blauschimmelkäse ließe sich durch andere schmelzfähige Käsesorten ersetzen.

▪ Eine ebenso einfache wie gute Variante besteht darin, Käsescheiben aufs leicht gebutterte Brot zu legen und im Rohr oder in der Mikrowelle zum Schmelzen zu bringen.

▪ Apart ist auch die Idee, den Käse durch Hühnerleberparfait zu ersetzen.

ZUTATEN

8 Scheiben Weiß-
oder Sandwichbrot
4 EL Öl oder Schmalz
frische Kräuter nach
Belieben (z. B. Salbei
und Rosmarin)
1–2 Knoblauchzehen
1–2 Äpfel oder Birnen,
würfelig oder streifen-
förmig geschnitten
ca. 250 g Österkron
(oder anderer
Blauschimmelkäse)

Steirischer Roquefort

Der Österkron, Österreichs beliebtester Edelschimmelkäse, ist mit feinen Grün-schimmeladern durchzogen und herzhaft-würzig im Geschmack. Seine Heimat ist das steirische Ennstal. Hier liegt die traditionsreiche Käserei Gröbming inmitten einer wunderschönen Landschaft im Schatten des Dachsteins. Die Ennstaler Alpen haben sich für die österreichischen Edelschimmelkulturen als idealer Nährboden erwiesen, und nicht umsonst behaupten die Gröbminger Käsemeister unter Anspielung auf das französische Vorbild, den Roquefort, nicht ohne Stolz: „Bei uns liegt das Penicillium roqueforti in der Luft."

Steirische Eisenblüte
Käseblüte mit Birnen- oder Apfelchips

ZUTATEN
250 g gemischter steirischer Edelschim-melkäse nach Wahl (z. B. Österkron, etc., wobei auch Reste und Abschnitte verwendet werden können)
2–3 bissfeste Birnen, in Scheiben geschnitten
Walnüsse, Trauben sowie Apfel- und/oder Birnenchips (Apfelchips s. S. 78)
für die Garnitur nach Belieben

ZUBEREITUNG

Edelschimmelkäse am besten mit der Wiegepresse (ersatzweise auch Erd-äpfelpresse oder Fleischwolf) durchdrücken. Den durchgedrückten Käse mit Hilfe einer Palette oder Gabel auf hauchdünnen Birnenscheiben schön bzw. blütenförmig anrichten. Mit Birnenscheiben, Walnüssen oder Trauben dekorieren. Apfel- und/oder Birnenchips extra dazu reichen.

TIPPS:

■ Besonders hübsch sieht der passierte blaugrüne Käse auf Birnenscheiben aus, die zuvor in Rotwein pochiert wurden.

■ Der passierte Käse kann auch auf getoastetem Schwarzbrot oder Birnen- bzw. Apfelchips angerichtet werden.

■ Wenn man den Käse vor dem Passieren mit etwas Butter durchmischt, wird der rezente Edelpilzschimmelgeschmack etwas gemildert.

Rahm-Brie mit Walnüssen

ZUBEREITUNG

Rahm-Brie oder Camembert waagrecht durchschneiden. Die untere Hälfte des Käses mit Honig bestreichen, mit grob gehackten Walnüssen bestreuen und diese gut eindrücken. Obere Käsescheibe darauf legen und gut andrücken. Käse in Klarsichtfolie eindrehen und über Nacht nicht zu kalt lagern. Käse je nach Wunsch in Würfel oder Dreiecke schneiden und mit Walnusshonig dekorieren.

ZUTATEN

250 g Rahm-Brie
oder Camembert
ca. 2 EL Honig
20 g Walnüsse, grob
gehackt
Walnusshonig (= mit
geriebenen Walnüssen
vermischter Akazien-
honig) für die Garnitur

Rotkulturkäse mit Rotweinbirne

ZUBEREITUNG

Abgeseihte Cocktailbirnen oder zugeputzte frische Birnen mit Zucker ca. 5 Minuten in Rotwein köcheln und dann auskühlen lassen. Birnen aufschneiden und in Fächerform auf Teller legen. Rotkulturkäse darauf anrichten.

ZUTATEN

250 g Rotkulturkäse
(z. B. Roter Mönch o. Ä.)
1 Dose Cocktailbirnen,
ersatzweise 12 kleine
frische Birnen, geschält,
halbiert und
ausgestochen
250 ml Rotwein
20–30 g Zucker

Schnittkäse-Salat

ZUBEREITUNG

Gurke, Paprika, Rettich, Zwiebel, Apfel und Käse in feine Streifen oder Würfel schneiden und in eine Schüssel geben. Etwas salzen und pfeffern. Aus den angegebenen Zutaten eine Marinade zubereiten, über den Salat träufeln und mindestens 30 Minuten marinieren. Käsesalat auf Salatblättern anrichten, mit Paradeiserspalten und eventuell Petersilie garnieren.

ZUTATEN

1/2 Salatgurke
1/2 Paprikaschote, grün
50 g Rettich, weiß oder
schwarz
1 mittelgroße Zwiebel
(evtl. rot)
1 mittelgroßer Apfel,
säuerlich
400 g Schnittkäse
wie Schlossdamer, Amadeus oder Moosbacher
Salz, Pfeffer
Paradeiser, Petersilie
und Salatblätter zum
Anrichten

Für die Marinade

250 g Sauerrahm
1 TL Senf, mittelscharf
4 cl Apfelessig
8 cl Traubenkernöl
Salz, Pfeffer

Frischkäsesulz mit Trauben

**ZUTATEN für
ca. 10 Portionen**

500 g Frischkäse
(Gervais, Rollino oder
Topfen usw.)
250 ml Schwartenfond
(s. S. 28) oder
ersatzweise
250 ml Suppe und
6–8 Blatt Gelatine
350 g Trauben, grün
und blau, entkernt
und halbiert
Salz, weißer Pfeffer
Balsamicoessig und
Nussöl
kleiner Salat als Beilage
Öl für die Form

ZUBEREITUNG

Schwartenfond leicht erwärmen oder eingeweichte, ausgedrückte Gelatine in der erwärmten Suppe auflösen. Frischkäse einmengen und glatt rühren. (Nicht kochen, da der Frischkäse dadurch flockig wird!) Entkernte Trauben untermengen. Mit Salz, weißem Pfeffer, Nussöl und Balsamicoessig kräftig abschmecken. Masse in eine geölte und mit Klarsichtfolie ausgelegte Form füllen und über Nacht kalt stellen. Mit einem Elektromesser in Scheiben schneiden und mit einem kleinen Salat anrichten.

TIPPS

■ Variieren Sie dieses Rezept mit unterschiedlichen Einlagen: Geeignet sind Kren und Schinken, Keime und Sprossen, Spargel (weiß und grün) oder abgezogene, entkernte und würfelig geschnittene Paradeiser mit Kräutern wie Basilikum, Kerbel, Bärlauch usw.

■ Verschönern Sie Ihre Terrine durch einen Geleemantel. Dafür die Grundmasse in eine kleinere Form gießen (vorher mit Karton bzw. Klarsichtfolie auslegen) und nach dem Stocken aus der Form nehmen. Eine größere, geölte Form mit Klarsichtfolie auslegen. Diese Form mit ca. 125 ml leicht abgekühlter Schwartensulz oder flüssigem Kräutergelee füllen, die kalte Terrine einlegen und nach abermaligem Stocken nochmals mit ca. 125 ml Gelee begießen und kalt stellen.

Käsewürfel im Salbei-Weinteig

ZUBEREITUNG

Salbeiblätter waschen, abtrocknen und fein schneiden. Aus den angeführten Zutaten einen Weinteig zubereiten und 1 Stunde stehen lassen. Fein geschnittenen Salbei in den Weinteig geben. Schnittkäse in nicht zu große Würfel schneiden, durch den Teig ziehen und in heißem Öl (170–180 °C) kurz frittieren. Auf Küchenkrepp gut abtropfen lassen.

ZUTATEN

ca. 12 Salbeiblätter
250 g fester steirischer Schnittkäse (z. B. Moosbacher, St. Patron, Dachsteiner u. a.)
Pflanzenöl zum Frittieren

Für den Weinteig
100 g glattes Mehl
ca. 60 ml Weißwein, trocken
Salz
etwas Zimt
2 Eier

Cambette gebacken

ZUBEREITUNG

Gut gekühlten Cambette in Eckerl schneiden. Mit Mehl, kurz verschlagenem Ei und Semmelbröseln panieren. In heißem Öl bei ca. 170 °C goldgelb backen, auf Küchenkrepp abtropfen lassen. Frische Petersilie ebenfalls frittieren und abtropfen lassen. Sauerrahm mit frischen Kräutern vermischen und gemeinsam mit frittierter Petersilie dazu servieren.

TIPPS

■ Der Cambette ist ein g'schmackiger, fettarmer Weichkäse, der nach Camembert-Art mit besonders feinem Champignonaroma in der Molkerei Stainach im Ennstal erzeugt wird.
■ Besonders raffiniert schmeckt dieses Käsegericht, wenn man die Semmelbrösel mit geriebenen Kürbiskernen vermischt.

ZUTATEN

ca. 250 g Steirischer Cambette (oder anderer Weißschimmelkäse)
Mehl, Ei und Brösel zum Panieren
Öl zum Frittieren
Sauerrahm
frische Kräuter
1 Bund Petersilie

Voitsberger Eieromelett'n

ZUBEREITUNG

Eiklar mit etwas Salz und einigen Tropfen Wasser gut aufschlagen. Eidotter mit Asmonte und Kräutern verrühren, salzen und unter den Eischnee heben. In einer eisernen Pfanne Fett erhitzen und die Masse mit einer Teigkarte gleichmäßig darin verteilen. Bei schwacher Hitze backen, bis die Unterseite gebräunt ist. Omelette an den Rand der Pfanne schieben, mit einer Palette von beiden Seiten einklappen, so dass eine Tasche entsteht. Garen, bis das Äußere schön gebräunt ist.

TIPPS

■ Der steirische Asmonte aus der Käserei Voitsberg, mit dem dieses Rezept am besten schmeckt, ist ein Verwandter des Parmesans.
■ Dieses flaumig-luftige Grundrezept kann mit diversen Kräutern, Pilzen, Gemüse, Restfleisch und dergleichen verfeinert und abgewandelt werden.

ZUTATEN

8 Eiklar
8 Eidotter
60 g Asmonte-Reibkäse (ersatzweise Parmesan), gerieben
1 EL Kräuter (Petersilie, Kerbel, Estragon)
Salz
Backfett bzw. Schmalz

G'sottn, 'presst, aufbaht

Ennstaler Steirerkas – Das Jausenwunder aus Gröbming

Gröbming im Ennstal ist einer jener Orte, wo man wochentags die Dorfältesten in der Krachledernen noch im Wirtshaus dabei beobachten kann, wie sie mit dem Taschenfeitel bedächtig ihre Vormittagsjause zersäbeln. Sie verlangen von der Wirtin einen „Steirerkas" – und erhalten statt des üblichen, eher dem Glundner Käse ähnelnden Kochkäses prompt einen faustgroßen Klumpen, der auf den ersten Blick aussieht, als wäre er aus Granit gehauen. Dass es mit dem Härtegrad des groben Klotzes nicht ganz so schlimm sein kann, bemerkt man spätestens dann, wenn der Jausnende mit breiten Fingernägeln so lange daran ritzt und schabt, bis der Käsekoloss bröckelt – und zwar traditionsgemäß auf das mit vollgelber Bauernbutter zentimeterdick bestrichene Bauernbrot.

„Diesen Kas", das weiß hier jeder Einheimische, „den gibt's nur im Ennstal, sonst mag man ihn nirgendst." Das hatte schon der Vater des steirischen Heimatdichters Karl Gottfried von Leitner feststellen müssen, der 1792 über seine Erfahrungen berichtete: „Man reichte mir ein Stück des besten Käses, welcher schon mehrere Monate alt war; er hatte ein sehr widerliches Aussehen und einen herben Geschmack, war aber dabei sehr mürbe."

Ein echter „Steirerkaskeller" sieht auch noch aus wie eine archäologische Ausgrabungsstätte, nur dass die vielen „Säulenfundamente" nicht aus Stein bestehen, sondern aus Topfen, der sich nach dem Erhitzen auf 70 Grad Celsius und dem Pressen in zylindrische 2-kg-Behältnisse zu klumpig-marmorierter Konsistenz verfestigt hat. Der Ennstaler Steirerkas zählt zur Gruppe der Sauermilchkäse, jener Käse also, die aus der Topfenproduktion weiterentwickelt werden, in deren Verlauf die Milch durch Säurebakterien dickgelegt und durch Erwärmung schließlich in Topfen und Molke getrennt wird. Der so entstandene Käsebruch wird in Leinensäcken ausgepresst und bei Zimmertemperatur in Holzbottichen oder Schüsseln ausgelegt, bis er glasig wird. In diesem Stadium wird die Masse – je nach regionaler Rezeptur – mit verschiedenen Gewürzen versetzt, in einer Kupfer- oder Gusseisenpfanne erhitzt und in irdene Schüsseln abgefüllt.

Je nachdem, wo er hergestellt wird, mundet der Steirerkas immer anders: einmal hart und bröselig – „griaselig", wie man auch sagt –, dann wieder eher topfig, ein drittes Mal speckig und glitschig. Was gleich bleibt, ist lediglich die Qualität der in heißem Fett ausgebackenen „roggenen Krapfen" (das Rezept finden Sie unter „Rogg'nkrapfen" auf S. 134), mit denen sich der Steirerkas besonders gut verträgt und die man nach dem Abbröseln des Käses zu einer Rolle formt, in die man herzhaft hineinbeißt.

Gleich bleibt schon seit Jahrhunderten auch die Abfolge, nach welcher der Ennstaler Steirerkas auch ohne jedes Molkereilehrbuch für jedermann herzustellen ist. „G'sottn, 'presst, aufbaht", so lautet das Grundprinzip nach einem alten Sprichwort: gekocht, gepresst und gesäuert. So einfach ist das.

Käs' im Speck

ZUBEREITUNG

Käse in ca. 2,5 cm große Würfel schneiden und diese gut in Speck einwickeln (am besten 2 Scheiben über Kreuz wickeln!). In einer Pfanne etwas Fett nicht zu heiß werden lassen und Würfel beidseitig ganz kurz goldgelb anbraten. Speck-Käse-Bissen auf Küchenrolle abtropfen lassen, evtl. mit Zahnstochern fixieren und auf Salatblättern servieren.

ZUTATEN
250 g steirischer Käse
(z. B. St. Patron, Selchkas)
200 g Frühstücks- oder
Jausenspeck ohne
Knorpel, dünn
geschnitten
etwas Butter oder
Butterschmalz
Salatblätter zum
Anrichten

Steirisches Erdäpfelraclette

ZUBEREITUNG

Käse in nicht zu dünne Scheiben schneiden. Erdäpfel gut waschen und anschließend in leicht gesalzenem Wasser schwenken. In Alufolie einpacken und im Rohr bei 200 °C je nach Größe und Sorte ca. 45–60 Minuten garen. (Achtung: speckige Erdäpfel kurz vorkochen!) Danach etwas abkühlen lassen und halbieren, an der Unterseite eine Kappe abschneiden und Erdäpfel auf einen Teller stellen. Mit einem kleinen Ausstecher (Pariserausstecher) oder Löffel etwas aushöhlen. Käse einfüllen, mit ganz wenig Paprika bestauben und im Rohr auf der mittleren Schiene bei maximaler Oberhitze oder unter der Grillschlange (unterste Schiene) goldgelb überbacken bzw. den Käse schmelzen lassen.

TIPP: Eine pikante, aus der Schweiz stammende Variante dieses Rezepts besteht darin, die Erdäpfel zunächst mit Gurkerlscheiben oder Perlzwiebeln zu belegen und erst dann mit Käse zu überbacken.

ZUTATEN
4 kl. mehlige Erdäpfel
(Ostara, Ukama, Bintje
u. a.) oder Erdäpfel-
scheiben, gekocht
bzw. kurz angebraten,
in der Schale
100 g Raclette-Käse
(mit Rinde verwenden)
1 Prise Paprikapulver,
edelsüß

VOM TELLERFLEISCH BIS ZUR KLACHLSUPP'N

Das Beste aus dem steirischen Suppentopf

Eine steirische Suppe und das, was wir heute unter Suppe verstehen, sind keineswegs das Gleiche. Im steirischen Bauernhaushalt wäre früher kaum jemand auf die Idee gekommen, eine Suppe als Appetit anregende Vorspeise oder gar als französische „Bouillon" zu betrachten. Die Suppe war vielmehr ein Gericht für alle, eines für jede Jahreszeit und – am wichtigsten – eines für jede Tageszeit.

Auf vielen Höfen gab es dreimal täglich Suppe. Man begann den Tag mit einer kräftigen Rahm- oder Getreidesuppe. Mittags gab es meist Kraut-, Rüben- oder andere nahrhafte Gemüsesuppen. An Schlachttagen reichte man Klachel-, Fleck- oder andere Fleischsuppen, ansonsten Bohnen-, Hühner- oder Schwammerlsuppen. Und selbst zur Pause ließ man sich eine Milchsuppe mit Brotkrumen schmecken.

Der Suppenspeiseplan spiegelte wider, was Bauern, Klöstern, Meierhöfen und Adelsgeschlechtern an Unverkäuflichem und Rückständen übrig blieb. Das waren etwa abgerahmte Milch, Sauermilch, Buttermilch, Sauerrahm, Schotten oder Topfen, aber auch Schlachttreste wie Innereien, Röhrenknochen oder Grammeln, Restprodukte des Obstbaus wie Essig – durchwegs also geschmackstragende Zutaten, die nur noch des Suds von Rind oder Geselchtem, von Hülsenfrüchten oder Gemüse sowie der Bindung durch Mehl – meist verwendete man das dunkelste, aber auch schmackhafteste – bedurften.

Merke also: Die echte steirische Suppe ist dick, und sie ist keine Vor-, sondern eine Hauptspeise.

Und noch ein paar nützliche Tipps für den Suppenalltag:

■ Werfen Sie nichts Essbares weg! Für die Herstellung von Suppen und Soßen können sämtliche Abschnitte und Reste von Fleisch sowie Fleischknochen, Fisch oder Gemüse verwendet werden. Je mehr Grundprodukte und je weniger Flüssigkeit verwendet wird, desto kräftiger wird die Suppe. Die Kraft einer Suppe erkennt man am besten daran, wie stark sie in kaltem Zustand geliert.

■ Suppe braucht Zeit. Rind-, Kalbs-, Wild- oder Lammsuppe benötigen 4 Stunden am Herd, Geflügelsuppen brauchen 3 bis 4 Stunden. Gemüse-, Kräuter-, Pilz- oder Fischsuppen sollten hingen nur maximal eine halbe Stunde köcheln.

■ Essen Sie Ihre Suppe nicht zu heiß. Brennheiße Suppen verlieren ebenso an Geschmack wie eiskalte Weine – und sind obendrein ungesund.

■ Beachten Sie: Bei Wetterumschwung können Suppen (vor allem solche mit höherem Fett- oder Zwiebelanteil) leicht sauer werden. Kühlen Sie die Suppe nach dem Kochen am besten im kalten Wasserbad unter häufigem Umrühren sofort ab und bewahren Sie sie im Kühlschrank auf.

KLEINE SUPPENKUNDE

Klare Suppen

Knochensuppe

- ■ Wässern Sie alle Grundprodukte, die Sie führ Ihrer Suppe verwenden wollen, gut aus oder blanchieren Sie sie vor. Dazu werden die Knochen und Fleischabschnitte (Parüren) kurz aufgekocht und kalt abgespült. Fügen Sie dann Wurzelgemüse wie Karotten, gelbe Rüben, Sellerie, Petersilienwurzeln und -stängel und (möglichst das Weiße vom) Porree hinzu. Verwenden Sie aber nicht zu viel davon, weil die Suppe sonst zu „gemüsig" wird. Zuletzt kommen noch Zwiebeln und Zwiebelschalen (wegen der Farbe) sowie Kräuter und Gewürze dazu. Geeignet sind vor allem Lorbeer und Liebstöckel, nehmen Sie aber auch davon nicht zu viel. Bedecken Sie nun alles knapp mit kaltem Wasser, lassen Sie kurz aufkochen, salzen Sie behutsam und lassen Sie die Suppe dann sanft weiterköcheln.
- ■ Stammt die Knochensuppe vom Lamm, würzen Sie zusätzlich mit Knoblauch, Majoran und Thymian.
- ■ Stammt die Knochensuppe vom Wild, würzen Sie zusätzlich mit Wacholder, Thymian, Rosmarin und, je nach Geschmack, auch mit Koriander, Nelken und Orangenzeste.
- ■ Stammt die Knochensuppe vom Kalb, würzen Sie zusätzlich mit Salbei.
- ■ Soll die Knochensuppe eine dunklere Farbe annehmen, so rösten Sie Knochen und Abschnitte zunächst gemeinsam mit Zwiebeln und Gemüse in Fett an, gießen Sie das Fett weg und stellen Sie die Suppe erst jetzt mit kaltem Wasser auf.
- ■ Gießen Sie klare Suppen immer mit kaltem Wasser auf und schäumen bzw. fetten Sie diese öfters ab. Klare Suppen sollten nie lange aufkochen und vor allem nicht zugedeckt werden, da die Suppe sonst leicht trüb wird.

Fleischsuppe

Bereiten Sie nach dem obigen Rezept eine Knochensuppe zu, lassen Sie diese erkalten, seihen Sie die Suppe ab und setzen Sie diese noch einmal mit Fleischstücken bzw. Suppenfleisch an. Wurzelgemüse, Kräuter und Gewürze jetzt nur noch nach Bedarf und eher sparsam zugeben!

Statt Knochensuppe kann man auch Geflügelsuppe aus Hühnerkarkassen und Geflügelklein oder einem ganzen Suppenhuhn herstellen. In diesem Fall sind die idealen Zutaten Karotten, Sellerie, Petersilie, Porree, Zwiebeln, Lorbeer, Majoran, Thymian, etwas Salz, Pfeffer und Muskat.

Wenn Sie Ihr Suppenfleisch saftig genießen wollen, so wählen Sie bitte auch entsprechend durchwachsene und gallertige (flachsige) Teile wie Schulterspitz oder Beinfleisch aus und köcheln Sie es langsam in der heißen Knochensuppe. Mageres Fleisch (z. B. Weißscherzl oder Tafelspitz ohne Fettrand) schmeckt immer trocken, egal, ob es in heiße oder kalte Suppe eingelegt wurde.

Verwenden Sie für Fleischsuppen keine Suppenwürfel oder Streuwürzen, da dies den Geschmack verfälschen und dem Fleisch, ebenso wie eine „Überdosis Sellerie", eine unerwünschte Rottönung verleihen kann. Zu viel Porree oder Selleriegrün färben die Suppe grün ein, zu viel Karotte macht die Suppe süß.

Wenn Sie keine vorbereitete Knochensuppe zur Verfügung haben, so können Sie selbstverständlich Knochen und Suppenfleisch – wie oben beschrieben – gemeinsam aufstellen.

Kraftsuppe

Für diese in der Küchensprache auch Consommé genannte Suppe setzen Sie die abgeseihte kalte Fleischsuppe mit Klärfleisch auf, das aus rohem, magerem, faschiertem Rindfleisch und etwas mitfaschiertem Wurzelgemüse sowie Eiklar besteht und mit ein wenig Salz und Wasser zu einem dicken Brei verrührt wird. Auch die Kraftsuppe wird kalt zugestellt und langsam bis zum Siedepunkt erhitzt, sollte aber nicht kochen. Danach wird sie durch ein nasses Etamin abgeseiht. Erkaltete Kraftsuppe geliert.

Doppelte Kraftsuppe

Um eine so genannte Consommé double oder Essenz zu erhalten, kochen Sie die Kraftsuppe nochmals auf die halbe Menge ein. Wichtig ist es in diesem Fall, möglichst wenig oder gar kein Salz zu verwenden, weil die Suppe sonst zu konzentriert gerät.

Steirische Selchsuppe

Die Verwendung des Kochsuds, der beim Selchfleischkochen entsteht, als Suppe ist in bäuerlichen Gegenden der Steiermark noch heute weit verbreitet und bietet eine Fülle von Variationen:

Eingesprudelte Selchsuppe: 60 g Mehl in etwas Wasser abrühren und in die kochende Selchsuppe sprudeln.

Selchsuppe mit Schwarzbrot: Feine Schwarzbrotschnitze einstreuen. Weit verbreitete Sonntagssuppe.

Selchsuppe mit Allerlei: Übrig gebliebene Beilagen von Fleischspeisen wie Knödel, Nocken, Nudeln und Kochstrudel mit Selchsud löffelweise essen.

Selchsuppe mit Gerstbrein: Gerstbrein (neuerdings Rollgerste) im Sud verkochen.

Selchsuppe mit Farferln (Reibgerstl): Aus Ei, etwas Milch bzw. Wasser und Mehl einen sehr festen Teig bereiten, salzen und antrocknen lassen. Durch ein Reibeisen in die Suppe geben und einige Minuten kochen lassen.

Eingetropfte Selchsuppe: Verschlagene Eier mit Mehl zu einem tropffähigen Teig mischen und in die wallende Suppe einkochen. Eignet sich auch als Einlage für andere klaren Suppen.

Steirischer Suppentopf

Aus blanchierten bzw. überbrühten und abgeschreckten Rinds- oder Kalbsknochen mit frischem, kaltem Wasser, Wurzelgemüse sowie Zwiebelschalen eine Grundsuppe ansetzen, Lammstelze, Rindfleisch, Kalbs- oder Schweineschulter und Züngerl gut waschen, in die heiße

Suppe einlegen. Mit Lorbeer, Petersilie, Majoran, Thymian und evtl. etwas Knoblauch würzen. Ca. 3–4 Stunden auf kleiner Flamme ziehen lassen. Wenn die Fleischstücke weich werden, Hühnerkeulen einlegen und noch ca. eine halbe Stunde ziehen lassen. Sobald die Fleischstücke weich sind, in kaltem Wasser abschrecken bzw. abkühlen lassen. Suppe abseihen und kurz vor dem Anrichten gut abschmecken, mit vorgekochtem Gemüse nach Saison und Gusto (in Eiswasser abgeschreckt – für eine schönere Farbe!) kurz erwärmen. Fleischstücke in kaltem Zustand aufschneiden und extra oder im Suppentopf erwärmen. Mit reichlich Schnittlauch bestreuen und servieren. Neben dem im Ganzen oder aufgeschnitten mitservierten Fleisch eignen sich als zusätzliche Einlage Karotten, Sellerie, Zwiebeln (weiß und rot), Porree, Kohl, Kohlsprossen, Paprika (bunt), Bohnschoten, Kohlrabi, Karfiol, Brokkoli, Zucchini, Erdäpfel, aber auch Nudeln und Getreide (Gerste, Reis).

Tellerfleisch

Es handelt sich dabei um eine kräftige Rindfleischsuppe, die mit Rindfleischstücken bzw. -scheiben, Suppengemüse und feinen Suppennudeln oder Markknochen und gebähtem (geröstetem) Schwarzbrot serviert wird. In Wien ein Bestandteil des klassischen Gabelfrühstücks, in der Steiermark vor allem eine klassische Totenzehrung.

Andere klare Suppen

Für klare Suppen aus Pilzen, Kräutern oder Gemüse dient als Grundsuppe immer eine gute Fleischsuppe, am besten von Kalb oder Huhn. Jede dieser Suppen kann durch Zugabe einer größeren Menge Fleischknochen oder Fleisch (am besten faschiert bzw. gehackt) verbessert und noch kräftiger gemacht werden.

Hacken Sie die frischen Kräuter für Kräutersuppen nicht allzu fein und geben Sie diese erst kurz vor dem Anrichten in die Suppe. Mitgekochte Kräuter haben eine hässliche braune Farbe und müssen vor dem Servieren abgeseiht werden,

Bei der Zubereitung einer klaren Fischsuppe dürfen die Abschnitte (Kopf und Gräten) im Gegensatz zu den Knochen nicht überbrüht werden. Sie werden entweder kalt zugestellt oder in Butter bzw. Öl angedünstet und anschließend mit kaltem Wasser aufgegossen. Dann aufkochen und nur ca. 30 Minuten köcheln lassen, durch ein nasses, vorher heiß durchgewaschenes Küchentuch abseihen und dann bis zur gewünschten Stärke einkochen lassen.

Gebundene Suppen

Einmach- und Einbrennsuppe

Bräunen Sie, um eine gute Einmachsuppe herzustellen, zunächst etwas Butter leicht an und lassen Sie darin Mehl ohne Farbe anlaufen. Gießen Sie sodann mit kräftiger kalter Fleischsuppe und eventuell einem Schuss Milch auf, lassen Sie die Suppe gut durchkochen, mixen Sie diese mit dem Stabmixer einmal auf und vollenden Sie die Suppe mit der gewünschten Einlage.

Wenn Sie statt Butter Schmalz oder Öl verwenden und das Mehl hell- bis nussbraun anrösten, so wird aus der Einmach- eine Einbrennsuppe, die allerdings keine Milch verträgt.

Verwenden Sie für Einmach- oder Einbrennsuppen stets mehr Fett als Mehl (bewährt hat sich das Verhältnis 2:1). Um eine schöne Bindung zu erhalten, reichen für 1 Liter Suppe ein gehäufter Esslöffel Mehl (ca. 40 g) auf 2 Esslöffel Butter (ca. 60–80 g).

Samtsuppe

Wenn Sie eine Einmachsuppe mit Obers verfeinern und mit Eidotter legieren, so wird daraus eine samtige „Velouté". Sobald die Dotter-Obers-Legierung eingerührt ist, darf die Suppe keinesfalls mehr aufkochen!

Suppen, die nur mit Obers oder Crème fraîche zubereitet werden, können Sie indessen problemlos aufkochen lassen. Sauerrahm muss allerdings zuvor unbedingt mit etwas Mehl verrührt werden, da er sonst ausflockt.

Cremesuppe

Durch Zugabe von Obers und etwas Butter können Einmachsuppen noch feiner und cremiger gemacht werden.

Püreesuppen

Eine besonders gesunde und zeitgemäße Form der Suppenbindung ist jene durch gekochtes Gemüse. Aus geschmacklichen Gründen sollte man dafür möglichst nur eine Sorte (z. B. mehlige Erdäpfel oder Karfiol) verwenden.

Obers, Butter oder Mehlbutter machen die Püreesuppe noch sämiger.

Aufmixen von Suppen

Gebundene Suppen, Püree- oder Rahmsuppen werden durch Aufmixen luftiger und leichter. Es empfiehlt sich jedoch, nur eine Grundzutat (Gemüse oder Kräuter) zu mixen und den Rest zerkleinert als Einlage in die gebundene Suppe zu geben.

Tellerfleisch

KLARE SUPPEN

Klare Rindsuppe

Die typische Suppe des Grazer Bürgerhauses und des Offiziershaushalts

ZUTATEN

500 g Rindsknochen
und Abschnitte (Parü-
ren), nach Möglichkeit
rote Fleischknochen und
evtl. 1–2 Markknochen
200 g Suppengemüse
(Karotten, Petersilien-
wurzel, Porree, Sellerie),
geschnitten
1 Zweig Liebstöckl
2 Lorbeerblätter,
evtl. Petersilstängel
Zwiebelschalen für
eine schöne Farbe
2–3 l Wasser, wenig Salz
1 kg Rindfleisch im
Ganzen, nicht zu mager
(oder mehr Fleisch-
knochen, wenn z. B.
kein gekochtes Rind-
fleisch benötigt wird)

ZUBEREITUNG

Rindsknochen zuerst in kochendes Wasser geben, einmal aufkochen lassen und anschließend abseihen. Die überbrühten bzw. blanchierten Rinds-knochen kalt abwaschen und mit frischem, kaltem Wasser zustellen. Suppengemüse sowie Gewürze sparsam beigeben und einmal kurz aufkochen lassen, Hitze reduzieren und das Rindfleisch einlegen. Nun etwa 3–4 Stunden – ohne Deckel – bei sanfter Hitze gemächlich weich kochen. Zwischendurch den sich bildenden Schaum sowie das Fett abschöpfen und bei Bedarf etwas kaltes Wasser nachgießen, so dass die Knochen und das Fleisch immer knapp bedeckt sind. Sobald das Rindfleisch weich gekocht ist, am besten in kaltem Wasser abschrecken bzw. abkühlen, damit es nicht austrocknen kann. Die Suppe abseihen und nach Belieben noch etwas einkochen lassen, wodurch sie noch kräftiger schmeckt. Bei Bedarf das kalte Fleisch portionieren, in die kräftig gewürzte und sehr heiße Rindsuppe ca. 5 Minuten einlegen und in der heißen Suppe auftragen. Wird das Fleisch nicht mit-serviert, so kann es für Sulzen und Salate verwendet werden.

TIPPS

■ Ob das Fleisch wirklich schon schön weich ist, überprüfen Sie am besten mit der Nadelprobe (beim Anstechen mit einem Spießchen muss sich das Fleisch weich anfühlen und nahezu von alleine wieder vom Spießchen gleiten). In einzelnen Fällen kann die Garungszeit auch kürzer, aber auch länger dauern.

■ Als Einlage eignen sich diverse Knöderln, Nockerln, mit Mehl verquirlte Milch oder verquirlte Eier. Servieren Sie die Suppe mit reichlich Schnitt-lauch oder Petersilie bestreut.

■ In besseren altsteirischen Bürgerhäusern wurde das Gemüse vor der Verwendung mit etwas Rindsleber in Schmalz angeröstet, was Geschmack und Farbe der Suppe intensivierte.

Ochsenschleppsuppe „Styria"

ZUBEREITUNG

Ochsenschlepp mit Salz und Pfeffer würzen, in Öl beidseitig anbraten und wieder aus der Pfanne nehmen. Mit der Schale grob geschnittene Zwiebel zugeben, kurz anrösten und das grob geschnittene Gemüse zugeben. Gleichmäßig anrösten, Paradeisermark einrühren und noch einmal gut durchrösten. Angebratenen Schlepp sowie Gewürze zugeben, mit der eher kalten Suppe aufgießen und ca. 2–3 Stunden langsam köcheln lassen. Zwischendurch immer wieder den aufsteigenden Schaum abschöpfen.

Sobald der Ochsenschlepp schön weich ist, aus der Suppe nehmen und kurz in kaltem Wasser abschrecken. Fleisch ablösen und klein schneiden. Die Suppe durch ein Etamin (oder feines Sieb) abseihen und mit Sherry oder Madeira sowie Salz und Pfeffer gut abschmecken.

Die Ochsenschleppsuppe mit dem abgelösten Fleisch und eventuell mit kleinen Gemüsewürfeln anrichten.

ZUTATEN

750 g Ochsenschlepp, in Scheiben geschnitten
1 Zwiebel mit Schale (ca. 200 g)
ca. 150 g Wurzelgemüse (Karotten, Sellerie, Petersilwurzeln)
Salz, Pfeffer
Lorbeerblätter, Thymianzweig
1 Paradeiser
1 KL Paradeisermark
1,5 l kräftige Rindsuppe
2 cl trockener Sherry oder Madeira
Öl zum Anbraten
Gemüsewürfel zum Garnieren nach Belieben

Klare Schwammerlsuppe

ZUBEREITUNG

Die Suppe mit den Pilzen sowie frischen Kräutern ca. 45 Minuten auskochen. Durch ein feines Sieb oder Etamin (Etamin vorher heiß durchwaschen) abseihen und nochmals bis zur gewünschten Konzentration auf etwa 500 ml einkochen lassen. Mit feinen Gemüsewürfeln sowie rohen Pilzstreifen in heißen Tassen anrichten und mit frischem Kerbel garnieren.

Variation 1

Für Pilzsuppe mit Blätterteighaube wird die fertige Pilzsuppe samt Einlage und Kräutern in nicht zu breite Tassen gefüllt, die Tasse jeweils mit einer um 1,5 cm größeren Scheibe Blätterteig abgedeckt, mit Eidotter bestrichen und im vorgeheizten Rohr bei 200 °C ca. 15 Minuten überbacken. Diese dekorative Servierart eignet sich auch sehr gut für klare Gemüse- oder Fischsuppen.

Variation 2

Für Schaumsuppe von Pilzen, auch „Cappuccino" genannt, wird die fertige kräftige, klare Pilzsuppe (mit einem Stabmixer) mit ein wenig Schlagobers aufgeschäumt. Schäumchen in heiß ausgespülte Mokkatassen füllen, rohe Pilzstreifen einlegen und nach Belieben mit etwas Trompetenpilzpulver bestreuen.

**ZUTATEN für
ca. 8 Portionen
(Mokkatassen)**

1 l kräftige und klare Kalbs-, Rind- oder Geflügelsuppe
ca. 2 kg Pilze (Pilzabschnitte, Stängel von Steinpilzen, Champignons usw.)
frischer Majoran, Thymian oder Rosmarin
Gemüsewürfel und rohe Pilzstreifen sowie frischer Kerbel zum Garnieren

Klare Gamssuppe

Ein wahres Wunder an Geschmack und Farbe

ZUTATEN

250 g Gamsknochen
250 g Gamsbrust
oder Hals (Träger)
100 g Wurzelwerk
(Petersilwurzel, Sellerie,
Karotten), blättrig
geschnitten
50 g Zwiebeln,
blättrig geschnitten
1,5 l Wasser
10 g Öl oder Fett
ca. 60 ml Rotwein
oder trockener Sherry
Salz, Pfeffer- und
Wacholderkörner,
Thymian

ZUBEREITUNG

Die Gamsknochen und die in Stücke geschnittene Gamsbrust im Rohr in wenig Fett anbraten.

In einer Kasserolle das Wurzelwerk und die Zwiebeln, ebenfalls in wenig Fett, anrösten, mit kaltem Wasser aufgießen und die angebratenen Gamsknochen sowie die Gamsbrust beigeben. Mit Wacholder- und Pfefferkörnern sowie Thymian würzen und ganz langsam bei kleiner Flamme (oder am Herdrand) 3–4 Stunden sanft kochen lassen.

Suppe erkalten lassen und das gestockte Fett zur Gänze entfernen. Mit einem Schöpfer vorsichtig durch ein feines Haarsieb oder besser durch Etamin abseihen. Erst jetzt die Suppe salzen und wieder aufs Feuer setzen. Aufkochen und mit Rotwein sowie Salz abschmecken. Das abgelöste Fleisch in Würfel schneiden und dazugeben.

TIPP: Als Einlage eignen sich hausgemachte Nudeln oder Specknockerln.

Altsteirische Hendlsuppe

ZUTATEN

1/2 zerteiltes Suppen-
huhn mit Hühnerklein
sowie Innereien
(Magerl, Herz)
150 g Wurzelwerk
(Karotten, Petersilwurzel,
Sellerieknolle), geputzt,
in Scheiben oder Würfel
geschnitten
2 Lorbeerblätter
4–5 weiße Pfefferkörner
ca. 2,5 l Wasser
Salz, evtl. etwas
geriebene Muskatnuss

ZUBEREITUNG

Gut gewaschenes, zerteiltes Suppenhuhn, Hühnerklein sowie Innereien kurz in heißem Wasser überbrühen und mit kaltem Wasser zustellen. Wurzelgemüse und Gewürze zugeben und alles ca. 2,5–3 Stunden weich kochen. Abseihen, Hühnerfleisch und Innereien kalt abschrecken, ablösen und klein schneiden. Hühnersuppe bis auf ca. 1 Liter einkochen lassen, wodurch die Suppe noch kräftiger wird. Mit Salz und Muskatnuss abschmecken. In heißen Tellern anrichten und nach Belieben mit dem Hühnerfleisch servieren.

TIPP: Wird das Hühnerfleisch nicht mitserviert, so kann es für Einmachsuppen, Geflügelreis oder Geflügelsalat verwendet werden.

Klare Fischsuppe
mit Gemüsewürferln

ZUBEREITUNG

Den fertigen Fischfond mit Salz, Pfeffer sowie in wenig Wasser geweichtem Safran kräftig würzen und mit einem Schuss Wermut abschmecken. Vorgekochtes Gemüse in kleine Würferl schneiden und gemeinsam mit den Fischfiletstücken noch ca. 4–5 Minuten leicht ziehen lassen. Rasch in heißen Tellern anrichten und mit den frischen Kräutern garnieren.

ZUTATEN

ca. 1 l klarer, kräftiger Fischfond (siehe Grundrezept Seite 317)
250–300 g gemischte Fischfiletstücke ohne Gräten (Forelle, Zander, Saibling usw.)
ca. 250 g gekochtes Gemüse (Karfiol, Porree, Karotten, Paprika- oder Paradeiserwürferl usw.)
Salz, etwas Pfeffer
Safran
eventuell etwas trockener Wermut
Dillzweige, Kerbel oder Basilikum zum Dekorieren

Suppeneinlagen
Von Heidenbrein bis Leberreis

Was wäre die beste und kraftvollste klare Suppe ohne eine entsprechende Einlage? Lassen Sie einfach Ihrer Phantasie freien Lauf! Ein paar Ideen gefällig?

- *Gemüsewürfel, -streifen oder -röschen aus Karotten, Kohlrabi, Sellerie, Paradeisern, Porree, Kohl, Karfiol, Erbsen u. v. m.*
- *Reis oder Getreide wie Rollgerste, Buchweizen (Heidenbrein), Maiskörner oder Dinkel*
- *Teigwaren wie etwa Nudeln, Sternchen, Hörnchen, Reibteig (Tarhonya)*
- *Markscheiben (kalt gewässert und sanft gekocht)*
- *Kochsalatstreifen und frische Kräuter*
- *Geriebener Käse (Hartkäse) auf Toastbrot (Croutons)*
- *Pilze oder Champignons*
- *Eierflocken (versprudelte ganze Eier abseihen und in heiße Suppe rühren)*
- *Pavesen (Semmelscheiben, in mit Reibkäse versprudeltem Ei gewälzt und in Butter oder Fett ausgebacken)*

Grießnockerln

ZUTATEN
60 g Butter
1 (ca. 60 g) Ei
120 g Grieß
Salz
Muskatnuss

ZUBEREITUNG
Die Butter schaumig rühren und Ei sowie Grieß zugeben. Mit Salz sowie Muskatnuss abschmecken und kurz anziehen lassen. Mit einem Esslöffel aus der Masse Nockerln stechen und in heißem Wasser oder Suppe sanft gar ziehen lassen.

TIPP: Statt mit Grieß kann man diese Nockerln auch mit Polenta (Maisgrieß) zubereiten. Polentanockerln müssen allerdings wesentlich länger ziehen und auch garen (jeweils ca. 30–45 Minuten).

Lungenstrudel

ZUTATEN
2 EL Öl oder Schmalz
100 g Zwiebeln,
fein geschnitten
200 g gekochtes
Beuschel (s. S. 280),
grob faschiert
1 Ei
evtl. etwas
Semmelbrösel
Salz, Pfeffer
Majoran, Knoblauch
1 Packung Strudelteig-
blätter oder hausge-
machter Strudelteig
Butter zum Bestreichen

ZUBEREITUNG
Zwiebeln in heißem Öl hell anrösten, faschiertes Beuschel zugeben und kurz mitrösten. Etwas abkühlen lassen und das Ei einrühren. Sollte die Masse zu weich sein, noch etwas Semmelbrösel zugeben. Mit Salz, Pfeffer, Majoran und Knoblauch abschmecken. Die Strudelblätter auf einem zart befeuchteten Geschirrtuch übereinander legen, mit flüssiger Butter bestreichen und auf ca. einem Drittel der Strudelteigfläche die abgekühlte Masse verteilen. Mit Hilfe des Geschirrtuches einrollen und mit dem Handrücken in Portionen teilen. Ränder festdrücken. In einem großen Topf Salzwasser aufkochen, Strudel einlegen und ca. 15 Minuten ziehen lassen. (Oder den Strudel mit Eidotter bestreichen und im Ganzen im vorgeheizten Rohr bei ca. 200 °C 15 Minuten backen, abkühlen lassen und in beliebig große Stücke schneiden.) In heißer Rindsuppe servieren.

Leberknödel (Lebernockerln)

ZUBEREITUNG

Semmel in Wasser oder Milch einweichen und ausdrücken. Zwiebeln in Schmalz kurz anrösten, wieder abkühlen lassen und mit Leber, Semmel sowie Petersilie vermengen. Alles fein faschieren. Ei einrühren und mit Salz, Pfeffer, Majoran sowie eventuell etwas Knoblauch kräftig abschmecken. Abschließend so viel Semmelbrösel zugeben, dass eine mittelfeste Masse entsteht. Mit nassen Händen gleichmäßige Knödel formen. Knödel in kochende Suppe oder leicht gesalzenes Wasser einlegen und ca. 10 Minuten köcheln, anschließend ca. 5 Minuten ziehen lassen.

VERWENDUNG: Zu etwas größeren Knödeln geformt, geben die Leberknödel – etwa in Begleitung von Kraut – auch ein g'schmackiges Zwischengericht oder eine feine Beilage ab.

TIPPS

- Lebernockerln werden nach demselben Rezept hergestellt, allerdings zu kleinen Nockerln geformt.
- In manchen Gegenden werden die Leberknödel in Fett herausgebacken.

ZUTATEN
1 Semmel
2 EL Schmalz oder Nierenfett
100 g Zwiebeln, grob geschnitten
Petersilie, grob gehackt
200 g Rindsleber, blättrig geschnitten
1 Ei
Salz, Pfeffer, Majoran
evtl. etwas Knoblauch
Semmelbrösel
Wasser oder Milch zum Einweichen

Fleischnockerln
Grundrezept für Nockerlfarce

ZUBEREITUNG

Das leicht angefrorene faschierte Fleisch mit dem Ei, gut gekühltem Obers, Salz und Kräutern vermengen und in der ebenfalls gekühlten Küchenmaschine cuttern. Nochmals abschmecken und Farce nach Belieben – etwa als Fülle für diverse Strudel (Lungen- oder Fleischstrudel) oder Nockerln – weiterverwenden. Wird die Farce für Nockerln verwendet, so ist es ratsam, zuerst ein „Probenockerl" zu kochen und die Konsistenz bei Bedarf zu korrigieren.

TIPP: Die Fleischfarce kann auch durch beliebige Gemüsewürferl (Karotten, Kohlrabi etc.) verfeinert werden.

ZUTATEN
200 g Faschiertes, leicht angefroren
1 Ei
ca. 125 ml Schlagobers
Salz und Kräuter nach Belieben

Fleischstrudel

ZUTATEN

1 Packung Strudelteig-
blätter oder hausge-
machter Strudelteig
1 mittlere Zwiebel,
fein geschnitten
500 ml Paradeiserpüree
bzw. -mark
ca. 150 g Karotten und
Sellerie, fein geraspelt
500 g Faschiertes
vom Rind, Schwein
oder Geflügel
2 EL Öl
1 Eidotter zum
Bestreichen
Salz, evtl. Pfeffer,
Majoran oder Oregano
2–3 Lorbeerblätter
flüssige Butter und Öl
zum Bestreichen
Parmesan zum Bestreuen

ZUBEREITUNG

Zwiebel in heißem Öl andünsten und geraspelte Karotten sowie Sellerie mitdünsten. Mit Paradeisermark bzw. -püree aufgießen und kurz durchkochen lassen. Das rohe Faschierte einrühren und alles zugedeckt langsam ca. 30 Minuten köcheln lassen. Mit Salz, Pfeffer, Lorbeerblättern und Majoran oder Oregano gut abschmecken und so lange einkochen, dass das Faschierte eine ziemlich trockene Konsistenz aufweist.

Die Strudelblätter auf einem zart befeuchteten Geschirrtuch übereinander legen, mit flüssiger Butter bestreichen und die Masse auf ca. 2/3 des Teiges verteilen. Mit etwas Parmesan bestreuen und den Strudel mit Hilfe des Geschirrtuches einrollen. Die Enden gut verschließen und den Strudel auf ein geöltes Backblech heben. Mit Eidotter bestreichen und im vorgeheizten Rohr bei ca. 200 °Ca. 30 Minuten backen. Etwas abkühlen lassen, portionieren und in heißer Rindsuppe servieren.

TIPP: In manchen Gegenden ist es durchaus üblich, den lauwarmen Fleischstrudel, etwa in Begleitung von grünem Salat, als kleinere Zwischenmahlzeit zu servieren.

Schinken-Schöberl

ZUBEREITUNG

Eiklar mit einer Prise Salz zu Schnee schlagen. Dotter und Mehl vorsichtig einrühren. Mit Salz und Kräutern mild abschmecken. Abschließend Schinkenwürfel vorsichtig unterheben. Eine passende Form mit Butter ausstreichen und mit Mehl ausstreuen oder mit Backpapier auslegen. Masse fingerdick auftragen und im vorgeheizten Rohr bei 220 °C ca. 8–10 Minuten wie Biskuit backen. Leicht erkalten lassen, stürzen und in Würfel oder Karos schneiden.

Schöberl

ZUBEREITUNG

Die Eiklar zu Schnee schlagen. Dotter und Mehl einrühren, mit Salz sowie Kräutern abschmecken. Nach Belieben Schinken- oder Gemüsewürfel einarbeiten. In einer gebutterten und bemehlten Pfanne (oder Form) im auf 200 °C vorgeheizten Backrohr ca. 15 Minuten lang goldgelb backen. Erkalten lassen und anschließend in Würfel oder Karos schneiden.

Rehnockerln

ZUBEREITUNG

Alle – gut gekühlten! – Zutaten in der Küchenmaschine zu einer glatten Masse (Farce) cuttern und kalt stellen. Dann gut durchrühren und mit einem (bzw. zwei) Löffel(n) zu Nockerln formen und am besten in einer gut gewürzten Suppe (Wildsuppe) je nach Größe mindestens 10 Minuten ziehen lassen. Eventuell vorsichtig umdrehen.

VERWENDUNG: zu kleinen Nockerln geformt als Suppeneinlage; die nicht gekochte Farce eignet sich als ideale Fülle für Palatschinken, Nudel- oder Kohlblätter oder zum Umhüllen von Filets von Reh, Hirsch oder Gams

TIPP: Anstelle von Reh könnte auch rohes Wildfleisch von Hirsch, Gams, Ente, Fasan oder Hase verwendet werden.

ZUTATEN
für 10 Portionen
3 Eiklar
3 Eidotter
100 g Mehl
50–80 g Schinken, kleinwürfelig geschnitten
Salz
Kräuter nach Belieben (Schnittlauch, Petersilie), fein gehackt
Butter und Mehl für die Form

ZUTATEN
5 Eiklar
5 Eidotter
100 g Mehl
Salz und fein gehackte Kräuter nach Belieben
evtl. Schinken- oder Gemüsewürfel nach Belieben
Butter und Mehl für die Form

ZUTATEN
180 g mageres Rehfleisch, faschiert oder fein gehackt und gut gekühlt
1 Toastbrot, entrindet und in Obers eingeweicht
evtl. 2–3 helle Hühnerlebern
125 ml Schlagobers
1 Ei oder 2 Eiklar
Salz, Pfeffer, Wacholder
evtl. Preiselbeeren, Orangenschale, Rosmarin u. a.
evtl. gut gewürzte Suppe zum Kochen

MILCH- UND KÄSESUPPEN

Saure Suppe

In der alten Steiermark gab es die Morgensuppe aus Sauer- oder Buttermilch – quer durch alle Stände – noch vor Kaffee und Kakao. In ärmeren Landstrichen kam die Saure Suppe, da praktisch und preisgünstig, bis zu dreimal täglich auf den Tisch.

ZUTATEN
250 ml Wasser
Salz und Kümmel
500 ml saure Milch
oder Buttermilch
20 g Mehl
100 g altbackenes
Schwarzbrot,
zerkleinert

ZUBEREITUNG
Wasser mit Salz und reichlich Kümmel aufkochen. Saure Milch bzw. Buttermilch mit Mehl im Wasser verquirlen und erhitzen. Brot entweder in Tellern portionsweise anrichten und die Suppe darüber gießen oder die Suppe in Tellern anrichten, mit etwas Brot bestreuen und das restliche Brot getrennt servieren. Das restliche Brot wird erst bei Tisch nach und nach eingestreut.

TIPP: Früher wurden diese Suppen auf Bauernhöfen aus nicht verkäuflichen Rückständen der Milchverarbeitung zubereitet. In manchen Gegenden wird statt Mehl auch dunkles Roggenmehl verwendet

Schottsupp'n

Der Fasttags-Klassiker wurde früher auch als Krankenkost, aber immer mit Brennsterz serviert.

ZUTATEN
für 6 Portionen
1 l Wasser
250 g Schotten
(siehe Tipp)
125 g Sauerrahm
Salz und Kümmel
etwas Mehl

ZUBEREITUNG
Das Wasser mit Salz und Kümmel aufkochen. Sauerrahm mit Schotten, etwas Wasser und Mehl glatt rühren und in das kochende Salzwasser einschlagen. Kurz durchkochen lassen und in heißen Tellern anrichten.

TIPP: Schotten entsteht durch das Erhitzen von Buttermilch, die nach dem kurzen Aufwallen in einem Tuch oder feinem Sieb abtropfen muss. Kann, falls nicht erhältlich, auch durch Magertopfen ersetzt werden.

Saure Rahmsupp'n

Ein Klassiker aus dem Ausseerland zur Zeit Erzherzog Johanns

ZUTATEN
250 ml Wasser
Salz und Kümmel
750 ml Sauerrahm
2 EL Mehl
Brotschnitten

ZUBEREITUNG
Das Wasser mit Salz und Kümmel aufkochen. Sauerrahm mit wenig Wasser und Mehl glatt rühren und in das kochende Salzwasser einschlagen. Kurz durchkochen. Die Brotschnitten nach Belieben im Backrohr knusprig aufbähen oder ungebäht zur Suppe reichen.

TIPP: Diese Suppe kann auch mit saurer Milch anstatt mit Wasser zubereitet werden.

Saure Rahmsupp'n

Käsecremesuppe

ZUBEREITUNG

Butter leicht bräunen und mit Mehl ohne Farbe anlaufen lassen. Mit Weißwein ablöschen, mit kräftiger kalter Fleischsuppe und Obers aufgießen. Gut durchkochen lassen. Mit dem Stabmixer aufmixen und geriebenen Käse einrühren. Mit Salz, Pfeffer und Muskatnuss abschmecken. In heiße Suppentassen füllen und mit gerösteten Brotscheiben servieren.

ZUTATEN
60–80 g Butter
40 g Mehl
ca. 60 ml Weißwein
500 ml Suppe
(Kalbs- oder Rindsuppe)
250 ml Schlagobers
120–150 g Käse
(Reibkäse, Edelschimmel-
käse oder Schmelzkäse)
Salz, weißer Pfeffer
aus der Mühle und
evtl. Muskatnuss
geröstete Brotscheiben
als Einlage

Nächste Doppelseite: Dolce-Bianca-Süppchen mit Apfelchips

Dolce-Bianca-Süppchen mit Apfelchips

ZUTATEN

für ca. 6 Mokkatassen
20 g Butter
10 g Mehl, glatt
4 cl Weißwein, trocken
500 ml Suppe (milder
Kalbs- oder Gemüsefond)
125 ml Schlagobers
120 g Dolce Bianca
(ersatzweise Weiß-
und Blauschimmelkäse
gemischt)
2 cl Apfelbalsamessig
Salz, weißer Pfeffer
aus der Mühle
Apfel, ungeschält

ZUBEREITUNG

Butter aufschäumen bzw. leicht bräunen, Mehl einrühren, mit Weißwein ablöschen und mit Suppe und Obers aufgießen. Kurz durchkochen. Dolce Bianca klein schneiden und kurz mitkochen. Im Turmmixer aufschäumen (die Suppe sollte nicht zu dick sein, bei Bedarf evtl. mit etwas Suppe verdünnen). Suppe mit Apfelbalsamessig, Salz sowie Pfeffer abschmecken und in heißen, kleinen Mokkatässchen anrichten. Apfelchips extra servieren.

Für die Apfelchips einen ungeschälten Apfel mit der Aufschnittmaschine ganz dünn schneiden und auf einem mit Küchenpapier ausgelegten Gitterrost im auf ca. 90 °C vorgeheizten Backrohr bei leicht geöffneter Tür trocknen lassen, bis die Chips knusprig sind.

TIPP: Der Dolce Bianca ist ein steirischer Weichkäse mit Doppelschimmel-Reifung, d. h. im Inneren mit Blauschimmel, an der Oberfläche mit Weißschimmel. *Foto Seiten 76/77*

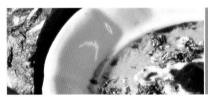

BROT- UND MEHLSUPPEN

Altsteirische Fastensuppe

ZUTATEN

50 g Schweineschmalz
oder Öl
40 g glattes Mehl
50 g Zwiebeln
1 KL Knoblauch, fein
gehackt
1 KL Paprikapulver,
edelsüß
1 KL Kümmel, gemahlen
evtl. etwas Majoran
2 Lorbeerblätter
Salz, weißer Pfeffer
aus der Mühle
1,25 l Suppe (oder Wasser
und Suppenwürze)
40 g Rollgerste
120 g mehlige Erdäpfel
Brot als Beilage

ZUBEREITUNG

Zunächst Rollgerste ca. 5–6 Stunden oder über Nacht einweichen und in leichtem Salzwasser mit Lorbeerblättern kernig weich kochen. Anschließend mit etwas heißem Wasser abspülen, damit die Rollgerste nicht zu klebrig ist. Zwiebeln fein schneiden, Erdäpfel schälen und kleinwürfelig schneiden oder grob raspeln.

Schmalz oder Öl erhitzen und das Mehl darin hellbraun rösten (Einbrenn). Fein geschnittene Zwiebeln zugeben und kurz mitrösten. Hitze reduzieren, Knoblauch zugeben und kurz durchrühren. In die etwas abgekühlte Einbrenn den Paprika einrühren, kurz anlaufen lassen und mit Suppe oder Wasser aufgießen. Gut durchkochen lassen und mit den restlichen Gewürzen abschmecken. Die weich gekochte Rollgerste und die rohen Erdäpfelwürfel zugeben. Alles zusammen auf kleiner Flamme nochmals ca. 45 Minuten köcheln lassen. Abschmecken und mit Brot servieren.

TIPP: Dieses Rezept eignet sich auch perfekt für größere Mengen. So wurden, als Willi Haider diese Suppe anlässlich des Familienfasttages 1999 im Grazer Landhaushof für einen guten Zweck kochte, in nur zwei Stunden 75 Liter Suppe gegessen! *Foto rechte Seite*

Predinger Schwarzbrotsuppe
Überbacken, kräftig und nahrhaft

ZUTATEN

100 g Schwarzbrot,
altbacken und in
Scheiben geschnitten
1 l Rind- oder Selchsuppe
6 EL Sauerrahm
100 g Fleischreste,
gekocht oder gebraten,
gehackt
Salz und Pfeffer
1 Eidotter
3 EL Sauerrahm
Zitronenschale,
fein geschnitten
oder gerieben
Schnittlauch, Knoblauch
und Petersilie, gehackt
Salz und Pfeffer

ZUBEREITUNG

Suppe aufkochen, das Schwarzbrot zugeben und darin verkochen lassen.
Den Sauerrahm darin versprudeln, abschmecken und in feuerfeste Suppen-
schalen gießen. Das gehackte Fleisch mit Zitronenschale, Schnittlauch,
Knoblauch und Petersilie vermischen und darüber verteilen. Das Eidotter
mit Sauerrahm versprudeln und über die Suppe gießen. Im Rohr bei starker
Oberhitze (Grill) überbacken.

Einbrennsuppe

ZUBEREITUNG

Schmalz oder Öl erhitzen und das Mehl darin zu einer hellbraunen Einbrenn rösten. Fein geschnittenen Knoblauch zugeben und kurz durchrühren. Die etwas abgekühlte Einbrenn mit Suppe oder Wasser aufgießen. Gut durchkochen lassen und mit den restlichen Gewürzen abschmecken. Auf kleiner Flamme nochmals ca. 45 Minuten köcheln lassen. Abschmecken und mit Brot oder auch gerösteten Erdäpfeln servieren.

ZUTATEN

60 g Schweineschmalz
oder Öl
40 g glattes Mehl
1 KL Knoblauch,
fein gehackt
1 KL Kümmel,
ganz oder gemahlen
evtl. etwas Majoran
2 Lorbeerblätter
Salz, weißer Pfeffer
aus der Mühle
1 l Suppe (Rind-, Schwein-
oder Selchsuppe)
Brot oder geröstete
Erdäpfel als Einlage

Eintropfsuppe

ZUBEREITUNG

Mehl mit Milch, Eidotter und einer Prise Salz zu einem dickflüssigen Teig verrühren. Teig ca. 30 Minuten rasten lassen und am besten aus einem „Schnabelhäferl" (Kännchen mit Ausgussschnabel) über eine Schneerute direkt in die kochende Suppe laufen lassen. Kurz aufkochen und mit Schnittlauch oder Petersilie garniert servieren.

ZUTATEN

50 g Mehl
6 cl Milch
1 Eidotter
Salz
1 l Rind- oder Selchsuppe
Schnittlauch oder
Petersilie zum Garnieren

Panadlsuppe

„Panade", auch „Bah" genannt, ist ein Semmel-, Brot- oder auch Mehlbrei, der früher gerne zur Soßenbindung verwendet wurde. Wegen ihrer kräftigenden Wirkung wurde die Panadlsuppe vor allem für Kranke und Rekonvaleszente, aber auch für Schwerstarbeiter zubereitet.

ZUBEREITUNG

Suppe aufkochen und Semmeln in der Suppe gut verkochen. Dabei mit der Schneerute kräftig verschlagen. Mit den Gewürzen und Kräutern gut abschmecken. Eidotter nach Belieben mit wenig Schlagobers verrühren und die Suppe damit binden, aber nicht mehr kochen. In heiße Suppenteller füllen und auftragen.

ZUTATEN

3 Semmeln (vom Vortag),
klein geschnitten
1 l Rind- oder Selchsuppe
1 Eidotter
evtl. etwas Schlagobers
Salz, Pfeffer, Muskatnuss
Schnittlauch, Petersilie
oder auch Liebstöckl,
gehackt

Legierte Grießsuppe

ZUTATEN

2 EL fein geschnittene
Zwiebeln
40 g Butter
40 g Grieß
1 l Selch- oder Rindsuppe
125 ml Schlagobers
2 Eidotter
Salz, weißer Pfeffer
aus der Mühle und
Muskatnuss
Schnittlauch, gehackt

ZUBEREITUNG

Zwiebeln in Butter glasig anschwitzen, Grieß einrühren und kurz mitrösten. Unter ständigem Rühren mit der heißen Suppe aufgießen und etwa 15 Minuten durchkochen lassen. Mit Salz, Pfeffer und Muskatnuss gut abschmecken. Eidotter mit Obers verrühren (Legierung) und rasch in die heiße Suppe einrühren, aber dabei nicht mehr kochen lassen (Legierung würde ausflocken!). Mit viel Schnittlauch bestreuen und servieren.

TIPP: Die Suppe kann durch knusprig geröstete Brotwürfel noch zusätzlich verfeinert werden.

GEMÜSE- UND KRÄUTERSUPPEN

Gemüsefond
Basisches Grundrezept

ZUTATEN

Abschnitte und Schalen
(je nach Angebot) von
Staudensellerie, Knollen-
sellerie, Petersilwurzeln,
Pastinaken, Zwiebeln,
Lauch, Karotten,
Gelben Rüben
Lorbeerblatt
Kümmel, Koriander
und Fenchel

ZUBEREITUNG

Sämtliche Gemüseabschnitte und Schalen gut mit Wasser bedecken und mit den Gewürzen gemeinsam 1–2 Stunden köcheln lassen. Abseihen, aber nicht mehr einreduzieren, da der Fond sonst zu intensiv schmecken würde.

TIPP: Gemüsefond wird meist für die Zubereitung von Suppen, Soßen oder Getreidegerichten verwendet und darf daher nicht gesalzen werden, da der Geschmack sonst zu intensiv wäre.

Bärlauchsuppe

ZUTATEN

20–30 Bärlauchblätter,
je nach Geschmacks-
wunsch von zart bis
kräftig
1 Erdapfel, mehlig
1 l Rind- oder
Geflügelsuppe
250 ml Schlagobers
Salz
Bärlauchstreifen
zum Garnieren

ZUBEREITUNG

Den Erdapfel kochen und schälen. Bärlauch waschen, abtropfen lassen und feinnudelig schneiden. Rindsuppe gemeinsam mit Schlagobers aufkochen und Bärlauchstreifen sowie Erdapfel hinzufügen. Mit dem Pürierstab oder am besten mit einem Turmmixer durchmixen.
Suppe mit Salz abschmecken. In Tassen oder Tellern anrichten und mit Bärlauchstreifen garniert servieren.

TIPP: Besonders fein schmeckt diese Suppe, wenn man frittierte Erdäpfel-würfel, geröstete Weißbrotcroûtons oder – in der Luxusvariante – wachs-weich pochierte Wachteleier (3,10–3,20 Minuten gekocht) als Einlage dazu serviert.

Die Prato kannte keinen Bärlauch

*Zumindest kommt der Bärlauch in den umfangreichen Registern der legen-
dären steirischen Kochbuchautorin des 19. Jahrhunderts nicht vor.*
*Gekannt hat Katharina Prato den Bärlauch vermutlich schon. Aber vielleicht
war er ihr zu gewöhnlich, zu selbstverständlich, vielleicht auch zu gefährlich.*
*Immerhin vergeht auch heute, da jedermann den Bärlauch liebt und schätzt,
kaum ein Jahr, in dem nicht ein Todesfall durch Verwechslungen auftritt.*
*Also sicherheitshalber: Falls Sie in den Monaten zwischen März und Mai in
Auwäldern Bärlauch oder Wilden Knoblauch pflücken, achten Sie darauf, dass
die Blätter auch wirklich intensiv nach Knoblauch riechen. Dann nämlich
gehören sie mit Sicherheit nicht zu – giftigen – Maiglöckchen.*

Sauerampfersuppe
Eine leichte Suppe aus der Naturküche, ganz ohne Mehl

ZUBEREITUNG

Wurzel- und Suppengemüse, Zwiebel und sämtliche Abschnitte mit genügend kaltem Wasser bedecken und aufkochen. Mit Kräutersalz würzen
und langsam 30–40 Minuten köcheln lassen. Abseihen und etwa 750 ml
Gemüsesud bereithalten.
Gekochte Erdäpfel passieren oder mit einem Mixer pürieren und in den
kochenden Gemüsesud einarbeiten. Die geschnittenen Sauerampferblätter
beifügen und mit Obers vollenden. Mit Kräutersalz und Pfeffer nach
Geschmack würzen.

TIPP: Nach demselben Rezept lassen sich auch Brennnessel- oder Bachkres-
sesuppe zubereiten. Anstatt mit Erdäpfeln kann die Suppe auch mit Mehl,
Rahm und Eidotter gebunden werden.

ZUTATEN

1 Wurzelgemüse, aber
auch Reste wie Gemüse-
schalen und -blätter,
Pilzabschnitte etc.
1 Zwiebel
1 Suppengrün
Kräutersalz
2 mittelgroße Erdäpfel,
in der Schale gekocht,
geschält
Sauerampferblätter,
feinnudelig geschnitten
(Menge nach Geschmack
und Intensität der
Blätter)
200 ml Schlagobers
Pfeffer

Porree-Paradeisersuppe

ZUBEREITUNG

Das Helle vom Porree klein schneiden und mit den gehackten Paradeisern
in etwas Butter andünsten. Mit Salz und – je nach Geschmack etwas – Zucker
sowie frischem Basilikum aromatisieren. Mit Suppe sowie etwas Obers
aufgießen und 30 Minuten langsam köcheln lassen. Porreestreifen kurz
blanchieren (überbrühen). Suppe pürieren, abseihen und in vorgewärmten
Tellern anrichten. Pochierte Porreestreifen sowie Paradeiserwürfel einstreuen und mit frischem Basilikum garnieren.

TIPP: Die Geschmacksnuancen dieser Suppe lassen sich sehr leicht durch
die Gewichtung der einzelnen Zutaten variieren: Verwendet man mehr Porree, so schmeckt sie würziger, dominieren Dosenparadeiser, so gerät sie
süßer, und frische Paradeiser mit Kernen lassen sie eher säuerlich werden.

ZUTATEN

250–300 g Porree
(nur den hellen Teil)
250–300 g Paradeiser,
klein geschnitten
(oder aus der Dose)
Butter zum Andünsten
Salz und etwas Zucker
frisches Basilikum
750 ml Suppe
Schuss Schlagobers
Porreestreifen und
Paradeiserwürfel
zum Garnieren

Petersilwurzel-Rahmsuppe

ZUTATEN

2 kleine Petersilwurzeln
mit Grün, geschält
1 Bund Petersilgrün
30 g Butter
750 ml Suppe
250 ml Schlagobers
Salz, weißer Pfeffer
aus der Mühle
evtl. 1 kl. gekochter
Erdapfel zum Binden
frische Petersilie
zum Aufmixen

ZUBEREITUNG

Klein geschnittene Petersilwurzeln und Petersilstängel in leicht gebräunter Butter andünsten. Mit Suppe und Obers aufgießen. Gut weich kochen und (am besten im Turmmixer) pürieren. Abseihen und mit Salz und frisch gemahlenem Pfeffer abschmecken. Vor dem Anrichten noch einmal mit frischer, grüner Petersilie aufmixen bzw. mit dem Stabmixer aufschäumen. Je nach Bedarf gekochten Erdapfel einmixen und die Suppe damit binden.

TIPP: Die Suppe kann zur Abwechslung auch mit fein geschnittener, frittierter Petersilwurzel und/oder frittierten Petersilblättern garniert werden. Besonders delikat schmeckt sie, wenn sie mit je einem wachsweich gekochten, vorsichtig geschälten Wachtelei (3,20 Minuten gekocht) dekoriert wird.

Pastinaken-Schaumsuppe
Ein Naturküchen-Rezept von Hansi Wöls in Etmissl

ZUTATEN

250 g geschälte Pastina-
ken, blättrig geschnitten
50 g Schalotten
20 g Butter
750 ml Gemüsefond
125 ml Schlagobers
Salz, weißer Pfeffer,
Zitronensaft
Schnittlauch zum
Garnieren
Wurzelgemüse für
die Gemüse-Chips

ZUBEREITUNG

In einem Topf Schalotten und Pastinaken mit Butter zugedeckt dünsten. Mit heißem Gemüsefond aufgießen. Pastinaken weich kochen und dann mit Obers im Mixer pürieren.

Mit Salz, Pfeffer und etwas Zitronensaft abschmecken. Mit dem Stabmixer aufschäumen. In vorgewärmten Tellern anrichten und mit Gemüse-Chips sowie Schnittlauch garnieren.

Für die Gemüse-Chips das Wurzelgemüse dünnblättrig schneiden (am besten mit der Brotschneidmaschine). Leicht salzen, Wasser ziehen lassen und mit Küchenkrepp trockentupfen. Im Rohr mit etwas geöffneter Tür bei 80 °C (evtl. Heißluft) ca. 1,5 Stunden trocknen lassen.

Kräutersuppe „Josefa"

*Ein Rezept aus dem historischen Kochbuch der Josefa Gosch,
Köchin auf Schloss Gleinstätten*

ZUBEREITUNG

Die Kräuter waschen und nicht zu fein hacken. Butter schmelzen lassen und
mit dem Mehl zu einer lichten Einbrenn rösten. Die Kräuter darin kurz
aufschäumen lassen und mit Wasser oder Rindsuppe aufgießen. Den Reis
beifügen und so lange kochen lassen, bis dieser weich ist.
Mit Salz, weißem Pfeffer und Muskatnuss abschmecken.

ZUTATEN

1 l Wasser oder
Rindsuppe
40 g Butter
40 g Mehl, glatt
20 g Rundkornreis,
gewaschen
Salz, weißer Pfeffer
Muskatnuss

**sowie nach
Originaltext**
Petersiel = Petersilgrün
Celergrün = Selleriegrün
Fettehen = Fette Henne
(ein Gewürzkraut,
das heute sehr selten
verwendet wird)
Spinade = Spinat
oder Mangold
Kunkelkraut = das Kraut
der weißen Rüben, das
im Keller auswächst,
unter der Bezeichnung
Rübenkraut auch heute
noch auf Grazer Märkten
erhältlich
Brennessl = Brennnessel
Röhrlsalat = Salat aus
den jungen Blättern
des Löwenzahns

Spargelcremesuppe

ZUBEREITUNG

Spargel schälen, holzige Teile entfernen und nicht zu weich kochen. In
Eiswasser kurz abschrecken (beseitigt Bitterstoffe) und klein schneiden,
Spitzen für die Einlage weglegen.
Butter leicht bräunen (schmeckt besser), Mehl einrühren und mit Weißwein
ablöschen. Mit Spargelkochsud und Obers aufgießen. Aufkochen, die
Spargelstücke einlegen und etwa 30 Minuten köcheln lassen. Suppe (am
besten im Turmmixer) pürieren, abseihen und nochmals aufmixen. Mit
Salz, Pfeffer, Muskatnuss und Kerbel gut abschmecken. Spargelköpfe ein-
legen und mit Kerbelzweigen garnieren.

TIPP: Für eine legierte Spargelsuppe wird ein Eidotter mit etwas Obers
verrührt und sofort in die heiße Spargelsuppe eingerührt, aber nicht mehr
aufgekocht, da sie sonst ausflockt. *Foto oben*

ZUTATEN

300 g Spargel
(Suppen- oder Bruch-
spargel), notfalls aus
der Dose
40 g Butter
20 g Mehl
2 cl Weißwein
750 ml Spargelkochsud
250 ml Schlagobers
Salz, weißer Pfeffer
aus der Mühle
Muskatnuss
frischer Kerbel

Geeiste Spargelsuppe

ZUTATEN für

4 kleine Suppenschalen

200 g weißer Spargel,
gekocht

250 ml Spargelkochsud,
kalt

250 ml Sauermilch
oder Joghurt, kalt

Salz, weißer Pfeffer
aus der Mühle

Kerbel oder Petersilie

ZUBEREITUNG

Den gekochten Spargel in kleine Stücke schneiden, die Spitzen als Dekor
beiseite legen.

Spargelstücke mit Sauermilch oder Joghurt und Kochsud (alle Zutaten sollten sehr kalt sein) gut aufmixen im Turmmixer und durch ein Spitzsieb
abseihen, damit eventuell vorhandene Schalenreste zurückbleiben. Mit
Salz, Pfeffer und Kerbel gut abschmecken. Spargelspitzen einlegen und kalt
servieren.

TIPP: Besonders dekorativ sieht die Suppe aus, wenn man sie mit grünen
Spargelspitzen und kleinen Paradeiserwürferln dekoriert.

Kalte Gurkensuppe

ZUTATEN für

4 kleine Suppenschalen

2 mittelgroße Gurken,
geschält und entkernt

500 ml Sauerrahm,
Joghurt oder Buttermilch

Salz, Pfeffer, Dille
und etwas Knoblauch

Gurkenstücke,
Paradeiserwürferl
und Dillzweige für
die Einlage

ZUBEREITUNG

Geschälte, entkernte Gurken mit kaltem Sauerrahm, Joghurt oder Buttermilch aufmixen.

Mit Salz, Pfeffer, gehackter Dille und etwas zerdrücktem Knoblauch würzen.
In kalten Schalen anrichten und mit Gurkenstückchen, Paradeiserwürferln
und Dillzweigen garnieren.

TIPP: Anstelle von Gurken können auch Paradeiser mit Basilikum oder
lediglich gehackte Kräuter für diese Art von kalten Suppen verwendet werden. Verdünnt man sie mit etwas Mineralwasser, so geben sie sogar einen
erfrischenden Aperitif ab.

Kalte Gurkensuppe
mit Flusskrebsen

ZUTATEN

2 mittelgroße Gurken

500 ml Sauerrahm,
Joghurt oder Buttermilch

Salz, weißer Pfeffer
aus der Mühle, Dille
und etwas Knoblauch

Für die Einlage

12–16 Krebsschwänze
nach Belieben, ausgelöst

Gurken- und Paradeiser-
würfel, Dillzweige

ZUBEREITUNG

Die Krebse kochen und Schwänze auslösen (s. S. 212 f.). Gurken schälen,
entkernen und mit Sauerrahm (Joghurt oder Buttermilch) aufmixen. Mit
Salz, Pfeffer, Dille und etwas Knoblauch würzen. In vorgekühlten Tellern
anrichten, Gurken- und Paradeiserwürfel sowie Krebsschwänze einlegen
und mit Dille garniert auftragen.

TIPP: Nach demselben Rezept lassen sich statt Gurken auch Paradeiser mit
frischem Basilikum oder mit gehackten Kräutern für diverse kalte Suppen
verarbeiten.

Foto rechte Seite

Kalte Gurkensuppe mit Flusskrebsen

Apfelkrensuppe mit Roten Rüben

ZUBEREITUNG

Zunächst die Roten Rüben mit kaltem Wasser zustellen, aufkochen lassen und wieder abseihen. Erneut mit kaltem Wasser zustellen, mit Salz, Zucker, Lorbeerblatt, Kümmel sowie etwas Essig würzen und eher kurz, also nicht zu weich kochen (die Roten Rüben sollen als Einlage noch schön knackig schmecken). Auskühlen lassen und in feine Streifen schneiden.

Weißwein mit Zwiebeln, Apfelstücken und Lorbeerblättern stark einkochen. Mit Suppe aufgießen, aufkochen und dann abseihen. Obers zugießen und mit der Mehlbutter binden.

Nochmals kurz aufkochen lassen und mit Salz, Essig (fein säuerlich) sowie nach Geschmack mit etwas Apfelsaft (eher süß) und frisch geriebenem Kren (scharf) würzig abschmecken, aber nicht mehr kochen, da der Kren dadurch bitter werden kann. Mit dem Stabmixer aufschäumen und in heißen Suppentassen oder Tellern anrichten. Leicht erwärmte Rote-Rüben-Streifen einlegen, einen Schuss Apfelbalsamessig eingießen und mit einem Löffelstiel einmal kurz umrühren, um eine schöne Marmorierung zu erhalten.

ZUTATEN
für 6–8 Portionen
400 ml Weißwein oder Apfelmost (trocken)
1 kl. Zwiebel,
in Ringe geschnitten
ca. 100 g Apfelstücke
2–3 Lorbeerblätter
750 ml Kalbs- oder Rindsuppe
500 ml Schlagobers
Mehlbutter (60 g Butter mit 30 g glattem Mehl verknetet)
Salz
4 cl Apfelbalsamessig
evtl. 8 cl Apfelsaft
Kren, frisch gerieben, nach Geschmack

Für die Roten Rüben
ca. 200 g Rote Rüben
Salz, Zucker, Kümmel
Schuss Essig
1 Lorbeerblatt

Wein-, Bier- oder Mostschaumsuppe
Mit Sternanis und Kletzenbrot-Zwieback

ZUTATEN

250 ml Weißwein, eher trocken und säuerlich (Riesling, Welschriesling, Schilcher usw.) oder ersatzweise 300 ml Most oder Bier (s. Tipp)
2 Lorbeerblätter
einige Zwiebelringe
1–2 Stk. Sternanis, grob zerdrückt
500 ml kräftige Rind-, Kalbs- oder Geflügelsuppe
200 ml Schlagobers
1 KL Paradeisermark
Salz, weißer Pfeffer
Sternanis oder Zimt, gemahlen
Mehlbutter (ca. 30 g flüssige Butter mit 20 g glattem Mehl verrührt)
kalte Butter nach Bedarf
Brotwürfel oder Kletzenbrotscheiben als Garnitur

ZUBEREITUNG

Wein, Bier oder Most mit Zwiebeln, Lorbeerblättern und Sternanis auf ca. 125 ml einkochen lassen und abseihen. Suppe zugießen, Obers und Paradeisermark (gibt eine leicht rosa Färbung) einrühren und aufkochen. Mehlbutter einmengen und die Suppe damit binden, aufkochen und noch einige Minuten gut durchkochen. Mit Salz und etwas weißem Pfeffer sowie Sternanis oder Zimt würzig abschmecken. Im Turmmixer oder mit dem Stabmixer aufmixen und dabei nach Bedarf noch etwas kalte Butter einmixen. Mit knusprig getoasteten Brotwürfeln oder Kletzenbrot-Zwieback anrichten.

Für den Kletzenbrot-Zwieback das Kletzenbrot in dünne Scheiben schneiden und im Rohr bei ca. 70 °C langsam knusprig backen.

TIPPS

■ Wird Bier statt Wein verwendet, so eignet sich am besten kräftiges Altbier dafür. In diesem Fall sollte man auf die Beigabe von Paradeisermark verzichten und statt Sternanis etwas Zimt und Muskatnuss verwenden.

■ Bei Wein- und speziell Schilchersuppen ist zu beachten, dass die Suppe (am besten vom Kalb) möglichst kräftig schmecken sollte, da sonst der säuerliche Weinton zu stark dominieren würde.

■ Anstelle des Kletzenbrot-Zwiebacks schmecken auch mit Anis bestreute knusprige Blätterteigstangerl oder dünn aufgeschnittene „schwarze Nüsse" (eingelegte Walnüsse) äußerst raffiniert.

Foto rechte Seite

Rote Rübensuppe

ZUTATEN

250 g gekochte Rote Rüben
1 l Rind- oder Kalbssuppe
80 ml Schlagobers
1 Spritzer Essig
Kümmel, Salz
geschlagenes Obers mit Kren vermengt

ZUBEREITUNG

Gekochte Rote Rüben klein schneiden und mit Suppe und etwas Obers kurz aufkochen.

Mit Essig, Kümmel und Salz abschmecken, pürieren und sofort in heißen Tellern anrichten, da sonst die schöne Farbe verloren geht. Geschlagenes Obers mit frisch geriebenem Kren vermengen. Mit einem Löffel Nockerln daraus formen und in die Suppe einlegen.

Mostschaumsuppe

Zwiebelsuppe

ZUBEREITUNG

Die geschälten Zwiebeln in nicht zu feine Scheiben schneiden und langsam in leicht gebräunter Butter andünsten, aber ohne sie richtig Farbe nehmen zu lassen. Mit Weißwein (nicht zu sparsam) ablöschen, Lorbeerblatt zugeben, alles gut einkochen lassen. Mit Suppe aufgießen und auf kleiner Flamme ca. 3–4 Stunden köcheln lassen, bis die Zwiebeln weich sind. Bei Bedarf nochmals Suppe oder Wasser nachgießen. Mit Salz, frisch gemahlenem Pfeffer, etwas Knoblauch und einem Schuss Weißwein würzen bzw. abschmecken.

TIPPS

■ Die Zwiebelsuppe muss mindestens drei Stunden langsam köcheln, damit sie den anfangs eher süßen Geschmack verliert und ihr typisches Aroma erhält.

■ Ganz nach persönlichem Geschmack können auch kleine getoastete Weißbrotscheiben großzügig mit geriebenem Käse bestreut (auch die Ecken gut bestreuen, sonst verbrennt das Brot!) und mit Paprikapulver gewürzt werden (für schnelle und gleichmäßige Farbe). Brot auf die Suppe legen und im Rohr auf mittlerer Schiene mit der Grillschlange goldgelb überbacken.

■ Vorsicht beim Servieren: Tasse und Suppe sind sehr heiß!

ZUTATEN

750 g Zwiebeln
Butter zum Andünsten
200 ml Weißwein,
trocken
ca. 750 ml milde
Rind- oder Kalbssuppe
Salz, Pfeffer aus der
Mühle
1 Lorbeerblatt
etwas Knoblauch,
zerdrückt
Schuss Weißwein,
trocken

*Nächste Doppelseite:
Kürbissuppe*

89

Kürbissuppe

(vom Muskat- oder Hokkaidokürbis)

ZUTATEN

ca. 400 g Kürbis
2–3 EL Butter
750 ml Kalbs- oder
Rindsuppe
250 ml Schlagobers
gemahlener Kümmel,
Dille
Salz und wenig Pfeffer
Dillzweig und einige
Tropfen Kernöl
Kürbiskerne zum
Garnieren

ZUBEREITUNG

Geschälten Kürbis ohne Kerne (siehe Tipp) in kleine Würfel schneiden und in leicht gebräunter Butter andünsten. Mit Suppe und Obers aufgießen, mit gemahlenem Kümmel, Dille, Salz und wenig Pfeffer abschmecken und ca. 20 Minuten köcheln lassen. Im Turmmixer pürieren und nach Belieben abseihen. Unmittelbar vor dem Anrichten mit dem Stabmixer aufmixen. Kürbiskerne in eine trockene, mittelheiße Pfanne geben. Leicht salzen, mit wenig Wasser bespritzen und langsam rösten, bis aus den flachen Kernen etwas bauchige Kerne werden (Knall wie bei Popcorn). Suppe in heiße Tassen füllen und mit Dillzweigen und einigen Tropfen Kernöl garnieren. Geröstete Kürbiskerne darüber streuen und auftragen.

TIPP: Ist die Kürbisschale schön mürbe und weich, so kann der Kürbis auch mit der Schale gekocht werden, um der Suppe eine besonders schöne Farbe zu verleihen. *Foto vorherige Doppelseite*

Sausaler Weinsuppe

Eine Spezialität aus dem südsteirischen Weingebirge

ZUTATEN

750 ml kräftige Rind-
oder Kalbssuppe,
entfettet
250 ml Weißwein,
trocken und spritzig
100 ml Schlagobers
2 Eidotter
10 g Stärkemehl
(Mondamin, Maizena)
50 g Semmelwürfel
Zimt, Salz, weißer Pfeffer
geschlagenes Obers
zum Garnieren

ZUBEREITUNG

In einem Topf den Wein auf die Hälfte einkochen. Rindsuppe zugießen und zum Kochen bringen. Eidotter mit Obers und Stärkemehl gut versprudeln. Suppe vom Feuer nehmen und das Obers-Ei-Gemisch mit der Schneerute einrühren. Die Suppe darf dabei nicht mehr kochen! Mit Salz und Pfeffer abschmecken. Die Semmelwürfel im Rohr aufbähen (oder in einer beschichteten Pfanne ohne Fett knusprig rösten) und dann mit einer Prise Zimt würzen. Suppe in heißen Tellern anrichten und mit den Würfeln bestreuen. Mit je einer Schlagobershaube garnieren und servieren.

Krusdorfer Kest'nrahmsuppe mit Salwa

Oststeirische Erdäpfelrahmsuppe mit Salbei

ZUTATEN

500 g mehlige Erdäpfel
(im oststeirischen
Dialekt auch „Kest'n"
genannt)
750 ml Wasser
(oder Suppe)
ca. 60 g Sauerrahm
20 g Mehl
1 kl. Zweig Salbei
Salz, Pfeffer
Schnittlauch
zum Bestreuen

ZUBEREITUNG

Die Erdäpfel schälen, in Scheiben oder Würfel schneiden und im leicht gesalzenen Wasser gemeinsam mit dem Salbeizweig kernig-weich kochen. Vorsicht, nicht zu viel Salbei verwenden und eventuell etwas früher herausnehmen, damit er nicht zu intensiv vorschmeckt!! Sauerrahm mit Mehl versprudeln und die Suppe damit binden. Kurz durchkochen und mit Salz sowie Pfeffer kräftig würzen. Bei Bedarf eventuell mit etwas Wasser verdünnen. Mit reichlich frischem Schnittlauch bestreut zu Tisch bringen.

Eingebrannte Erdäpfel-Schwammerlsuppe

Eines von Willi Haiders Lieblingsrezepten

ZUBEREITUNG

Pilze gut putzen und klein schneiden. Pilzabschnitte in der Suppe auskochen, abseihen und zum Aufgießen beiseite stellen. Schmalz oder Öl erhitzen und das Mehl darin zu einer hellbraunen Einbrenn rösten. Geschnittene Zwiebeln zugeben und kurz mitrösten. Hitze verringern und kurz durchrühren. Die etwas abgekühlte Einbrenn mit Suppe aufgießen. Gut durchkochen lassen und mit den restlichen Gewürzen abschmecken. Inzwischen die Schwammerln oder Pilze getrennt gut anrösten und dann in die Suppe geben. Die rohen Erdäpfel zugeben. Alles zusammen auf kleiner Flamme nochmals ca. 45 Minuten köcheln lassen. Vor dem Servieren nochmals abschmecken. Mit Heidensterz servieren.

ZUTATEN
für ca. 5 Portionen
50 g Schweineschmalz
oder Öl
40 g glattes Mehl
50 g Zwiebeln,
fein geschnitten
1 KL Kümmel, gemahlen
evtl. etwas Majoran
2 Lorbeerblätter
Salz, weißer Pfeffer
aus der Mühle
1,25 l Suppe
250 g Eierschwammerln
und/oder Pilze
120 g mehlige Erdäpfel,
klein gewürfelt oder
geraspelt
Heidensterz (s. S. 109)
als Beilage

Krautsuppe mit Debrezinern

Eine oststeirische Spezialität mit ungarischem Einschlag

ZUBEREITUNG

Das nicht zu fein geschnittene Kraut einsalzen, mit Kümmel würzen, gut durchmischen und ca. 1 Stunde marinieren. Schmalz erhitzen und Zwiebeln darin anrösten. Kraut einmengen und leicht andünsten. Paprikapulver zugeben und gut durchrühren. Mit Suppe aufgießen und auf kleiner Flamme ca. 1 Stunde köcheln lassen. Debreziner klein schneiden und kurz mitköcheln. Mit Salz und Pfeffer abschmecken. Die Suppe in tiefen Tellern anrichten und mit etwas Sauerrahm sowie gehacktem Schnittlauch garnieren.

Foto Seite 94

ZUTATEN
für ca. 8 Portionen
400 g Weißkraut,
nicht zu fein geschnitten
100 g Schmalz
150 g Zwiebeln,
fein geschnitten
ca. 2 l Rind- oder
Kalbssuppe
Salz, Pfeffer aus
der Mühle
Kümmel (ganz)
1 EL Paprikapulver
2 Paar Debreziner für
die Einlage
Schnittlauch und
Sauerrahm zum
Garnieren

FISCHSUPPEN

Fischbeuschelsuppe
Das Beste vom Karpfen

ZUBEREITUNG

Das Wurzelwerk schälen (Schalen aufheben!) und fein reiben. Gräten, Fischkopf und Flossen in kaltem Wasser aufstellen. Wurzelwerk-Schalen beifügen, mit einem Schuss Essig, Lorbeerblatt, Pfefferkörnern und Piment würzen und 30 Minuten köcheln lassen. Abseihen. Währenddessen Fischbeuschel in Salzwasser kochen und abseihen. In einer Kasserolle Fett heiß werden lassen und den Würfelzucker darin schmelzen. Das geriebene Wurzelwerk darin gelb rösten, Zwiebeln beifügen und ziemlich dunkel bräunen. Nun das Mehl einrühren und weiterrösten. Mit Rotwein ablöschen, mit dem abgeseihten Fischsud aufgießen und 20 Minuten durchkochen. Das würfelig geschnittene, gekochte Fischbeuschel sowie den Fischrogen beifügen und kurz durchkochen. (Hat man keinen Rogen, so kann man ihn durch etwas Grieß, den man in Fett abröstet, ersetzen.) Sauerrahm mit wenig Wasser glatt rühren und unter die Suppe rühren. Mit Salz und Pfeffer abschmecken.

TIPPS

■ Anstelle des Fischbeuschels kann auch klein geschnittenes Karpfenfleisch verwendet werden.

■ Besonders gut schmeckt die Suppe mit gerösteten Brotwürfeln und Petersilie bestreut.

Fischeinmachsuppe mit Gemüse

ZUBEREITUNG

Butter in einer Kasserolle schmelzen, Mehl einrühren und hell anrösten. Mit Weißwein ablöschen und einmal kurz aufkochen. Mit Fischfond, Milch sowie Obers aufgießen. Mit Salz, Pfeffer, Lorbeer sowie Knoblauch zart abschmecken und 15 Minuten leicht köcheln lassen. Mit dem Stabmixer kurz aufschäumen. Vorgekochtes Gemüse sowie rohe, mundgerecht geschnittene Fischstücke zugeben und nochmals ca. 5 Minuten köcheln. In heißen Tellern oder Tassen anrichten und mit frischen Kräutern nach Wunsch dekorieren.

Linke Seite: Krautsuppe mit Debrezinern

ZUTATEN
für 6 Portionen
100 g Fischbeuschel
(gut gereinigte
Innereien ohne Galle)
Kopf, Gräten und
Flossen von 1 Karpfen
20 g Fischrogen
(ersatzweise Grieß)
1,5 l Wasser
100 g Wurzelwerk
(Karotten, Sellerieknolle,
Petersilwurzel)
80 g Öl oder Schmalz
60 g Zwiebeln, fein
geschnitten
100 ml Rotwein
60 g Mehl, glatt
1 Lorbeerblatt
4 cl Sauerrahm
2 Stück Würfelzucker
Salz, Pfeffer aus der
Mühle
Pfeffer- und Neugewürz-
körner (= Piment)
Schuss Essig

ZUTATEN
40 g Butter
20 g glattes Mehl
125 ml trockener
Weißwein, mit einigen
Safranfäden eingekocht
500 ml Fischfond
bzw. Fischsuppe
250 ml Milch
125 ml Schlagobers
Salz, weißer Pfeffer
aus der Mühle
1 Lorbeerblatt
1 Knoblauchzehe,
zerdrückt
150 g Gemüse nach Wahl,
gekocht und geschnitten
150 g Fischfiletstücke
nach Wahl, roh,
ohne Gräten
Kerbel, Dille oder Basilikum zum Dekorieren

Räucherforellensuppe

ZUTATEN

1 Räucherforelle
(ersatzweise auch
anderer Räucherfisch)
1 EL Butter zum
Andünsten
evtl. etwas Weißwein
oder trockener Wermut
750 ml Fisch-, Selch-
oder Rindsuppe
125 ml Schlagobers
evtl. 1 kl. gekochter
Erdapfel zum Binden
Salz, weißer Pfeffer
aus der Mühle
Dille
2 Scheiben Toastbrot
2 EL Butter für die
Croûtons
2 Knoblauchzehen

ZUBEREITUNG

Gräten, Kopf und Haut der Räucherforelle in etwas Butter andünsten. Eventuell mit etwas Weißwein oder Wermut ablöschen, mit Suppe aufgießen und ca. 15 Minuten auskochen. Durch ein Spitzsieb abseihen, mit Obers auffüllen und (zum Binden) mit etwa zwei Dritteln des Forellenfilets (oder gekochten mehligen Erdäpfeln) gut und lange aufmixen. Nochmals abseihen und mit Salz, weißem Pfeffer und etwas Dille abschmecken. Restliches Forellenfilet klein schneiden. Suppe in heißen Tellern anrichten. Forellenfleisch und Knoblauchcroûtons zugeben und mit Dillzweiglein garnieren.
Für die Knoblauchcroûtons entrindetes frisches Toastbrot in kleine Würfel schneiden. In einer Pfanne Butter (nicht zu sparsam) leicht bräunen und grob geschnittenen Knoblauch sowie eine Prise Salz zugeben. Kurz aufschäumen lassen und die Brotwürfel zugeben. Langsam goldgelb und knusprig anrösten. Knoblauchscheiben entfernen und kurz vor dem Fertigwerden nochmals etwas Butter, etwas Salz sowie fein geschnittenen Knoblauch dazugeben. Kurz durchschwenken und vom Feuer nehmen.

TIPP: Ist die Suppe nicht sämig genug, so kann sie auch mit etwas Mehlbutter (2 Teile flüssige Butter mit 1 Teil glattem Mehl vermengt) gebunden werden.

*Rechte Seite: Paprikaschaumsuppe mit Karpfennockerln
Karpfennockerl auf Paprikasoße mit Erdäpfeln*

Paprikaschaumsuppe mit Karpfennockerln oder -knödeln

ZUTATEN

80 g Zwiebeln,
fein geschnitten
50 g Butter
20 g Paradeisermark
1 KL Paprikapulver,
edelsüß
10 g Mehl
1 l Fischfond oder Suppe
Salz, Pfeffer
1 Knoblauchzehe
2 rote Paprikaschoten
bunte Paprikawürfel
sowie Dillzweig
zum Garnieren

**Für die
Karpfenknödel**

200 g Filet vom Karpfen
Salz
etwas Wermut
Dille oder Petersilie,
gehackt

ZUBEREITUNG

Zwiebeln in heißer Butter hell anschwitzen lassen. Paradeisermark einrühren und kurz mitrösten. Hitze verringern, Paprikapulver zugeben und gut durchrühren. Mehl einrühren und mit Fischfond oder Suppe aufgießen. Mit Salz, Pfeffer sowie mit der klein geschnittenen Knoblauchzehe abschmecken und ca. 10 Minuten kochen lassen.

Inzwischen Paprikaschoten vierteln, entkernen und in Salzwasser 2–3 Minuten kochen, kalt abschrecken und klein schneiden. Paprikawürfel in die Suppe geben und kurz mitkochen lassen. Am besten in einem Turmmixer oder mit einem Stabmixer aufmixen und dann abseihen (um die Paprikaschalen und eventuell vorhandene Kerne zu entfernen).

Wird die Suppe stärker mit Mehl gebunden, entsteht daraus eine Paprikasoße. Mit Karpfennockerln (siehe Rezept Fischfarce, Seite 41, halbe Menge verwenden) oder einfachen Karpfenknödeln servieren.

Für die Karpfenknödel zunächst das entgrätete Karpfenfilet fein faschieren. Mit Salz, eventuell etwas Wermut und fein gehackten Kräutern je nach Geschmack würzen und kalt stellen. Aus der kalten Masse kleine Knöderln oder Nockerln formen, in gesalzenes Wasser oder Fischfond einlegen und ca. 10 Minuten leicht köcheln lassen. Suppe oder Soße vor dem Servieren nochmals kurz aufschäumen, mit den abgetropften Karpfennockerln, den bunten Paprikawürfeln sowie je einem Dillzweiglein anrichten.

Foto Seite 97

FLEISCH- UND GEFLÜGELSUPPEN

**ZUTATEN
für 4–6 Portionen**

700 g Suppenhuhn
(etwa ein halbes)
120 g Heidenbrein (Buchweizen), gewaschen
1,5 l Wasser
80 g Wurzelwerk
(Karotten, Sellerie,
Petersilwurzel), blättrig
geschnitten
2 Blätter Lustock
(Liebstöckel oder
Maggikraut)
Petersilstängel
10 g Petersilie,
fein gehackt
Salz, Pfeffer

Breinsuppe „mit einem Hühnel"
Ein historisches Rezept für eine „komplette Mahlzeit"

ZUBEREITUNG

Das Suppenhuhn mit Wasser aufstellen, einmal aufkochen lassen, den ersten Kochsud weggießen und neu zustellen. Nach einiger Zeit das Wurzelwerk, die Petersilstängel und den Lustock beifügen und ganz langsam weiterkochen. Sobald das Huhn weich ist, herausheben, kalt abschrecken, auslösen und Fleisch in nicht zu kleine Stücke schneiden. Den Kochsud abseihen und den Heidenbrein darin weich kochen. Die Hühnerstücke beifügen, mit Salz und Pfeffer abschmecken und mit Petersilie bestreut servieren.

Fürstenfelder Hühnereinmachsuppe

ZUBEREITUNG

In einem Kochtopf Butter oder Schmalz erhitzen und zuerst das Hühnerklein (ohne Leber) anrösten. Nach einiger Zeit Wurzelwerk sowie Zwiebeln beifügen, weiterrösten und die gehackte Petersilie dazugeben. Sobald das Gemüse gleichmäßig braun ist, mit Mehl stauben und weiterrösten. Mit Wasser aufgießen, mit etwas Essig bzw. Zitronensaft aromatisieren und das Hühnerklein langsam weich kochen. Die in Stücke geschnittene Leber beifügen. Mit Salz, Pfeffer, Muskatnuss und Zitronenschale würzen und zu Tisch bringen.

Ach ich armes Suppenhuhn …

… muss die ganze Arbeit tun. So heißt es zumindest im Märchen. Tatsächlich ist die Zubereitung eines Suppenhuhns, wenn schon nicht mit viel Arbeit, so doch mit viel Zeit verbunden. Denn ein Suppenhuhn ist schon ein recht ausgewachsenes „Poulard", dessen Fasern durch ausdauerndes Kochen mürbe gemacht werden müssen – was sich dann freilich in einem intensiv-köstlichen Hühnergeschmack auswirkt. Noch intensiver schmeckt nur noch ein Gockel, der freilich auch noch etwas länger im Kochtopf verweilen muss.

Eingemachtes Suppenhuhn

ZUBEREITUNG

Suppenhuhn zerteilen und gemeinsam – so vorhanden – mit Hühnerklein sowie Innereien einmal überbrühen. Danach mit 1,5 Liter kaltem Wasser zustellen und mit Wurzelgemüse und Gewürzen ca. 3 Stunden weich kochen. Abseihen, Hühnerfleisch kalt abschrecken, Fleisch auslösen und klein schneiden.
Butter oder Schmalz leicht bräunen, Mehl einrühren (cremige Konsistenz!) und leicht Farbe nehmen lassen. Mit etwas Weißwein ablöschen. Mit guter, eher kalter Hühnersuppe und bei Bedarf mit etwas Milch aufgießen. Durchkochen lassen und eventuell mit etwas Obers verfeinern. Nochmals kurz durchkochen, mit Salz, Pfeffer, evtl. Zitronenschale und Muskatnuss abschmecken. Bei Bedarf aufmixen. Hühnerfleisch, gekochtes Gemüse sowie gehackte Kräuter zugeben und in heißen Tellern auftragen.

TIPPS

- Noch molliger schmeckt die Einmachsuppe, wenn man sie abschließend mit ca. 60 ml Schlagobers und 2–3 Eidottern legiert (bindet), aber nicht mehr aufkochen lässt!
- Nach demselben Rezept lassen sich auch Gemüse-, Spargel-, Karfiol- oder Fischeinmachsuppe, aber auch Knoblauch- oder Käsesuppe (mit Schmelz- oder Edelschimmelkäse) zubereiten.

ZUTATEN
für 4–6 Portionen
500 g Hühnerklein (Kragerl, Flügerl, Magerl, Herzerl, Leber), in nicht zu kleine Stücke geschnitten
150 g Wurzelwerk (Karotten, Petersilwurzel, Sellerieknolle), geputzt und in Scheiben oder Würfel geschnitten
60 g Zwiebeln, grobwürfelig geschnitten
40 g Mehl, glatt
60 g Butter oder Schmalz
1,5 l Wasser
Petersilie, grob gehackt
Zitronenschale, gerieben
Essig oder Zitronensaft
Muskatnuss
Salz, Pfeffer

ZUTATEN
700 g Suppenhuhn (etwa ein halbes) und evtl. Hühnerklein sowie Innereien
150 g Wurzelwerk (Karotten, Petersilwurzel, Sellerieknolle), geputzt, in Scheiben oder Würfel geschnitten
2 Lorbeerblätter
weiße Pfefferkörner
60 g Butter oder Schmalz
40 g Mehl, glatt
etwas trockener Weißwein (z. B. Welschriesling)
1 l Hühnersuppe (vom Kochen)
evtl. etwas Milch und Obers
Zitronenschale, gerieben
Muskatnuss, Salz, Pfeffer
200 g gekochtes Gemüse für die Einlage (Erbsen, Karotten, Selleriewürfel, Maiskörner u. a.)
frische Kräuter wie Schnittlauch, Kerbel oder Petersilie

Einbrennsuppe von der Gans

Ein Gaumenschmaus mit Gänsegrammel-Bröselknödeln

ZUTATEN

1/2 Gänsebrust mit
Knochen (ersatzweise
ca. 400 g Ganslbraten-
Reste)
1 Karotte, gelbe Rübe
1/2 Zwiebel zum Kochen
1 Knoblauchzehe
Salz, Lorbeerblatt
60 g Schmalz oder
Gänseschmalz
40 g glattes Mehl
1/2 Zwiebel, würfelig
geschnitten, zum
Anrösten
ca. 60 ml Weißwein
1 l Ganslsuppe (vom
Kochen)
2 cl Schlagobers
Salz, Pfeffer
Majoran oder Petersilie
evtl. Apfelbalsamessig

Für die Gänsegrammel-Bröselknödel

100 g Butter
(schön weich)
1 Ei, 1 Eidotter
200 g Semmelbrösel
100 ml Milch
40–50 g Gänsegram-
meln, fein gehackt
Salz, Pfeffer, Majoran

ZUBEREITUNG

Brustfilet auslösen. Brustknochen kurz überbrühen, in kaltem Wasser abschrecken, mit Wurzelgemüse sowie Zwiebel in 1,5 Liter kaltem Wasser zustellen. Mit Knoblauch, Salz und Lorbeerblatt würzen, aufkochen und Hitze zurückschalten. Ausgelöstes Brustfilet einlegen und ca. 1,5–2 Stunden weich kochen. Kurz abschrecken und die Haut abziehen. Suppe durch ein Sieb abseihen und das Fett abschöpfen (evtl. zum Anbraten für die Haut und für die Einbrenn verwenden).

Die gekochte Haut gut trockentupfen, klein schneiden und in etwas Gänseschmalz zu knusprigen Grammeln braten. Grammeln herausheben und trockentupfen. Fett abseihen. Brust und Gemüse in kleine Würfel schneiden oder durch eine Wiegepresse drücken. Schmalz (von den Grammeln) erhitzen, Mehl einrühren und hellbraun rösten (Einbrenn). Geschnittene Zwiebel und Gemüsewürfel zugeben, noch einmal kurz rösten. Mit Wein ablöschen und mit Ganslsuppe nach und nach aufgießen. Gut durchkochen lassen, Fleisch zugeben und mit Salz und Pfeffer gut abschmecken. Mit wenig Obers verfeinern und noch mindestens 30 Minuten köcheln lassen. Vor dem Anrichten mit frischem Majoran oder Petersilie und evtl. etwas Apfelbalsamessig verfeinern. Mit den Gänsegrammel-Bröselknödeln anrichten.

Für die Knöderl Butter schaumig rühren und Ei sowie Dotter einrühren. Brösel mit Milch anfeuchten und mit den Gänsegrammeln zugeben. Mit Salz, Pfeffer und Majoran würzen (oder einfach alles zusammen mit dem Mixer gut verrühren). Etwa 30 Minuten rasten lassen. Mit feuchten Händen aus der Masse kleine Knödel formen und in leicht gesalzenem Wasser ca. 15 Minuten köcheln lassen.

TIPP: Die Bröselknödel können auch ohne Gänsegrammeln hergestellt sowie roh tiefgekühlt werden!

ZUTATEN

1 kg Beuschel vom Kalb,
Lamm, Schwein (ersatz-
weise auch Bratenreste)
1 l Wasser
100 g Wurzelwerk
(Karotten, Petersilwurzel,
Sellerie)
Pfefferkörner, Piment
Lorbeerblatt
60 g Schweineschmalz
ca. 40 g Mehl, glatt
10 g Kapern, gehackt
50 g Zwiebeln,
feinwürfelig geschnitten
2 Stück Würfelzucker
Prise Paprikapulver
Zitronenschale, Salz,
Pfeffer, eventuell Safran,
Thymian, Majoran

Alt-Predinger Beuschelsuppe

ZUBEREITUNG

Das Beuschel in 1 Liter Wasser gemeinsam mit dem Wurzelwerk sowie den Gewürzen weich kochen (s. Grundrezept S. 280). Wie beschrieben abkühlen lassen und fein schneiden oder faschieren. Schweineschmalz in einer Kasserolle heiß werden lassen und das Mehl darin bräunen. Um die Bräunung zu intensivieren, vorher Würfelzucker beigeben. Sobald die Röstung dunkelbraun ist, gehackte Kapern und Zwiebeln beigeben und kurz durchrösten. Paprikapulver einrühren, mit Beuschelsud aufgießen und 20 Minuten durchkochen. Das gehackte oder faschierte Beuschel dazugeben. Mit geriebener Zitronenschale, Salz und Pfeffer abschmecken. Nach Geschmack mit etwas Safran, Thymian oder Majoran vollenden.

Der steirische Wirtshaustest

Schon lange bevor die professionellen Tester mit Argusaugen in die steirischen Landgasthöfe „einfielen", wusste in der Steiermark jedes Kind, wie man ein Wirtshaus am besten beurteilen konnte. Die Probe, die jede Gasthausköchin jeden Tag aufs Neue zu bestehen hatte, hieß schlicht und einfach „Beuschelsuppe". Nur wenn diese jeden Tag gleich gut und möglichst noch besser als jene im Nachbarwirtshaus war, dann ging der „steirische Wirtshaustest" auch wirklich gut aus.

Klassische Flecksuppe

ZUBEREITUNG

Zwiebeln und Speck in Schmalz goldgelb anrösten, mit Mehl stauben (die Masse soll cremig sein) und hellbraun rösten. Hitze verringern, Paprikapulver und Gemüse zugeben, mit Essig oder Weißwein ablöschen und mit kaltem Kochsud langsam nach und nach aufgießen. Alles gut durchkochen und mit den Gewürzen sowie geschnittenem Knoblauch kräftig abschmecken. Geschnittene Kutteln dazugeben und auf kleiner Flamme mindestens 20–30 Minuten köcheln lassen.

TIPP: Früher wurde bei Tisch ein Schuss Wein zum Säuern in die Flecksuppe gegeben.

ZUTATEN

80 g Schmalz
100 g Zwiebeln,
fein geschnitten
70–80 g kleine Speckwürfel (gekochter Jausenspeck)
ca. 4 EL Mehl
2 KL Paprikapulver
gekochtes Gemüse nach Belieben, geschnitten
Schuss Essig oder Weißwein
1 l Kochsud vom Kuttel-Kochen (s. S. 102)
Salz, Pfeffer, Majoran
Piment (Neugewürz oder auch Nelkenpfeffer)
Knoblauch und Lorbeerblatt
400 g Kuttelfleck, gekocht und fein geschnitten (s. S. 102)

Keine Angst vor Kutteln

Das Hässlichste an den Kutteln, hat einmal ein Feinschmecker gesagt, sei ihr Name. Der klinge so ordinär, dass einem nicht unbedingt das Wasser im Gaumen zusammenrinne. Vielleicht ist das auch der Grund, warum etwa die Franzosen und Italiener, die „Tripes" oder „Trippe" zu den Kutteln sagen, viel weniger Scheu vor dieser Zutat haben. In der Steiermark sind die Kutteln jedoch – vor allem in ländlichen Gegenden, aber interessanterweise auch in den besten Restaurants – hoch angesehen. Hier spricht man schlicht von „Fleck", andere Bezeichnungen sind „Kaldaunen" oder das heute nur noch selten gebräuchliche „Leser" oder „Löser". Wie immer man jedoch dazu sagt, es handelt sich um den Vormagen (Pansen und Kugelmagen) der Wiederkäuer, in dem deren rein pflanzliche Nahrung bakteriell zersetzt wird. Für die klassische steirische Flecksuppe werden hauptsächlich Kalbs- und Rinderkutteln verwendet.

Fleck kauft man am besten schon geputzt und überbrüht vom Fleischer. Manche bieten auch bereits vorgekochte und in Streifen oder Flecken geschnittene Ware an, die man nur noch weiterzuverarbeiten braucht.

Wenn das nicht der Fall ist, bedarf es freilich einer gewissen Vorbereitung, die – und das ist der zweite Grund, warum so manche Hausfrau vor Kuttelgerichten zurückscheut – nicht ganz ohne Geruchsbelästigung zu bewerkstelligen ist.

Für 1 kg vorgeputzte Kutteln benötigt man etwa 300 g Wurzelgemüse (Karotten, Sellerie, Petersilwurzel u. Ä.) sowie Salz, Pfefferkörner und ein Lorbeerblatt. Man wäscht die Kutteln zunächst in kaltem Wasser gut durch, kocht sie danach in reichlich Wasser auf, seiht sie ab und wiederholt diesen Vorgang. Nach abermaligem Durchwaschen werden die Kutteln diesmal mit Wurzelgemüse sowie Gewürzen aufgesetzt und langsam – das bedeutet etwa 3–4 Stunden – weich gekocht. Dann schreckt man die Kutteln kalt ab und lässt sie gut durchkühlen. Anschließend werden sie, je nach Verwendung, in Stücke oder ganz feine Streifen geschnitten. Den Kochsud hebt man zum Aufgießen auf. Das mitgekochte Gemüse kann, fein gehackt oder durch eine Wiegepresse gedrückt, für die Flecksuppe verwendet werden.

Der Fleck ist freilich nicht nur als Suppe zu empfehlen. Er empfiehlt sich auch als probate Zutat für Sulzen, saure Gerichte, Salate, zum Backen und vor allem auch als Eintopfgericht. Katharina Prato etwa empfiehlt das Dünsten von Kutteln mit Zwiebeln, Schinkenspeck, Bröseln, Knoblauch und Rindsuppe oder serviert Kuttelragouts mit Paradeisern, Kapern oder etwa auch den berühmten „Speckfleck": Fein gehackten Speck heiß werden lassen, fein geschnittenes Kerbelkraut und eine würfelig geschnittene Semmel hinzufügen, 500 g Fleck untermengen, mit Suppe und Selchfleisch weich dünsten und mit Parmesankäse servieren. Man sieht also: Wenn man die „Kuttelhemmschwelle" erst einmal überschritten hat, sind der Phantasie keine Grenzen gesetzt.

Stainzer Flecksuppe
nach einem historischen Rezept aus der Weststeiermark

ZUBEREITUNG

Die sauber geputzten Kutteln wie auf Seite 102 beschrieben in 1,5 l Wasser mit Wurzelwerk, Pfefferkörnern, Lorbeerblatt, Piment und einem Schuss Essig so weich kochen, dass sie mit Daumen und Zeigefinger durchdrückt werden können. Im Sud auskühlen lassen, nudelig schneiden und den Sud aufheben. Speckwürfel in etwas Schmalz goldbraun anrösten bzw. auslassen, Würfelzucker dazugeben, geschnittene Zwiebeln beifügen und dann die Hälfte des Mehls goldbraun mitrösten. Mit kaltem Sud aufgießen und 20 Minuten durchkochen. Die nudelig geschnittenen Fleck dazugeben. Mit Thymian, Safran, Knoblauch und eventuell Majoran würzen. Das restliche Mehl mit etwas Wasser oder Sauerrahm versprudeln und die Suppe damit binden.

TIPP: In der Weststeiermark wird der Essig auch gerne durch ca. 1/8 l Schilcher ersetzt.

ZUTATEN

400 g Kuttelfleck, gekocht und fein geschnitten (s. S. 102)
100 g Wurzelgemüse (Karotten, Petersilwurzel, Sellerieknolle), fein-blättrig geschnitten
Pfefferkörner
Lorbeerblatt
Piment
80 g Zwiebeln, fein geschnitten
50 g Selchspeck, feinwürfelig geschnitten
etwas Schmalz
2 Stück Würfelzucker
1 EL Essig, Most oder Weinessig
80 g Mehl, glatt
6 EL Sauerrahm
Knoblauch, evtl. Majoran
Safran, Thymian, Salz
etwas Sauerrahm

Von Klacheln und vom Klacheln

„Der Steiermärker, naturgetreu geschildert" heißt die Abhandlung, die der Biedermeier-Autor Johann Vincenz Sonntag 1845 herausbrachte und in welcher sich der berühmte Satz findet: „Man macht unseren guten Steiermärkern den Vorwurf der Gefrässigkeit."

An anderer Stelle des Textes heißt es: „Nun bringt die Mutter ein Gericht, welches den sonderbaren Namen ,Klachelsuppe' führt und eine Brühe mit zerhackten Schweinsfüßen ist, welche sich versulzt, wenn sie kalt wird."

Der „sonderbare Name" hat auch eine sonderbare Geschichte. Das Wort „Klachelsuppe" geht sprachgeschichtlich nämlich vermutlich nicht auf die deftige Fleischeinlage der Suppe zurück, sondern darauf, dass es sich um eine „geklachelte", will heißen: versprudelte Suppe handelt, in die man Schweinshaxel- und Schweinskopffleisch als Einlage gab. Die Suppe wurde in der Steiermark jedoch im Lauf der Jahrhunderte so populär, dass man nicht mehr den Quirl, sondern das Haxel als „Klachel" bezeichnet.

Als Theodor Unger 1903 sein Standardwerk „Steirischer Wortschatz" herausbrachte, war der Klachel daher schon längst zum ursteirischen Vokabel geworden und bezeichnete nicht nur „Fleisch vom Kopfe und von den Stelzen (Wadschinken) des Schweines", sondern auch Glockenschwengel, Schwengel bei Mühlen, einen plumpen Menschen, einen schlechten Kerl und, last not least – das beste Stück der steirischen Herren der Schöpfung.

Salonklachelsuppe

Die verfeinerte Version mit ausgelösten Schweinshaxeln

ZUTATEN

750 g Haxeln
(Schweinsfüße, vom
Fleischhauer in dicke
Scheiben sägen lassen)
1,5 l Wasser
2 Lorbeerblätter
1/4 Sellerieknolle
1/4 Stange Lauch
1 Karotte
Pfefferkörner
8 cl Weißweinessig
Salz, weißer Pfeffer
1 EL Mehl
1 EL Sauerrahm
Knoblauch, frischer
Majoran und
Liebstöckel

ZUBEREITUNG

Die in Scheiben geschnittenen Schweinshaxeln in kaltem Wasser mit Pfefferkörnern, Lorbeerblättern, Salz und der halben Menge Essig (ca. 4 cl) zustellen, aufkochen lassen und dann 3–4 Stunden auf kleiner Flamme langsam köcheln lassen. Die Suppe währenddessen mehrmals abschäumen. Nach ca. 1 Stunde das in größere Stücke geschnittene Wurzelgemüse dazugeben. Sobald die Haxeln weich sind, herausheben, kurz kalt abschrecken und Fleisch auslösen. In mundgerechte Stücke schneiden.

Suppe abseihen, Gemüse abschrecken und klein schneiden. Mit dem Haxelfleisch vermengen. Restlichen Essig mit Mehl und Sauerrahm gut versprudeln und unter ständigem Rühren wieder in die kochende Suppe einlaufen lassen. Aufkochen, nach Geschmack mit Salz, Pfeffer, frischem Knoblauch, Majoran und Liebstöckel abschmecken.

TIPP: Für Klachelfleisch werden die Haxeln in ganzen Scheiben mit der abgeseihten Suppe und dem Wurzelgemüse angerichtet und mit frisch geriebenem Kren und Schnittlauch bestreut.

Klachelsuppe aus dem Joglland

ZUBEREITUNG

Die Schweinshaxeln in Salzwasser geben, mit einem Schuss Essig säuern und
Zwiebeln, Knoblauch, Pfefferkörner sowie Wacholderbeeren beifügen. Die
Schweinshaxeln langsam 3–4 Stunden weich kochen und dann aus dem Sud
heben. Sud abseihen und mit Majoran, Kümmel und Petersilie würzen.
Mehl mit etwas Wasser versprudeln und in die Suppe einquirlen. Noch weitere 15 Minuten langsam durchkochen lassen. Haxeln wieder hineingeben
und in der Suppe erwärmen.

ZUTATEN

1 kg „Schweineklacheln"
(Schweinshaxeln),
gewässert, sauber
geputzt, gespalten und
in 3 cm große Stücke
geschnitten
1,5 l Wasser
100 g Zwiebeln
2 Knoblauchzehen
20 schwarze Pfeffer-
körner
10 Wacholderbeeren
1 TL Petersilie, gehackt
40 g Mehl, glatt
Schuss Essig
Majoran, Kümmel
Salz

Grammeln zum Selbermachen

*Die Grammeln oder Grammerln genannten Speckgraupen (hochdeutsch: Grie-
ben) sind ein klassisches Abfallprodukt früherer Schlachttage. Der Schweine-
filz oder Rückenspeck wird dabei in Würfel geschnitten oder grob faschiert.
Dann gibt man die Speckgraupen in eine Pfanne, wo man sie unter Zusatz von
etwas Wasser oder Milch auf kleiner Flamme unter ständigem Rühren langsam „auslässt", bis Grammeln entstehen und sich rundum das Schmalz absetzt.
Man kann die Grammeln entweder mit einer Schöpfkelle aus dem noch heißen Fett heben und abtropfen oder sie gemeinsam mit dem Fett zu Grammelschmalz erkalten lassen.*
Mehr über Grammeln siehe auch Seite 426.

Grammelsuppe

*Die tägliche Morgensuppe in Regionen mit geringer Milchwirtschaft
ist auch als „Saure-Essig-Suppe" bekannt.*

ZUBEREITUNG

Die Grammeln hacken und mit 750 ml Wasser oder Selchsuppe aufkochen.
Mehl mit restlichem Wasser absprudeln und in das kochende Wasser mit
den Grammeln einrühren. Etwa 10 Minuten durchkochen. Mit Salz und
Essig abschmecken. Restliche Grammeln in einer Pfanne erhitzen. Heiße
Suppe in vorgewärmten Tellern anrichten, mit knusprigen Grammeln sowie
gehackter Petersilie bestreuen und sofort auftragen.

ZUTATEN

1 l Wasser oder
Selchsuppe
40–60 g Mehl
80 g Grammeln,
zum Kochen
80 g Grammeln,
zum Bestreuen
Essig (milder Wein-
oder Mostessig)
Salz
Petersilie,
frisch gehackt

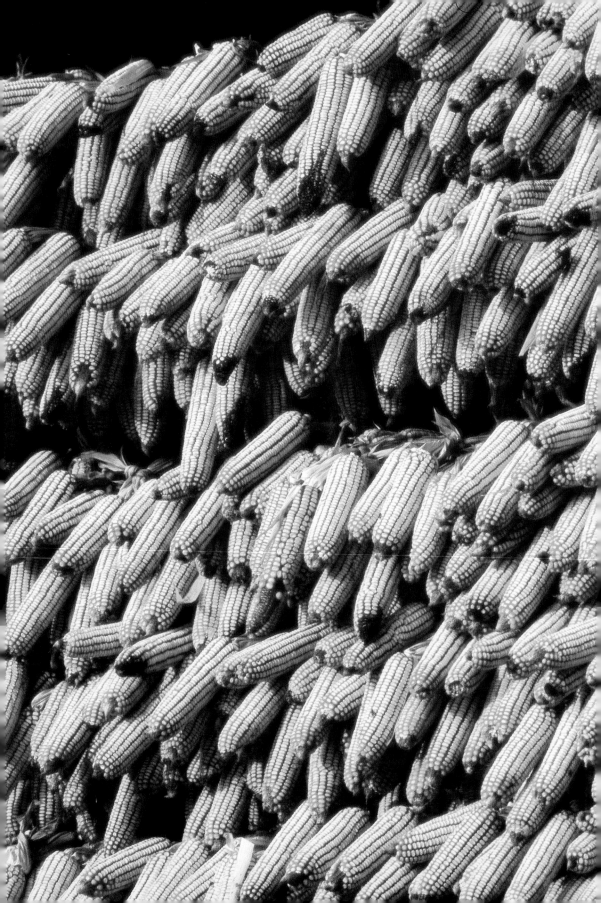

VOM PFANDLSTERZ BIS ZUM GRAMMELKRAUT

Steirische Zwischengerichte, Beilagen und Salate

„An Knödl und a Fleisch und a Koch und an Sterz, dia holdi e dia holdi e ri di e ri di e dia holdi e dia holdi e juch! Du li i."
Dieser Text aus einem steirischen Volksliederbuch des Jahres 1894 bringt das Wesen der steirischen Küche exakt auf den Punkt. Gegessen wurde, was auf den Tisch kam, und auf den Tisch kam, was gerade zur Verfügung stand.

Die Frage „Hauptgericht, Zwischenmahlzeit oder Zuspeis'?" stellte sich erst in jüngster Zeit. Vieles von dem, was in der heutigen Küche als „Sättigungsbeilage" gilt, war früher nämlich keine Beilage, sondern diente ausschließlich der Sättigung.

Diesem ganzheitlichen Ansatz verdankt die steirische Küche unzählige Gerichte, die sich schwer in das Schema klassischer Menüfolgen pressen lassen. Sterze und Breine – um zwei typische steirische Getreidegerichte zu nennen – vermochten das Gesinde eines Bauernhofs oft tagelang zu ernähren, ohne dass es dazwischen eine andere Kost gegeben hätte. Ähnliches gilt auch für Gerichte aus Erdäpfeln oder Gemüse. Ein Kürbisgemüse mit Paprika etwa war ein veritables Abendmahl, das von allen aus einer Schüssel gelöffelt wurde, während wir es uns heute fast ausschließlich als Beilage vorstellen können.

Die meisten Gerichte in diesem Kapitel sind also im heutigen Küchenalltag recht flexibel anzuwenden. Sie werten als Beilagen viele Fleischgerichte auf, eignen sich aber vor allem auch, wie es die moderne Ernährungsmedizin gerne vorschlägt, als „kleine Happen zwischendurch", als Grundlage für Trennkost, aber selbstverständlich auch als Komponenten eines mehrgängigen Menüs. Und in einer Zeit wie heute, in welcher der Trend dazu geht, das Fleisch immer stärker als Beilage zu betrachten und das ballaststoffreiche Getreide und Gemüse wieder in den Vordergrund der Ernährung zu stellen, ist die Küche des alten steirischen Bauernhauses wieder moderner denn je zuvor.

SAURE MEHLSPEISEN UND GETREIDEGERICHTE

„Gelundener" Heidensterz

ZUTATEN

ca. 500–750 ml Wasser
Salz
1–2 EL Schmalz
300 g Heidenmehl
Schmalz oder
Grammelschmalz zum
Abschmalzen

ZUBEREITUNG

Das Wasser mit Salz und Schmalz aufkochen. Heidenmehl in einer trockenen Pfanne leicht erhitzen (linden bzw. dextrinieren), bis ein angenehm nussiger Duft entsteht. Langsam bzw. nach und nach mit dem heißen Wasser aufgießen und dabei rühren, bis sich kleine gleichmäßige Klumpen bilden. Vom Feuer nehmen und zugedeckt am Herdrand etwa 20 Minuten ausdünsten lassen. Vor dem Servieren mit heißem Schmalz oder Grammelschmalz abschmalzen.

Heidensterz

Der klassische Begleiter von Rinds-, Klachel- und Schwammsuppe.

ZUBEREITUNG

Salzwasser und Schmalz in einem eher schmalen Topf aufkochen. Heiden-mehl in einem Schwung dazugeben und mit dem Kochlöffel etwas formen, so dass ein großer Klumpen entsteht. Diesen vorsichtig mit etwas Koch-wasser übergießen. Bei kleiner Hitze zugedeckt ca. 20 Minuten quellen bzw. leicht köcheln lassen.

Das Kochwasser vorsichtig mit Hilfe eines Deckels abgießen und auffangen. Den eher trockenen Sterzklumpen (am besten mit einer zweizinkigen Fleisch- oder Sterzgabel) zerteilen. Kochwasser in kleinen Mengen nach und nach langsam zugießen und die eher mehlige Masse mit der Gabel auflo-ckern, so dass gleichmäßige Klümpchen entstehen. (Wird wenig Wasser zugegeben, so bleiben nur kleine Klümpchen, durch weitere Zugabe von Kochwasser werden die Sterzklumpen größer, aber auch feuchter bzw. „patzig".) Etwas Schmalz erhitzen, Speck oder Grammeln darin knusprig braten und den Sterz damit „abschmalzen" oder durchrösten.

ZUTATEN
1 l Wasser
2 TL Salz
1 EL Schmalz
300 g Heidenmehl
(Buchweizenmehl)
100 g Speckwürfel
oder Grammeln
Schmalz zum Anrösten

Ein Vaterunser für den Sterz

Der Sterz, im oberen Ennstal auch Muas genannt und in altsteirischen Über-lieferungen in über hundert Metamorphosen präsent, war im bäuerlichen All-tag der Steiermark nicht nur ein beliebtes Gericht, sondern ein über Jahr-hunderte bewährtes Grundnahrungsmittel, das morgens zum Kaffee, vormit-tags zur Suppe oder zu Milch bzw. Buttermilch gegessen und je nach Jahres-zeit auch mit Kirschen, Schwarzbeeren oder ähnlichen Zutaten verfeinert wurde. „Nach 18 Mal Sterz ist die Woche aus", besagte ein altsteirisches Holz-knecht-Sprichwort über diese steirische Allzweck-Mahlzeit, die ihren Namen nach einem Führungsteil am Pflug trägt, der sich ebenso aufrichtet wie der Sterz, nachdem er aus dem Pfandl oder Häfen (daher auch Pfandl- und Häferlsterz) gestürzt wurde.

Geriet der Sterz einmal zu dünn oder blieb die Magd mit dem Sterzpfandl oder dem Sterzhäfen überhaupt aus, so begannen die Knechte mit dem „Sterz-fordern", einer bäuerlichen Abart des Bummelstreiks. „Ein Vaterunser lang" wurde in diesem Fall die Arbeit eingestellt und die Knechte begannen, ein wildes Trommelkonzert mit Hacken und Dreschflegeln zu veranstalten, das den Gutsherren dazu bewegen sollte, den „sozialen Frieden" wiederherzustellen. War die Herrschaft zum Einlenken bereit, so war auch der Sterz schnell wieder da.

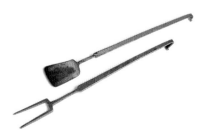

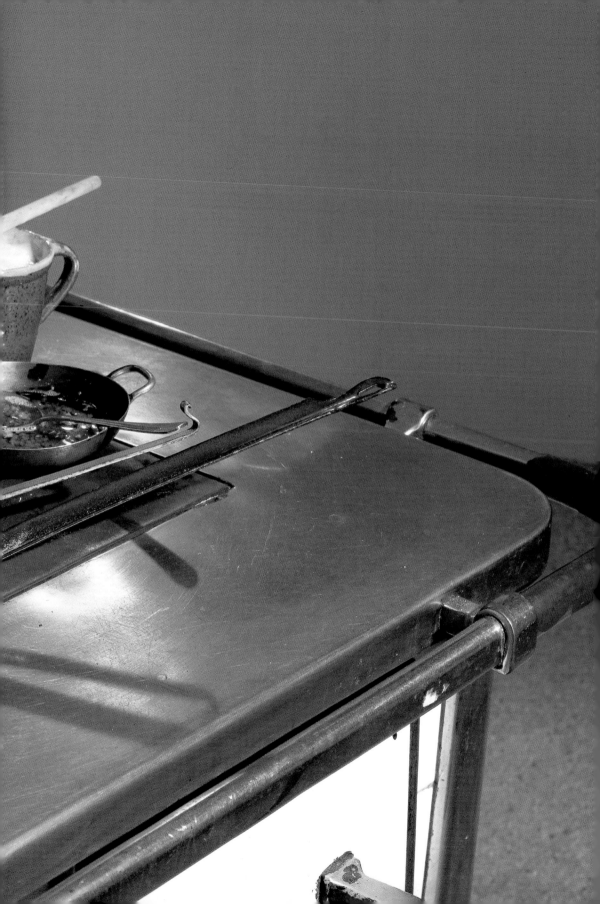

Heidener Pfannensterz

ZUTATEN

250 g Heidenmehl
(Buchweizenmehl)
ca. 250 ml Wasser
und etwas Schmalz
100 g Schmalz
100 g Schweins-
grammeln
Salz

ZUBEREITUNG

Aus Heidenmehl und Wasser einen dicken Omelettenteig (Palatschinken-teig) anrühren. In einer schweren Eisenpfanne reichlich Schmalz mit den Grammeln erhitzen. Grammeln wieder herausheben und beiseite stellen. Dann den Heidenmehlteig fingerdick in die Pfanne gießen und auf kleiner Flamme langsam durchkochen lassen. Mit zwei Gabeln in kleine „Bröckerl" zerreißen und mit den gerösteten Grammeln abschmecken. Leicht salzen.

TIPP: Diese Sterzvariante entspricht beinahe dem oststeirischen „Heiden-tommerl", das etwa 1 cm hoch in eine Backform gegossen und im Rohr ge-backen wird.

Sterz oder Pastete?

In Stephan Benditschs 1808 erschienener „Topographischen Kunde von der Hauptstadt Grätz" widmet sich der Autor der Tatsache, dass die „steirische Nationalkost", der Sterz, keineswegs nur eine bäuerliche Nahrung, sondern auch auf bürgerlichen Tafeln zu finden war: „Das Haidekorn gibt den Hai-densterz, eine nahrhafte Speise, die überall in Innerösterreich, wo der Haiden wächst, zuhause ist. Dieser Sterz ist auch in Grätz, wo er viel besser als anders-wo zubereitet wird, eine beliebte Speise. Wenn das Mehl sehr weiß und fein ist und wenn der Sterz mit Specke lege artis auf den Tisch gestellet wird, so kann er in jedem Betrachte der Pastete vorgezogen werden."

Brennsterz (Abbrennsterz)

ZUTATEN

250 g Mehl (Mischung
aus Roggen- und
Weizenmehl)
140 g Schmalz
250 ml Wasser
Salz

ZUBEREITUNG

Das Mehl linden (trocken erhitzen, bis es angenehm duftet), mit kochen-dem, leicht gesalzenem Wasser abbrühen und mit der Gabel zu Klümpchen (Brocken) verrühren. Das Schmalz in einer eisernen Pfanne heiß werden lassen und die Mehlbrocken darin gut durchrösten. Mit einer Schmarren-schaufel wenden und zerkleinern.

TIPP: Eine besonders schmackhafte Ableitung dieses Rezepts ist der Boh-nensterz. In diesem Fall werden mit dem Brennsterz etwa 250 g weich gekochte kleine, braune oder auch große Bohnen (Käferbohnen) mit etwas Schmalz mitgeröstet bzw. abgeschmalzen.

Türkensterz
(Steirische Polenta)

ZUBEREITUNG

In einer schweren Kasserolle das gesalzene Wasser mit der halben Schmalz-
menge aufkochen. Den Maisgrieß einlaufen lassen und mit einem Kochlöffel in Form einer „Achter-Schleife" rühren, bis eine breiige Masse entsteht.
Zugedeckt am Herdrand ausdünsten lassen. Mit einer Sterzgabel auflockern
bzw. zerreißen. Das restliche erhitzte Schmalz darüber gießen und am
Feuer mit einer Schmarrenschaufel durchrösten.

ZUTATEN

400–450 g grober
Maisgrieß (je nach
Konsistenz weich
oder trocken-bröselig)
100 g Schweineschmalz
1 l Wasser
Salz

Türken, Woaz und Knöpferlharmonika

*Türken haben in der steirischen Küche auch schon vor der Döner-Welle eine
bedeutende Rolle gespielt. Als „Türken", „türkisches Korn", zumeist aber als
„türkischen Waiz" oder besser: „Woaz" bezeichnete man hier den Mais oder
Kukuruz, der die Basis für den beliebten Türkensterz, die steirische Schwester
der Polenta, abgibt und im Übrigen auch als Mastfutter für die Viehzucht
dient. Seit rund vierhundert Jahren sind die satt machenden goldgelben Kolben in der grünen Mark heimisch.*

*Dem Mais verdankt die Steiermark nicht nur zahlreiche kulinarische Inspi-
rationen von der „Türkensupp'n" bis zum „Woaztommerl", sondern auch die
fast schon ausgestorbene Sitte des „Woazschölns" oder „Maisrebelns", die man
gelegentlich noch auf oststeirischen Bauernhöfen beobachten kann. Da werden
zunächst einmal die Stube und das Vorzimmer ausgeräumt, in welche man
anschließend das Füllhorn der geernteten Kolben entleert, bis die „Woaz-
schöler" knietief im Maismeer waten können. Nun gilt es für jedermann, die
Deckblätter und Maisfedern fein säuberlich zu entfernen, damit man sie
anschließend zu so genannten „Striezeln" binden und zum Überwintern auf
den Dachboden schaffen kann.*

*Wo der „Woaz" heute noch händisch geschält wird, dort ist zumeist auch eine
Knopfharmonika nicht weit, und der Übergang vom arbeitsamen zum vergnüg-
lichen Teil dieser Arbeit erfolgt durchaus fließend, bis aus der anfänglichen
Landarbeit endgültig ein bäuerliches Fest mit Schmaus, Trank und Tanz geworden ist.*

Pilz-Polenta

ZUTATEN

500 ml Wasser
100 g Polenta (hochgelb)
oder Maisgrieß steirisch
(blassgelb)
ca. 250 g Pilze nach
Saison (ersatzweise
Champignons)
Salz
Butter
50–80 g kalte Butter
zum Binden
Salbei oder Petersilie,
gehackt

ZUBEREITUNG

In einem Topf Wasser aufkochen, leicht salzen und Polenta einrühren. Auf kleiner Flamme unter ständigem Rühren ca. 6–8 Minuten durchkochen, bis die Masse cremig weich ist. Pilze putzen, klein schneiden und in Butter anrösten. In die Polenta einrühren. Mit kalter Butter binden und mit Salz sowie etwas Petersilie oder Salbei abschmecken.

Sterzrolle (Türkenmehlwecken)

ZUTATEN

2 Schalen Maisgrieß
1 1/2 Schalen Wasser
20 g Zwiebeln, fein
geschnitten
20 g Butter oder Schmalz
Salz

ZUBEREITUNG

In einer flachen Kasserolle die fein geschnittene Zwiebeln in Butter oder Schmalz hell andünsten. Maisgrieß, Wasser und Salz einmengen und diese Masse ca. 10 Minuten am Feuer durchrühren. Eine Stoffserviette oder ein sauberes Geschirrtuch in kaltes Wasser legen, ausdrücken und flach auflegen. Die Sterzmasse darauf geben, Tuch fest einrollen und an beiden Seiten mit Spagat gut zubinden. Den Wecken in die Kasserolle legen, etwa 1 cm hoch Wasser dazugeben und bei ganz schwacher Hitze 90 Minuten am Herdrand ausdünsten lassen. Den Wecken vorsichtig auswickeln und mit einem scharfen Messer in Scheiben schneiden.

VERWENDUNG: Die Sterzrolle eignet sich besonders gut als Begleitung zu Wildragouts und Braten mit Soße.

Sterzwurst (Polentarolle)

**ZUTATEN für
ca. 10 Portionen**
100 g gekochter Jausen-
speck, kleinwürfelig
geschnitten
100 g Zwiebeln, fein
geschnitten
2 EL Schmalz
500 ml Suppe
250 ml Milch
Salz, Pfeffer und gehack-
te Petersilie
200 g Polenta (hochgelb)
oder Maisgrieß steirisch
(blassgelb)
Öl für die Folie

ZUBEREITUNG

Jausenspeck gemeinsam mit den Zwiebeln in Schmalz anrösten. Mit Suppe und Milch (oder stattdessen mit 750 ml Wasser) aufgießen und 3–4 Minuten einkochen lassen. Mit Salz, Pfeffer und Petersilie gut würzen. Polenta oder Maisgrieß einrühren und auf kleiner Flamme unter ständigem Rühren (im Uhrzeigersinn) ca. 8–10 Minuten durchkochen, bis sich die Masse vom Topf löst. Unter weiterem Rühren etwas abkühlen bzw. rasten lassen.
Masse auf eine doppelt gelegte, geölte Alufolie geben (außen an den Enden umklappen), fest einrollen und am besten über Nacht kalt stellen. Aus der Folie wickeln, mit einem Messer mit schmaler, scharfer Klinge aufschneiden und die Scheiben in Öl bzw. Schmalz anbraten oder über Dunst wärmen.

TIPP: Die Masse kann auch in eine geölte und mit Klarsichtfolie ausgelegte Rehrückenform gefüllt werden.

Schwammerlsterz

ZUBEREITUNG

Schwammerln trockenputzen und in gleichmäßige kleine Stücke schneiden oder besser noch mit der Hand in gleichmäßige Stücke der Faser nach zerreißen. (So bleiben sie bei der Zubereitung saftiger und geben nicht viel Flüssigkeit ab.) In einer Kasserolle mit dickem Boden Schmalz erhitzen. Schwammerln darin gut anrösten, bis ein angenehmer Schwammerlduft aufsteigt. Dann erst Zwiebeln zugeben und anschwitzen. Gehackte Petersilie und Knoblauch beifügen, zart salzen und mit etwas Suppe untergießen. Zudecken und dünsten, bis die gesamte Flüssigkeit verdunstet ist. Grieß einmengen, durchmischen und mit der restlichen Rindsuppe aufgießen. Sobald der Grieß „anzieht", nicht mehr umrühren, sondern nur von Zeit zu Zeit mit einer Gabel auflockern und ca. 20 Minuten dünsten lassen.

TIPP: Dieses Rezept ist, sollten keine Eierschwammerln vorhanden sein, praktisch für alle anderen Schwämme (Speisepilze) geeignet. Als Beilage serviert man dazu am besten knackige Blattsalate.

Getreide als Beilage: Dinkel, Hirse, Rollgerste, Buchweizen

ZUTATEN

250 g Eierschwammerln
50 g Zwiebeln, fein
geschnitten
40 g Schmalz
40 g Polentagrieß
(Maisgrieß) oder
Weizengrieß
250 ml Rindsuppe
zum Aufgießen
1 Knoblauchzehe,
fein geschnitten
1 EL Petersilie,
fein gehackt
Salz nach Bedarf

Der „steirische Reis"

Getreide – das war jahrhunderte-, ja jahrtausendelang die wesentliche, oft genug auch die einzige Grundkost breitester Bevölkerungsschichten. Die klein- und bergbäuerliche Struktur der grünen Mark hat dafür gesorgt, dass viele dieser oft recht archaischen Gerichte bis heute erhalten blieben und gerade vom „Neuen Regionalismus" der 80er- und 90er-Jahre des vorigen Jahrhunderts neu entdeckt wurden.

Das Angebot an nahrhafter und sättigender Getreidenahrung ist entsprechend vielfältig. Von alters her werden in der Steiermark Gerste, Hirse, Weizen, Roggen und Hafer angebaut. Der Buchweizen, in der Steiermark auch „Heiden" genannt und gemeinhin als „ursteirisch" bekannt, gelangte indessen erst zwischen dem 14. und 15. Jahrhundert aus Kleinasien in die Steiermark, und der aus Amerika stammende Mais ist als „Türken" oder „Kukuruz" ein Kind der Türkenkriege des 17. Jahrhunderts.

Die Zubereitung der einzelnen Getreidesorten folgte uralten, keineswegs genuin steirischen Traditionen. Ursprünglich wurden die Getreideprodukte nämlich nicht zu Teig verarbeitet, sondern direkt in Wasser eingekocht. Die „steirische Brein", scherzhaft mitunter auch „steirischer Reis" genannt, war nur eine Weiterentwicklung der alten Rezepte unter Verwendung enthülster Körner. In der steirischen Küche von heute haben sich vor allem folgende Getreide durchgesetzt:

Dinkelreis: geschälter Dinkel, wie Reis gekocht oder gedünstet

Grünkern: unreifer, milchiger Dinkel, zum Kochen und Dünsten geeignet

Rollgerste: geschälte Gerste, auch Gerstbrein genannt; muss vor dem Kochen eingeweicht werden.

Buchweizen: geschälter Buchweizen, auch Heidenbrein genannt; wird durch kurzes Einweichen besser.

Hirse: Sie bildete einst, vor allem für den wärmeren Teil der Steiermark, eine wichtige Säule der Volksnahrung. Man kannte sie als klassische Rispenhirse („Hirsch"), als etwas länger zu kochende Kolbenhirse („Pfennich"), und in winzigen Mengen wurde auch Bluthirse („Himmeltau") als Kleinstkindernahrung verwendet. Geschälte Hirse, auch Hirsebrein genannt, muss vor dem Kochen unbedingt heiß abgespült werden. Übrigens: Hirsegerichte werden als letztes Gericht einer Speisenfolge gegessen, denn: „Hirse schließt den Magen."

Stierbrein

ZUTATEN

250 g Hirse, mit heißem Wasser überbrüht
750–1000 ml Wasser
40 g Schweinsschmalz
1 kl. Zwiebel, feinst geschnitten
eventuell Speck, Schweinefleischreste oder Grammeln
Salz, Pfeffer

ZUBEREITUNG

Hirse in Salzwasser weich kochen und ausdünsten lassen. Geschnittene Zwiebel in Schmalz rösten und entweder über die Hirse gießen oder den weich gekochten Brein in der Pfanne mit der Zwiebel durchrösten. Nach Belieben Grammeln oder fein gehackte Fleisch- oder Speckwürfel mitrösten. Mit etwas Pfeffer vollenden.

TIPP: Diese Hirsespeise wurde meist von Salat und Most begleitet. Der Name „Stierbrein" rührt daher, dass dieses Gericht stets dann zubereitet wurde, wenn die Kühe „trocken standen", weshalb „so viel Milch verwendet wird, wie ein Stier Milch gibt" – nämlich keine.

Brein in Milch

Ein klassisches bäuerliches Abendessen, in Bürgerhaushalten
vor allem als Kindernahrung beliebt.

ZUBEREITUNG

Hirsebrein zwei- bis dreimal rasch mit heißem Wasser abbrühen. Milch erhitzen, die abgebrühte Hirse zugeben, ein wenig salzen und aufkochen lassen. Langsam weiterdünsten und schön aufquellen lassen.

TIPPS

■ Diese dem Grießkoch verwandte Milchspeise wurde meist als abendliches Hauptgericht gereicht. Davor gab es aus Vitamingründen meist einen Salat.

■ Während der Brein bei den Bauern ohne jegliche Verfeinerung auf den Tisch kam, wurde er in Bürgerhaushalten häufig überzuckert und mit gebräunter Butter übergossen.

ZUTATEN

200 g Hirsebrein
(ungemahlene Hirse)
750–1000 ml Milch
(Voll- oder Magermilch)
Salz

ZUTATEN

1 EL Schmalz oder Öl
1 kl. Zwiebel,
fein geschnitten
2–3 EL Selleriewürfel
1 l Selchsuppe
(oder Rindsuppe)
100 g weiße Bohnen, in
ca. 125 ml Wasser über
Nacht eingeweicht
(ergibt ca. 200 g)
150 g Rollgerste, in ca.
200 ml Wasser einge-
weicht (ergibt ca. 200 g)
2 Lorbeerblätter
Liebstöckel, Salz, Pfeffer
1 Knoblauchzehe,
geschnitten
200 g Geselchtes (von
Hals, Stelze oder Ripperl),
gekocht, kleinwürfelig
geschnitten
200 g mehlige Erdäpfel,
roh in kleine Würfel
geschnitten
Salbei zum Abschmecken

Talgg'n, ganz und gar böhmisch

Sie haben bisher geglaubt, Talgg'n bestünden aus Germteig und würden nach einem altböhmischen Rezept in einer „Dalkenpfann'" in heißem Schmalz ausgebacken? – Weit gefehlt. Im oberen Murtal, auf der Koralpe und bis tief ins oststeirische Joglland hinein verstand man darunter den so genannten „Habanen Griaß", eine ziemlich urtümliche Haferspeise für Schwerstarbeiter.
Zunächst ließ man den Hafer dafür über Nacht in heißem Wasser ganz aufquellen, goss am nächsten Morgen das Wasser ab und trocknete den Hafer im Backofen dann bis zu drei Tage lang, bis er „knackte". Dann erst wurde der Hafer zwischen Mühlsteinen oder durch Stampfen am Brett zerkleinert, damit sich die Hüllen lösen konnten. Der so entstandene Talgg'n ließ sich längere Zeit lagern und musste in Wasser oder Buttermilch abermals aufquellen oder er wurde mit Eiern abgeschmalzt.

Steirischer Ritschert

ZUBEREITUNG

Geschnittene Zwiebel in Schmalz anrösten. Sellerie mitdünsten und mit Suppe aufgießen. Bohnen, Rollgerste sowie Gewürze und Knoblauch zugeben und auf kleiner Flamme langsam ca. 2 Stunden köcheln lassen. (Achtung, brennt leicht an!) Währenddessen wiederholt umrühren und eventuell noch Suppe zugießen. Nach ca. 1 Stunde die Erdäpfelwürferl dazugeben und noch eine weitere Stunde köcheln lassen. Selchfleisch einmengen, mit Salbei abschmecken und servieren.

Rollgerstl mit Schwammerln

Rollgerstl mit Schwammerln

ZUBEREITUNG

Eingeweichtes Getreide abseihen. Butter schmelzen und geschnittene Zwiebeln darin andünsten. Getreide zugeben und mitdünsten, mit Weißwein ablöschen. Wein verkochen lassen und unter oftmaligem Rühren nach und nach die Schwammerlsuppe zugießen. Sobald das Getreide weich wird, Schwammerln in einer anderen Pfanne gut anrösten, beigeben und kurz mitdünsten. Dabei ständig umrühren und abschließend mit Kräutern und Gewürzen abschmecken. Mit etwas frischer, kalter Butter und nach Belieben auch mit geriebenem Hartkäse vollenden.

TIPPS

- Unter Schwammerln versteht man in der steirischen Küchensprache meist Eierschwammerln, bei den übrigen Speisepilzen spricht man von Schwämmen, die für dieses Rezept selbstverständlich auch geeignet sind.
- Besonders wohlschmeckend ist die ganz schlichte Ritschert-Variante: Eingeweichtes Getreide abseihen, in Schwammerlsuppe ca. 90 Minuten langsam weich kochen. Schwammerln in etwas Butter gut anrösten und zugeben. Mit 1–2 EL kalter Butter und geriebenem Hartkäse binden.
- Anstelle von Schwammerln können Fische oder auch Krebse, Gemüse, Geflügel, Innereien oder nur Käse oder Kräuter verwendet werden.

ZUTATEN

ca. 100 g Rollgerste
(eingeweicht 200 g)
oder Heidenbrein, Dinkel
oder Perlweizen
2 EL Butter
100 g Zwiebeln
etwas Weißwein
ca. 500 ml klare
Schwammerlsuppe (mit
Schwammerlabschnitten
gekocht und abgeseiht)
ca. 200 g Schwammerln,
klein geschnitten
Salz, Pfeffer
frische Kräuter,
grob gehackt
geriebener Hartkäse
(steir. Asmonte oder
Parmesan) zum
Vollenden

Salbei-Semmelpudding
Ein „Budim" nach alter Art

ZUBEREITUNG

Zwiebeln in Öl anrösten, Milch zugießen, aufkochen und unter das kleinwürfelig geschnittene Toastbrot mischen. Dann Grieß, Salz, Pfeffer, Muskatnuss, Salbei und Petersilie sowie nach Belieben geriebenen Hartkäse zugeben. Masse durchmischen und abkühlen lassen. Eiklar zu halbsteifem Schnee schlagen und gemeinsam mit dem Dotter unterrühren. Gut abschmecken. Eine Kastenform (Semmelwanne) oder kleine Auflaufförmchen mit Butter ausstreichen und mit Bröseln ausstreuen. Masse einfüllen und in einem Wasserbad im vorgeheizten Backrohr bei 200 °C ca. 50 Minuten offen (mit Krustenbildung) oder zugedeckt (ohne Farbe) garen. Herausnehmen, stürzen und ca. 10 Minuten mit der Form bedeckt stehen lassen, damit sich der Pudding besser aus der Form löst.

TIPP: Die Masse kann auch vorbereitet und erst am nächsten Tag gegart werden.

ZUTATEN

1–2 EL Zwiebeln,
fein geschnitten
2–3 EL Butter oder Öl
250 ml Milch
1/2 Toastwecken, entrindet und klein gewürfelt
1 EL Grieß
Salz, Pfeffer, Muskatnuss,
gehackter Salbei und
Petersilie
sowie evtl. geriebener
steirischer Hartkäse
(z. B. steirischer Asmonte
oder Parmesan)
1 Eidotter
2 Eiklar
Butter und Brösel
für die Form

Krautauflauf mit Erdäpfeln und Grammeln

ZUTATEN

750 g Weißkraut
80 g Grammeln
125 ml Schlagobers
2 Eier
1 KL Paprikapulver
Salz, Muskatnuss
Butter für die Pfanne
geriebener Käse
nach Belieben

Für die Erdäpfelmasse

125 ml Milch
125 ml Schlagobers
800 g mehlige Erdäpfel
Salz, Pfeffer aus
der Mühle
Muskatnuss
Kümmel

ZUBEREITUNG

Für die Erdäpfelmasse zunächst Milch mit Schlagobers vermengen. Erdäpfel schälen und sofort in die Milch-Obersmischung nicht zu dünn hineinschneiden. Mit Salz, Pfeffer, Muskatnuss sowie Kümmel würzen und etwa 15 Minuten köcheln lassen. (Die Erdäpfel sollten noch kernig sein.) Abkühlen lassen.

Weißkraut in Blätter zerteilen, weich kochen und in kaltem Wasser abschrecken. Auf einem feuchten Tuch flach klopfen. Eine tiefe Bratenpfanne gut ausfetten und mit einem Drittel der Krautblätter belegen. Die Hälfte der Erdäpfelmasse darauf verteilen und mit der Hälfte der Grammeln bestreuen. Wieder ein Drittel der Krautblätter darauf legen, mit übriger Erdäpfelmasse und Grammeln bedecken. Mit den restlichen Krautblättern abschließen. Etwa 3–4 Esslöffel Schlagobers erhitzen und mit dem Paprikapulver kurz verkochen, abkühlen lassen und restliches Obers dazurühren. Eier einrühren und mit Salz sowie Muskatnuss würzen. Nach Belieben geriebenen Käse einstreuen und die Masse über den Krautauflauf gießen. Gut andrücken. (Die Masse sollte jetzt schön saftig sein.) Im vorgeheizten Rohr bei 180 °C ca. 30 Minuten auf mittlerer Schiene backen. Mit Salat auftragen.

TIPP: Dieser Auflauf ist eines jener Gerichte, die nach jedem Aufwärmen immer noch besser schmecken!

Speckkno'n mit eingebrannten Linsen
Die berühmten „Riesenspeckknödel" aus dem Ausseer-Land

ZUTATEN

6 Semmeln, alt-
backen, kleinwürfelig
geschnitten
125 ml Milch
125 ml Wasser
2 Eier
1 Zwiebel,
fein geschnitten
Schnittlauch,
fein geschnitten
Salz
Mehl zum Binden
der Masse
100 g Speck, feinwürfelig
geschnitten
20 g Butter zum
Anbraten
1,5 l Salzwasser
zum Kochen
500 g Linsen, vorge-
weicht, mit Speck-
schwarte und Lorbeer-
blatt sowie wenig Salz
langsam gekocht
250 ml Rindsuppe
1 Speckschwarte
100 g Schweineschmalz
Mehl für die Einbrenn

ZUBEREITUNG

Milch mit Wasser vermischen und über die Semmelwürfel gießen. Durchmischen und kurz anziehen lassen. Geschnittene Zwiebel und Speckwürferl in Butter anrösten und unter die Semmelmasse mengen. Mit Schnittlauch, Salz und Eiern vermischen. Aus der Masse Knödel formen. Salzwasser aufkochen und am besten einen Probeknödel garen. Wenn nötig, Masse noch mit etwas Mehl binden.

Für die Linsen Schweineschmalz erhitzen, etwas Mehl einstreuen und zu einer ganz dunklen Einbrenn anlaufen lassen. Mit Rindsuppe aufgießen, gekochte Linsen untermischen, Speckschwarte zugeben und alles etwas ziehen lassen. Mit den abgetropften Speckkno'n servieren.

TIPPS

■ Das Mehl kann auch durch Grieß ersetzt werden.
■ Statt Linsen schmeckt auch eingebranntes Gemüse vorzüglich als Beilage.

Foto rechte Seite: Krautauflauf mit Erdäpfeln und Grammeln

Maislaibchen

ZUTATEN

500 g frische, junge
Maiskörner, weich
2 Eier
Mehl
Salz, Pfeffer
gehackter Schnittlauch,
Petersilie
Fett zum Braten

ZUBEREITUNG

Maiskörner mit Eiern und Mehl zu einem eher dicklichen Teig vermischen. Mit Salz, Pfeffer und frisch gehackten Kräutern würzen. In einer Pfanne etwas Fett erhitzen, Masse mit einem Esslöffel hineinsetzen und zu flachen Laibchen formen. Langsam zu goldgelben Laibchen backen, wenden und langsam fertig backen.

VERWENDUNG: als Beilage zu Wild oder Wildgeflügel, aber auch als Hauptspeise in Begleitung von frischen, knackigen Salaten

Die Steirer und der Beutelkasten

Mit dem Aufkommen des „Beutelkastens", einer um 1500 in Zwickau erstmals entwickelten Siebvorrichtung zur Erzeugung von Feinmehl, war für ganz Europa der Grundstein für in Wasser gesottene Teigspeisen gelegt worden. So entstanden Knödel, Nocken, Nudeln, Spatzen und gekochte Strudel, in der Untersteiermark auch „Strukkel" genannt, die die steirische Küchenvielfalt – ob abgeschmalzen oder mit Zutaten wie Kraut, Rüben, Kürbis, Schwämmen, Rahm, Topfen, Hackfleisch, Speck, Obst, Beeren oder Früchten verfeinert – wesentlich vergrößerten. Jetzt erst war der Grundstein für die Entwicklung vieler Gerichte gelegt, die wir heute noch als bäuerliche Festtagsgerichte lieben und schätzen.

Speck-Grießknödel

ZUTATEN
für 10 Knödel

360 g Weizengrieß
3 Eier
180 g Selchspeck
(Hamburger), klein-
würfelig geschnitten
ca. 500 ml Wasser
oder Milch
Salz

ZUBEREITUNG

Den würfelig geschnittenen Speck in einer Kasserolle glasig auslassen und den Grieß darin kurz durchrösten. Wasser oder Milch zugießen, durchrühren und abseits der Flamme stehen lassen.
In die handwarme Masse nacheinander die Eier einarbeiten. Nach Bedarf salzen. Aus der Masse Knödel formen und diese in sprudelndem Salzwasser kochen lassen, bis sie zur Wasseroberfläche aufsteigen. Auf kleiner Flamme noch etwas ziehen lassen.

VERWENDUNG: als Beilage zu „G'selchtem" oder – kleiner geformt – als feine Suppeneinlage

Semmelknödel
Willi Haiders Spezialrezept ohne Mehl

ZUBEREITUNG

Geschnittene Zwiebeln in heißem Öl goldgelb anrösten. Milch zugießen und aufkochen lassen. Unter das Knödelbrot mischen und die noch heiße Masse mit einem Kochlöffel gut durchmischen. Mit Salz und frisch gehackten Kräutern würzen. Masse abkühlen lassen und erst dann die Eier einmengen. Gut durchkneten, bis die Masse klebrig wird. Gut andrücken, mit nassen Händen glatt streichen und rasten lassen. Mit nassen Händen glatte Knödel zu je ca. 140 g formen. Knödel in kochendes Salzwasser einlegen und zu-gedeckt ca. 15 Minuten (auch länger möglich) kochen lassen.

VERWENDUNG: Eignet sich nicht nur als Beilage, sondern auch als Fülle für Kalbs- bzw. Schweinebrust oder gefülltes Brathuhn.

TIPPS

■ Serviettenknödel werden fast aus derselben Masse zubereitet, nur werden 1–2 Eier weniger, dafür aber ca. 125 ml mehr Milch verwendet. Die Masse wird dann in ein nasses Tuch fest eingerollt und in Salzwasser gekocht.

■ Für Briocheknödel werden statt Knödelbrot frisches Briochegebäck oder frische Semmeln und nur etwa die Hälfte der Milch verwendet.

■ Die Knödel können auch auf Vorrat gekocht werden. In diesem Fall müssen sie nach dem Kochen sofort in kaltem Wasser ca. 10 Minuten abgeschreckt werden.

ZUTATEN
für ca. 6 Knödel
250 g Knödelbrot, getrocknet
ca. 60 ml Öl
100 g Zwiebeln, fein geschnitten
Petersilie, Majoran oder evtl. Liebstöckel (Maggikraut)
250 ml Milch
Salz
3 Eier

Z'sammg'legte Knödel (z'sammg'legte Nudeln)

Eine Strudelteig-Spezialität aus den Fischbacher Alpen und der Oststeiermark

ZUTATEN

Strudelteig,
hausgemacht oder
Strudelteigblätter
4 Semmeln, würfelig
geschnitten
2 Zwiebeln,
fein geschnitten
100 g Grammeln
Petersilie
reichlich Muskatnuss
Salz, Pfeffer
Butter zum Anrösten
Mehl für die
Arbeitsfläche

ZUBEREITUNG

Den Strudelteig auf einer bemehlten Unterlage ausrollen. Semmelwürfel gemeinsam mit den geschnittenen Zwiebeln, Grammeln und Petersilie in etwas Butter anrösten. Mit Salz, Pfeffer sowie Muskatnuss würzen. Diese Masse dünn auf den Strudelteig auftragen, einrollen und in Stücke von ca. 5 x 5 cm teilen. Den Rand jeweils gut festdrücken und in Salzwasser etwa 15 Minuten köcheln lassen (siehe Tipp).

VERWENDUNG: als Beilage zu Schweins- oder Schwartlbraten, Geselchtem sowie als Einlage für klare Suppen

TIPPS

■ Wenn man über das kochende Salzwasser ein Leinentuch oder einen Dämpfeinsatz legt und die Knödel darauf zugedeckt dämpft, dann fallen sie nicht so leicht auseinander.

■ Dieses Rezept ist auch für andere Füllen (z. B. diverse Breie, Faschiertes, Speck, Fleischreste) geeignet.

Spinat-Semmelknödel mit Blauschimmelkäse und Paradeisern

ZUTATEN

ca. 60 ml Öl
100 g Zwiebeln,
fein geschnitten
200 ml Milch
250 g Knödelbrot
3 Eier
Salz, Petersilie
Majoran, Knoblauch
150 g Blattspinat,
fein gehackt (nach
Belieben vorher
blanchiert)
150 g Blauschimmelkäse
(Österkron)
4–5 feste Paradeiser
(ersatzweise Dosen-
paradeiser)

ZUBEREITUNG

Geschnittene Zwiebeln in heißem Öl goldgelb anrösten. Milch zugießen, aufkochen lassen, über das Knödelbrot gießen und alles gut mit dem Kochlöffel durchmischen. Mit Salz, Knoblauch und Kräutern würzen. Masse abkühlen lassen. Dann Eier sowie den gehackten Blattspinat zugeben und gut durchkneten. Andrücken, mit nassen Händen glatt streichen und etwas rasten lassen. Mit nassen Händen glatte Knödel formen und in kochendes Salzwasser einlegen. Zugedeckt ca. 15 Minuten (auch länger möglich) kochen lassen. Währenddessen für die Paradeiserwürfel (Concassé) die Paradeiser an der Kuppe kreuzweise einritzen und ca. 20 Sekunden in kochendes Wasser geben. Kalt abschrecken, Haut abziehen, vierteln, entkernen und in Würfel oder Streifen schneiden (Dosenparadeiser grob hacken). Gekochte Knödel herausheben und in einer feuerfesten Form auf den Paradeiserwürfeln anrichten. Mit Blauschimmelkäse belegen und im heißen Rohr bei größter Oberhitze kurz überbacken.

TIPPS

■ Steht kein Blauschimmelkäse zur Verfügung, so kann auch jeder andere Reibkäse, aber auch braune Butter verwendet werden.

■ Werden die Knödel auf Vorrat gekocht, so müssen sie nach dem Kochen sofort in kaltem Wasser (ca. 10–15 Minuten) abgeschreckt werden.

Nockerln „vom Brett"

Heidenmehlknödel
Mein Rezept für Vorspeise, Beilage oder Suppeneinlage

ZUBEREITUNG

Speck in Schmalz anrösten, mit Milch und Suppe aufgießen, gekochten Heidenbrein einrühren und einige Minuten gut durchkochen bzw. dick einkochen lassen, vom Feuer nehmen. Abkühlen, Heidenmehl und Brösel einrühren, mit Salz und Petersilie würzen.

Wenn die Masse abgekühlt ist, werden die Eier dazugemischt. Wenn die Masse zu weich sein sollte, etwas Semmelbrösel zugeben. Rasten lassen, mit feuchten Händen kleine Knödel formen, in Salzwasser ca. 15 Min. kochen bzw. köcheln lassen.

HINWEIS: Diese Knödel passen gut als Einlage in Schwammerl-, Rind- oder Selchsuppen sowie zu Soßengerichten.

ZUTATEN
100 g Heidenmehl erwärmen (linden)
70 g Heidenbrein (Buchweizen) einweichen und kochen
1/8 l Milch
1/8 l Suppe
40 g Schweineschmalz
40 g Speckwürfel
2 kl Eier (ca. 100 g od. 0,1 l)
50 g Brösel, Salz
Petersilie

Nockerln „vom Brett"

ZUBEREITUNG

Alle Zutaten mit einem Kochlöffel rasch zu einem festen Teig schlagen, bis sich im Teig Blasen bilden. Etwas rasten lassen. In einem hohen Topf genügend Salzwasser aufkochen lassen. Teig von einem nassen Brett mit einer Palette oder einem Messerrücken fingerdick (ca. 2 cm große Nockerln) direkt ins kochende Salzwasser schaben. Nockerln immer wieder im Uhrzeigersinn kurz umrühren, damit sie nicht zusammenkleben. Etwa 5–10 Minuten (besser länger als zu kurz) kochen. Abseihen, im kalten Wasser abschrecken, abtropfen lassen und eventuell mit etwas Butter oder Öl nochmals erwärmen.

ZUTATEN
für ca. 10 Portionen
250 ml Milch
7 Eier (ca. 450 g)
4 cl Öl
700 g Mehl, griffig (Type 480)
15 g Salz
evtl. Butter oder Öl zum Durchmischen

Käsenockerln

VERWENDUNG: Nockerln sind nicht nur eine feine Beilage etwa zu Paprika-henderl oder Kalbsrahmgulasch, sondern lassen sich durch die Beigabe von Paradeisern, Porree, Pilzen, Eiern oder Speck auf vielfache Weise variieren.

Variante I

Käsenockerln

Die Nockerln mit gerösteten Zwiebeln und geriebenem Käse (Alpzirler, Dachsteiner oder für milden Geschmack Moosbacher) vermengen. In ein feuerfestes Geschirr geben, nochmals mit etwas Käse bestreuen, mit edelsü-ßem Paprika zart bestauben und im vorgeheizten Backrohr kurz goldgelb überbacken. Dazu schmeckt Häuptelsalat mit Kernöl.

Variante II

Spinat- oder Rote-Rüben-Spätzle

Spinat blanchieren (kurz überbrühen), trockentupfen und pürieren. Rote Rüben kochen und ebenfalls pürieren. Nockerln wie beschrieben zuberei-ten, allerdings Milchzugabe etwas reduzieren und das pürierte Gemüse unter den Teig mischen.

Variante III

Kürbiskernnockerln

Kürbiskerne in einer heißen Pfanne ohne Fett anrösten, bis sie sich (wie Popcorn) schön aufblähen. Überkühlen lassen und reiben. Teig wie beschrieben vorbereiten, nur statt normalem Öl Kürbiskernöl verwenden und Kürbiskerne unter den Teig mengen.

Ausseerländer Kasspåtz'n
Nach einem alten Rezept aus dem Steirischen Salzkammergut

ZUBEREITUNG

Mehl, Eier und Salz mit dem Wasser-Milchgemisch zu einem zähen Teig anrühren. Direkt vom Brett (s. Nockerln) durch die flotte Lotte treiben oder mit dem Spätzlehobel in kochendes Wasser einkochen (= Spåtz'n machen) und garen. Abseihen. Butterschmalz in einer schweren Pfanne erhitzen, Spåtz'n zugeben und mit Käse belegt fertig braten.

BEILAGENEMPFEHLUNG: grüner Salat

TIPPS

- ■ Für Krautspåtz'n wird Sauerkraut in Schweinefett angebraten, mit einer Prise Zucker und Salz gewürzt. Spåtz'n darauf geben und durchbraten.
- ■ Für Oaspåtz'n (Eierspåtz'n) werden die Spåtz'n wiederum in zerlassener Butter kurz angebraten, mit versprudelten Eiern vermengt und mit Schnittlauch garniert.
- ■ Wenn man Spåtz'nteig löffelweise in heißes Wasser einkocht, werden „Spåtz'n" zu „Nocken", der klassischen Alltagskost der obersteirischen Gruben- und Bergarbeiter.

ZUTATEN
500 g Mehl, glatt und griffig zu gleichen Teilen
250 ml Milch mit Wasser vermischt
2 Eier
Butterschmalz zum Anbraten
Steirerkas nach Bedarf bzw. Asmonte oder Dachsteiner, in Scheiben oder Würfel geschnitten
Salz, Pfeffer

Schottsailing mit Sauerkraut
Feiertagskost auf der Alm

ZUBEREITUNG

Topfen, Saure Milch, Mehl und Prise Salz zu einem nockerlähnlichen Teig vermischen und 15 Minuten rasten lassen. Dann löffelweise kleine, eher längliche Nocken (à ca. 25 g) in heißem Fett bei 150 °C ca. 8–9 Minuten goldbraun herausbacken. Herausheben, auf Küchenkrepp abtupfen und mit Sauerkraut servieren.

Für das Sauerkraut das gekochte Kraut abtropfen lassen. Speck in heißem Schmalz anbraten, Sauerkraut zugeben und kräftig durchrühren.

TIPPS

- ■ Der Teig kann auch mit Kräutern, geriebenem Käse, geröstetem Speck oder Grammeln verfeinert werden.
- ■ Bevorzugt man den Teig lockerer, so können 20–30 g zerbröselte Germ eingearbeitet werden.
- ■ Dieses Gericht wird auch gerne als Süßspeise serviert, wofür man statt Sauerkraut Obströster (Holler- oder Zwetschkenröster) hinzugibt.

Foto Seite 128

ZUTATEN
250 g Mehl, halb glatt, halb griffig
Prise Salz
250 g Topfen, 20 % Fett i. Tr. (grober Strudel- oder Bröseltopfen, s. Tipp)
250 ml Saure Milch, bei eher trockenem Topfen etwas mehr saure Milch verwenden
500 g Sauerkraut, gekocht (s. S. 161)
Speckwürfel zum Anbraten
Schweinefett zum Herausbacken

Schottsailing mit Sauerkraut

Der edle Säuerling
der Sennerinnen

*Schotten tragen in der Steiermark keine Röcke. Schott'n – so lautet vielmehr
die vor allem in der Obersteiermark gängige und seit etwa dem 16. Jahrhundert geläufige Bezeichnung für alle feineren Milcheiweiße, die in Molke und
Buttermilch zurückbleiben und erst beim Sieden der Milch ausfallen. In einer
Darstellung aus dem Jahr 1900 heißt es dazu: „Nach der Käsebereitung wäscht
die Sennin den Kessel und schüttet das Käsewasser hinein, Buttermilch wird
auch beigegeben und mit einem Quirl eine Viertelstunde gerührt, während sie
siedet. Die kleinen, festen Bestandteile kommen in ein Tuch aus Restenlein-
wand, Schotttuch genannt. Sobald das Wasser abgeflossen ist, hat man im
Tuche den Schottenkäse, im Waldlande kurz Schotten genannt."*

*Schott'n ist demnach eine Art von bröseligem Bauerntopfen, den man früher
vor allem auf den milchreichen Tauernalmen in kleinen Holzfässchen ein-
stampfte, wo er, wenn eine längere Lagerung beabsichtigt war, gesäuert und
dadurch haltbarer für eine weitere Verwendung gemacht wurde. Aus dem
Schotten war also ein Säuerling – und aus diesem im alpenländischen steirischen Dialekt bald ein „Sailing" geworden. Der wiederum hat mit den Seglern
so wenig zu tun wie der Schott'n mit den Röcken.*

Nudelteig

ZUBEREITUNG

Sämtliche Zutaten am besten mit den Händen gut vermischen und ca. 10–15 Minuten kneten, bis ein geschmeidiger Teig ohne Risse entsteht. Sollte die Masse zu trocken sein, noch einige Tropfen Wasser zufügen. Mit Folie gut abdecken und kühl mindestens 1–2 Stunden, am besten jedoch über Nacht rasten lassen. Teig auf einer gut bemehlten Arbeitsfläche ausrollen und am einfachsten mit einer Nudelmaschine auf die gewünschte Stärke ausrollen und je nach weiterer Verwendung zuschneiden.

TIPPS

- Für bunte Nudeln ersetzt man ca. 1–2 Eier gewichtsmäßig (je ca. 60 g) durch das entsprechende Püree (Spinat, Paradeisermark, Rote Rüben, Kräuter etc.).
- Mit Frischei hergestellte Nudeln sollten immer im Kühlschrank gelagert oder noch roh portioniert und tiefgekühlt werden.
- Für Nudeltascherln bzw. Ravioli sollte der Teig etwas weicher sein (zusätzlich etwas Wasser oder Eidotter) und nach dem Ausrollen gleich verarbeitet werden. Nudeln sollten vor dem Kochen etwas antrocknen, damit sie beim Kochen einen „Biss" bekommen.
- Werden Nudeln länger gelagert, sollte der Teig ohne Salz und eventuell auch ohne Eier zubereitet werden.

ZUTATEN
Variante I
250–280 g griffiges Mehl (Type 480) oder Universalmehl (Type 480)
2 Eier (ca. 120 g)
1 EL Öl
Salz
Mehl für die Arbeitsfläche

ZUTATEN
Variante II
125 g griffiges Mehl (Type 480)
125 g Hartweizengrieß
2 Eier (ca. 120 g)
1 EL Öl
Salz
Mehl für die Arbeitsfläche

Überbackene Schinkenfleckerln
Eines von Willi Haiders Lieblingsrezepten

ZUBEREITUNG

Fleckerln in reichlich Salzwasser weich kochen, kalt abschrecken und gut abtropfen lassen. Zwiebeln in Butter oder Öl andünsten, klein geschnittenes Geselchtes zugeben, kurz mitrösten und mit ca. 100 ml Obers aufgießen. Fleckerln zugeben und gut einkochen lassen. Mit Salz, Pfeffer und Schnittlauch kräftig abschmecken. Vom Feuer nehmen, Sauerrahm, restliches Obers sowie Dotter verrühren und unter die Schinkenfleckerln mischen, aber nicht mehr kochen! Eiklar mit einer Prise Salz halbsteif schlagen und unter die etwas abgekühlte Masse rühren. In eine gebutterte Form füllen, mit Käse sowie Paprikapulver bestauben und im vorgeheizten Rohr auf der untersten Schiene unter der Grillschlange ca. 3–4 Minuten goldgelb überbacken. Mit knackigem Salat servieren.

ZUTATEN
250 g Fleckerln, eher groß geschnitten (hausgemacht oder Lasagneblätter vorkochen und groß schneiden)
2 EL Butter oder Öl
100 g Zwiebeln, fein geschnitten
250 g Geselchtes (vom Schinken oder Hals), gekocht
ca. 125 ml Schlagobers
Salz, Pfeffer, gehackter Schnittlauch
1 EL Sauerrahm
1 Eidotter
1 Eiklar
40 g Käse (Moosbacher oder Schlossdamer), gerieben
Paprikapulver zum Bestauben
Butter für die Form

Krautfleckerln

ZUTATEN
200 g Fleckerln, eher
groß geschnitten
(hausgemacht oder
Lasagneblätter vor-
kochen und groß
schneiden)
600 g Weißkraut,
groß geschnitten
150 g Zwiebeln,
fein geschnitten
1 EL Kristallzucker
2 EL Öl oder Schmalz
Salz, schwarzer Pfeffer
aus der Mühle
Kümmel
evtl. etwas Suppe
oder Wasser

ZUBEREITUNG

Geschnittenes Kraut mit Salz sowie Kümmel abmischen und etwa 1 Stunde ziehen lassen. Fleckerln in reichlich Salzwasser kernig kochen, abseihen, mit kaltem Wasser abschrecken und gut abtropfen. Öl oder Schmalz erhitzen und Zucker darin hell karamellisieren. Fein geschnittene Zwiebeln beigeben und durchrösten. Kraut einrühren und ebenfalls mitrösten. Bei Bedarf mit etwas Suppe oder Wasser aufgießen. Mit Salz, Pfeffer und Kümmel gut würzen und das Kraut ca. 30 Minuten kernig dünsten (dabei eher trocken als zu flüssig anrösten). Fleckerln nochmals erhitzen, mit dem Kraut vermengen und abschließend abschmecken.

TIPP: Nicht zu heiß anrichten, da die Krautfleckerln am besten lauwarm schmecken.

Altsteirischer Krautstrudel

ZUTATEN

Strudelteig, haus-
gemacht (s. S. 343)
oder 1 Packung
Strudelblätter
1 kg Weißkraut,
nudelig geschnitten
1 Zwiebel,
fein geschnitten
Zucker nach Belieben
500 g Geselchtes,
gekocht und faschiert
Schmalz zum Braten
Salz, Pfeffer
Mehl für die
Arbeitsfläche
Eidotter oder Butter
zum Bestreichen
Butter für die Form
Bratensaft nach Belieben
zum Anrichten

ZUBEREITUNG

Schmalz erhitzen und geschnittene Zwiebel gemeinsam mit Zucker dünsten. Mit Salz und Pfeffer würzen. Kraut beigeben, weich garen und wieder erkalten lassen. Strudelteig auf einem bemehlten Tuch auflegen und mit Kraut sowie Geselchtem belegen. Strudel mit Hilfe des Tuches einrollen, an den Enden gut verschließen und mit Eidotter oder flüssiger Butter bestreichen. Auf ein befettetes Backblech legen und im heißen Rohr bei gleichmäßiger Hitze ca. 45 Minuten goldgelb backen. Portionieren und eventuell mit Bratensaft anrichten.

TIPP: Am Ostrand der Steiermark wurden von alters her analog zu diesem Rezept auch Kürbis- und Rübenstrudel zubereitet.

Krautstrudel mit Blutwurst

ZUBEREITUNG

Kraut nicht zu fein schneiden. Mit Kümmel und Salz würzen, durchmischen und gut andrücken. Etwa 1 Stunde marinieren lassen. Schmalz erhitzen und Zwiebel darin anrösten, Kraut zugeben und leicht andünsten. Erdäpfel schälen, klein würfeln oder grob raspeln und dazurühren. Mit etwas Pfeffer abschmecken und abkühlen lassen. Nach Belieben das Eiklar einrühren. Strudelteigblätter auf leicht befeuchtetem Tuch ausbreiten, mit Butter oder Schmalz bestreichen. Die abgekühlte Kraut-Erdäpfelfülle auf etwa zwei Dritteln der Teigfläche verteilen. Blutwurst enthäuten, in Würfel schneiden und mit den Grammeln über die Krautfülle streuen. Den Strudel mit Hilfe des Tuches einrollen und die Enden gut verschließen. Mit Eidotter bestreichen und auf ein befettetes Backblech setzen. Im vorgeheizten Rohr bei 200 °C ca. 20 Minuten backen und nach Belieben mit Salat servieren.

TIPP: Diese Krautfülle kann freilich beliebig abgeändert werden und ganz nach Lust und Laune etwa durch kurz gebratenes Wild-, Kalb-, Lamm- oder Schweinefleisch in Kombination mit Gemüse oder Schwammerln ersetzt werden. Dabei empfiehlt sich mitunter die Zugabe von Crème fraîche.

ZUTATEN

Strudelteig,
hausgemacht (s. S. 343)
oder 1 Packung
Strudelblätter
500 g Weißkraut
200 g Erdäpfel (mit
der Schale am Vortag
halbroh gekocht)
1 Zwiebel, geschnitten
80 g Schmalz
100 g Grammeln
(oder Speckwürfel)
Salz, Pfeffer aus der
Mühle, Kümmel
evtl. Eiklar zum
Einrühren
Eidotter zum Bestreichen
2 Blutwürste zum Füllen
Butter oder Schmalz
zum Bestreichen

Karpfenstrudelsackerl mit Semmel-Gemüsefülle

ZUTATEN

300 g Karpfenfilet, geschröpft
Salz, Zitronensaft
griffiges Mehl zum Wenden
Öl oder Butter zum Herausbraten
Knoblauch, Petersilie
1 Eiklar
1 Eidotter
Strudelteig, hausgemacht (s. S. 343) oder 1 Packung Strudelblätter
Butter zum Bestreichen
Schnittlauch oder Porreestreifen zum Zubinden nach Belieben

Für die Semmelfülle

100 g Zwiebeln, fein geschnitten
Öl zum Anrösten
200 ml Milch
150 g Knödelbrot
Salz, Pfeffer, Majoran
200 g Mischgemüse nach Belieben, gekocht
1 Ei

ZUBEREITUNG

Für die Semmelfülle die geschnittenen Zwiebeln in Öl anrösten. Mit Milch aufgießen, aufkochen und über das Knödelbrot gießen. Mit Salz, Pfeffer und Majoran würzen, durchmischen und etwas abkühlen lassen. Gekochtes Mischgemüse und Ei zugeben und gut durchkneten. Karpfenfilet gut mit Salz und Zitronensaft würzen, in griffigem Mehl wenden und in heißem Fett kurz beidseitig braten. Mit etwas Knoblauch und Petersilie würzen, abkühlen lassen und in kleine Stücke schneiden. Eiklar mit einer Prise Salz halbsteif schlagen und mit den Karpfenstücken zur Semmelfülle geben und alles gut durchmischen.

Strudelteigblätter auf einem leicht befeuchteten Tuch in ca. 10 x 10 cm große Quadrate schneiden und mit einer Mischung aus flüssiger Butter und Dotter nur im Mittelpunkt bestreichen. Fülle darauf geben und vorsichtig zusammenfalten. Knapp über der Fülle etwas zusammendrücken, jedoch den Teig darüber locker aufgeblättert lassen. Eventuell mit Porreestreifen oder Schnittlauch zubinden und mit flüssiger Butter bestreichen. Säckchen auf ein mit Backpapier belegtes Backblech setzen und im 200 °C heißen Rohr ca. 15–20 Minuten backen.

BEILAGENEMPFEHLUNG: Paprikakraut oder Paprika-Chinakohl (s. S. 154)

TIPPS

■ Eine besonders feine Aromanote erhält die Fülle durch die Beigabe von Räucherfischstückchen.

■ Anstelle von Strudelteig könnte auch Blätterteig verwendet werden, die Semmelfülle könnte durch gekochten Reis oder gekochte Rollgerste ersetzt werden.

Grammeltascherln

ZUBEREITUNG

Für den Teig das Mehl in eine große Schüssel oder auf eine Arbeitsfläche schütten. In die Mitte des Mehlhäufchens eine Vertiefung eindrücken. Öl, Salz, Ei und lauwarmes Wasser hineingeben und zu einem glatten, festen Teig kneten. Teig zu einer Kugel formen. Oberfläche mit Öl bestreichen, in Klarsichtfolie eindrehen, Teigkugel auf einen Teller legen und bei Zimmertemperatur mindestens 1–2 Stunden rasten lassen.

Für die Fülle Grammeln am besten mit einem großen Messer hacken. Ein wenig Butter oder Schmalz erhitzen, geschnittene Zwiebeln und Petersilie zugeben, kurz anschwitzen und abkühlen lassen. Grammeln, Zwiebelmischung, Semmelbrösel sowie Eier gut vermischen und mit Salz, Pfeffer und Knoblauch würzen. Masse kurze Zeit ziehen lassen.

Den Teig auf einer bemehlten Arbeitsfläche ungefähr messerrückendick ausrollen und in gleich große Quadrate schneiden. Fülle in gleich große Häufchen am besten mit einem Teelöffel auf den Teig setzen. Teigränder mit verquirltem Dotter bestreichen und die Quadrate zu Dreiecken zusammenklappen. Ränder am besten mit einer Gabel gut festdrücken. Grammeltascherln in heißes Öl (ca. 170 °C) legen und schwimmend goldgelb backen. Aus dem Fett heben und auf Küchenkrepp gut abtropfen lassen.

TIPPS

- Bei diesem Teig handelt es sich um einen recht festen Strudelteig, der nicht ausgezogen, sondern am besten mit einem Nudelwalker ausgerollt wird. Dieser Teig kann auch bereits am Vortag zubereitet und, mit Klarsichtfolie zugedeckt, im Kühlschrank aufbewahrt werden.
- Es empfiehlt sich nicht, für dieses Rezept fertigen Strudelteig zu verwenden, denn dieser ist zu dünn.
- Aus der Fülle können auch kleine Bällchen geformt werden, die in leicht gesalzenem Wasser schwach wallend gekocht werden und eine aparte Einlage für Rind-, Klachel- oder auch Sauerrahmsuppe abgeben.

ZUTATEN

Für den Teig (s. Tipps)
350 g glattes Mehl
125 ml lauwarmes Wasser
30 g Öl
1/2 TL Salz
1 Ei
Öl zum Herausbacken
Dotter zum Bestreichen
Mehl für die Arbeitsfläche

Für die Fülle (s. Tipps)
200 g Grammeln
100 g Zwiebeln, fein geschnitten
2 Eier
2–3 EL Semmelbrösel
1/2 Büscherl Petersilie, fein gehackt
Salz, Pfeffer
Knoblauch
Butter oder Schmalz zum Anrösten

Die „Ennsthaler Bauernzeitung"

Wie beliebt der Roggenkrapfen in früherer Zeit im ganzen Ennstal war, lässt der Spitzname erahnen, den ihm die Bauern damals gaben. Wegen seiner flachen Form und der Größe eines Zeitungsblattes nannte man den Roggenkrapfen schlicht „Ennsthaler Bauernzeitung". Die Auflage dieser Zeitung muss übrigens beträchtlich gewesen sein: An Dienstboten wurden um 1900 nämlich zweimal wöchentlich sechs solcher „Bauernzeitungen" für Jausenzwecke verteilt.

Rogg'nkrapfen

Der „Zwillingsbruder" des Ennstaler Steirerkäses (s. Vorspeisen S. 56)

ZUTATEN

1 kg Roggenmehl
ca. 750 ml Milch
oder Buttermilch
evtl. ganzer Kümmel
Salz
Öl zum Herausbacken

ZUBEREITUNG

Roggenmehl in einem Weidling mit kalter Milch oder Buttermilch, Salz und Kümmel abmachen und gut verkneten. Zu Rollen formen, davon Scheiben abschneiden und diese jeweils sehr dünn auf Palatschinkengröße auswalken. In einer Pfanne in ganz heißem, bereits leicht rauchendem Fett schwimmend, kurz beidseitig backen. (Wirklich nur kurz backen, die Krapfen sind sofort durch und werden sonst hart.) Herausheben, mit Küchenkrepp abtupfen, mit Steirerkäs' bestreichen und wie Palatschinken einrollen.

TIPPS

■ Der klassische Begleiter des Rogg'nkrapfens ist der „Ennstaler Steirerkas", ein autochthoner Magermilchkäse, der auf den Krapfen gebröselt wird, den man dann eingerollt mit der Hand isst. Siehe auch Vorspeisen, S. 56

■ Die Krapfen, die speziell zu Sauermilch-, Bier- oder Rahmsuppe gut schmecken, lassen sich in Klarsichtfolie bis zu 2 Wochen aufbewahren.

■ Oft werden die Krapfen auch mit gekochtem Sauerkraut und/oder heißen, zerdrückten und gewürzten Erdäpfeln, mit Honig und/oder Zimt, Topfen, fallweise auch mit Beeren gegessen.

Grammelkrapferln (Pogatschen)

ZUTATEN

150 g kleine Grammeln
(bei Bedarf grob hacken)
150 g glattes Mehl
2–3 EL lauwarme Milch
20 g Germ
2 EL Sauerrahm
2 EL Wein
1 Ei
1 EL Petersilie, gehackt
Mehl für die
Arbeitsfläche
Dotter zum Bestreichen
Öl zum Bestreichen

ZUBEREITUNG

Germ zerbröseln, in der lauwarmen Milch auflösen und mit ein wenig Mehl zu einem Dampfl rühren. Dampfl mit wenig Mehl bestreuen, bei höchstens 40 °C warm stellen und so lange aufgehen lassen, bis an der Oberfläche Risse entstehen. Sauerrahm mit Ei, Wein und gehackter Petersilie gründlich verrühren. Dampfl mit der Sauerrahmmischung, Grammeln und dem restlichen Mehl in einer Schüssel verrühren und zu einem glatten Teig abschlagen. Zudecken und an einem warmen Ort ca. 20 Minuten aufgehen lassen. Teig zusammenschlagen und nochmals ca. 20 Minuten gehen lassen. Den Teig auf einer bemehlten Arbeitsfläche fingerdick ausrollen und mit einem runden Ausstecher (oder umgedrehten Glas) Scheiben mit ca. 5 cm Durchmesser ausstechen. Restlichen Teig verkneten, ausrollen und nochmals Scheiben ausstechen. Teigscheiben auf ein mit Öl bestrichenes oder mit Backpapier belegtes Backblech legen, mit verquirltem Dotter bestreichen und nochmals 15 Minuten gehen lassen. Im vorgeheizten Backrohr bei 200 °C ca. 20 Minuten goldgelb backen.

TIPP: Diese Krapferln passen ausgezeichnet zu Wein oder Bier.

ERDÄPFELGERICHTE

Erdäpfelteig
Das klassische Rezept für Erdäpfelknödel und Erdäpfelnudeln

ZUBEREITUNG

Erdäpfel in der Schale weich kochen. Schälen und noch heiß passieren. Mit den restlichen Zutaten auf einem bemehlten Brett rasch verkneten. Teig zu einer Rolle formen und ca. 30 Minuten zugedeckt bei Zimmertemperatur rasten lassen. In entsprechend große Stücke teilen und je nach weiterer Verwendung zu Knödeln oder Nudeln formen und in Salzwasser ca. 10–15 Minuten köcheln lassen.

TIPPS

- Die Erdäpfel können auch bereits am Vortag gekocht und erst am nächsten Tag geschält und gerieben bzw. faschiert werden.
- Bestehen Sie beim Einkauf unbedingt auf möglichst mehligen Erdäpfeln und griffigem Mehl. Mit Universal- oder glattem Mehl gelingt der Erdäpfelteig nicht so gut.

ZUTATEN

300 g mehlige Erdäpfel
100 g griffiges Mehl
(Type 480)
30 g Grieß
2 Eidotter
Salz, Pfeffer
Muskatnuss
Mehl für die
Arbeitsfläche

Kleine Erdäpfelkunde

„Sieben Erdäpfel rauch z'sprengen noch keinen Bauch!", lautet ein altes steirisches Sprichwort über die Bekömmlichkeit ungeschälter Erdäpfel. Es dauerte freilich schon seine Zeit, bis die Erdäpfel der alten Inkas in der Steiermark Erzherzog Johanns angelangt waren, der diese über Vermittlung seiner Nichte, Erzherzogin Leopoldine und ihres Zeichens Kaiserin von Brasilien, auch in roten und blauen Varietäten erhielt und auf seinem Mustergut in Pickern bei Marburg anpflanzte. Die zunächst als giftige Zierpflanzen jahrhundertelang ins Abseits gedrängten Knollen füllten plötzlich als Erdbirnen, Fletzbirnen, Bunsen, Eschbon (Erdbohnen), Erdrüben, Erdkastanien, Erdkästen oder Krummbirnen die Mägen einer verarmten Bevölkerung, die zumal nach den Verwüstungen der napoleonischen Kriege dringend einer preisgünstigen Massennahrung bedurfte.

Mittlerweile hat der Erdapfel Karriere gemacht. Noch 1950 kannte man weit über 600 Sorten. Heute sind es leider nur noch hundert, von denen nur vierzig tatsächlich angebaut werden. Umso vielfältiger sind dagegen die Erdäpfelspeisen, deren Rezepte sich gottlob bis heute erhalten haben und die durchwegs auf den beiden archaischen Klassikern – „Erdäpfel in der Montur" (in der Schale gekocht) oder „G'röste" (zerkocht, in feine Scheiben geschnitten und mit Zwiebeln in Schmalz geröstet) – aufbauen.

Wie man Erdäpfel unterscheidet

Eine der gebräuchlichsten Unterscheidungen ist jene nach dem Erntezeitpunkt. In der Steiermark beginnt die Ernte der Frühsorten (Heurigen) Ende Mai, Anfang Juni.

Die Haupternte dauert bis Mitte September. Dementsprechend unterscheidet man auch sehr frühe, frühe, mittelfrühe, mittelspäte und späte Sorten. Ein anderes Unterscheidungsmerkmal ist das Aussehen, das von rund, rundoval, plattoval und lang bis hin zu weiß, gelb, rot und blau reichen kann. Am besten hat sich jedoch die Unterscheidung nach dem Kochtyp bewährt:

Festkochend – speckig

Sorten: *Sieglinde, Sigma, Kipfler, Julia, Ditta, Nicola, Stella*

Ein fester schmaler, länglicher Erdapfel, der auch bei längerem Kochen nicht zerfällt. Das Fleisch ist feucht, glatt, schnittfest und nicht mehlig. Der Stärkegehalt ist mit ca. 10–12 % niedrig.

Ideal für: *Erdäpfelsalat, Salzerdäpfel, Buttererdäpfel*
Gut geeignet für: *Braterdäpfel (roh), Erdäpfelsuppe*
Bedingt geeignet für: *Rösti, Erdäpfelgratin*
Nicht geeignet für: *Pommes frites, Erdäpfelpüree sowie Erdäpfelteig*

Vorwiegend festkochend – schwach mehlig

Sorten: *Bintje, Conny, Christa, Ostara, Ukama, Silvana, Desiree, Linzer Rose und Linzer Gelbe, Sirtema, Palma, Planta*

Ein eher oval-runder Erdapfel, dessen Schale beim Kochen häufig etwas aufspringt, das Fleisch bleibt dabei jedoch im Allgemeinen fest, ist schwach mehlig und hat einen mäßigen bis mittleren Stärkegehalt von ca. 12–15 %.

Ideal für: *Rösti, Braterdäpfel*
Gut geeignet für: *Salz-, Buttererdäpfel, Erdäpfelgratin, Erdäpfelsalat, Erdäpfelsuppe*
Bedingt geeignet für: *Pommes frites, Erdäpfelpüree, Erdäpfelteig*

Lockerkochend – mehlig

Sorten: *Maritta, Alma, Hermes, Saturna, Eba, Aula, Welsa, Cosima, Van Gogh*

Dieser eher runde Erdapfel springt beim Kochen meist stark auf. Sein Fleisch ist mehlig, ziemlich trocken, grobkörnig, locker sowie von mittlerem bis hohem Stärkegehalt, ca. 15–19 %.

Ideal für: *Erdäpfelpüree, Pommes frites, Gerichte aus Erdäpfelteig*
Gut geeignet für: *Erdäpfelgratin, Braterdäpfel (roh), Erdäpfelsuppe*
Bedingt geeignet für: *Rösti, Salzerdäpfel, Erdäpfelsalat*

Wie man Erdäpfel aufbewahrt

Wer die Möglichkeit hat, Erdäpfel einzulagern, sollte sie dunkel, luftig und kühl (bei 4 bis 8 Grad), am besten auf Stellagen mit Lattenrost und unbedingt in ungewaschenem Zustand, aufbewahren.

Wie man Erdäpfel kocht

Um beim Kochen möglichst viele Vitamine zu erhalten, sollte man die Erdäpfel möglichst mit der Schale kochen oder dämpfen. Heurige Erd-

Rechte Seite:
Grammelknödel
aus Erdäpfelteig

äpfel können mit heißem, gesalzenem Wasser zugestellt werden, ältere bzw. länger gelagerte Erdäpfel sollten mit kaltem, gesalzenem Wasser aufgestellt und – am besten nicht zugedeckt – langsam weich gekocht werden. Dadurch werden auch unterschiedlich große Erdäpfel gleichmäßig durch. Ratsam ist es auch, die Erdäpfel nach dem Kochen abzuschrecken, da sie sich dann leichter schälen lassen.

Grammelknödel aus Erdäpfelteig

ZUTATEN
für 8 Knödel
Erdäpfelteig s. S. 135
2 EL Schmalz
40 g Zwiebeln,
fein geschnitten
100 g Grammeln,
fein gehackt
1–2 EL Semmelbrösel
Salz, Pfeffer, Majoran
Knoblauch
flüssiges Grammel-
schmalz zum Begießen

ZUBEREITUNG

Erdäpfelteig wie beschrieben zubereiten und rasten lassen. Für die Fülle geschnittene Zwiebeln in heißem Schmalz anrösten. Mit den Grammeln vermengen und mit Semmelbröseln binden. Kräftig mit Salz, Pfeffer, Majoran und Knoblauch abschmecken. Kalt stellen. Aus der Masse kleine Kugeln formen und diese etwas anfrieren lassen.

Erdäpfelteig zu einer Rolle formen und eventuell nochmals kurz rasten lassen. In 8 Teile aufteilen und diese flach drücken. Grammelfülle auflegen, rundum gut mit Teig umhüllen und zu schönen Knödeln formen. In Salzwasser (anfangs zugedeckt) ca. 10–15 Minuten wallend kochen lassen. Herausheben, mit Grammelschmalz begießen und anrichten.

BEILAGENEMPFEHLUNG: warmes Sauerkraut

Foto Seite 137

Erdäpfelnudeln
(Wutz'lnudeln oder Schupfnudeln)

ZUTATEN
Erdäpfelteig s. S. 135
Butter oder Schmalz

ZUBEREITUNG

Erdäpfelteig wie beschrieben zubereiten und rasten lassen. Zu einer daumendicken Rolle formen, fingerbreite Stücke abschneiden und diese mit der flachen Hand zu etwa 5–7 cm langen Nudeln walzen bzw. wutzeln. In kochendem Salzwasser ca. 5–8 Minuten ziehen lassen, herausheben, abtropfen lassen und eventuell kurz kalt abschrecken. In einer Pfanne Butter oder Schmalz erhitzen und die Schupfnudeln darin etwas nachgaren lassen. Je nach weiterer Verwendung können die Erdäpfelnudeln dabei mehr oder weniger Farbe bekommen, aber auch in Butterbröseln geschwenkt oder mit Nüssen oder Mohn serviert werden.

TIPP: Erdäpfelnudeln und -knödel eignen sich sehr gut zum Tiefkühlen. Dafür legt man sie am besten nebeneinander aufgereiht auf ein Tablett und bedeckt sie mit Klarsichtfolie.

Salzerdäpfel

ZUBEREITUNG

Erdäpfel waschen, schälen und nach Belieben halbieren oder vierteln. In einer Kasserolle mit kaltem, gesalzenem Wasser zustellen und ca. 15 Minuten kochen. Abseihen und nach Bedarf weiterverwenden.

VARIATIONEN

■ Für Petersil- oder Dillerdäpfel in flüssiger Butter schwenken und mit gehackter Petersilie oder Dille bestreuen.

■ Für Kümmel- oder Schnittlaucherdäpfel mit Kümmel oder Schnittlauch bestreuen.

■ Für Bouillonerdäpfel die gewürfelten rohen Erdäpfel in einer kräftigen Rindsuppe mit Gemüsewürfeln oder Streifen von Karotten, Sellerie, Porree u. a. langsam weich kochen.

ZUTATEN

750 g schwach mehlige
Erdäpfel (Bintje, Sirtema,
Ukama u. a.)
Salz
Kümmel, Schnittlauch
oder Dille nach Belieben

Braterdäpfel

ZUBEREITUNG

Erdäpfel am Vortag mit der Schale in Salzwasser halbroh kochen, abseihen und abschrecken.

Am nächsten Tag schälen und in eher dicke Scheiben schneiden. In einer Pfanne mit dickem Boden Schmalz oder Öl erhitzen, Erdäpfelscheiben darin flach verteilen und bei mittlerer Hitze ca. 10 Minuten langsam goldgelb anbraten. Mit einer Backschaufel wenden, weiterbraten und mit Salz, Pfeffer sowie evtl. Kräutern oder Kümmel würzen. Nach Bedarf mit Butter verfeinern.

ZUTATEN

ca. 400 g speckige
Erdäpfel (Bintje,
Sirtema, Ostara u. a.)
Schmalz oder Öl
Salz, Pfeffer, Kümmel
oder Kräuter nach
Belieben
evtl. Butter zum
Verfeinern

Erdäpfelrösti

(von rohen Erdäpfeln)

ZUBEREITUNG

Die gewaschenen und dünn geschälten Erdäpfel auf einer Rohkostreibe oder mit einem Messer in ganz feine Streifen schneiden, mit Ei und Gewürzen vermengen. Eine beschichtete Pfanne mit Schmalz erhitzen, Erdäpfel mit einem Löffel zu ganz flachen Laibchen formen und ca. 5–6 Minuten langsam goldgelb braten. Wenden und auf der anderen Seite ca. 2–3 Minuten braten.

TIPP: Aus dieser Masse lassen sich auch Gerichte im Erdäpfelmantel herstellen. Dazu werden Fischfilets oder Fleischmedaillons nach dem Würzen kurz in Mehl und anschließend in der Erdäpfelmasse gewendet. Anschließend gleich in einer mittelheißen Pfanne mit Öl oder Schmalz (nicht zu sparsam) langsam auf beiden Seiten goldgelb anbraten.

ZUTATEN

500 g schwach mehlige
Erdäpfel (Bintje, Sirtema,
Ukama, Agria u. a.)
evtl. 1 Ei oder 2 Eidotter
Salz, Pfeffer
evtl. Majoran
Schmalz

Rösterdäpfel

Erdäpfelpuffer
(von rohen Erdäpfeln)

ZUTATEN
500 g schwach mehlige
Erdäpfel (Bintje, Sirtema,
Ukama, Agria u. a.)
2 Eier
Salz, Pfeffer
evtl. Majoran oder
Knoblauch
Schmalz

ZUBEREITUNG
Geschälte Erdäpfel auf einer Krenreibe (oder mit einer Küchenmaschine) ganz fein direkt in ein mit kaltem Wasser gefülltes Gefäß schaben. Etwa 30 Minuten stehen lassen. Erdäpfel abseihen und gut ausdrücken. Das abgeseihte Wasser auffangen und kurz stehen lassen. (In der Schüssel setzt sich am Boden die Erdäpfelstärke ab, die nach dem Abgießen des Wassers zurückbleibt.)

Eier, übrig gebliebene Stärke und Gewürze unter die Erdäpfel mengen und kurz durchmischen. Eine beschichtete Pfanne mit Schmalz erhitzen, Erdäpfel mit einem Löffel (oder einer Ringform) zu flachen, runden Laibchen formen und 8–10 Minuten langsam goldgelb braten. Wenden und auf der anderen Seite ca. 3–4 Minuten braten.

TIPP: Erdäpfelpuffer eignen sich nicht nur als g´schmackige Beilage, sondern in Begleitung von Salat, Speck, Kräutertopfen oder mit Sauerrahm und Forellenkaviar durchaus auch als kleiner Imbiss zwischendurch.

Rösterdäpfel

ZUBEREITUNG

Am Vortag gekochte Erdäpfel am nächsten Tag schälen und auf einer groben Reibe reiben (reißen). In einer beschichteten oder gusseisernen Pfanne (ca. 32 cm Ø) genügend Öl oder Schmalz (nicht zu sparsam) erhitzen, Erdäpfel flach verteilen und ca. 10 Minuten langsam knusprig anbraten. Mit Salz, Pfeffer und Majoran würzen. Nach Belieben fein geschnittene Zwiebeln darüber streuen. Mit Hilfe einer Schmarrenschaufel oder eines passenden Deckels vorsichtig umdrehen. (Dabei etwas schräg nach unten halten. Achtung, evtl. überschüssiges heißes Fett läuft aus der Pfanne!) Langsam goldgelb fertig rösten.

ZUTATEN

ca. 400 g speckige Erdäpfel (Bintje, Sirtema, Ostara u. a.), am Vortag mit der Schale in Salzwasser halbroh gekocht
Schmalz oder Öl
Salz, Pfeffer, Majoran
Zwiebeln nach Bedarf

Maroni-Erdäpfel

ZUBEREITUNG

Erdäpfelteig wie beschrieben vorbereiten und rasten lassen. Aus dem Teig ca. 50 g schwere Knödel formen und flach drücken. Maronipüree zu kleinen Kügelchen formen und jeweils auf einen Knödel legen. Mit Teig umhüllen und mit nassen Händen schöne, runde Knödel formen. Knödel in Mehl, Ei und Bröseln panieren und in nicht zu heißem Öl goldgelb backen. Herausheben und abtropfen lassen.

VERWENDUNG: als Beilage zu Wildgerichten
TIPP: Besonders fein schmecken die Knödel, wenn man die Brösel zum Panieren zusätzlich noch mit feinen, rohen und zerkleinerten Suppennudeln vermischt.

ZUTATEN

für ca. 16 Stück
Erdäpfelteig s. S. 135
ca. 160 g Maronipüree
Mehl, Eier und Brösel zum Panieren
Öl zum Herausbacken

Erdäpfellaibchen

ZUBEREITUNG

Erdäpfel mit der Schale kochen, schälen und noch heiß passieren. Mit Eiern und eventuell Obers vermischen. Mit Salz, weißem Pfeffer sowie Muskatnuss würzen und nach Belieben gehackte Kräuter zugeben. Etwa 1 Stunde rasten lassen. Schmalz in einer nicht zu heißen Pfanne schmelzen, aus der Masse mit einem Esslöffel kleine Laibchen formen und langsam backen. Wenden und langsam fertig backen.

TIPP: Der persönlichen Kreativität sind beim geschmacklichen Abrunden der Laibchen keinerlei Grenzen gesetzt. So können etwa gehackte Pilze, Porree, Speck oder Ingwer beigegeben und somit interessante Geschmacksnuancen hervorgebracht werden.

ZUTATEN

3–4 mehlige Erdäpfel
2 Eier
2 EL Schlagobers nach Belieben
Salz, weißer Pfeffer aus der Mühle
Muskatnuss
Kräuter nach Belieben
Schmalz zum Herausbacken

Überbackene Erdäpfel
(Erdäpfelgratin)

ZUTATEN
für ca. 10 Portionen
1,5 kg speckige Erdäpfel
(geschält 1,2 kg)
250 ml Milch
250 ml Schlagobers
Salz, Pfeffer, Muskatnuss
Kümmel, Knoblauch
Butter oder Öl
für die Form

ZUBEREITUNG

Erdäpfel schälen, kurz abspülen, aber nicht im Wasser liegen lassen (die Stärke würde ausgelaugt werden, wodurch es keine sämige Bindung mehr gäbe). Milch und Obers in einem Topf vermengen und die Erdäpfel in gleichmäßigen, nicht zu dünnen Scheiben direkt hineinschneiden. Mit Salz, Pfeffer und Muskat gut würzen. Kernig weich kochen und dabei wiederholt umrühren, damit sich nichts anlegt. Rasch abkühlen lassen (eventuell in kaltes Wasser stellen).

Eine feuerfeste Form oder Backblech (ergibt mehr Kruste) mit Knoblauch ausreiben, mit Butter ausstreichen und ein wenig ganzen Kümmel einstreuen. Die Erdäpfelscheiben flach verteilen und im heißen Rohr bei Oberhitze (obere Schiene) oder bei Grillschlange (auf unterster Schiene) ca. 15–20 Minuten überbacken.

VERWENDUNG: ideal als Beilage zu Lamm-, Grill- und Bratengerichten

TIPPS

■ Die Erdäpfel können auch mit Zucchini, Porree oder Pilzen (angedünstet oder blanchiert) belegt und vor dem Überbacken evtl. mit geriebenem Käse bestreut werden.

■ Für ein Erdäpfel-Spargelgratin wird zusätzlich gekochter Spargel unter die Erdäpfel gemischt und dann überbacken.

Erdäpfel-Selleriepüree

ZUTATEN
300 g Sellerie
200–300 g mehlige Erdäpfel
etwas Milch oder Schlagobers
50–80 g Butter
Salz, weißer Pfeffer
aus der Mühle

ZUBEREITUNG

Sellerie und Erdäpfel schälen, vierteln, in Salzwasser – nach Belieben mit etwas Milch vermischt – weich kochen. Abseihen und mit einem Erdäpfelstampfer stampfen oder kurz pürieren. Mit Salz und etwas weißem Pfeffer würzen, mit Milch oder Obers sowie Butter geschmacklich abrunden.

TIPP: Besonders nett sieht dieses Püree aus, wenn man es mit feinen, frittierten Selleriestreifen dekoriert.

VARIATIONEN

Nach dem Vorbild des Erdäpfel-Selleriepürees lassen sich zahlreiche Gemüsepürees, z. B. von Karfiol, Spargel, Porree usw., zubereiten. Die Gemüse werden dafür gewaschen, bei Bedarf geschält, klein geschnitten oder grob geraspelt. Dann werden die Gemüse in leichtem Salzwasser mit etwas Obers weich gekocht und bei Bedarf mit etwas kalter Butter oder Öl gestampft oder püriert. Wichtig: Das Gemüsepüree wird flaumiger und cremiger sowie auch zarter im Geschmack, wenn es mit mehligen Erdäpfeln (1 Teil Gemüse auf 2 Teile Erdäpfel) gekocht bzw. mitpüriert wird.

Erdäpfelpüree

ZUBEREITUNG

Die gewaschenen, geschälten und zerkleinerten Erdäpfel in einer Kasserolle mit gesalzenem, kaltem Wasser knapp bedeckt zustellen. Etwa 15 Minuten kochen und dann abseihen. Milch erhitzen und mit Muskatnuss sowie etwas weißem Pfeffer würzen. Erdäpfel am besten mit einem Erdäpfelstampfer zerdrücken (dadurch wird das Püree schön flaumig), passieren oder mit dem Stabmixer kurz hacken. Anschließend rasch abwechselnd mit heißer, gewürzter Milch und Butter verrühren. Nach Belieben Zwiebelringe in Öl goldbraun rösten und das Püree damit garnieren.

TIPPS

- Durch vermehrte Zugabe von Butter, Schlagobers oder Öl kann das Erdäpfelpüree weiter verfeinert werden.
- Durch Zugabe von Gemüse (z. B. Karotten, Paprika, Kastanien) im Verhältnis 1:1 kann das Erdäpfelpüree geschmacklich oder auch optisch verändert werden. In diesem Fall sollte man Erdäpfel und Gemüse bereits gemeinsam kochen.
- Durch die Zugabe von Eidotter kann übrig gebliebenes Erdäpfelpüree zur Herstellung von einfachen Erdäpfellaibchen verwendet werden oder mit einem Dressiersack auf ein Backtrennpapier gespritzt und zu Erdäpfelkrapferln verarbeitet werden. Auch verschiedene gebratene Fleisch-, Wild- oder Fischgerichte lassen sich mit Erdäpfelpüree aufdressieren und im Rohr überbacken.
- Traditionell wird Erdäpfelpüree meist mit knusprig gerösteten Zwiebeln garniert. Dafür werden die Zwiebelringe leicht gesalzen, in griffigem Mehl kurz gewendet und in heißem Fett wie Pommes frites unter ständigem Rühren goldgelb frittiert und danach auf Küchenkrepp abgetropft.

ZUTATEN
800 g mehlige Erdäpfel
(Ukama, Ostara u. a.)
200 ml Milch
100 g Butter
Salz, weißer Pfeffer
aus der Mühle
Muskatnuss
Zwiebeln und Öl
für Röstzwiebeln
nach Belieben

Gefüllte Erdäpfel

ZUBEREITUNG

Erdäpfel in der Schale gut reinigen und sauber bürsten. In Folie einpacken und im heißen Backrohr bei 200 °C etwa 1 Stunde garen. Nach dem Überkühlen bis auf 1 cm dicken Rand vorsichtig aushöhlen. Gemüse kernig weich kochen und grob zerkleinern. Mit der Erdäpfelmasse, Ei, Dotter, Bröseln und Mehl vermischen und mit Salz sowie Pfeffer abschmecken. Masse in die Erdäpfel füllen und im Backrohr noch kurz fertig garen. Mit einigen Tupfern Sauerrahm servieren.

VARIATIONEN

Ausgehöhlte Erdäpfel mit Kräutertopfen (Dille, Schnittlauch, Kerbel, Minze, Knoblauch), der mit etwas Sauerrahm aufgelockert wurde, füllen.

ZUTATEN
4 große Erdäpfel,
in der Schale
200 g Saisongemüse
(Karotten, Sellerie, Lauch,
Zwiebeln etc.)
1 Ei
1 Eidotter
1 EL Semmel- oder
Vollwertbrösel
1/2 EL Weizen- oder
Weizenvollmehl
Sauerrahm
Salz, Pfeffer aus
der Mühle

Erdäpfelstrudel

Strudelteig, haus-
gemacht oder 1 Packung
Strudelteigblätter
500 g Erdäpfel
2 EL Öl oder Schmalz
1 Eidotter
1 TL Kräuter je nach
Angebot (Petersilie,
Majoran)
Salz, Pfeffer
Butter zum
Bestreichen

ZUBEREITUNG

Erdäpfel waschen und mit kaltem Wasser sowie einer Prise Salz zustellen und nicht zu weich kochen. Mit kaltem Wasser abschrecken, auskühlen lassen und schälen. Grob raspeln oder klein schneiden. In einer Pfanne Öl oder Schmalz erhitzen und die Erdäpfel beidseitig gut anrösten. Mit Salz, etwas Pfeffer und Majoran oder anderen Kräutern gut würzen. Etwas abkühlen lassen.

Die Strudelblätter auf einem zart befeuchteten Geschirrtuch übereinander legen, mit flüssiger Butter bestreichen und auf ca. einem Drittel der Strudelteigfläche die abgekühlte Erdäpfelmasse verteilen. Mit Hilfe des Geschirrtuches einrollen und auf ein geöltes Backblech heben. Mit Eidotter bestreichen und im vorgeheizten Rohr bei ca. 200 °C ca. 30 Minuten backen. Etwas abkühlen lassen und lauwarm eventuell mit Salat servieren.

TIPP: Für einen Schwammerlstrudel mengt man gut angeröstete Schwammerln oder Pilze unter die Erdäpfelmasse.

Erdäpfelwurst

(aus rohen Erdäpfeln)
Original-Rezept der Fleischerei Peter und Roman Feiertag in Weiz

ZUTATEN

1,5 kg speckige Erdäpfel
ca. 30 g Salz
100 g Grammeln
50 g Schmalz oder
Bratlfett
2–3 Knoblauchzehen,
zerdrückt
40 g Grieß
20 g Semmelbrösel
Majoran, weißer Pfeffer
aus der Mühle
Wurstdarm zum Füllen
Öl für das Backblech

ZUBEREITUNG

Geschälte, rohe Erdäpfel fein schaben und in kaltes Wasser geben. Schmalz oder Bratlfett mit den Grammeln kurz anschwitzen, restliche Zutaten sowie gut ausgedrückte Erdäpfel zugeben. Rasch vermischen und in einen Wurstdarm füllen. In einem Topf bei 80 °C ca. 45 Minuten köcheln lassen und kurz kalt abschrecken. Auf ein geöltes Backblech legen und im vorgeheizten Rohr bei 220 °C ca. 45 Minuten braten.

VERWENDUNG: mit Sauerkraut als Hauptspeise oder zu Bratengerichten als Beilage

Erdäpfelstrudel mit Pilzen

Der Erdäpfelkorporal

Auf welch verschlungenen Wegen das Volksnahrungsmittel Erdapfel Einzug in die grüne Mark hielt, beweist die Geschichte des Würzburger Korporals, der im Regiment des Barons Lattermann diente, welches 1774 aus Siebenbürgen nach Leoben verlegt wurde. In seinem Tornister führte der Korporal damals gezählte fünf Stück Erdäpfel mit, die er beim Leobener Tullerbauer auspflanzte. Der Versuch fiel so erfolgreich aus, dass bald das ganze Regiment mit Erdäpfeln versorgt werden und der „Erdäpfelkorperl" nicht nur die wertvollen Samen, das Maßl um 5 Kreuzer, an die interessierten Einheimischen verkaufen konnte, sondern vom Leobener Kreisamt für seine Bemühungen eine Förderung von 10 fl. jährlich, auszufolgen in Silberzwanzigern, erhielt.

Eschdbonkoh
Das Ausseerländer Originalrezept

ZUBEREITUNG

Die roh geschnittenen Erdäpfel in heißem Schmalz so lange anbraten, bis sich an der Unterseite eine Kruste bildet. Im Ganzen umdrehen (am besten mit Hilfe eines flachen, in die Pfanne passenden Deckels), mit Gabeln oder Bratenwender zerreißen, weitergaren und würzen.

TIPP: Im Ausseerland isst man dieses „Erdbohnenkoch" gerne gemeinsam mit saurer Suppe oder Krautstrudel. Es gibt davon auch eine Fassung für Holzknechte, die das „Eschdbonkoh" unter Zugabe von gekochten Nudeln, Zwiebeln und Wurst zu einem „Grenadierla" (Grenadiermarsch) umwandelten. *Foto Seite 63*

ZUTATEN
1 kg Erdäpfel, roh, feinblättrig geschnitten
Schweineschmalz
Salz, Pfeffer

Dreatschnkoh

*Ein klassisches Holzknechtgericht, ursprünglich
über offenem Feuer zubereitet*

ZUTATEN

1 kg speckige Erdäpfel,
gekocht, abgekühlt,
feinblättrig geschnitten
250 ml Wasser
250 g Grieß
2 Zwiebeln,
fein geschnitten
Schweineschmalz
zum Braten
8 Eier, versprudelt
Salz

ZUBEREITUNG

Zwiebeln in heißem Schmalz anlaufen lassen, Erdäpfel beifügen und rösten. Grieß salzen, mit kochendem Wasser übergießen und aufquellen lassen. Dann über die Erdäpfel schütten. Mit Salz abschmecken. Versprudelte Eier darüber geben und nochmals kurz durchrösten.

TIPP: Dieses kräftigende Holzfällergericht wird meist mit grünem Salat oder warmem Speckkrautsalat serviert.

Erdäpfelsterz

ZUTATEN

750 g mehlige Erdäpfel
300 g griffiges Mehl
150 g Schmalz
Salz, Pfeffer
evtl. Majoran

ZUBEREITUNG

Erdäpfel am Vortag mit der Schale nicht zu weich kochen, abseihen und auskühlen lassen. Am nächsten Tag schälen und grob reiben bzw. reißen. Mit Salz und Pfeffer sowie nach Geschmack mit etwas Majoran würzen und mit dem Mehl vermischen bzw. abbröseln. In einer schweren Eisen- oder Alugusspfanne das Schmalz erhitzen und darin die Erdäpfelmasse langsam anbraten. Zwischendurch den Sterz mit einer Sterz- oder Schmarrenschaufel wenden.

TIPPS

◼ In vielen Gegenden werden zum Erdäpfelsterz auch gerne frische Schwammerlsuppe oder saure Rahmsuppe serviert.

◼ Für einen klassischen Schwammerl-Erdäpfelsterz werden Pilze oder Schwammerln mit dem Sterz geröstet oder extra angeröstet und erst vor dem Auftragen untergemischt.

Erdäpfel-Blunz'n-Gröstl

ZUTATEN

800 g speckige Erdäpfel,
am Vortag nicht zu
weich gekocht
4 Blutwürste
2 Zwiebeln, in halbierte
Ringe geschnitten
Salz, Pfeffer aus der
Mühle, frischer Majoran

ZUBEREITUNG

Gekochte Erdäpfel am besten über Nacht auskühlen lassen. Schälen, blättrig schneiden und in heißem Schmalz gut anrösten. Wenden und auf der anderen Seite langsam fertig braten. Von den Blutwürsten die Haut abziehen, in 1 cm dicke Scheiben schneiden und in einer anderen Pfanne in heißem Schmalz kurz beidseitig anbraten. Gleich aus der Pfanne nehmen. Nochmals etwas Schmalz in die Pfanne geben und die Zwiebeln darin anrösten. Erdäpfel und Blutwurst beigeben, kurz durchschwenken und alles mit Salz, Pfeffer und frischem Majoran abschmecken.

Nächste Doppelseite: Erdäpfelragout mit Spargel

Erdäpfelgröstl

ZUBEREITUNG

Gekochte Erdäpfel am besten über Nacht auskühlen lassen. Erdäpfel schälen, blättrig schneiden und in heißem Schmalz gut anrösten. Wenden und auf der anderen Seite langsam fertig braten.

In einer zweiten Pfanne die Zwiebeln ebenfalls in heißem Schmalz gut anrösten. Erdäpfel und Zwiebeln vermischen, kurz durchschwenken und mit Salz, Pfeffer, frischem Majoran abschmecken und anrichten.

TIPPS

▪ Für ein Schwammerlgröstl mischt man unter die Erdäpfel geröstete Eierschwammerln, für ein Fischgröstl geröstete Fische, etwa Karpfen oder Räucherfisch.

▪ Obwohl das klassische Gröstl in einer einzigen Pfanne hergestellt wird, ist es bei mehreren Zutaten (z. B. Erdäpfel und Schwammerln) sowohl aus geschmacklichen als auch aus optischen Gründen besser, zwei Pfannen zu verwenden.

▪ Als Pfanne eignet sich am besten eine Gusspfanne mit dickem Boden oder eine leichtere, versiegelte Aluminium-Gusspfanne.

▪ Achtung: Sind Zwiebeln (wie in vielen Rezepten angegeben) erst einmal angeröstet und werden weitere Zutaten wie Erdäpfel oder Schwammerln zugegeben, so können diese nicht mehr geröstet werden, da die Zwiebeln sonst verbrennen würden. Daher werden zuerst die Pilze oder Erdäpfel bis zu einer schönen Farbe angeröstet, dann erst sollte man die (am besten extra angerösteten) Zwiebeln hinzufügen.

▪ Gröstl kann sowohl als Beilage als auch als Zwischenspeise oder als Hauptspeise mit Salat serviert werden.

Erdäpfel-Blunz'n-Gröstl

ZUTATEN

1 kg speckige Erdäpfel, am Vortag nicht zu weich gekocht
2–3 Zwiebeln, in halbierte Ringe geschnitten
Salz, Pfeffer aus der Mühle
frischer Majoran
Schweineschmalz zum Braten

Erdäpfelragout mit Spargel

Nach Art eines Risottos

ZUTATEN

800 g mehlige Erdäpfel
500 g Spargel, gekocht
100 g Zwiebeln,
fein geschnitten
Öl zum Anrösten
125 ml Weißwein, trocken
Spargelfond oder Suppe
zum Aufgießen
Salz, weißer Pfeffer
kalte Butter zum Binden

ZUBEREITUNG

Erdäpfel in ganz kleine Würfel schneiden (oder in ganz feine Fächer und anschließend quer auf einem Gemüsehobel in feinste Würfel schneiden) und in kaltem Wasser auswässern.

Fein geschnittene Zwiebeln in heißem Öl etwas anlaufen lassen. Abgetropfte Erdäpfelwürfel zugeben, mit Weißwein ablöschen und einkochen lassen. Nach und nach mit Spargelfond bzw. Suppe aufgießen, so dass die Erdäpfel stets bedeckt sind, aber nicht schwimmen. (Nur so viel zugießen, wie aufgenommen wird.) Unter oftmaligem Rühren ca. 30–40 Minuten köcheln lassen. Mit Salz und weißem Pfeffer würzen. Gekochten Spargel in mundgerechte Stücke schneiden, zugeben und kurz erwärmen. Mit kalten Butterstückchen binden, aber nicht mehr kochen.

TIPP: Statt Spargel kann auch jedes andere passende Gemüse (Erbsen, Kohlrabi, Schwarzwurzeln etc.) verwendet werden.

Foto: vorhergehende Doppelseite

Erdäpfelgulasch

ZUTATEN

250 g Zwiebeln,
fein geschnitten
80 g Schmalz
Paradeisermark
1 EL Paprikapulver,
edelsüß
ca. 500 ml Suppe
oder Wasser
Salz, Pfeffer, Kümmel
Majoran, Lorbeerblatt,
Knoblauch
Pfefferoni oder
Chilischote
1 kg mehlige Erdäpfel,
roh geschält
250 g Braunschweiger-
Wurst
eventuell etwas
Sauerrahm und Mehl
zum Binden

ZUBEREITUNG

Fein geschnittene Zwiebeln in heißem Schmalz goldgelb anrösten. Etwas Paradeisermark einrühren, Hitze verringern, Paprikapulver zugeben und in lauwarmem Fett 1–2 Minuten durchrühren. Mit warmer Suppe oder Wasser aufgießen. Hitze wieder erhöhen, mit Salz, Pfeffer, Kümmel, Majoran, Lorbeer, Knoblauch und etwas Pfefferoni oder Chilischote vorsichtig würzen. Etwa 30 Minuten nicht zugedeckt kräftig kochen lassen. Nun Hitze reduzieren und den Saft ca. 2 Stunden auf kleiner Flamme ganz langsam köcheln lassen, damit sich die Bitterstoffe und blähenden Stoffe verkochen.

Zwischendurch bei Bedarf mit etwas kaltem Wasser aufgießen und abfetten. Sobald der Gulaschsaft einen angenehmen Geschmack erreicht hat, die grob geschnittenen Erdäpfel zugeben. Nach etwa 15 Minuten die grob gewürfelte Braunschweiger einmengen und langsam mitkochen, bis die Erdäpfel weich sind. Bei Bedarf abschließend etwas Sauerrahm und Mehl glatt rühren und das Gulasch damit binden.

GEMÜSEGERICHTE

Gebackene Radieschen
Es muss nicht immer Backhendl sein

ZUBEREITUNG

Die Radieschen putzen. Nun entweder halbieren oder in nicht zu dünne, gleichmäßige Scheiben schneiden. Salzen, mit etwas Zitrone beträufeln und einige Minuten stehen lassen. Dann in Mehl, versprudelten Eiern und Bröseln panieren und in heißem Fett oder Öl herausbacken.

BEILAGENEMPFEHLUNG: pikante kalte Soßen und Salat
TIPP: Nach dieser Methode lassen sich auch gekochte Sellerie-, Kohlrabi-, Karfiol- und Brokkolischeiben zubereiten. Pilze, Kürbisse, Zwiebeln und Gurken eignen sich ebenso für dieses Rezept, müssen aber nicht vorher gekocht werden.

ZUTATEN
500 g Radieschen
(möglichst größere)
2 Eier
Mehl, Semmelbrösel
Salz, Zitrone
Backfett oder Öl

Gefüllte Paprika mit Paradeisersoße

ZUBEREITUNG

Von den Paprikaschoten den Stiel als Deckel abschneiden, die Kerne entfernen und auswaschen. Zwiebeln kurz in heißem Öl anrösten und wieder abkühlen lassen. Faschiertes mit Reis, ein wenig Suppe oder Wasser, Zwiebeln, Knoblauch, Petersilie und den Gewürzen kurz durchmischen und gut abschmecken. Paprika mit der Masse füllen und mit den umgedrehten Deckeln verschließen. Paprika nebeneinander in eine breite Kasserolle stellen, mit der Paradeisersoße begießen und zugedeckt am Herd oder im heißen Rohr bei ca. 180 °C etwa 45 Minuten dünsten lassen.

Für die Paradeisersoße Butter schmelzen und Zwiebel mit Zucker hell anschwitzen. Paradeisermark zugeben, mit Mehl stauben und mit Suppe oder Wasser aufgießen. Mit Salz und Lorbeer würzen und ca. 20 Minuten köcheln lassen. Soße pürieren und durch ein Sieb (am besten Spitzsieb) abseihen.

BEILAGENEMPFEHLUNG: Salzerdäpfel
TIPPS

■ Stehen keine wirklich vollreifen Paradeiser zur Verfügung (am besten längliche Fleischparadeiser), ist es ratsam, Paradeiser aus der Dose zu verwenden.

■ Je nach persönlichem Geschmack kann die Paradeisersoße durch eine mitgekochte Speckschwarte oder Karotten noch geschmacklich abgerundet werden.

ZUTATEN
8 grüne Paprikaschoten
ca. 400 g Faschiertes
(je zur Hälfte von
Rind und Schwein)
100 g Reis, gekocht
50 g Zwiebeln,
fein geschnitten
etwas Suppe oder
Wasser
3 EL Öl
1 EL Petersilie, gehackt
1 EL Knoblauch,
fein geschnitten
Salz, Pfeffer aus der
Mühle, Majoran

Für die Paradeisersoße
1 kg vollreife Paradeiser,
gewaschen und
zerkleinert
2 EL Butter
1 kleine Zwiebel,
fein geschnitten
1 EL Zucker
2 EL Paradeisermark
2 EL Mehl
250 ml Suppe oder
Wasser
Salz
2 Lorbeerblätter

Der steirische Hausgarten

Er heißt nicht zufällig auch „Himmelreich" und ist sich mit Pelargonien, Betunien, Geranien, Fuchsien, Herzstöckln, Fleißigen Liesln und Studentenblumen meist selbst genug. Doch der steirische Hausgarten ist seit jeher nicht nur schön, sondern auch praktisch. In Zeiten der Leibeigenschaft war der Garten das oft nur wenige Fuß messende Stück Boden, auf dem der Bauer einigermaßen nach freiem Willen schalten und walten konnte. Die paar „privaten" Quadratmeter der von der Obrigkeit zugewiesenen Hufe mussten also nicht nur das Bedürfnis nach Schönheit, sondern vor allem die täglichen Lebensbedürfnisse stillen.

In früheren Zeiten waren die Bauerngärten daher fast ausschließlich dem Anbau von Nutzpflanzen, Heil- und Küchenkräutern gewidmet.

Die „Bewohner" dieser Gärten haben ein recht unterschiedliches Alter auf dem Buckel. Schon im 15. Jahrhundert baute man Gartensalate und den damals noch Kopfkraut genannten Weißkohl an. Im 16. Jahrhundert gesellten sich Kohl und Karfiol dazu, erst viel später folgten Fisolen, Paradeiser und Erdäpfel, die alle drei aus Amerika über den Atlantik nach Europa kamen.

Viel älter als die grüne amerikanische Gartenbohne ist die alteinheimische und frostwiderstandsfähige „vitia faba", die nach dem Ersten Weltkrieg schon fast ausgestorben schien und nur in entlegensten Höfen angebaut, gekocht und gegessen wurde. Erst in jüngster Zeit haben die so genannte Saubohne und ihre kleinere Verwandte, die Pferdebohne, im Zuge eines „Neuen Regionalismus" erneut eine kleine Karriere gemacht.

Sie sind freilich nur ein ganz kleiner Teil des riesigen Angebots, das die mit Recht auch „Bauch von Österreich" genannte Steiermark für Gemüsegenießer zu bieten hat. Der Bogen reicht von Kohlgemüse (Weißkraut, Rotkraut, Kohl, Kohlrabi, Kohlsprosserl), Wurzelgemüse (Runkelrüben, Rettiche, Rote Rüben, Karotten, Pastinak, Petersil und Sellerie) über Fruchtgemüse (Erbsen, Bohnen, Linsen, Kürbis, Paradeiser und Paprika) und Zwiebelgemüse (Zwiebeln, Schalotten, Porree, Knoblauch) bis hin zu Wildgemüse wie Brennnesseln, Sauerampfer, Bocksbart und wildem Hopfen. Dazu gesellen sich auch noch mancherlei Schwämme, auch wenn diese streng genommen nicht zu den Gemüsen gehören. Die Liste ließe sich noch beliebig fortsetzen und ist auch für „Neuzugänge" aus internationalen Gefilden stets aufnahmebereit.

Auch die Vielfalt der Zubereitungsarten ist durch moderne Küchentechnik facettenreicher geworden. Neben Mixen, Schäumen und Pürieren ist aber auch das „gute alte" Milchsäuern wieder in Mode gekommen, und die klassischen Zubereitungsarten – einfaches Kochen, Dünsten, Abschmalzen, Einmachen, Einbrennen, Backen und Füllen – sind noch immer dieselben geblieben.

Grammelkraut

ZUTATEN
1 mittelgroßer Krautkopf
Öl oder Schmalz
Salz, Pfeffer, Kümmel
Suppe
Grammelschmalz
zum Begießen

ZUBEREITUNG

Das Kraut mit dem Strunk in vier Viertel schneiden und in Öl oder Schmalz rundum gut anbraten. Mit Salz, Pfeffer sowie etwas Kümmel würzen, etwas Suppe zugießen und zugedeckt am Herd oder im Rohr ca. 20 Minuten weich schmoren. Vor dem Anrichten den Strunk wegschneiden und Kraut mit heißem Grammelschmalz begießen bzw. abschmalzen.

Stöcklkraut

ZUBEREITUNG

Das Kraut mit dem Strunk in vier Viertel schneiden und in Salzwasser oder Selchsuppe ca. 20 Minuten weich kochen. Gut abtropfen, Strunk wegschneiden und beim Anrichten mit heißem Bratensaft begießen.

VERWENDUNG: zu allen Arten von Bratln, Würsten und Knödeln

ZUTATEN
1 mittelgroßer Krautkopf
Salz, Pfeffer, Kümmel
Salzwasser oder
Selchsuppe
Bratlfett oder Bratensaft

Gefüllter Krautkopf

ZUBEREITUNG

Vom Kraut auf der Strunkseite einen Deckel abschneiden. Krautkopf aushöhlen, das Innere des Krautkopfs (ohne Strunk) fein hacken. Brösel in Schweineschmalz anlaufen lassen und das gehackte Kraut sowie die Schweinefleischwürfel mitrösten. Mit Salz, Pfeffer und Knoblauch gut abschmecken. Mit Eiern vermischen und die Masse in den Krautkopf füllen. Mit dem Krautdeckel verschließen, mit Spagat fixieren und in heißem Wasser oder über Dampf ca. 1 Stunde garen. Herausheben, in Stücke schneiden und mit reichlich Butterbröseln bestreut servieren.

ZUTATEN
1,5 kg Kraut, im Ganzen
750 g Schweinefleisch,
kleinwürfelig ge-
schnitten (auch
Bratenreste möglich)
3 Knoblauchzehen,
zerdrückt
3 Eier
Schweineschmalz
1 Tasse Semmelbrösel
Butter und Brösel
zum Bestreuen
Salz, Pfeffer aus
der Mühle

Paprikakraut

ZUTATEN

ca. 500 g junges Weiß-
kraut oder Chinakohl
Salz, Pfeffer, Kümmel
Schmalz oder Butter
zum Andünsten
1 EL Paprikapulver,
edelsüß
Schuss Essig
1–2 Paprikaschoten,
rot oder grün
etwas Suppe
evtl. Sauerrahm

ZUBEREITUNG

Weißkraut oder Chinakohl fein schneiden, mit Salz sowie Kümmel würzen und etwas anziehen lassen. In heißem Schmalz oder Butter andünsten. Paprikapulver einrühren, mit einem Schuss Essig ablöschen und mit wenig Suppe aufgießen. Weich dünsten. Paprikaschoten putzen, mit einem Sparschäler schälen und kleinwürfelig schneiden. Kurz vor Garungsende Paprikawürferl einmengen und noch mitdünsten. Bei Bedarf etwas Rahm einrühren. Abschließend mit Salz und Pfeffer abschmecken.

TIPPS

■ Statt der Paprikawürferl kann auch gegen Garungsende etwas Paprika-soße zugegeben werden.

■ Paradeiserkraut wird nach demselben Rezept zubereitet, nur werden gegen Schluss 2–3 geschälte, würfelig geschnittene Paradeiser (auch aus der Dose) mitgedünstet.

Geröstete Schwammerln mit Ei

ZUTATEN

ca. 800 g Eierschwam-
merln, geputzt
2–3 EL Öl oder Schmalz
100 g Zwiebeln,
fein geschnitten
Salz, schwarzer Pfeffer
aus der Mühle
Petersilie, Thymian
4 Eier

ZUBEREITUNG

Die Eierschwammerln möglichst trocken putzen und klein schneiden. In heißem Öl gut anrösten, bis ein angenehmer Schwammerlduft aufsteigt. Zwiebeln beigeben und ca. 8–10 Minuten mitdünsten lassen, bis die Flüssigkeit verdunstet ist. Mit Salz, Pfeffer und Kräutern würzen. Eier am besten mit einer Gabel kurz verschlagen und über die Schwammerln gießen. Nur kurz durchrösten, bis die Eier leicht zu stocken beginnen. Auf kleiner Flamme etwas nachziehen lassen und auf heißen Tellern anrichten. Mit gehackter Petersilie bestreuen.

BEILAGENEMPFEHLUNG: Blattsalat und Petersilerdäpfel

Karfiol mit Butter und Bröseln

ZUTATEN

1 großer Karfiol
100 g Butter
2–3 EL Semmelbrösel

ZUBEREITUNG

Karfiol putzen und in Röschen zerteilen. In genügend Salzwasser kochen und abseihen. Butter aufschäumen, Brösel einrühren und über die heißen Karfiolröschen gießen (abschmalzen).

TIPP: Diese Zubereitungsart passt auch für Kohlsprossen, Spargel, Schwarz-wurzeln, Brokkoli und ähnliches Gemüse.

Kürbisgemüse mit Paprika

ZUBEREITUNG

Kürbisfleisch einsalzen, durchmischen und einige Zeit stehen lassen. Zwiebeln in heißem Schmalz oder Butter hellgelb rösten. Paprikapulver einrühren und mit einem Schuss Essig ablöschen. Knoblauch mit gut ausgedrücktem Kürbis beifügen und zugedeckt weich dünsten. Mehl mit Sauerrahm und etwas Kürbisflüssigkeit versprudeln und das Gemüse damit binden. Noch etwa 10 Minuten weiterköcheln lassen und mit Dillspitzen vollenden. Abschließend abschmecken.

VERWENDUNG: Passt ausgezeichnet zu gekochtem Fleisch.

ZUTATEN
1 kg Kürbis (nicht zu reif),
grobnudelig geschnitten
100 g Zwiebeln, fein-
würfelig geschnitten
40 g Mehl
50 g Butter oder Schmalz
ca. 60 ml Sauerrahm
1 TL Dillspitzen, frisch
oder getrocknet
1 Knoblauchzehe,
fein gehackt
1 TL Paprikapulver,
edelsüß
Essig, Salz, Pfeffer

Gefüllte Kürbisblüten mit Schwammerlfülle

ZUBEREITUNG

Faschiertes so kalt lagern, dass es fast angefroren ist. Alle gut gekühlten Zutaten in einer Küchenmaschine rasch zu einer glatten Masse verarbeiten, eventuell durch ein Haarsieb streichen und mit Salz sowie Pfeffer abschmecken. Je nach Geschmack mit klein gewürfelten Pilzen, Zucchini- oder Kürbiswürfeln und Kräutern als Einlage vollenden. Farce kalt stellen.
Die Kürbisblüten reinigen, eventuell die Blüten waschen und den Blütenstempel mit einer Schere vorsichtig entfernen. Vorbereitete Farce nochmals gut durchrühren und in einen Spritzbeutel füllen. Die Blüten zu drei Viertel damit füllen und etwas zudrehen. Etwas Wasser oder Suppe in eine feuerfeste Form gießen, Kürbisblüten einlegen und mit Alu-Folie zugedeckt im Rohr bei ca. 180 °C ca. 15–20 Minuten garen.

TIPPS

■ Wenn Sie die Kürbisblüten nicht gleich nach dem Pflücken füllen, dann sollten die Blüten mit einer kleinen Tüte aus Alufolie vor dem Zusammenklappen- bzw. Zugehen geschützt werden.

■ Anstelle von Kürbisblüten können auch Zucchiniblüten verwendet werden.

■ Achtung! Das Haarsieb nach dem Verwenden zuerst mit kaltem Wasser abbrausen und vorreinigen, erst dann heiß reinigen. Das Eiklar wird durch Hitze fest und würde das Sieb verkleben.

ZUTATEN
12–16 Kürbisblüten
Wasser oder Suppe

Für die Farce
180–200 g Faschiertes
von Geflügel- oder
Kalbfleisch
1–2 Eiklar oder 1 Ei
ca. 125 ml Schlagobers
Salz, weißer Pfeffer
Gewürze, Kräuter
(Petersilie, Kerbel), Pilze,
Zucchini- oder Kürbis-
würfel als Einlage
nach Belieben

Rahm-Kürbisgemüse

500 g Kürbisfleisch,
geschnitten
Salz
1 EL Butter
100 g Zwiebeln,
klein geschnitten
1 KL Paradeisermark
Kümmel, Dille
500 ml Sauerrahm
1 KL Mehl

ZUBEREITUNG

Kürbisfleisch gut einsalzen, durchmischen und stehen lassen. Geschnittene Zwiebeln in Butter anschwitzen, Paradeisermark zugeben und kurz verrühren. Kürbis gut ausdrücken und zugeben. Mit Salz, Kümmel und Dille würzen. Sauerrahm mit etwas Wasser und Mehl glatt rühren, einrühren und Kürbis auf kleiner Flamme ca. 45 Minuten weich dünsten.

Kürbisnockerln

ZUTATEN

250 g Kürbis, geschält,
entkernt und in
walnussgroße Stücke
geschnitten
3 EL Wasser
ca. 300 g Mehl, griffig
1 Ei
10 g Backpulver
gehackte Kürbiskerne,
Reibkäse und braune
Butter zum Anrichten

ZUBEREITUNG

Die Kürbiswürfel mit etwas Wasser dünsten, bis sie zerfallen. Durch ein Haarsieb passieren und auskühlen lassen. Das Ei darunter mischen und so viel Mehl einarbeiten, bis ein fester Teig entsteht. Backpulver beifügen. In einem hohen Topf Salzwasser in ausreichender Menge aufkochen lassen. Teig von einem nassen Brett mit einer Palette oder einem Messerrücken fingerdick (ca. 2 cm große Nockerln) direkt ins kochende Salzwasser schaben. Etwa 8 Minuten köcheln lassen und herausheben. Mit gehackten Kürbiskernen sowie Reibkäse bestreuen und großzügig mit brauner Butter übergießen.

VERWENDUNG: Ohne Zugabe von Kürbiskernen und Käse geben die Kürbisnockerln eine interessante Einlage für klare Suppen ab, eignen sich aber auch als feine Beilage zu geschmortem Fleisch.

So werden Sie Kürbisbürgermeister!

Wenn im steirischen Preding gewählt wird, dann verblasst jeder Nationalratswahlkampf zum schüchternen Schlagabtausch. Unter Berufung auf eine alte Legende wird in der kleinen oststeirischen Ortschaft nämlich alle drei Jahre der „Kürbisbürgermeister" durch ein höchst seltsames Wahlverfahren inthronisiert. Die Kandidaten für dieses ehrenvolle Amt sitzen unter einem Baum rund um einen Tisch voller Maisbrei. Der in der Baumkrone sitzende Gemeindediener lässt auf „los" einen Kürbis von oben auf den Tisch platschen, und jener „Politiker", der davon die meisten Spritzer abbekommt, ist der kommende Predinger Kürbisbürgermeister.

Der Kürbis, der für dieses fleckenträchtige Ritual verwendet wird, ist nicht irgendein Kürbis, sondern der steirische Ölkürbis der Sorte „Cucurbita pepo", aus dem auch das berühmte steirische Kernöl gepresst wird. Kürbisküche ist aber in der Steiermark von heute keineswegs nur Kernölküche, und so können für die folgenden Kürbisrezepte durchaus auch Sorten wie Muskatkürbis, Hokkaidokürbis u. a. verwendet werden.

Rahm-Specklinsen

ZUBEREITUNG

Linsen am Vortag einweichen, am nächsten Tag Einweichwasser abgießen und in leicht gewürztem Wasser oder Fond langsam weich kochen. (Das Einweichen entfällt bei gekeimten rohen Linsen.) Zwiebel- und Speckwürfel gemeinsam anrösten und Linsen zugeben. Mit etwas Apfelbalsamessig ablöschen. Eventuell mit etwas Mehl stauben, mit Obers aufgießen und kurz einkochen. Mit Salz, Pfeffer und Majoran abschmecken.

VERWENDUNG: zu Wild-, Lamm- oder Schweinefleischgerichten

TIPPS

■ Am besten eigenen sich für Linsengerichte die kleinen Berglinsen.

■ Durch Ankeimen von Getreide, Hülsenfrüchten oder Samen erhöhen sich die Spurenelemente und Vitamine um ein Vielfaches, weiters verkürzt sich bei Hülsenfrüchten die Kochzeit. Für das Ankeimen werden Linsen oder Getreide in lauwarmem Wasser mindestens 1 Std. eingeweicht, abgeseiht und in einer Glasschüssel mit durchlöcherter Klarsichtfolie oder Leinentuch abgedeckt. Linsen danach 3–5 Tage am Fenster ohne direkte Sonnenbestrahlung stehen lassen, bis sich ein ca. 1 cm langer Keimling gebildet hat. Keimlinge täglich einmal abspülen und abtropfen lassen.

ZUTATEN
100 g Zwiebeln,
fein geschnitten
100 g gekochter Speck,
gewürfelt
250 g Linsen
(eingeweicht oder
gekeimt)
Apfelbalsamessig
evtl. Mehl zum Stauben
125 ml Schlagobers
Salz, Pfeffer, Majoran

Eingebrannte Linsen

ZUTATEN

400 g Linsen
100 g Zwiebeln,
fein geschnitten
100 g gekochter Speck,
gewürfelt
50 g Schmalz
50 g Mehl
1 EL Petersilie,
fein gehackt
1 Knoblauchzehe,
zerdrückt
1 Lorbeerblatt
1 EL Weißwein
Salz, Pfeffer
etwas Essig

ZUBEREITUNG

Linsen am Vortag einweichen, am nächsten Tag weich kochen und das Kochwasser aufbewahren. Fein geschnittene Zwiebeln und Speckwürfel in heißem Schmalz anrösten. Mehl beigeben, bräunen und mit einem Schuss Essig löschen. Mit etwas Linsenkochwasser aufgießen und gut durchkochen. Linsen beifügen und mit Petersilie, Lorbeer, Knoblauch und Pfeffer deftig würzen, vorsichtig salzen.

TIPPS

- Auf diese Weise können auch gekochte Bohnen, Bohnschoten (Fisolen), Erdäpfel, Kohlrabi, Kraut oder Spalterbsen zubereitet werden.
- Um das Speckaroma zu intensivieren, kann auch gleich eine Speckschwarte mit den Linsen mitgekocht werden.

Abgeschmalzene Bohnschad'ln

Gekochte Fisolen, in Schmalz geschwenkt

ZUTATEN

500 g Bohnschoten
(Fisolen)
2 EL Semmelbrösel
1 Zwiebel, geschnitten
Petersilie, gehackt
1 Knoblauchzehe,
fein geschnitten
Salz
Schmalz zum
Schwenken

ZUBEREITUNG

Die gut geputzten Bohnschoten in Salzwasser weich kochen, abseihen und nach Belieben schneiden. Bohnschoten mit Bröseln bestreuen. Zwiebel und Petersilie in Schmalz anrösten, über die Bohnschoten gießen und mit Salz sowie Knoblauch abschmecken.

TIPP: Auf dieselbe Art können auch gekochte Bohnen, blanchierter Kochsalat, Chinakohl oder Spinat zubereitet werden, wobei in allen Fällen auch kleinwürfeliger Speck mitgeröstet werden kann.

Gebratener Kukuruz

ZUTATEN

4 Kukuruzkolben (Mais),
unreif und mit
milchigen Körnern
Salz
Butter

ZUBEREITUNG

Die Kukuruzkolben am besten in heißer Asche (nachher abwaschen!) am Grill, in der Pfanne oder im Rohr braten, bis die Körner braun sind. Vor dem Servieren mit Butter bestreichen und mit Salz bestreuen.

TIPP: Die Kolben können freilich auch in Salzwasser gekocht und dann in Butter oder Butterbröseln abgeschmalzen und mit anderem Gemüse serviert werden.

Rote Rüben mit Rahm und Kren

ZUBEREITUNG

Rote Rüben waschen und mit kaltem Wasser zustellen, aufkochen und das erste Wasser weggießen. Nochmals mit kaltem Wasser zustellen, mit Salz, Zucker, Essig, Kümmel und Lorbeer würzen. Je nach Größe und Alter weich kochen (nicht zudecken, damit der erdige Geruch entweichen kann!). Schälen, in Streifen, Stäbchen, Spalten oder Würfel schneiden, mit etwas Obers, Essig und je nach Geschmack mehr oder weniger Kren kurz erwärmen. Mit Salz und eventuell Kümmel abschmecken.

ZUTATEN
ca. 500 g Rote Rüben
Prise Zucker
Salz, Kümmel (ganz),
Lorbeerblatt
Schuss Essig
etwas Schlagobers
Kren, frisch gerissen,
nach Belieben

Chinakohl-Apfelgemüse

ZUBEREITUNG

Fein geschnittenen Chinakohl mit Salz würzen und 30 Minuten leicht angepresst stehen lassen. Äpfel nach Belieben schälen und in nicht zu kleine Stücke schneiden (oder grob raspeln). In heißem Schmalz andünsten. Chinakohl etwas ausdrücken und zugeben, mit dem Apfelessig ablöschen und zugedeckt langsam weich dünsten.

ZUTATEN
800 g Chinakohl
2 Äpfel
3 EL Apfel- oder
Apfelbalsamessig
Salz
Butter- oder Schweine-
schmalz zum Andünsten

Weißer Rettich (Dachsteinzapfen)

ZUTATEN

1 kg weißer Rettich
100 g Butter
50 g Semmelbrösel
Salzwasser
Milch, Zitronensaft
Zucker nach Belieben

ZUBEREITUNG

Den Rettich schälen und in gleichmäßige, etwa 2 cm starke Stücke schneiden. Salzwasser mit Zucker, etwas Milch sowie Zitronensaft aufstellen und den Rettich darin weich kochen. Abseihen und gut abtropfen lassen. Mit Butterbröseln anrichten.

VERWENDUNG: als aparte Beilage zu gebratenem Fleisch

Glasierte Maroni

ZUTATEN

200 g Maroni,
nicht ganz weich
gekocht, geschält
50 g Zucker
ca. 60 ml Wasser
kalte Butter

ZUBEREITUNG

In einer trockenen Pfanne den Zucker langsam goldgelb schmelzen. Mit Wasser aufgießen, aber NICHT UMRÜHREN, sondern einkochen lassen. Geschälte Maroni zugeben, kurz erwärmen und ein größeres Stück kalte Butter zugeben. Maroni einkochen lassen und dadurch glasieren.

TIPP: Auf dieselbe Weise lassen sich auch junge Erbsen, Karotten- oder Kohlrabiwürfel glasieren, wobei das Wasser durch Rindsuppe ersetzt und das Gemüse vor dem Servieren mit gehackter Petersilie bestreut wird. Glasiertes Gemüse passt als Beilage zu Kalbsbraten, Faschiertem oder am Rost Gebratenem.

Maroni und Schilchersturm

Da sich die Zeit der Weinlese mit jener der Maronireife geradezu glückhaft überschneidet, steht die weststeirische Herbstidylle alle Jahre wieder im Zeichen jener schweren, gusseisernen Kastanienpfannen, in denen die kleinen Objekte der Begierde über der Holzkohlenglut munter herumhüpfen, während der zwiebelrot leuchtende Schilchersturm dekorativ in der untergehenden Abendsonne schimmert.

„Eine Allianz, die eine Vorahnung des lukullischen Elysiums auslöst", hat der steirische Dichter Reinhard Peter Gruber diese kulinarische Begegnung der einfachsten Art einmal genannt. Und wer wollte ihm da schon ernsthaft widersprechen?

Rotweinzwiebeln

ZUTATEN

500 ml Rotwein
2 EL Zucker
1 Lorbeerblatt
Salz, Pfeffer
1 EL Apfelbalsamessig
500 g Zwiebeln

ZUBEREITUNG

Rotwein mit Zucker, den Gewürzen und Essig aufkochen. Zwiebeln in gröbere Ringe oder Spalten (Viertel) schneiden und im gewürzten Rotwein auf kleiner Flamme zugedeckt ca. 45 Minuten langsam köcheln, bis der Rotwein verdunstet ist. Dabei wiederholt umrühren, damit die Zwiebeln nicht anbrennen. Vor dem Servieren nochmals abschmecken.

VERWENDUNG: zu gegrilltem, gebratenem oder gekochtem Fleisch, Wild sowie auch zu Fisch

Sauerkraut

ZUBEREITUNG

Zwiebeln in heißem Schmalz hell anrösten. Kraut zugeben und mit Suppe aufgießen. Gewürze (nach Belieben in ein Teesäckchen gebunden) zugeben und Erdapfel dazuschaben. Mit Salz sowie Pfeffer abschmecken und langsam ca. 90 Minuten weich dünsten. Dabei wiederholt umrühren, damit das Kraut nicht anbrennt.

TIPP: Das Sauerkraut kann auch durch die Zugabe von Karotten-, Sellerie- oder Apfelstreifen geschmacklich variiert werden. Anstelle von Sauerkraut können auch saure Rüben nach demselben Rezept zubereitet werden.

ZUTATEN
50 g Schweineschmalz
50 g Zwiebeln, fein geschnitten
500 g Sauerkraut
1 l Wasser oder Suppe (Selchsuppe oder Rindsuppe)
Lorbeer, Wacholder, Kümmel, Knoblauch
evtl. 1 mehliger Erdapfel, roh geschabt zum Binden
Salz, Pfeffer

Sauerkraut mit Käferbohnen

Ein Lieblingsgericht der West- und Südsteirer

ZUBEREITUNG

In eine Schüssel zuerst das gekochte, abgeseihte Sauerkraut einschichten. Gekochte, abgeseihte Bohnen darauf anrichten und mit Bröseln und Salz bestreuen. Grammelfett kräftig erhitzen, Knoblauch einmengen und über die Bohnen gießen. Erst bei Tisch kurz vermischen und portionieren.

ZUTATEN
200 g Käferbohnen, gekocht
300 g Sauerkraut, gekocht (s. S. 161)
100 g Grammelfett (Schweinefett mit Grammeln)
2 Knoblauchzehen, zerdrückt
2 EL Semmelbrösel
Salz

Das Gruakraut

Daran, wie das Sauerkraut früher zubereitet wurde, erinnern auch heute noch große runde Bottiche aus Granit oder Holz, wie man sie, gefüllt mit wuchernden Pelagonien, Betunien oder Tagetes, am Sonnenplatzl vor so manchem steirischen Bauernhof findet. Sie haben für gewöhnlich einen Durchmesser von einem bis anderthalb Meter, sind etwa einen Meter hoch und haben ihr letztes Sauerkraut meist schon vor einigen Jahrzehnten gesehen. Heute verwendet man zum Sauerkrautmachen meist die zwar hygienischeren, aber längst nicht so dekorativen Plastikcontainer. Und: Wie viele Bauern gibt es denn noch, die ihr Kraut mit gewaltigem Energie- und Arbeitsaufwand selbst einlegen, wenn sie es doch auch ziemlich preisgünstig und vakuumverpackt im nächsten Supermarkt erstehen können?

Es ist also schon eine Weile her, dass das Sauerkraut die Seele der bäuerlichen Vorratswirtschaft war. Seine Geburtsstunde schlug im Herbst, wenn zwischen September und November die Krauthappeln durch Abtrennen von den Wurzeln geerntet wurden und danach noch einige Wochen lang im Stadel lagerten. Fehlerhafte Blätter schied man aus, Strünke schnitt man ab und den Rest zerteilte man in keilförmige Stücke, damit sie sich möglichst gut zum Krauthobeln eigneten.

Nach dem Hobeln wurde der Boden des Bottichs mit großen Krautblättern ausgelegt und zunächst mit einer Schicht des gehobelten Krauts sowie Salz, Kümmel, ein paar Apfelscheiben und Wacholderbeeren bestreut. Bevor eine neue Lage aufgelegt werden konnte, wurde die alte entweder mit bloßen Fäusten oder groben Stößeln, bei besonders großen Bottichen aber auch mit nackten Füßen oder Holzpantoffeln ordentlich durchgestampft, bis der Bottich voll war. Die Oberfläche belegte man mit einer weiteren Schicht ungehobelter Krautblätter und deckte sie mit Brettern ab, auf denen einige schwere Steine für den nötigen Druck sorgten.

An den chemischen Prozessen, die sich nunmehr abspielen, hat sich auch in der heutigen Zeit nichts geändert. Schaum steigt auf und muss immer wieder aufs Neue abgeschöpft werden. Das Kraut beginnt zu gären. Innerhalb der nächsten vier bis sechs Wochen wird aus dem gehobelten Weißkohl Sauerkraut, indem Stärke und Zucker in Milchsäure umgewandelt werden. Die milchsaure Gärung macht den Weißkohl nicht nur delikat und bekömmlich, sondern auch haltbar, so dass er das ganze Jahr über als Grundnahrungsmittel dienen kann.

Eine besonders archaische und daher heute wohl nur noch museumsreife Zubereitungsart für Sauerkraut ist das so genannte „Gruakraut" (Grubenkraut). Dabei wurden die zugeschnittenen Krauthappelköpfe zunächst in kochendem Wasser, meist sogar noch auf einer improvisierten Feuerstelle auf dem Feld gesotten und mit einer „Krautgobi" herausgenommen. Dann schichtete man das Kraut in die Krautgrube (auch: Krautaller, Krautsölln oder Krautstieber), ein gute zwei Meter tiefes und über einen halben Meter breites Erdloch, das mit Holzpfählen gepölzt und mit Stroh ausgekleidet war. Mit dem Strunk nach oben legte man die Krautköpfe ein und trat sie wie bei der traditionellen Sauerkrautherstellung zusammen, bis die Grube bis zu etwa einem Meter unter der Erdoberfläche gefüllt war. Nunmehr wurde sie mit Brettern, Tüchern und Steinen abgedeckt – und möglichst lange vergessen.

Im Gegensatz zum normalen Sauerkraut war „Gruakraut" nämlich bis zu fünf Jahren haltbar. Für den größeren Bedarf errichtete man in manchen Orten sogar eigene Krautsiederhäuser. Tarnte man das „Gruakraut" indessen geschickt in der Landschaft, so konnte man damit auch in Kriegszeiten überleben. Geschmacklich mundete das Grubenkraut dem Vernehmen nach „kerniger" als Fasskraut, und Peter Rosegger beteuerte in seiner Zeitschrift „Haus und Heim" sogar, dass man „seiner nie überdrüssig wird".

Steirerkraut
Braun gedünstetes Weißkraut

ZUTATEN
1,5 kg Kraut, feinnudelig geschnitten
100 g Schweineschmalz
30 g Zucker
Salz, Kümmel
1 EL Essig oder ca. 60 ml Weißwein
1 Zwiebel, fein geschnitten
Suppe zum Aufgießen
Mehl zum Stauben

ZUBEREITUNG
Kraut mit Salz, Kümmel und Essig (oder Weißwein) zugedeckt 1 Stunde stehen lassen. Zwiebel und Zucker in heißem Schmalz bräunen, Kraut beifügen und 40–50 Minuten weich dünsten. Mit Mehl stauben und mit Suppe aufgießen. Gut durchrühren und nochmals abschmecken.

VERWENDUNG: als Beilage zu gebratenem Fleisch, Würsten, Schlachtplatten und zu allerlei Zuspeisen wie Knödeln, Strudeln, Nocken, Spotz'n, Roggenkrapfen, Has´nearln und Ähnlichem

TIPP: In manchen alten Steirerkraut-Rezepten wird auf Zucker verzichtet und das Kraut ohne vorherige Stehzeit gegart.

Steirische Spinattorte

ZUTATEN für den Teig
300 g Mehl, glatt
60 g Butter
1 EL Öl
Salz
Wasser nach Bedarf
Fett (Schmalz) zum Ausfetten der Form

Für die Fülle
1 kg Spinat, blanchiert, grob gehackt
150 g Speck, fein gehackt
70 g Hartkäse
z. B. Asmonte, gerieben
1 Knoblauchzehe, zerdrückt
30 g Petersilie, fein gehackt
1 Ei
Öl
Salz
Speckwürfel zum Bestreuen nach Belieben

ZUBEREITUNG
Aus Mehl, Butter, Öl, Salz und wenig Wasser einen geschmeidigen Teig kneten und im Kühlschrank ca. 30 Minuten rasten lassen. In einer schweren Kasserolle den Speck in heißem Öl anlaufen lassen. Knoblauch sowie Petersilie beifügen und mit dem vorbereiteten Spinat vermischen. Überkühlen lassen. Mit Ei und Käse vermengen. Mit Salz abschmecken.

Teig ausrollen, so dass eine befettete Springform ausgelegt werden kann. Den Rand dabei hochziehen und etwas Teig zum Verzieren beiseite legen. Spinatmasse einfüllen, den Teigrest in ca. 1 cm breite Streifen schneiden und diese wie bei einer Linzer Torte kreuzweise auflegen. Eventuell mit einigen Speckwürfeln bestreuen und im vorgeheizten Rohr bei ca. 200 °C etwa 1 Stunde backen.

TIPPS
■ Diese Spinattorte ist eine oststeirische Variation des altbekannten Speckkuchens. Für Speckkuchen belegt man den Teig mit gerösteten Speckwürfeln und Zwiebeln und begießt ihn vor und während des Backens mit verquirlten Eiern und Rahm.

■ Zum Auslegen kann auch Blätter- oder Topfenteig verwendet werden.

Spargel mit Butter und Bröseln

ZUTATEN
1 kg Spargel
Salz
Butter und Brösel

ZUBEREITUNG

Spargel gut schälen, holzige Teile entfernen und in leicht gesalzenem Wasser je nach Stärke 15–25 Minuten langsam köcheln. In Eiswasser abschrecken. Vor dem Servieren mit etwas ausgetretener Spargelflüssigkeit oder Spargelsud wieder langsam erwärmen. In einer anderen Pfanne genügend Butter schmelzen und Brösel darin braun rösten. In einer Kasserolle zusätzlich Butter braun aufschäumen lassen. Spargel gut abtropfen bzw. mit Küchenkrepp abtupfen und erst bei Tisch mit Butterbröseln bestreuen sowie mit etwas brauner Butter beträufeln.

TIPPS

■ Spargel möglichst erst 2–3 Tagen nach dem Stechen verwenden, da er in dieser Zeit bereits Bitterstoffe verloren hat.

■ Geschälten Spargel vor dem Kochen in lauwarmes Wasser einlegen, um weitere Bitterstoffe zu entziehen.

■ Wenn Sie Spargel tiefkühlen möchten, sollte er nach dem Schälen in kochendem Salzwasser ca. 3–4 Minuten blanchiert sowie kalt abgeschreckt und gut abgetrocknet werden. Dann die Spargel nebeneinander, ohne dass die Stangen einander berühren, auf ein Blech mit Klarsichtfolie legen, einzeln anfrieren und dann gefroren portionsweise verpacken und verschließen. Spargel bei Bedarf tiefgekühlt in leicht kochendes Salzwasser geben und bissfest kochen.

Gebackener Spargel mit Rahm-Tartare-Soße

ZUBEREITUNG

Spargel gut schälen, holzige Teile entfernen und in leicht gesalzenem Wasser je nach Stärke 15–25 Minuten langsam köcheln. In Eiswasser abschrecken und gut abtupfen. Mit Salz und frisch gemahlenem weißem Pfeffer würzen. In Mehl, kurz verschlagenem Ei und Bröseln panieren. In heißem Fett goldgelb frittieren, auf Küchenpapier abtropfen und mit der Soße anrichten. Für die Rahm-Tartare-Soße die Zutaten fein hacken. Geschnittene Zwiebeln heiß abspülen, kalt abschrecken und gut ausdrücken. Alle angeführten Zutaten rasch verrühren und gut abschmecken (durch zu langes Rühren wird der Sauerrahm dünnflüssig!).

ZUTATEN

1 kg Spargel
Salz, weißer Pfeffer
aus der Mühle
Mehl, Eier und Brösel
(am besten von
frischem, entrindetem
Weißbrot)
Öl zum Herausbacken

Für die Soße

1 Becher Sauerrahm
2 hart gekochte Eier,
fein gehackt
2 Essiggurkerl,
fein gehackt
1 EL Kapern, fein gehackt
1 EL Zwiebeln, fein
geschnitten
Senf, Schnittlauch, Kerbel

Rotkraut

ZUBEREITUNG

Geschnittenes Rotkraut mit allen Zutaten vermengen, gut andrücken und 1 Tag marinieren lassen. Dann zugedeckt ca. 10–15 Minuten zuerst bei großer, später kleinerer Hitze langsam nicht zu weich dünsten (das Kraut sollte noch Biss haben). Wenig Mehl mit etwas Rotwein glatt rühren und das Kraut damit binden.

TIPPS

- Rotkraut, das übrigens nach nochmaligem Aufwärmen bei milder Hitze noch besser schmeckt, kann etwa durch die Zugabe von Kastanien, Ananas, Trauben, Orangen oder Preiselbeeren äußerst vielfältig variiert werden.
- Wer auf Wein verzichten möchte, ersetzt ihn einfach durch Wasser, bindet das Kraut mit einem mitgekochten, geschabten mehligen Erdapfel und erhält somit Blaukraut.

ZUTATEN

500 g Rotkraut,
fein geschnitten
30 g Zucker
Salz
1/4 Zimtrinde und
5 Gewürznelken
(evtl. in ein Teesäckchen
gebunden)
30 g Rosinen
1 Apfel (evtl. geschält),
klein gewürfelt
oder geschabt
500 ml Rotwein
Mehl und Rotwein
zum Binden

Kohlgemüse

ZUBEREITUNG

Kohlblätter in kochendem Salzwasser bissfest blanchieren (kurz überkochen) und in Eiswasser abschrecken. Den eher festen Strunk ausschneiden, klein schneiden, mit Obers, Salz, Pfeffer sowie etwas Muskat weich kochen und aufmixen (als Bindemittel). Blanchierte Kohlblätter in gewünschte Größe schneiden und mit dem Kohlpüree erwärmen. Nach Belieben mit Kümmel (gegen Blähungen) würzen und mit gerösteten Speckwürfeln garnieren.

ZUTATEN

250 g Kohlblätter
125 ml Schlagobers
Salz, Pfeffer
Muskatnuss,
Kümmel (ganz)
Speckwürfel zum
Garnieren

KERNÖL, APFELBALSAMESSIG & CO

Eine kleine steirische Salatkunde

Was den Südländern ihre Dressings aus Essig und Olivenöl und den Franzosen ihre Mayonnaisen, das waren dem steirischen Bauernvolk bei der Salatzubereitung – einmal mehr – Schmalz und Grammeln. Der klassische steirische Rohsalat wurde daher, ob er nun aus gesammelten Wildkräutern, Rapinsel (Vogerlsalat), Röhrlsalat (Löwenzahn), Feldsalat (wilder Vogerlsalat) oder einfach nur aus Kraut bestand, durch Überbrühen mit zerlassenem, heißem Speck, heißer Butter oder Butterschmalz, Grammelfett oder – so vorhanden – mit heißem Verhackertem zubereitet.

Nach Bedarf wurde dann mit mildem, aus Molke, Obst, Trauben oder Beeren selbst gemachtem Essig abgeschmeckt. Auch saure Milch und Sauerrahm wurden, insbesondere für Rettich und Gurken, gerne verwendet. An Ölen stand im Land früher fast ausschließlich Leinöl zur Verfügung, das aber bei der Salatzubereitung nur während der Fastenzeit, wenn tierisches Fett verboten war, eine Rolle spielte. In manchen Gegenden wurde auch mit Mohnöl, an speziellen Festtagen hin und wieder auch mit Nuss- oder Haselnussöl abgeschmeckt.

Das berühmteste steirische Salatöl — das Kürbiskernöl — wurde erst relativ spät für kulinarische Zwecke entdeckt und war früher fast ausschließlich den Apotheken als Heilmittel vorbehalten. „Das heilsame Oel, so aus diesen Kernen gepreßt wird", hieß es in einer Verordnung der Böhmisch-Österreichischen Hofkanzlei vom 13. März 1773, in der Kindern ausdrücklich das Naschen von Kürbiskernen verboten wurde, „ist viel zu edel und kostbar, als dass wir es zu unseren Speisen gebrauchen sollten, sondern wird vielmehr zu Salben und Pflastern für die Leidenden verwendet."

Erst zu Beginn des 20. Jahrhunderts entstand schließlich eine Sonderzüchtung unter der komplizierten Bezeichnung *Cucurbita pepo L. convar. pepo var. styriaca GREB*, die es ermöglichte, die Kernölproduktion durch die Verwendung von schalenlosen, relativ locker im Fruchtfleisch sitzenden Kernen zu erleichtern und dadurch auch wirtschaftlich auf eine breitere Basis zu stellen.

Seinen weit über die Grüne Mark hinausreichenden Siegeszug trat das Steirische Kernöl erst an, als es in den 80er- und 90er-Jahren von immer mehr heimischen und internationalen Spitzenköchen als Aromageber von höchster Qualität entdeckt wurde, der sich obendrein hervorragend mit dem ebenfalls aus der Steiermark stammenden Apfelbalsamessig aufs Trefflichste vermählte.

Eine weitere Spezialität, die vom vielleicht bekanntesten steirischen Ölproduktionsbetrieb, der biologisch zertifizierten Ölmühle Fandler in Pöllau, hergestellt wird, ist das kalt gepresste Traubenkernöl, das 2003 seine Österreich-Premiere feierte, den Charakter der steirischen Weingärten authentisch einzufangen vermag und in drei Varianten angeboten wird: Das *Traubenkernöl Rot (Zweigelt)* eignet sich mit seiner fruchtigen, zart-herben Note besonders zum Marinieren von Paradeisern, Vogerlsalat, Pilzen und Schwammerln. Das *Traubenkernöl Weiß (Welschriesling)* verfeinert mit seiner frisch-fruchtigen Lebendigkeit zarte Blattsalate und Rohkost. Und das *Traubenkernöl Schilcher (Blauer Wildbacher)* erweist sich – fruchtig, fein-würzig und rassig, wie es ist – als optimaler Begleiter für Kraut, Sauerkraut, Erdäpfel und zart-bittere Blattsalate.

Und seit in der Steiermark auch Raps angebaut wird, ist die steirische Marinadenkultur sogar noch vielfältiger geworden.

Vielfältig sind freilich auch die Möglichkeiten, einen Salat durch eine Überdosis an Marinade oder falsche Würzung zu verpfuschen. Wer das verhindern will, hält sich am besten an die folgenden Regeln.

Guter Rat für guten Salat

- Wählen Sie Salate (Blattsalate, Gemüse, Rohkost) je nach Saison aus und verarbeiten Sie diese möglichst frisch.
- Reinigen Sie Gemüse- und Blattsalate rasch durch gründliches Durchwaschen und tropfen Sie diese (am besten mit einer Salatschleuder) gut ab. Bewahren Sie den Salat bis zur Weiterverwendung in einem etwas höheren Gefäß auf, das Sie mit einem leicht befeuchteten Tuch abgedeckt haben.
- Verwenden Sie nicht zu große Blätter, schneiden Sie aber auch nicht zu fein.
- Achten Sie darauf, dass alle Zutaten vor der Zubereitung Raumtemperatur haben.
- Rühren Sie zunächst die Marinade nicht bei Tisch an, sondern bereiten Sie diese sorgfältig in der Küche vor.
- Achten Sie auf ein richtiges Verhältnis von Essig und Öl.
- Empfehlenswert sind 2 Teile Öl und 1 Teil Essig (oder, bei sehr säuerlichen Essigen, auch das Verhältnis 3:1). Verzichten Sie auf das mancherorts beliebte „Strecken" mit Wasser.
- Kosten Sie die Marinade unbedingt, bevor Sie diese, am besten mit beiden Händen, locker unter den Salat mischen. Sie sollte eher sauer, leicht salzig und in jedem Fall harmonisch, aber auch Appetit anregend sein.
- Servieren Sie marinierte Blattsalate möglichst sofort nach dem Abmachen.
- Lassen Sie Salate von Gemüse oder Hülsenfrüchten vor dem Servieren einige Zeit durchziehen.
- Überbrühen Sie Zwiebeln, Porree und eventuell auch Paprika kurz in kochendem Wasser und schrecken Sie diese in kaltem bzw. Eiswasser ab, um blähende Stoffe zu entfernen.
- Wenn Sie lauwarme Zutaten wie Hühnerbrust oder Fisch mit Salat bzw. Blattsalat servieren, so sollten Sie die warmen Produkte nicht auf, sondern um den Salat herum anrichten, da dieser sonst seine Knackigkeit einbüßt und unansehnlich wird.

Steirische Vinaigrette (Grundrezept)

ZUTATEN

2–3 Teile Öl (Nuss-, Sonnenblumen-, Distel-, Raps-, Mohnöl u. a.)
1 Teil Essig (Rotwein-, Apfelbalsam-, Weißwein-, Most- oder Apfelessig)
Salz, Pfeffer aus der Mühle
Zitronensaft und Senf nach Belieben
Kräuter nach Belieben, fein gehackt
evtl. geschnittene Zwiebeln (vorher kurz überbrüht und abgeschreckt)
Paradeiserwürfel (geschält) und passierte, hart gekochte Eier nach Belieben

ZUBEREITUNG

Essig mit Salz und Pfeffer verrühren. Öl mit einer Schneerute oder Stabmixer einrühren, bis die Masse schön sämig ist. Restliche Zutaten einrühren und cremig binden.

VERWENDUNG: für alle Blattsalate und gemischte Salate (z. B. Blattsalate, die mit leichten Zutaten wie Gemüse- oder Pilzstreifen kombiniert werden), aber auch zum Marinieren von rohen oder gekochten Gemüse-Salaten wie Spargel, Karfiol, Porree, Paradeiser, Kürbis, Keime und Sprossen
TIPP: Wird Kernöl verwendet, so sollte der Ölanteil im Verhältnis 1 Teil Kernöl : 1 Teil neutrales Öl gemischt sein, da das Kernöl sonst zu dominant vorschmecken würde.

Salatmayonnaise (Grundrezept)

ZUTATEN

1 Eidotter
Salz
1 TL scharfer Senf
weißer Pfeffer aus der Mühle
Zitronensaft oder Essig (2–3 TL)
250 ml Öl

ZUBEREITUNG

Eidotter und Salz, Senf, Pfeffer sowie etwas Zitronensaft mit einem Schneebesen oder Handmixer gut verrühren. Öl ganz langsam nach und nach einrühren, bis die Soße schön bindet.

VERWENDUNG: als Basis für Mayonnaisesalate, Cocktailsoße oder Fleischsalate, wobei die Soße je nach Verwendung auch mit Essig oder Suppe verdünnt werden kann
TIPPS
■ Öl und Ei müssen bei Raumtemperatur verarbeitet werden!
■ Gebundenes Nussöl-Dressing wird ebenso hergestellt, nur kommt eben Nussöl zum Einsatz. Derart marinierter Vogerl- oder Blattsalat harmoniert besonders gut mit Fisch- oder Geflügelgerichten.

Joghurtdressing

ZUTATEN

2 Teile Joghurt
1 Teil Topfen oder Sauerrahm
1 Spritzer Zitronensaft
Salz, Pfeffer
Kräuter nach Belieben

ZUBEREITUNG

Joghurt mit Topfen oder Sauerrahm, Zitronensaft, Salz, Pfeffer und vielen Kräutern vermischen.

VERWENDUNG: für Blattsalate, Rohkost

Obersdressing

ZUBEREITUNG

Obers mit Zitrone bzw. Essig, Salz, Pfeffer und scharfem Senf aufschlagen, mit Kräutern verfeinern.

VERWENDUNG: für Blattsalate, Rohkost

ZUTATEN
100 ml Obers
1 Spritzer Zitronensaft
oder Essig
Salz, Pfeffer
1 Msp scharfer Senf
Kräuter nach Belieben

Röhrlsalat mit warmem Erdäfeldressing

ZUBEREITUNG

Röhrlsalat putzen und in lauwarmem Wasser waschen (entzieht Bitterstoffe). Gut abtropfen oder trockenschleudern. Für die Marinade den gekochten Erdapfel in Salzwasser kochen, schälen und heiß passieren. Mit Essig und Öl zu einer sämigen Soße rühren, bei Bedarf mit etwas Suppe oder Wasser verdünnen. Mit Salz und Pfeffer abschmecken. Röhrlsalat mit dem Erdäpfeldressing abmachen. Mit gehacktem Ei bestreichen und ganz nach persönlichem Geschmack noch mit gerösteten Kürbiskernen und/oder Gänseblümchen garnieren.

TIPP: Dieses Erdäpfeldressing kann auch noch mit Speck- und/oder Zwiebelwürfeln verfeinert werden und passt ideal zu allen Kräutersalaten (z. B. Kresse) mit leicht bitterem Aroma, aber auch zu Endiviensalat.

ZUTATEN
100 g Röhrlsalat
(Löwenzahn)
1 kleiner mehliger
Erdapfel
Apfel-Essig
Sonnenblumenöl,
nach Belieben mit etwas
Kürbiskernöl vermengt
Salz, Pfeffer aus der
Mühle
1 Ei, hart gekocht und
klein gehackt
Suppe oder Wasser
nach Bedarf
geröstete Kürbiskerne
und/oder Gänseblümchen zum Garnieren

Röhrl- oder Wildkräutersalat mit Erdäpfeln

Ein Kernöl-Salat aus dem oberen Murtal

ZUBEREITUNG

Die Erdäpfel kochen, schälen und noch warm in Scheiben schneiden. Aus Kernöl, Mostessig und etwas Salz eine Marinade anrühren. Röhrlsalat mit Erdäpfelscheiben vermengen und mit der Marinade abmachen.

TIPP: Diese Zubereitungsart eignet sich für alle Wildsalate wie Kresse, Sauerampfer, Gundlrebe, Pimpernelle, Schafgarben, Taubnessel und dergleichen. Legen Sie die Kräuter vor der Verwendung 20 Minuten in warmes Wasser – so verlieren die Kräuter ihre Bitterstoffe!

ZUTATEN
250 g junger Röhrlsalat
(Löwenzahn), vor der
Blüte geschnitten
2 große Erdäpfel,
gekocht
Kürbiskernöl
Mostessig
Salz

Erdäpfelsalat

ZUTATEN

ca. 750 g speckige Erdäpfel (Sieglinde, Kipfler u. a.)
2–3 EL (ca. 4 cl) Most- oder Weinessig je nach Säure
3–4 EL (ca. 6 cl) Sonnenblumen-, Maiskeim- oder Kürbiskernöl
5–6 EL (ca. 8 cl) Rindsuppe, heiß
100 g Zwiebeln, geschält und in Würfel oder Ringe geschnitten
Salz, weißer Pfeffer aus der Mühle
1 TL Senf
evtl. Schnittlauch oder Kresse sowie Zwiebelringe zum Garnieren

ZUBEREITUNG

Die Erdäpfel gut waschen, mit kaltem Wasser zustellen und salzen. Am besten ohne Deckel (dadurch kann ein eventuell vorhandener erdiger Geruch entweichen) langsam weich kochen. Abseihen, eventuell ganz kurz mit kaltem Wasser abschrecken und noch heiß schälen. In gleichmäßige Scheiben schneiden (am besten mit Erdäpfel- oder Eierschneider). Alle Zutaten für die Marinade verrühren und mit den noch warmen Erdäpfelscheiben locker vermischen. Nach Belieben mit Zwiebelringen und Schnittlauch oder Kresse dekorieren.

TIPPS

- Die Zwiebel ist bekömmlicher und leichter verträglich, wenn sie erst unmittelbar vor der Verwendung geschnitten (und nicht gehackt) und sofort mit heißem Wasser überbrüht wird. Anschließend gleich kalt abschrecken und gut abtropfen lassen.
- Zwiebeln durch fein geschnittenen Porree (in Stäbchen oder Ringen) ersetzen.
- Zwiebeln in Speck rösten, mit Essig ablöschen und mit ganz wenig Kernöl zu den Erdäpfeln mischen.
- In altsteirischen Schlosskuchen wurde der Erdäpfelsalat „Majones" (s. Rezept Salatmayonnaise) schon während der Donaumonarchie zubereitet.

Der erste Erdäpfelsalat der Steiermark

Das Rezept dafür kursierte zuvor nur unter Botanikern, die es untereinander gerne weitergaben. In der kulinarischen Welt der Steiermark hielt der Erdäpfelsalat allerdings erst Einzug, als er ins 1790 erschienene „Grätzerische durch Erfahrung geprüfte Kochbuch" einging, wo es heißt: „Man kann auch einen Salat davon machen, wenn man die (mit in Butter und Senf gerösteten Zwiebeln in Rindsuppe) gesottenen und in Scheiben geschnittenen Erdäpfel salzt, mit Essig und Baumöhl mengt, aber der Salat muss etwas fett und mit Pfeffer überstreut werden." Das damals als „Baumöhl" bezeichnete Olivenöl ist inzwischen freilich dem Kernöl, aber auch dem Raps- oder dem Traubenkernöl gewichen.

Warmer Krautsalat mit Speck

ZUBEREITUNG

Kraut feinnudelig schneiden oder hobeln. Gut einsalzen, mit Kümmel würzen und stehen lassen. Den Speck kleinwürfelig schneiden und in einer heißen Pfanne knusprig anrösten. Mit Essigwasser übergießen und mit Salz sowie Pfeffer würzen. Die so entstandene heiße Marinade mit dem Kraut vermengen, etwas ziehen lassen und geröstete Speckgrammeln darunter mischen. Warm servieren.

TIPPS

■ Das Speckdressing kann je nach Geschmack und Verwendung (es passt auch hervorragend zu Koch- oder Linsensalat) mit Knoblauch, Kräutern und Zwiebelwürfelchen verfeinert werden.

■ Ähnlich wie in diesem Rezept kann warmer Salat auch aus Endivien-, Häuptel-, Koch- und Wildsalaten (Röhrl-, Kresse-, Sauerampfer, Fenchelkraut) mit oder ohne Erdäpfel, auf jeden Fall aber ohne Kümmel zubereitet werden.

ZUTATEN
500 g Kraut
Salz, Kümmel (ganz)

Für das Speckdressing
ca. 100 g Jausen- oder
Frühstücksspeck,
nicht zu mager
Wein- oder Mostessig
nach Geschmack
Salz, Pfeffer aus
der Mühle

Mayonnaisesalat

ZUBEREITUNG

Erdäpfel in der Schale weich kochen. Kurz abschrecken, schälen und noch heiß in Scheiben schneiden. Mit Essigwasser, Salz und frisch gemahlenem Pfeffer marinieren und einige Zeit stehen lassen. Überschüssiges Essigwasser abgießen und mit Mayonnaisesoße vermengen. Ist die Soße zu dickflüssig, mit etwas Suppe oder Essigwasser verdünnen.

TIPP: Besonders raffiniert schmeckt dieser Erdäpfel-Mayonnaisesalat, wenn man ihn etwa mit Gurken- oder Karottenscheiben, Erbsen und Spargel, aber auch Räucherforellenstückchen kombiniert.

ZUTATEN
ca. 500 g Erdäpfel
mit Wasser verdünnter
Essig
Salz, weißer Pfeffer
aus der Mühle
Salatmayonnaise
(s. S. 168)

Käferbohnensalat

ZUTATEN

500 g Käferbohnen,
vorgeweicht, in mildem
Salzwasser mit
Lorbeerblatt gekocht
100 g Zwiebeln,
fein geschnitten oder in
Scheiben geschnitten
3 EL Kernöl
6 EL Mostessig
Salz, Pfeffer
etwas Knoblauch

ZUBEREITUNG

Die weich gekochten Bohnen mit den restlichen Zutaten deftig abschmecken.

TIPPS

■ Dieses Rezept eignet sich auch für andere Bohnensorten.

■ Linsensalat und Fisolen-(Bohnenschoten-)salat werden nach demselben Rezept zubereitet.

■ Statt mit Zwiebeln wurde Bohnensalat in der Steiermark früher häufig auch mit weißem Rettich (Radi) bzw. rohem Sauerkraut zubereitet.

Paradeisersalat

ZUBEREITUNG

Stiele ausschneiden und Paradeiser in gleichmäßige Scheiben schneiden, Zwiebel fein schneiden. Aus Salz, Pfeffer, Essig und Öl eine Marinade zubereiten und diese mit den fein geschnittenen Zwiebeln vermengen. Die Paradeiserscheiben schichtenweise in die Schüssel füllen und jede Schicht mit Marinade übergießen. Den Salat etwa eine halbe Stunde kalt ziehen lassen und, mit Petersilie bestreut, servieren.

ZUTATEN
500–750 g Paradeiser
1 Zwiebel
Salz und Pfeffer aus der Mühle
Weißweinessig
Traubenkern- oder Kürbiskernöl
Petersilie, fein gehackt

Gurkensalat

ZUBEREITUNG

Gurken schälen und – am besten mit einem Gurkenhobel – feinblättrig schneiden. Gurken salzen und 10–20 Minuten stehen lassen. Dann gut ausdrücken. Aus Essig, Öl, zerdrücktem Knoblauch und Pfeffer eine Marinade anrühren, unter die Gurken rühren und nach Belieben mit Paprikapulver bestreut servieren.

TIPP: Bekömmlicher gerät der Gurkensalat, wenn man die Gurken nicht mit Salz ziehen lässt, sondern sie schält, sofort mariniert und anrichtet.

ZUTATEN
1 große oder
2 kleine Gurken
Weißweinessig
Pflanzenöl
Salz und Pfeffer aus der Mühle
Paprikapulver, edelsüß, nach Belieben
1 Knoblauchzehe

Rettich mit Rahm
Ein Traditionsgericht aus der Bergbauernküche

ZUBEREITUNG

Rettich unter fließendem Wasser sauber bürsten und dann schaben. Mit reichlich Kümmel würzen, salzen und mit Rahm begießen. Vor dem Servieren etwas stehen lassen.

TIPPS
- Der Kümmel und der Rahm nehmen dem Rettich seine blähende Wirkung, machen ihn also auch als Abendessen geeignet.
- Je nach Geschmack kann Sauerrahm oder etwas Most- bzw. Weinessig beigegeben werden.

ZUTATEN
300 g Rettich
125 ml süßer Rahm (Schlagobers)
reichlich Kümmel, gemahlen
Salz

Kürbissalat

ZUBEREITUNG

Geschälten Kürbis hobeln, gut salzen und 30 Minuten stehen lassen. Ausdrücken und mit dem Paprikapulver sowie Sauerrahm gut durchmischen.

ZUTATEN
500 g Kürbis, geschält
Salz
Paprikapulver, edelsüß
125 ml Sauerrahm

Sauerkrautsalat

ZUTATEN
500 g Sauerkraut, roh
4 EL Kernöl
1 Zwiebel, fein
geschnitten
Salz

ZUBEREITUNG
Das locker durchgemischte rohe Sauerkraut mit Kernöl und der fein geschnittenen Zwiebel gut vermischen.

TIPP: Dieser Salat kann auch aus sauren Rüben bereitet werden. Bevorzugt man den Salat besonders mild, so sollte man das Kraut (Rüben) vorher gut waschen und mit etwas Mostessig säuern.

Rote-Rüben-Salat

ZUTATEN
500 g Rohnen
(Rote Rüben)
1 TL Kümmel
1 EL Kren,
frisch gerieben
Salz
Mostessig
Sonnenblumen-
oder Rapsöl

ZUBEREITUNG
Rohnen gut waschen und in Salzwasser ca. 2,5 Stunden weich kochen. Schälen und in dünne Scheiben oder Streifen schneiden. Mit Kümmel, frisch gerissenem Kren, Salz und Mostessig abmachen.

VARIATIONEN
Anstatt mit Kümmel oder Kren kann man den Salat mit gepresstem Knoblauch, Kernöl, Mostessig und Salz aromatisieren.
Nach neueren Zubereitungsarten wird dem Rohnensalat auch eine Prise Zucker beigefügt.

Selleriesalat

ZUTATEN
500 g Sellerie, geputzt,
geschält,
3–4 EL Zitrone
oder Mostessig
7–8 EL helles Öl (Leinöl,
Sonnenblumenöl)
Salz, Pfeffer

ZUBEREITUNG
Sellerie schälen und in mit etwas Zitronensaft aromatisiertem Salzwasser weich kochen. In Scheiben schneiden. Mit Zitronensaft oder Essig sowie Öl, Salz und Pfeffer abmachen.

TIPP: Nach demselben Rezept lassen sich auch Salate aus Karfiol, Karotten, jungen Zwiebeln und Bohnschoten, Brokkoli oder Spargel zubereiten, wobei der Essig auch durch Rahm ersetzt werden könnte.

Apfel-Nuss-Salat

ZUBEREITUNG

Apfelwürfel und grob gehackte Walnüsse mit Sauerrahm kurz verrühren. Mit Salz und Zitrone abschmecken.

ZUTATEN
4 Äpfel, geschält,
geputzt und gewürfelt
100 g Walnüsse,
grob gehackt
Sauerrahm nach
Belieben
1 Schuss Zitronensaft

Rotkraut-Apfelsalat

ZUBEREITUNG

Alle Zutaten 24 Stunden marinieren. Vor dem Anrichten eventuell in einer Pfanne kurz erwärmen, damit sich das Aroma besser entfalten kann.

TIPP: Der Rotkrautsalat schmeckt sehr gut in Kombination mit Wild- oder Wildgeflügel sowie zu Ente oder Gans und kann auch als warme Vorspeise oder zu Hauptspeisen angerichtet werden.

ZUTATEN
ca. 300 g frisches, rohes
Rotkraut, in ganz feine
Streifen geschnitten
1 kleiner Apfel, in Würfel
oder Streifen geschnitten
4 cl Apfelsaft
4 cl Apfelbalsamessig
2 cl Rotwein
1 EL Rotweinessig
2–3 EL Sonnenblumen-,
Distel-, Mohn- oder
Sesamöl
Salz, Prise Zucker

VOM WURZELKARPFEN BIS ZUM DILLKREBSERL

Aus steirischen Gewässern

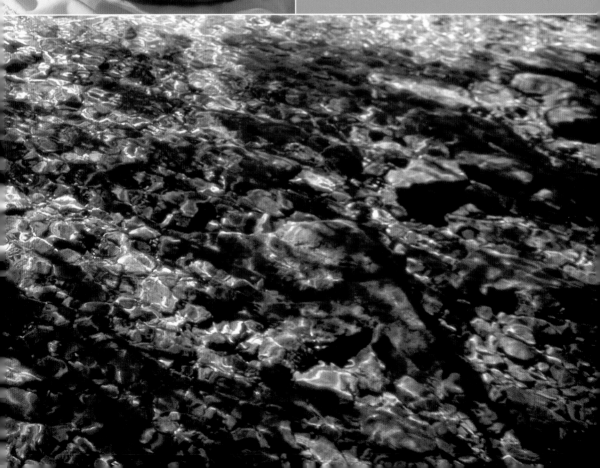

Die Steiermark ist zwar kein Land der großen Seen, besitzt aber unzählige Teiche und fließende Gewässer mit vielen Staustufen, die alle zusammen einen idealen Lebensraum für die rund sechzig Fischarten des Landes bilden. Zwei Jahrtausende christlicher Kultur haben dieses Reservoir auch dringend benötigt. Denn die komplexen Fastengebote der katholischen Kirche führten zur Entstehung einer regelrechten kulinarischen Gegenwelt unterhalb der Wasseroberfläche.

In seinem „Vollständigen Küchen- und Keller-Dictionarium Anno 1716" belehrt uns Paul Jacob Marperger recht eindrucksvoll über den tieferen Sinn der kirchlichen Fastengebote und die Beweggründe, die dazu führen, Fisch als eine Art von „minderem Fleisch" zu betrachten.

„Was nun die an denen Fasttagen verbohtene Speisen betrifft/so sind für solche/nicht allein alles Fleisch/der auf Erden und in der Lufft sich aufhaltenden Thiere/als nemlich der Vierfüssigen und der Vögel/sondern auch das/was von fleischigten Thieren herkommt/als Eyer/Milch, Butter/Käse zu zehlen; Die Fische aber/ob man zwar meynen möchte/daß sie ein Fleisch an sich haben/darff man essen/denn es haben solche kein rechtes wahres Fleisch."

In den klösterlichen Refektorien schien man diese Ansicht durchaus zu teilen. Man sann also darauf, wie man der Ausschließlichkeit des Fischessens während der Fastenzeit mit allerlei ausgeklügelten scholastischen Tricks entkommen und doch während der Fastenzeit auch Gustiöseres als Bratfisch auf den Tisch bringen konnte. Schnecken (weithin berühmt waren jene aus Mariazell), Frösche, Biber, Ottern, ja sogar Duckentchen, Reiher und Schwäne wurden daher kurzerhand zu Fastenspeisen erklärt, da sie ja wie die Fische ebenfalls in jenem Element zuhause waren, aus dem Gott am Anfang aller Dinge die Erde geschaffen hatte, und daher vom Bösen wohl nicht sein konnten.

Viele dieser alten „Fastenspeisen" stehen heute mit Recht unter Naturschutz, dafür hat sich die Verfügbarkeit besonders beliebter Speisefische mittlerweile wesentlich verbreitet. Waren etwa der Saibling früher vor allem auf das Ausseer Land, die Gebirgsforelle auf das Ennstal und die Mur-Mürz-Furche sowie der Karpfen auf Gewässer in der Süd-, West- und Oststeiermark beschränkt, so finden sich dieselben heute dank kleiner und größerer Fischzuchtanlagen auch außerhalb ihres natürlichen Heimatgebietes in der ganzen Steiermark. Und die steirischen Teichwirte versorgen den Süßwasserfisch-Genießer mit einem sehr reichhaltigen Angebot, welches in einer wirklich noch intakten und sauberen Wasserwelt heranwächst.

KLEINE SÜSSWASSERFISCHKUNDE

Heimischer Fisch sollte, ob frisch von der Angel oder als Teichfisch, mindestens einmal wöchentlich ein fixer Bestandteil der gesunden Ernährung sein. Speziell der steirische Teichkarpfen versorgt uns (durch seine Aufnahme von Plankton und Insektenlarven aus dem stehenden Gewässer) mit einem relativ hohen Anteil an mehrfach ungesättigten Fettsäuren sowie Linolsäuren bzw. Omega-3-Fettsäuren. Diese erhöhen unseren Cholesterinspiegel nicht und können nach jüngsten medizinischen Studien sogar Thrombosen vorbeugen.

Wie frisch ist der Fisch?

Da der heimische Fisch unserem Herd näher ist als der (ökologisch zudem wesentlich bedenklichere) Meeresfisch, können wir auch den Einkauf „direkt ab Teich" wählen und uns daher auf die Frische des Fischs hundertprozentig verlassen. Im Übrigen gelten für im Ganzen eingekaufte Fische folgende Merkmale:

Augen: müssen feucht, prall und glasklar, nicht eingefallen oder trüb sein.

Kiemen: Die einzelnen Kiemenblättchen müssen leuchtend rot und klar erkennbar sein. Verklebte, verschleimte, hellgelbe oder braune Kiemen lassen auf Krankheiten schließen.

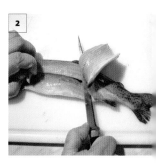

Haut: muss natürliche Farbe und Glanz haben, darf keine Druckstellen aufweisen und muss von klarem durchsichtigem Schleim überzogen sein. Ist die Haut grau, gelb oder trocken, so ist der Fisch alt.

Flossen: müssen gut erhalten sein, sauber glänzen und dürfen weder trocken noch verklebt sein.

Bauchhöhle: muss sauber ausgenommen sowie völlig geruchlos sein und darf, wenn überhaupt, nur leuchtend rote Blutreste aufweisen.

Und das Wichtigste: Frischer Fisch darf nicht „fischeln"!

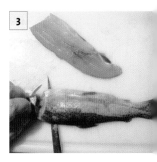

Wie bereitet man Fische vor?

Ganze Fische werden, falls nötig, sorgfältig mit speziellen Fischentschuppern oder einem stumpfen Messer von der Schwanzflosse in Richtung Kopf geschuppt *(Abb. 1)*.

Danach öffnet man die Bauchhöhle mit einem eher flachen Schnitt von der Afteröffnung in Richtung Kopf und nimmt den Fisch aus. Vorsicht: Die Galle darf dabei keinesfalls verletzt werden, da der Fisch sonst bitter schmeckt. Nach dem Ausnehmen wird der Fisch in klarem Wasser gereinigt. Generell sollte der Fisch zwischen dem Abschlagen und Zubereiten je nach Größe ca. 8–10 Stunden abliegen, bis sich die Totenstarre löst.

Ganze Fische können entweder geschröpft und im Ganzen zubereitet oder in Koteletts bzw. Hufeisensteaks geteilt sowie filetiert *(Abb. 2–4)* bzw. portioniert werden. Nach dem Filetieren oder Garen können die Karkassen (Kopf, Gräten, Flossen und gegebenenfalls auch Innereien) für Suppe und Fonds ausgekocht werden.

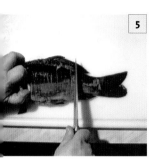

Nicht nur im Ganzen zubereitete Fische, sondern auch grätenreiche Fisch-filets (z.B. Karpfen) können geschröpft werden *(Abb. 5)*. Dazu werden Ein-schnitte in das Filet bis zur Haut angebracht, und zwar im Abstand von 3–4 mm (bei ganzen Fischen durch Einschneiden bis zur Hauptgräte, ausgenommen Bauchlappen). Auf diese Weise werden die Gräten ge-kürzt und in weiterer Folge durch die Zugabe von Zitrone und durch die Hitzeeinwirkung bei der Garung weich und somit beim Genuss kaum noch spürbar.

Sollte beim Essen dennoch einmal eine größere Gräte in die Speiseröhre gelangen und stecken bleiben, empfiehlt es sich als „Soforthilfe" stark saure Zitronenlimonade oder leicht verdünnten Essig nachzuspülen bzw. damit zu gurgeln, um damit die Gräte weich zu machen.

Wie lagert man Fische?

Frischfisch kann im Kühlschrank bei 1–4 °C ca. 2–3 Tage gelagert werden. Am besten deckt man den Fisch mit einem feuchten Tuch ab. Die Lagerung in Kunststoffsäckchen führt nur zu rascherem Verderb!

Bis zu 5 Tagen kann man ganze Fische im Kühlschrank lagern, indem man sie auf ein Gitter legt und mit gestoßenem Eis bedeckt. (Achtung: Das Tauwasser muss abrinnen können!)

Auch Fischfilets halten bis zu 5 Tagen, wenn man sie zuvor mit wenig Zitrone säuert, großzügig salzt und danach, eng aneinander gepresst, in ein gut verschließbares Gefäß schlichtet. Wichtig ist es in diesem Fall, die Filets vor der Verwendung mit kaltem, klarem Wasser abzuspülen und dadurch das zwar für die Lagerung wichtige, aber überschüssige Salz zu entfernen.

Wie friert man Fische ein?

Grundsätzlich sollte nur fangfrischer, ausgenommener und 8–10 Stunden „entspannter" Fisch tiefgekühlt werden Filets sollten einzeln schockge-froren und erst dann – gut verpackt – tiefgekühlt werden. Als Verpackung eignen sich entsprechende Tiefkühlsäcke, noch besser ist es, wenn der Fisch zuvor vakuumiert wird. Wo keine Vakuumiermaschine zur Ver-fügung steht, sollte man ganze Fische nach dem Anfrieren öfters in kaltes Wasser tauchen und wieder weiterfrieren (glasieren), wodurch die Struk-tur des Fischfleischs wesentlich besser erhalten bleibt.

Mindestens ebenso wichtig wie das richtige Einfrieren ist das korrekte, sprich: möglichst langsame Auftauen, wofür es zwei Möglichkeiten gibt: Die schnellere und bessere Methode ist die in kaltem, leicht fließendem Wasser (ohne Verpackung). Der Fisch lässt sich aber auch im Kühlschrank – am besten auf einem Gitter mit Abtropftasse – langsam auftauen.

Wie bereitet man Fische richtig zu?

Fisch kann zu beinahe 100 % verwertet werden. Kopf, Gräten und Flossen (rohe Fischhaut wird nicht verwendet, wohl aber die Haut von Räucher-fischen) eignen sich für Fonds oder Suppen. Aus Innereien lassen sich

Fischröster und Strudelfüllungen herstellen, man kann sie aber auch mit
zur Suppen- und Fondherstellung verwenden.

Und noch zwei Tipps:

■ Wenn Sie sich nicht sicher sind, wie festfleischig ein Fisch ist, machen
Sie zur Bestimmung des richtigen Garpunktes mit einem kleinen Stück
davon eine Probegarung.

■ Bereiten Sie Soßen und Beilagen rechtzeitig vor, damit sie beim Servieren nicht „in Stress" kommen und der Fisch nicht übergart ist.

Die wichtigsten Zubereitungsarten

Pochieren: Vor allem für ganze Fische mit Haut geeignet, die man in
nicht kochendem, gut gewürztem Fischfond ziehen lässt. Vorsicht: Beim
„Blaukochen" von Fischen die Schleimschicht nicht verletzen!

Dämpfen: Vor allem für Fischfilets (ohne Haut) geeignet, die man auf
einem Gitter (Bambus, Edelstahl) über aromatisch duftendem Kräuter-
dampf (unbedingt gut gewürzten Fischfond verwenden!) gart.

Dünsten: Fische (z. B. Forelle, Saibling, Karpfen, Zander) mit wenig
Fischsud beträufeln und zugedeckt im eigenen Saft und Dampf garen. Bei
Bedarf Flüssigkeit nachgießen.

Schmoren: Festfleischige und geschmacksintensive Fische wie Aal, Hecht,
Karpfen oder Zander werden zuerst angebraten und dann unter Zugabe
von gekochtem Gemüse oder Zwiebeln mit etwas Fischfond und Wein –
im Ganzen oder in dicken Tranchen – zugedeckt geschmort.

Im Backrohr braten: Ganze Fische (eventuell geschröpft) werden mit
der Bauchhöhle nach unten auf eine Kaffeetasse gesetzt und gewisserma-
ßen „stehend" gebraten. Große Filetstücke lassen sich auch im Perga-
ment, in der Bratenfolie, im Strudelteig oder in Alufolie braten. Aber
Vorsicht mit der Zugabe von Säure! Zitrone oder Essig kann die Alufolie
durchlöchern.

In der Pfanne braten: Ganze Fische (eventuell geschröpft) oder festfleischige Filets mit Haut werden in griffigem Mehl (auf steirische Art auch
in griffigem Maismehl bzw. Dunst), zarte Filets hingegen ohne Haut in
frischen Weißbrotbröseln gewälzt und in eher reichlich mittelheißem Öl
oder Fett gut angebraten. Danach wird die Hitze reduziert, der Fisch
umgedreht und fertig gegart. (Faustregeln für die Garungszeit: Ganze
Forelle ca. 8 Min. anbraten, wenden und noch ca. 4–5 Min. fertig garen.
Zanderfilet ca. 4–5 Min. anbraten, wenden und noch ca. 3–4 Min. fertig
garen.)

Frittieren: Zum Frittieren eignen sich vor allem feste, weißfleischige
Fische. Kleine Fische werden im Ganzen belassen, größere Fische werden
in Koteletts oder Filets geteilt. Fische, die im Ganzen frittiert werden,
sollte man zuvor an den dicken Stellen leicht schröpfen, damit sie gleichmäßig und rasch durchgaren. Bei kleineren Fischen empfiehlt es sich
auch, sie zuerst in gesalzene Milch einzulegen und sie anschließend in
griffigem Mehl (oder „steirisch" in feinem Maismehl) gleichmäßig zu
wenden.

Zum Frittieren verwendet man am besten Sonnenblumen- oder Rapsöl, keinesfalls jedoch kalt gepresste Öle. Die Temperatur sollte je nach Größe der Fische ca. 130–180 °C betragen. Vorsicht: Nicht zu viele Fische auf einmal frittieren!

Panieren (in Bröseln): Kleinere Fischstücke oder Filets mit Salz und Zitrone würzen, etwas rasten lassen, in glattem oder griffigem Mehl und kurz verschlagenem Ei wenden, anschließend in frischen Bröseln panieren. Zu den Bröseln können Nüsse, Mandeln oder gehackte Kürbiskerne gemengt werden (Fisch im „Steirer-Anzug"). Achtung: Die Fische müssen sofort nach dem Panieren frittiert werden (s. oben), da die Panier sonst leicht reißt und lasch wird.

Panieren (in Back-, Wein- oder Bierteig): Fischstücke gut mit Küchenkrepp abtrocknen und in einen nicht zu dünnen Backteig (mit Milch, Wein, Bier oder auch vermischt) tauchen und anschließend in heißem Fett frittieren. Eignet sich vor allem für Karpfen, Aal und Zander.

Wichtig ist es, die Fische auf Küchenkrepp sehr gut abtropfen zu lassen.

Grillen über Holzkohle: Beim Grillen ganzer Fische ist darauf zu achten, dass größere Fische höher über der Glut zu liegen kommen müssen als kleinere. Bei großen Fischen empfiehlt es sich, tiefe Einschnitte in die Haut zu machen, damit sie an den dicken Stellen rasch durchgaren können. Als Schutz vor zu großer Hitze kann der Fisch mit Kräutern im Schweinsnetz oder in Alufolie auf dem Rost gegart werden, wodurch die Haut nicht verbrennt und das Aroma verstärkt wird. Für zartfleischige Fische bewähren sich spezielle Grillkörbe zum Wenden und Garen. Wichtig: Beim Grillen müssen die Fische vorher mit Öl mariniert bzw. eingepinselt werden.

Grillen auf Stein: Beim Grillen auf Stein (Schiefer, Granit) können Fische mit Kräutern und etwas Butter gefüllt werden. Beim Grillen auf Stein ist die Anfangshitze etwa so hoch wie in der Pfanne, dennoch ist die Hitzeeinwirkung insgesamt sanfter, was vor allem für kleinere Fische von Vorteil ist.

Wie räuchert und surt man Fische?

Als Räuchermittel für Fisch eignet sich ausschließlich harzfreies Holz wie Buche, Eiche, Ahorn oder Erle, aber auch Holz von Obstbäumen und Wacholder oder Rebstöcken ist geeignet. Nadelholz eignet sich hingegen nicht. Außerdem benötigt man zum Räuchern das im Handel (meist Fischereifachhandel) fertig erhältliche Räuchermehl mit Gewürzen.

Nun kann man heiß oder kalt räuchern. Je nach der Höhe der Temperatur unterscheidet man heißes und kaltes Räuchern:

Heißgeräuchertes: bei 80 °C eine halbe bis zwei Stunden, je nach Größe und Menge der Fische.

Kaltgeräuchertes: unter 25 °C mindestens 6 Stunden bis 2 Tage.

Zum Räuchern eignet sich neben den speziellen elektrischen Räuchergeräten auch ein hoher Topf mit passendem Deckel. Nachdem man am Boden das Räuchermehl verteilt hat, stellt man einen passenden Gitterrost im Abstand von ca. 10–15 cm darüber, auf den man dann Fische oder Filets legt. Danach wird das Gerät mit einem Deckel verschlossen und

entweder im Rohr mit Unterhitze oder auf dem Gas- bzw. E-Herd erhitzt,
bis es zur Rauchbildung kommt.

Gesurte Fische: Noch aromatischer werden Fische, wenn man sie vor
dem Räuchern mit einer 10-prozentigen Salzlösung (1 Liter Wasser mit
100 g Salz, Zwiebeln, Knoblauch, Essig, Zitronenscheiben und Majoran
aufmixen) knapp bedeckt. Die Surdauer beträgt für Heiß- wie auch Kaltgeräuchertes maximal 8–10 Stunden.

Was passt zu Fisch?

Grundsätzlich sind Salz und eventuell auch noch etwas Zitrone durchaus
ausreichend für ein gutes Fischgericht. Bei kräftigeren Fischen dürfen es
auch noch Pfeffer, Wacholderbeeren und Kümmel (alle drei am besten
frisch gemahlen) sowie (vorsichtig dosiert) Paprika und Senf sein. Vor
allem liebt Fisch aber frische Kräuter von Dille, Kerbel und Estragon über
Bärlauch, Brennnessel und Sauerampfer bis hin zu Basilikum, Thymian
und Rosmarin. Und es gibt kaum eine Gemüsebeilage, Rotkraut vielleicht
ausgenommen, die zu Fisch nicht passt. Als Sättigungsbeilagen empfehlen sich Erdäpfel, Getreide, Rollgerste, Heidenbrein (Buchweizen), Hirse,
Nudeln, gebackener Blätterteig und Weißbrot.

Wie verarbeitet man Fischinnereien?

Aus Fischinnereien wie Leber (ohne Galle), Herz, Milz, Rogen (Eier vom
Weibchen) und Milch (Hoden vom Männchen) sowie dem Fischkopf
(Wangerl und Gaumen) lassen sich köstliche Gerichte wie Fischbeuschel-
suppe und Fischröster herstellen. Nicht verwendet werden sollten die
Fischhaut (ausgenommen Räucherfischhaut!), Kiemen, Niere, Galle und
Darm sowie Rogen und Milch von Barben und Äschen (giftig).

Werden Rogen und Milch im Fischfond oder in leicht gesalzenem Wasser
bei sanfter Hitze ca. 10–15 Minuten (je nach Größe) gegart, so können sie
klein geschnitten als Einlage für Terrinen, klare oder gebundene Fischsuppen sowie für Ragouts oder Strudelfüllungen verwendet werden.

Gegarter Rogen und Milch, mit Salz, weißem Pfeffer aus der Mühle, Zitro-
ne sowie Dille, Basilikum oder Schnittlauch gewürzt, ergeben auf Toast
oder Blattsalaten eine attraktive Vorspeise. Weiters können Rogen und
Milch, gegart und abgekühlt, gemeinsam oder getrennt unter Frischkäse
(Gervais) oder Topfen gerührt und so als Brötchenbelag oder auf warmen
Erdäpfelscheiben serviert werden.

Eine besondere Köstlichkeit ist der Kaviar von Forelle bzw. Lachsforelle
und Saibling, der ohne weitere Verarbeitung auf Blinis oder Dalken, auf
in der Schale gekochten Erdäpfeln mit Sauerrahm oder auf Brötchen
serviert werden kann. Außerdem kann Kaviar kurz vor dem Anrichten in
warme Soßen gerührt werden, die danach allerdings nicht mehr aufkochen dürfen.

FORELLEN UND ANDERE SALMONIDEN

*Foto rechts
von oben nach unten:
Goldforelle, Lachsforelle
Regenbogenforelle
Bachforelle
Bachsaibling*

Zur Familie der Salmoniden (lachsartige Fische mit strahlenloser Fettflosse hinter der Rückenflosse) zählen neben der Bach-, der Regenbogen- und der Goldforelle auch die gezüchtete und fettreiche rote Lachsforelle, der edle Bach- und der Seesaibling, die Reinanke, der festfleischige Huchen sowie die rare und unter Gourmets heiß begehrte Äsche.

Forelle blau
Grundrezept für das Blaukochen von Süßwasserfischen

ZUTATEN

4 Forellen à ca. 280 g, frisch geschlagen
Salz
125 ml Weißwein- oder Apfelessig
125 ml trockener Weißwein, z. B. Welschriesling
Zitronenspalten
40 g Butter

ZUBEREITUNG

Damit die Forellen beim Kochen blau werden, unbedingt frisch abgeschlagene Exemplare mit unverletzter Schleimhaut verwenden und die Fische beim Putzen und Waschen nur vorsichtig mit nassen Händen berühren. Nach Möglichkeit in einer Fischwanne mit Einsatz Wasser mit Salz, Essig und Weißwein zum Kochen bringen, Forellen vorsichtig einlegen und ca. 12–15 Min. ziehen lassen. (Sobald die Forellen gar sind, färben sich die Augen weiß und fallen fast heraus!) Forellen herausheben und mit Zitronenspalten garniert und flüssiger Butter beträufelt servieren.

BEILAGENEMPFEHLUNG: Salzerdäpfel mit gehackter Petersilie, Dille oder Schnittlauch, helle oder braune Butter, Zitronenmayonnaise oder auch eine Sauce hollandaise (s. S. 321).

TIPPS

■ Dieses Rezept eignet sich nicht nur für Forellen, sondern etwa auch für Saiblinge, Schleien, Reinanken u. v. a.

■ Am besten serviert man die blau gekochten Fische direkt in der Fischwanne und hebt sie erst bei Tisch aus dem Sud.

■ Bei allen Forellen, die, wie z. B. in guten Fischrestaurants, unmittelbar nach dem Abschlagen gegart werden, platzt die Haut. Will man das vermeiden, sollte man die Forellen mindestens 4–5 Stunden nach dem Abschlagen gerade liegend aufbewahren.

Forelle gebraten
mit brauner Butter und Petersilie
Der Klassiker nach „Müllerin Art"

ZUBEREITUNG

Geputzte und gewaschene Forellen salzen, mit etwas Zitronensaft beträufeln und in griffigem Mehl wenden. Öl nicht zu stark erhitzen und Forellen darin je nach Größe auf jeder Seite ca. 7–9 Minuten langsam braten. Forellen aus der Pfanne heben und warm stellen. Bratfett aus der Pfanne abgießen und Butter darin aufschäumen. Petersilie dazugeben und etwas salzen. Forellen anrichten, mit Zitronenscheiben garnieren und mit der Petersilbutter beträufeln.

BEILAGENEMPFEHLUNG: Petersilerdäpfel

TIPPS

■ Durch das langsame Braten in eher reichlich Öl werden die Fische schön knusprig und lassen sich auch sehr leicht wenden. Rasch gebratene Fische kleben dagegen leicht an und zerfallen beim Wenden.

■ Diese Zubereitungsart ist auch als „Müllerin Art" bekannt. Mit Knoblauch und Petersilie in der Butter spricht man von „Triestiner Art." Bei der „Serbischen Art" wird der Fisch vor dem Bemehlen mit Knoblauch und Paprika eingerieben und dann in Butter oder Schmalz gemeinsam mit Zwiebel- und Paprikastreifen, Knoblauch und Petersilie angeschwitzt bzw. geschwenkt.

ZUTATEN

4 Forellen oder Saiblinge (ausgenommen je ca. 250 g)
2 Zitronen, davon 1 gepresst und 1 in Scheiben geschnitten
Salz
ca. 60 ml Öl
griffiges Weizen- oder Maismehl
200 g Butter
2–3 EL Petersilie, gehackt

Forelle „Bacchus"
mit Sauce Alexander
(nach altem Rezept, blau gedämpft)

ZUTATEN

4 Forellen zu je
250–300 g
125 ml Weißwein,
trocken
125 ml Wasser
2 Pfefferkörner
1 Lorbeerblatt

Für die Sauce

3 Eidotter
5 EL Fischsud von der
Fischzubereitung
250 g geklärte Butter,
flüssig (ohne Molke)
1 TL Dillspitzen
Zitronensaft
Salz, Pfeffer

ZUBEREITUNG

Weißwein und Wasser mit den Gewürzen ca. 5 Minuten in einer Fischwanne mit Einsatz durchkochen (die Flüssigkeit soll knapp über dem Siebeinsatz stehen). Forellen putzen, waschen und salzen. Auf den Gittereinsatz legen, einhängen und im Dampf garen, bis die Augen weiß werden und hervortreten. Unterdessen für die Sauce Alexander Eidotter mit Fischfond im heißen Wasserbad über Dunst so lange aufschlagen, bis eine dickschaumige, cremige Masse entstanden ist. Die heiße geklärte Butter langsam einfließen lassen und (wie bei Sauce hollandaise) durchrühren. Mit Salz, Zitronensaft und Pfeffer würzen. Zuletzt die Dillspitzen beifügen. Forellen herausheben und auftragen, die Sauce in einem Kännchen extra dazu reichen.

BEILAGENEMPFEHLUNG: Salzerdäpfel

TIPP: Diese Zubereitungsart eignet sich auch für alle anderen heimischen Fische.

Gebratenes Forellenfilet
auf Kohlrabistreifen

ZUTATEN

4 Forellen- oder auch
Saiblingsfilets,
entgrätet
Salz, Zitrone
2 Scheiben Toastbrot
bzw. griffiges Mehl
500 g Kohlrabi
Öl, Butter
Kräuter nach Belieben
(Petersilie, Dille,
Thymian etc.)

ZUBEREITUNG

Variante I (ohne Haut)

Forellenfilets (ohne Haut) mit Salz und Zitrone würzen. Weißbrot entrinden und im Küchencutter fein hacken bzw. reiben. Die Filets darin wälzen und in eher heißem Öl ganz rasch beidseitig höchstens 2 Minuten braten.

Variante II (mit Haut)

Forellenfilets (mit Haut) mit Salz und Zitrone würzen. Hautseite eventuell mit griffigem Mehl bestauben. Filets zuerst auf der Hautseite in nicht zu heißem Öl ganz langsam ca. 5–6 Minuten braten, wenden und auf der zweiten Seite noch ca. 2 Minuten langsam garen.

Filets auf Küchenkrepp abtropfen, Fett aus der Pfanne gießen und frische Butter aufschäumen lassen. Mit gehackten Kräutern nach Belieben verfeinern. Kohlrabi schälen, in feine Streifen (Julienne) schneiden und in Salzwasser bissfest kochen. Abseihen und in Eiswasser kurz abschrecken und abtropfen lassen. Butter in einer Kasserolle aufschäumen lassen, gehackte Petersilie zugeben und Kohlrabistreifen darin leicht erwärmen. Vor dem Anrichten noch salzen. Forellenfilets auf den Kohlrabistreifen anrichten.

BEILAGENEMPFEHLUNG: Erdäpfel

TIPP: Sind die Kohlrabiblätter noch schön zart und grün, so können sie auch klein geschnitten und mit der Petersilie kurz angedünstet werden.

*Foto rechte Seite:
Lachsforellenfilet mit
lauwarmem Spargelsalat*

*Lachsforellenfilet
mit lauwarmem Spargelsalat*

ZUTATEN

2 Lachsforellenfilets,
halbiert, mit Haut
Salz, Zitrone
Öl oder Butter
evtl. griffiges Mehl
750–1000 g Spargel,
weiß und grün gemischt
Essig und Öl für die
Vinaigrette
hart gekochte Eier
nach Wunsch

ZUBEREITUNG

Die Lachsforellenfilets sorgfältig (am besten mit einer Pinzette) entgräten. Mit Salz und etwas Zitronensaft würzen und ganz nach Belieben auf der Hautseite in griffigem Mehl wenden. Sonnenblumenöl oder Butter erhitzen und Filets auf der Hautseite langsam (ca. 5–6 Minuten) knusprig anbraten, wenden und auf zweiter Seite kurz fertig braten. Mit dem lauwarmen Spargelsalat servieren.

Für den Spargelsalat Spargel schälen, holzige Teile entfernen und in Salzwasser je nach Stärke 15–25 Minuten nicht zu weich kochen. Kurz abschrecken, in Stücke schneiden und mit einer Marinade aus 2 Teilen Öl und 1 Teil Essig marinieren. Hart gekochte Eier nach Wunsch klein hacken und untermengen. Lauwarm auftragen.

TIPP: Die Filets können auch auf einen gefetteten Siebeinsatz gelegt und über kochendem Kräuter-Fischfond zugedeckt ca. 3–4 Minuten gedämpft oder aber auch auf eine gefettete Platte oder Backblech mit etwas Weißwein gelegt und im vorgeheizten Rohr bei ca. 200 °C je nach Größe 5–6 Minuten gegart werden.

Foto Seite 187

Jungfräulicher Mai mit Fischen

Wenn von Fischen und Klöstern die Rede ist, so ist meist auch die Fastenzeit mit im Spiel. Die Bewohnerinnen des „Hochadeligen Jungfrauenklosters" zu Göss scheinen an den Wasserbewohnern jedoch auch außerhalb der Fasttage durchaus Gefallen gefunden zu haben. Im Marienmonat Mai des Jahres 1689 standen bei den Gösser Benediktinerinnen beispielsweise „Khrebsen" (Flusskrebse), „Schädten" (Welse), „Schülkhroten" (Schildkröten), „Reinangen" (Renken), „Rudten" (Aalraupen), „Pradtfisch" (Bratfisch), „Neunaugen, Barmb" (Barben), „Grundeln" und „Stockhfisch" (getrockneter Kabeljau) auf dem Refektoriums-Speisezettel des damals offensichtlich bereits gesundheits- und figurbewussten Damenstifts.

Lachsforellen-Palatschinkenrolle mit Porree

ZUBEREITUNG

Aus ca. 200 g Lachsforellenfilet die Farce laut Rezept herstellen und kalt stellen. Restliches Filet (die eher dickeren Stücke) für die Einlage beiseite stellen. Für die Palatschinken alle Zutaten kurz verrühren und mindestens 30–60 Minuten stehen lassen. Je nach Belieben noch gehackte Kräuter untermengen. In einer Pfanne etwas Butter schmelzen, etwas Teig eingießen, durch Schwenken in der Pfanne verteilen und anbacken. Sobald die Palatschinke goldgelb ist, wenden und fertig backen. Restlichen Teig ebenso zu Palatschinken backen. Auskühlen lassen.

Für das Porreegemüse die weißen Teile in gleichmäßige Ringe schneiden, in Salzwasser bissfest kochen und anschließend sofort in Eiswasser abschrecken. Gut abtropfen lassen. In etwas Butter oder Obers andünsten und mit Salz und Pfeffer würzen. Blattspinat kurz blanchieren (überbrühen) und gut abtropfen lassen.

Palatschinken auf etwa zwei Dritteln der Fläche dünn mit Lachsforellenfarce bestreichen, mit etwas Blattspinat belegen. Wieder etwas Farce darauf streichen. Beiseite gestelltes Forellenfilet mit Salz und Zitronensaft würzen und auf eine Seite der Palatschinken auflegen. Links und rechts etwa 1 cm einschlagen, dann einrollen und in Alufolie gut eindrehen. In sanft kochendem Salzwasser je nach Größe ca. 20–30 Minuten ziehen lassen. Aus der Folie wickeln, schräg aufschneiden und auf dem Porreegemüse anrichten.

ZUTATEN

für 2–3 Palatschinken
1 gr. Lachsforellenfilet
ohne Haut (ca. 350 g)
etwas Blattspinat
als Fülle
500–750 g Porree
Butter oder Schlagobers
zum Andünsten
Salz und Pfeffer
aus der Mühle
Fischfarce s. S. 200,
aus Lachsforellenfilet
hergestellt

Für den Palatschinkenteig
125 ml Milch
1 Ei
40–50 g Mehl
Salz
Kräuter nach Belieben
Butter zum
Herausbacken

Forellenstrudel mit Paparikasoße und Rollgerstl

ZUTATEN

1 Packung Strudelteig-
blätter oder hausge-
machter Strudelteig
Butter zum Bestreichen
4 Forellenfilets à
ca. 150 g, entgrätet
Spinatblätter nach
Bedarf, blanchiert
Fischfarce s. S. 200
Salz
Ei zum Bestreichen

Für die Paprikasoße
Weiße Grundsoße s. S. 318
2 Paprikaschoten, rot
Knoblauch und Pfeffero-
ni nach Belieben
etwas Paradeisermark
Salz, Pfeffer aus der
Mühle

Für das Rollgerstl
100 g Rollgerste,
eingeweicht
Suppe oder Fischsuppe
zum Kochen
Butter
1–2 EL Paprikawürfel,
gekocht

ZUBEREITUNG

Vier Strudelteigblätter (evtl. doppelt gelegt) auf ein leicht angefeuchtetes Tuch legen. Mit flüssiger Butter bestreichen. Blanchierte (überbrühte), trockengetupfte Spinatblätter auflegen. Mit Fischfarce bestreichen, Fischfilets salzen und in den Spinat einrollen. Nun Strudel einrollen, mit Ei bestreichen und auf ein mit Backpapier belegtes oder gefettetes Backblech legen. Bei 200 °C im vorgeheizten Rohr ca. 20–25 Minuten (je nach Größe) backen. Mit Paprikasoße und Rollgerste servieren.

Für die Paprikasoße die Schoten entkernen, weich kochen und Haut entfernen. Mit weißer Grundsoße, Knoblauch sowie Pfefferoni und Paradeisermark kurz aufkochen. Aufmixen und abseihen. Abschmecken und vor dem Servieren mit einem Stabmixer aufschäumen.

Die eingeweichte Rollgerste mit Fischsuppe oder Suppe weich kochen. Mit gekochten Paprikawürfeln und etwas Butter abrunden.

TIPP: Besonders fein schmeckt das Rollgerstl, wenn es mit etwas Paprikasoße cremig abgeschmeckt wird.

ZUTATEN

2 Kohlblätter
Salz
Fischfarce s. S. 200 im Ver-
hältnis 2:1 aus Forellen-
filet und Räucherforellen-
filet hergestellt
Räucherforellenfilet zum
Belegen nach Belieben

Für das Paprikakraut
500 g junges Weißkraut
(ohne Strunk und eher
grob geschnitten) mit
Salz, Pfeffer und Kümmel
1 Zwiebel, fein ge-
schnitten
ca. 60 ml Öl
(oder Schmalz)
evtl. 1 EL Paprikapulver,
edelsüß
etwas Suppe oder
Wasser zum Aufgießen

Räucherforellen-Kohlroulade auf Paprikakraut

ZUBEREITUNG

Für das Paprikakraut geschnittenes Kraut zunächst mit Salz, Pfeffer sowie Kümmel würzen und 30 Minuten marinieren. Zwiebel in Öl leicht anrösten, Hitze reduzieren und Paprikapulver zugeben. Kurz anlaufen lassen, mit etwas Suppe oder Wasser ablöschen und kurz durchkochen lassen. Kraut zugeben und anfangs ca. 20 Minuten zugedeckt nicht zu stark kochen. Dann Deckel abheben und das Paprikakraut bissfest köcheln.

Kohlblätter in Salzwasser kurz blanchieren (überbrühen) und in Eiswasser abschrecken. Den Strunk mit einem Schnitzelklopfer flach klopfen und Blätter trockentupfen. Fischfarce nach Rezept herstellen. Kohlblätter mit Fischfarce bestreichen, nach Belieben mit etwas Räucherforellenfilet belegen und vorsichtig einrollen. In Alufolie straff einrollen und im heißen Wasser oder im Wasserbad im Rohr bei 180 °C ca. 30 Minuten garen. Aus der Folie wickeln, in schräge Scheiben schneiden und auf dem heißen Paprikakraut anrichten.

BEILAGENEMPFEHLUNG: kleine Salzerdäpfel-Würfel

TIPP: Noch schmackhafter wird das Kraut, wenn Sie statt Suppe oder Wasser hausgemachte Paprikasoße (s. S. 319 und oben) unter das Kraut rühren.

Saiblingsfilets mit knuspriger Haut auf Röstgemüse

Ein kleiner Ausflug Willi Haiders ins „Steirasische"

ZUBEREITUNG

Saiblingsfilets sorgfältig entgräten (am besten mit einer Pinzette) und mit Salz sowie Zitronensaft würzen. Mit der Hautseite nach oben in eine mit Butter ausgestrichene feuerfeste Form einlegen. Mit etwas Weißwein beträufeln und im Rohr unter der Grillschlange (oder bei 200 °C) ca. 5–6 Minuten garen. Kurz rasten lassen. Die Haut abziehen, in schmale Streifen schneiden und in heißem Fett ca. 30 Sekunden frittieren. (Achtung! Spritzt sehr stark beim Einlegen ins Fett, am besten nach dem Einlegen sofort kurz zudecken.) Auf Küchenpapier abtropfen und etwas salzen.

Geschnittenes Gemüse in einer Pfanne (wenn nötig, in kleinen Mengen hintereinander) in heißem Öl scharf anbraten. Mit Kräutern und etwas Knoblauch abschmecken, kurz nachdünsten lassen und auf heißen Tellern anrichten. Fischfilets darauf platzieren und mit knuspriger Haut dekorieren.

TIPP: Garnieren Sie die Fischfilets noch mit einigen frittierten Petersilzweigen.

ZUTATEN

4 Saiblingsfilets mit Haut
Salz und Zitronensaft
Butter
Weißwein
Sonnenblumenöl
zum Frittieren
400 g bunt gemischtes
Gemüse (Mangold,
Chinakohl, bunte
Paprikastreifen, weiße
und rote Zwiebeln,
Kürbis, Kohlrabi, Porree
u. a.), klein geschnitten
Kerbel, Schnittlauch
oder Petersilie, gehackt
Knoblauch

Saiblingsfilets mit Kohlrabistreifen
Saftig in der Folie gegart

ZUTATEN

4 Saiblingsfilets à
ca. 150 g (ersatzweise
Zander- und Forellen-
filets o. Ä.)
Salz, Pfeffer aus der
Mühle und Zitronensaft
400 g Kohlrabi
Petersilie, gehackt
2–3 EL Weißwein
600 g Erdäpfel,
gekocht und geschält

ZUBEREITUNG

Kohlrabi schälen und in zündholzstarke Streifen (Julienne) schneiden. In Salzwasser ca. 4–5 Minuten bissfest kochen und in kaltem Wasser (oder besser Eiswasser) kurz abschrecken. Mit Salz, Pfeffer, etwas gehackter Petersilie und evtl. fein gehackten jungen Kohlrabiblättern würzen.

Saiblingsfilets von Gräten und Haut befreien. Mit Salz und Zitronensaft würzen. Vier Alufolien ausbreiten und jeweils Kohlrabistreifen darauf verteilen. Fischfilet darauf legen und mit etwas Weißwein beträufeln. Erdäpfel bei Bedarf in kleinere Stücke schneiden und auf das Filet platzieren. Die Alufolie gut verschließen und den eingepackten Fisch im vorgeheizten Rohr bei 200 °C ca. 7–8 Minuten garen.

TIPP: Die Erdäpfel können freilich auch extra warm gehalten und dann dazu serviert werden.

KARPFEN UND ANDERE CYPRINIDEN

Foto links:
Schuppenkarpfen
(oben) und
Spiegelkarpfen (unten)

Zu den karpfenartigen Fischen – typisches Merkmal sind die Zwischenmuskel-
gräten – zählen neben Wildkarpfen, Spiegel-, Schuppen- und Lederkarpfen auch
Koi (Buntkarpfen), Amur (Graskarpfen), Silberamur (Tolstolob), gefleckter
Silberamur (Marmorkarpfen) und Schleien.

Steirischer Wurzelkarpfen

ZUBEREITUNG

Geschröpftes Karpfenfilet mit Salz und Zitrone gut würzen und in entsprechende Stücke teilen. In eine mit Butter ausgefettete Pfanne oder Form
einlegen, mit etwas Weißwein untergießen und für ca. 8–9 Minuten in den
auf 200 °C vorgeheizten Ofen geben.
Währenddessen Wurzelgemüse in feine Streifen schneiden und in Salzwasser bissfest kochen. Karpfen- oder Fischsud aufkochen und mit den noch
warmen Erdäpfeln sowie kalter Butter im Mixer pürieren (binden). Mit
Dille oder Schnittlauch und etwas Knoblauch abschmecken. Wurzelgemüse in den gebundenen Sud einmengen. Den gegarten Fisch in tiefen
vorgewärmten Tellern anrichten und mit dem gebundenen Wurzelsud
begießen. Nach Belieben mit frisch geriebenem Kren und Schnittlauch oder
Dille garnieren.

BEILAGENEMPFEHLUNG: gekochte Erdäpfelwürferl
TIPP: Anstelle von Wurzelgemüse können auch andere Gemüsesorten
wie etwa Mischgemüse, Zucchini, Paprikastreifen, Kohlrabi usw. verwendet
werden.

Foto Seite 194

ZUTATEN
ca. 800 g Karpfenfilet
(1 großes oder 2 kleinere),
geschröpft
Salz und Zitronensaft
Butter
etwas Weißwein
250 ml Karpfen- oder
Fischsud (ersatzweise
milde Suppe)
50 g kalte Butter
50 g mehlige Erdäpfel,
gekocht
Dille oder Schnittlauch,
gehackt
Knoblauch
400–500 g Wurzel-
gemüse nach Wahl
(Karotten, gelbe Rüben,
Sellerie, Petersilie,
Pastinaken, Porree)
frisch geriebener Kren
und Schnittlauch oder
Dille als Garnitur

Karpfen mit Paprikasoße und Rollgerstl

ZUBEREITUNG

Rollgerstl und Paprikasoße wie beschrieben zubereiten. Karpfenfilets gut mit Salz und Zitrone würzen. Nach Bedarf in Portionsstücke schneiden und diese in eine mit Butter ausgestrichene Form oder Pfanne legen. Etwas Fischfond oder Weißwein untergießen und im vorgeheizten Rohr bei ca. 180–200 °C ca. 5–6 Minuten garen. Herausheben, Paprikasoße in vorgewärmten Tellern anrichten, Karpfenfilets darauf platzieren und mit Rollgerstl servieren.

TIPP: Die Karpfenstücke können auch in griffigem Mehl kurz gewendet und in der Pfanne in nicht zu heißem Öl beidseitig knusprig braun gebraten werden.

ZUTATEN
4 Karpfenfilets, geschröpft
Salz und Zitronensaft
Butter
Weißwein oder Fischfond
Paprikasoße s. Forellenstrudel, S. 190
Rollgerstl s. Forellenstrudel, S. 190

Keine Angst vor „fetten" Karpfen

Lange Zeit litt der Karpfen unter seinem Image als „Fettbombe". Eine Studie des Instituts für Ernährung und Stoffwechselerkrankungen in Laßnitzhöhe wies jedoch unter der Federführung von Primarius Dr. Meinrad Lindschinger erst unlängst nach, dass der Cholesterinspiegel durch den Genuss steirischer Teichkarpfen keineswegs erhöht wird, sondern vielmehr ein erhöhter Serumspiegel der genannten Fettsäuren eine schützende Wirkung auf die Gefäße und somit auf das gesamte Herz-Kreislauf-System entfaltet.

Der hohe Anteil an ungesättigten Fettsäuren wird insbesondere durch die Aufnahme von Plankton und Schalentieren aus dem Wasser und die Zufütterung von Getreide erreicht. Vor allem Amur und Silberamur haben als reine Pflanzenfresser einen hohen Anteil an ungesättigten Fettsäuren.

FAZIT: *Der steirische Karpfen ist durchaus eine ernst zu nehmende Alternative in der gesundheitsbewussten und leichten Küche. Und wer weiß, vielleicht wird es in der Steiermark schon bald heißen: „A Karpfen a day keeps the doctor away!"*

Südsteirischer Knoblauch-Karpfen

ZUBEREITUNG

Die Karpfenhälften mehrmals schräg bis zum Rückgrat einschneiden (schröpfen) oder bereits beim Fischhändler schröpfen lassen. Salzen, mit Zitronensaft beträufeln und etwas ziehen lassen. In Mehl wälzen und in genügend nicht zu heißem Fett langsam braten, bis die Haut schön knusprig ist. Für die Knoblauchbutter die Butter mit allen Zutaten vermengen und den Karpfen erst kurz vor dem Anrichten damit bestreichen.

BEILAGENEMPFEHLUNG: Petersilerdäpfel, Gurken-, Paradeiser- oder Blattsalate

Foto links: Steirischer Wurzelkarpfen

ZUTATEN
1 Karpfen (ca. 2 kg), ausgenommen, geschuppt, halbiert
Öl oder Butter zum Braten
Mehl, griffig
Zitronensaft
Salz

Für die Knoblauchbutter
100 g Butter, zimmerwarm
2 Knoblauchzehen, fein gehackt
1 TL Petersilie, fein gehackt
Zitronensaft

Festtagskarpfen

Die steirische Alternative zur Weihnachtsgans

ZUTATEN

1 Spiegelkarpfen
(ca. 1,8–2 kg), geschuppt
und ausgenommen
125 ml trockener
Weißwein
je 2 rote und weiße
Zwiebeln
je 1 rote und grüne
Paprikaschote
4 Knoblauchzehen
500 g speckige Erdäpfel
Thymian (am besten
frisch) und
1–2 Lorbeerblätter
1 EL gehackte Petersilie
1 Zitrone
Salz
griffiges Weizen-
oder Maismehl
Suppe

ZUBEREITUNG

Den vorbereiteten Karpfen schröpfen oder bereits vom Fischhändler schröpfen lassen. Innen und außen gut salzen und mit Zitronensaft beträufeln. Einige Thymianzweige und Lorbeerblätter in die Bauchhöhle des Karpfens legen und den Fisch ca. 30 Minuten marinieren lassen.

Karpfen beidseitig mit Mehl bestauben, in eine passende Pfanne (Fischpfanne, Bratenpfanne oder auf ein tiefes Backblech) setzen (s. Tipp). Erdäpfel schälen, einige Minuten vorkochen und in kleinere Stücke schneiden. Zwiebeln in Ringe, geputzte Paprikaschoten in Streifen schneiden, Knoblauch fein hacken und alles rund um den Fisch verteilen. Mit Weißwein begießen und im vorgeheizten Backrohr bei 200–220 °C auf der unteren Schiene ca. 40–50 Minuten knusprig braten. Nach Belieben mit ein wenig Suppe untergießen, aber nicht übergießen. Wenn möglich, den Karpfen im Ganzen stehend auf einer Platte anrichten. Gemüse um den Karpfen drapieren, mit gehackter Petersilie bestreuen und servieren.

VARIANTE

Das Gemüse kann auch separat jeweils bissfest vorgekocht und der Fisch ohne Gemüse gebraten werden. In diesem Fall den Bratensaft dann abseihen, unter das Gemüse mengen und mit etwas kalter Butter binden.

TIPP: Wenn man den Fisch (mit der Bauchöffnung nach unten) auf eine oder auch zwei umgestülpte Kaffeetassen oder Souffleeförmchen setzt, so verhindert man nicht nur, dass er beim Braten umfällt. *(Abb. 1–3).* Er wird durch das Stehen beim Braten auch beidseitig schön gleichmäßig knusprig und kann bei Tisch problemlos portioniert werden, indem man am Rückgrat entlangschneidet und die Filets portionsweise abhebt.

Foto nächste Doppelseite: Festtagskarpfen

Karpfen mit Thymianbröseln gebacken

ZUBEREITUNG

Karpfenstücke mit Salz und Zitronensaft gut würzen und ca. 20 Minuten marinieren lassen. Anschließend in Mehl, verschlagenem Ei und mit Thymian vermengten frischen Weißbrotbröseln panieren. In einer großen Pfanne ausreichend viel Öl erhitzen und die Karpfenstücke bei ca. 160 °C ausbacken. Herausheben und auf Küchenkrepp abtropfen lassen.

BEILAGENEMPFEHLUNG: Petersilerdäpfel und Gurkensalat mit Kernöl oder Erdäpfelsalat
TIPP: Für „normalen" gebackenen Karpfen lässt man bei den Bröseln den getrockneten Thymian einfach weg.

ZUTATEN
600–800 g Karpfen-
filetstücke (klein
geschnitten und
geschröpft)
Salz, Zitronensaft
Mehl, Ei
frische Weißbrotbrösel
und getrockneter
Thymian
Öl zum Backen

Gulasch vom steirischen Teichkarpfen

ZUBEREITUNG

Für den Sud Wasser mit Wein, den gut gewaschenen Fischabschnitten, Wurzelwerk, Zitrone und den Gewürzen ca. 40 Minuten kochen und dann abseihen. Erdäpfel schälen und in Würfel, Porree in Scheiben schneiden. Zwiebel in Öl hellbraun anrösten, Paradeisermark zugeben und kurz weiterrösten. Hitze reduzieren, Paprikapulver einrühren und mit dem Sud aufgießen.
Erdäpfel, Porree, Paprikastreifen sowie Gewürze beigeben und auf kleiner Flamme weich kochen.
Währenddessen Fischstücke mit Salz sowie Zitronensaft würzen und sorgfältig entgräten oder schröpfen. Hitze auf ein Minimum reduzieren (evtl. auch Topf dann von der Platte ziehen), Gulaschansatz bei Bedarf nachsalzen und Fischstücke darin ca. 10 Minuten garen. Fischgulasch in tiefen, vorgewärmten Tellern anrichten. Mit gehackter Dille bestreut und einem Tupfer Sauerrahm garniert zu Tisch bringen.

BEILAGENEMPFEHLUNG: Teigwaren (Nockerln, Spätzle oder Nudeln) oder knuspriges Brot
TIPP: Für eine noch etwas feinere Variante kann man auch entgrätete und in mundgerechte Stücke geschnittene Fischfilets im Gulaschsud kurz vor dem Servieren gar ziehen lassen.

ZUTATEN
1 kg Karpfen, Amur u. a.
200 g Erdäpfel
250 g Porree
je 1/2 Paprikaschote,
rot und grün,
in feine Streifen
geschnitten
1 EL Dillspitzen,
gehackt
8 cl Öl
1 Zwiebel, fein
geschnitten
2 Knoblauchzehen,
fein geschnitten
Majoran, Kümmel,
Thymian
1 EL Paradeisermark
2 EL Paprikapulver,
edelsüß
Salz, Zitronensaft
etwas Sauerrahm

Für den Sud
1 l Wasser
250 ml Weißwein
1/2 Zitrone
1 Lorbeerblatt
einige Pfefferkörner
20 g Salz
150 g Wurzelwerk
(Zwiebeln, Karotten,
Sellerie, Petersilwurzel)

Karpfennockerln

Ein Grundrezept für gute Fischfarcen

ZUTATEN

200 g Fischfilet (Hecht,
Forelle oder Karpfen)
1 Ei oder 2 Eiklar
125 ml Schlagobers
Salz
evtl. Schuss Wermut
Kräuter nach Belieben

ZUBEREITUNG

Fischfilet sorgfältig entgräten und in der Küchenmaschine fein cuttern oder faschieren. In den Tiefkühlschrank stellen, bis die Masse zu frieren beginnt. In die kalte Masse nach und nach das Ei (oder Eiklar) sowie Obers einrühren und in der Küchenmaschine zu einer homogenen Farce verarbeiten, eventuell auch durch ein feines Haarsieb streichen. Mit Salz, eventuell einem Schuss Wermut und gehackten Kräutern nach Belieben würzen. Masse nochmals kalt stellen. Dann gut durchrühren und je nach weiterer Verwendung mit einem bzw. zwei Esslöffeln zu Nockerln formen und in wallendem Wasser ziehen lassen oder aber als Farce zum Füllen o. Ä. verwenden.

VERWENDUNG: als Einlage für Fisch- und Fischbeuschelsuppen; als Vorspeise auf Blattsalaten sowie als Farce für Fischterrinen und Füllungen von Strudelsackerln, Tascherln etc.

TIPP: Dieses Grundrezept für Fischfarcen lässt sich auch mit anderen Fischen, insbesondere mit Hecht herstellen.

Gulasch vom steirischen Teichkarpfen

Kümmelkarpfen auf Kürbisragout
Mundet besonders köstlich mit gerösteten Kürbiskernen und Kernöl

ZUBEREITUNG

Karpfenfilet in Portionen teilen und nur auf der Innenseite mit Salz, Zitronensaft und etwas gemahlenem Kümmel würzen. Mit der Hautseite in Mehl tauchen und in heißem Öl auf der Hautseite bei mittlerer Hitze ca. 5–7 Minuten gut anbraten, wenden und auf der zweiten Seite langsam fertig braten. Karpfenfilet mit der Hautseite nach oben auf dem vorbereiteten Kürbisragout anrichten, mit Kürbiskernöl (nicht zu sparsam) beträufeln und mit gerösteten Kürbiskernen sowie Dillzweig garnieren.

Für das Kürbisragout den Kürbis schälen und in ca. 1 cm große Würfel schneiden. In leicht gesalzenem Wasser ca. 4 Minuten bissfest kochen und sofort in kaltem Wasser abschrecken. Etwa ein Viertel der Würfel mit etwas heißem Kochsud und kalter Butter oder Obers pürieren. Kürbispüree langsam erwärmen, Kürbiswürfel zugeben und mit Salz, gemahlenem Kümmel sowie etwas Dille abschmecken. Die Kürbiskerne in einer Pfanne ohne Fett langsam knusprig rösten und etwas salzen.

ZUTATEN

600–800 g Karpfenfilet, geschröpft, evtl. mit Haut
Salz, Zitronensaft
Dille, Kümmel, gemahlen
griffiges Mehl zum Wenden
Öl

Für das Kürbisragout

1 kg Kürbis (Muskat- oder Hokkaidokürbis)
2–3 EL kalte Butter oder Schlagobers
Kürbiskernöl
Kürbiskerne geröstet
Dille zum Garnieren

Karpfenröster
Das klassische Rezept für Fischgröstl

ZUTATEN
400–500 g Fischmilch
und Rogen
100 g Zwiebeln,
fein geschnitten
Salz, Pfeffer aus
der Mühle
Kümmel, gehackt
evtl. Majoran
2–3 Eier
Öl oder Fett

ZUBEREITUNG
Fischmilch vor dem Zubereiten ca. 20 Minuten wässern. Nach Belieben Häutchen entfernen und gut abtropfen. Grob schneiden bzw. hacken und am besten in einer Antihaftpfanne in Fett anrösten. Währenddessen wie bei einem Rösti mit einer Backschaufel eher vorsichtig wenden, aber nicht rühren! Zwiebeln zugeben und kurz mitrösten. Mit Salz und den Gewürzen kräftig würzen. Eier kurz verschlagen und unterrühren. Nur kurz stocken lassen und anrichten.

BEILAGENEMPFEHLUNG: Schwarzbrot oder Salat

TIPPS
■ Der Fischröster kann auch als herzhafter Appetithappen direkt auf Brot angerichtet und zu einem Glas Wein oder Bier serviert werden.
■ Anstelle der Eier können auch knusprig angebratene Erdäpfel untergerührt werden.

Gebackene Karpfenmilch

ZUBEREITUNG

Karpfenmilch trockentupfen, Haut nach Belieben entfernen und Fischmilch in beliebig kleine Stücke teilen. In einem Teller Eier kurz verschlagen. Karpfenmilch zuerst in Mehl wenden, durch die Eier ziehen und in den Bröseln wälzen. In einer Pfanne etwas Butterschmalz mit Öl erhitzen und die Karpfenmilch bei nicht zu großer Hitze rundum knusprig backen. Herausheben, auf Küchenkrepp abtropfen lassen, salzen und mit Zitronenspalten garniert anrichten.

BEILAGENEMPFEHLUNG: Salz- oder Petersilerdäpfel, Paradeisersalat oder grüner Salat

ZUTATEN
600 g Karpfenmilch, gewässert
Weißbrot, entrindet und frisch gerieben
Mehl und Eier zum Panieren
Öl und Butterschmalz zum Herausbacken
Salz
Zitronenspalten zum Garnieren

Amurstreifen in Bier- oder Weinteig
Eine Spezialität vom besonders gesunden Graskarpfen

ZUBEREITUNG

Die portionierten Amurkarpfenstücke mit Salz sowie Zitronensaft gut würzen und ca. 20 Minuten marinieren lassen. Anschließend in wenig Mehl wenden. Dotter mit Bier oder Wein, einer Prise Salz und Öl anrühren. Eiklar mit einer Prise Salz steif schlagen und unterrühren. Amurstücke in den Teig tauchen, abtropfen lassen und im (nicht allzu) heißen Fett bei ca. 150–160 °C ausbacken. Auf Küchenpapier abtropfen lassen und servieren.

BEILAGENEMPFEHLUNG: Petersil- oder Dillerdäpfel mit Zitronenspalten
TIPPS
- Noch lockerer und luftiger wird der Bier- oder Weinteig, wenn man etwas Germ (Frisch- oder Trockengerm) einrührt.
- Nach demselben Rezept können auch andere Fischfilets (Zander, Wels, Lachsforelle etc.) zubereitet werden.

ZUTATEN
600–800 g Amurkarpfen-Filetstücke, klein geschnitten und geschröpft
Salz
Zitronensaft, evtl. Knoblauch und Kräuter
2 Eidotter
125 ml Bier oder Weißwein (Welschriesling, Schilcher)
2 EL Öl
150 g glattes Mehl
2 Eiklar
Öl zum Backen

ZANDER UND ANDERE BARSCHARTIGE FISCHE

*Zu den barschartigen Fischen, die wegen ihrer zweigeteilten stacheligen Rücken-
flosse auch „Stachelflosser" genannt werden, zählen neben dem Zander (auch
Fogosch, Schill oder Hechtbarsch) auch der Flussbarsch (Egli), der Schwarz- und
der Forellenbarsch.*

Gebratene Zanderfilets mit Zucchini und Paradeisern

ZUTATEN

4 Zanderfilets mit Haut,
je ca. 180 g, entgrätet
Salz, Zitrone
evtl. griffiges Mehl
(Weizen- oder Maismehl)
2 Paradeiser
(ersatzweise Dosen-
paradeiser)
2 kl. Zucchini
Öl zum Braten
Knoblauch, Thymian

ZUBEREITUNG

Paradeiser an der Kuppe kreuzweise einritzen und ca. 20 Sekunden in
kochendes Wasser geben. Kalt abschrecken, Haut abziehen, vierteln, entkernen und in Würfel (Concassé) oder Streifen schneiden (Dosenparadeiser
grob hacken und abtropfen lassen).
Zucchini 2–3 Minuten blanchieren (überbrühen) und abschrecken. Mit der
Schale der Länge nach vierteln, entkernen und blättrig schneiden. Zanderfilet mit Salz und Zitronensaft würzen und nach Belieben kurz in griffigem
Mehl wenden. In nicht zu heißem Öl auf der Hautseite ca. 5–6 Minuten
anbraten, wenden und noch kurz in der Pfanne lassen. Zander aus der
Pfanne nehmen und auf heißen Tellern anrichten. In die heiße Pfanne noch
etwas Öl geben, darin die Zucchini kurz anrösten, Paradeiser dazugeben,
mit Salz, Knoblauch und Thymian würzen, kurz durchschwenken und über
den Zander geben.

BEILAGENEMPFEHLUNG: Salzerdäpfel

Zanderfilet gebraten
auf Roten Rüben mit Krensoße

ZUBEREITUNG

Zanderfilet mit Salz und gemahlenem Kümmel würzen. Nach Belieben kurz in Mehl wenden und in nicht zu heißem Öl auf der Hautseite ca. 5–6 Minuten anbraten, wenden und noch kurz in der Pfanne lassen. Zander aus der Pfanne nehmen, vorbereitete Rote Rüben auf heißen Tellern anrichten und den Zander darauf legen. Mit etwas Krensoße umgießen.

Für das Rote-Rüben-Gemüse die Roten Rüben waschen, mit kaltem Wasser zustellen, aufkochen und das erste Wasser weggießen. Nochmals mit kaltem Wasser zustellen, mit Salz, Zucker, Essig, ganzem Kümmel und Lorbeerblatt kräftig würzen. Nicht zugedeckt weich kochen. Schälen und in feine Streifen schneiden, mit etwas Obers, Apfelessig und Salz kurz erwärmen. Für die Krensoße den Sauerrahm mit einer Prise Salz und frisch geriebenem Kren kurz glatt rühren.

BEILAGENEMPFEHLUNG: Kümmelerdäpfel

ZUTATEN

4 Zanderfilets mit Haut, je ca. 180 g, entgrätet
Salz, Prise Zucker und Schuss Apfelessig
Kümmel, ganz und gemahlen
Lorbeerblatt
evtl. griffiges Mehl (Weizen- oder Maismehl)
Öl zum Braten
2 Rote Rüben, mittelgroß
etwas Schlagobers
ca. 125 g Sauerrahm
1 EL Kren, frisch gerieben

Zanderfilet in Zwiebel-Knoblauchsoße

ZUTATEN

ca. 800 g Zanderfilet, entgrätet oder geschröpft
Salz, Pfeffer und Zitronensaft
Butter für die Form
etwas Weißwein oder Fischfond zum Untergießen
250 ml Fischfond
je ca. 70 g Butter und gekochter Erdapfel zum Binden
Schnittlauch, geschnitten
2–3 Knoblauchzehen
400 g weiße und rote Zwiebelstreifen (Julienne), gekocht

ZUBEREITUNG

Zanderfilet mit Salz und Zitronensaft würzen und in entsprechende Stücke teilen. In eine mit Butter ausgestrichene Pfanne oder Form geben, mit etwas Weißwein oder Fischsud untergießen und im auf 200 °C vorgeheizten Backrohr ca. 6 Minuten garen.

Währenddessen Fischfond aufkochen und im Mixer mit gekochtem Erdapfel und eiskalten Butterstücken pürieren bzw. montieren (binden). Mit Salz, Pfeffer aus der Mühle, Schnittlauch und gehacktem Knoblauch abschmecken. Gekochte Zwiebelstreifen als Einlage zugeben. Den gegarten Zander in tiefen Tellern anrichten, mit der gebundenen Zwiebel-Knoblauchsoße begießen und servieren.

BEILAGENEMPFEHLUNG: Salzerdäpfel

TIPP: Verwenden Sie statt Knoblauch Bärlauch, wenn dieser gerade Saison hat.

Hechtfilet mit roter Buttersoße und Porreegemüse

HECHTE ODER ESOCIDEN

Der Hecht (Esox lucius) zählt zur Gattung der Knochenfische und ist ein Raubfisch mit verlängerten Kiefern, spitzen Hundezähnen und weit nach hinten verlängerter Rücken- und Afterflosse. Sein Körper ist torpedoförmig und dunkel marmoriert.

Hechtfilet mit roter Buttersoße und Porreegemüse

ZUBEREITUNG

Für die Buttersoße zunächst den Rotwein mit Salz, Lorbeerblatt und Prise Zucker aufkochen. Zwiebeln feinnudelig schneiden, heiß abspülen, zugeben und langsam einkochen lassen. Sobald der Wein verkocht ist, mit Fischsud oder Suppe aufgießen und nochmals einkochen lassen. Erst kurz vor dem Servieren die eiskalten Butterstücke einrühren, aber nicht mehr kochen lassen.

Hechtfilets mit Salz und Zitronensaft würzen und etwas ziehen lassen. In eine gut mit Butter ausgestrichene Form oder Pfanne legen, wenig Weißwein zugießen und im vorgeheizten Rohr bei 200 °C ca. 8 Minuten garen.

Währenddessen Porree in gleichmäßige Ringe schneiden und gut waschen. In einer heißen Pfanne mit etwas Wasser und einer Prise Salz zugedeckt ca. 5 Minuten weich dünsten. Mit wenig Rahm oder Butter verfeinern. Porree und vorbereitete rote Buttersoße nebeneinander auf Tellern anrichten und das Hechtfilet in der Mitte platzieren.

TIPP: Die Hechtfilets können auch in einem Dämpfeinsatz über einem recht würzigen Sud zugedeckt 7–8 Minuten gedämpft werden.

ZUTATEN

4 Hechtfilets à ca. 180 g (entgrätet bzw. geschröpft)
Salz, Zitronensaft
500 g Porree
250 ml Rotwein
150 g Zwiebeln
Lorbeerblatt
Prise Zucker
125 ml Fischsud oder Suppe
150 g Butter, eisgekühlt
Butter für die Pfanne
Weißwein zum Angießen
Sauerrahm oder Butter für den Porree

Hecht „nach Holzhacker Art"
Besonders deftig – mit Knoblauchbutter und Speck

ZUTATEN

1 Hecht (ca. 1–1,5 kg),
am besten geschröpft
100 g Jausenspeck, in
hauchdünne Scheiben
geschnitten
80 g Butter
2 Knoblauchzehen,
fein geschnitten
1 EL Petersilie, fein
gehackt
Zitronensaft, Salz
Butter für die Pfanne

ZUBEREITUNG

Butter mit Knoblauch, Petersilie, Zitronensaft und Salz vermengen und den gut gereinigten Hecht damit füllen. Mit den Speckscheiben fest umwickeln und am Grill oder in einer gut mit Butter ausgestrichenen Pfanne im auf 200 °C vorgeheizten Rohr auf jeder Seite ca. 20 Minuten braten. Auf einer vorgewärmten Servierplatte anrichten und erst bei Tisch filetieren.

BEILAGENEMPFEHLUNG: Ofenerdäpfel oder mit dem Fisch mitgebratene Erdäpfel sowie frische Blattsalate

TIPP: Verwenden Sie für dieses Gericht einen besonders milden, gekochten Jausenspeck, der den zarten Hechtgeschmack nicht übertönt.

WALLER ODER SILURIDEN

Der Waller, auch Wels oder Schaden genannt, ist ein schwarzvioletter bis dunkelolivgrüner Raubfisch mit breitem Kopf, großer Mundspalte sowie Barteln am Ober- und Unterkiefer. Auffallend ist die kleine, sehr weit vorne sitzende Rückenflosse, die Fettflosse fehlt ganz. Verwandt ist der Zwergwels, der jedoch Fettflosse und Schleienschwanz aufweist. Vorsicht: Welse haben sehr spitze Brustflossen, an denen man sich leicht verletzen kann!

Waller mit Dillgurken

ZUTATEN

ca. 700 g Wallerfilets
(Wels)
etwas Fischfond oder
Weißwein für die Form
Butter für die Form
Salz, weißer Pfeffer
aus der Mühle
Zitronensaft
200 ml Fischfond
ca. 80 g Butter
1 Gurke
Dillspitzen
gekochte Erdäpfel (als
Beilage) nach Belieben

ZUBEREITUNG

Wallerfilets mit Salz und Zitronensaft würzen, 20 Minuten marinieren lassen. Eine Pfanne oder geeignete Form mit Butter ausstreichen, wenig Weißwein oder Fischfond eingießen und Filets einlegen. Im vorgeheizten Rohr bei 200 °C ca. 8 Minuten garen (oder über Dunst ca. 7–8 Minuten dämpfen).

Fischfond mit Dille aufkochen, kalte Butterstücke zugeben und (am besten mit dem Mixer) durchschlagen, bis eine sämige Soße entsteht. (Je mehr Butter verwendet wird, umso dicker wird sie.) Erdäpfel kochen, schälen, kleinwürfelig schneiden und warm halten. Gurke schälen, entkernen, in kleine Würfel schneiden und diese kurz überbrühen. In Eiswasser abschrecken.

Abtropfen lassen, mit der Dillsoße vermischen und mit Salz, weißem Pfeffer sowie Dille würzen. Welsfilets in heißen Suppentellern mit den gekochten Erdäpfelwürfeln anrichten und mit den Dillgurken begießen.

TIPPS

■ Noch attraktiver sieht das Gericht aus, wenn man unter die Gurkenwürfel noch 1–2 klein geschnittene Paradeiser mischt.

■ Die Soße könnte auch statt mit kalter Butter mit gekochten, mehligen Erdäpfeln gebunden werden.

WEISSFISCHE ODER CYPRIDEN

Foto links
von oben nach unten:
Silberkarausche
Goldkarausche
Aitl
Schleie
Rotauge
Rotfeder
Brachse

Sie zählen nicht zu den edelsten unter den Süßwasserfischen, können aber, vor allem in Fischeintöpfen, sehr schmackhaft sein. Zu den Weißfischen zählen u. a. Döbel oder Aitel, Barben, Flussbarben, Nasen, Rapfen oder Schiede, Karauschen, Giebel oder Silberkarauschen, Rotaugen oder Plötze, Rotfedern, Bleie oder Brachsen und Lauben.

Heiß abgesottenes Fisch-Allerlei
Filets von Weißfischen, auf Wurzelgemüse gebettet

ZUBEREITUNG

Aus Gräten und Köpfen der Fische sowie aus den beim Reinigen des Gemüses anfallenden Schalen einen Fischfond ansetzen (s. auch S. 317 und diesen 40 Minuten sanft köcheln lassen. Abseihen und mit Weißwein vermengen. In der Hälfte dieses Fonds Wurzelgemüse sowie Zwiebeln bissfest kochen. In der zweiten Hälfte des Fonds die Fischfilets pochieren (unter dem Siedepunkt langsam garen). In einem Suppenteller das Zwiebel-Wurzelgemisch kuppelförmig anrichten, die Fischfilets drauflegen. Den Kochsud mit dem Wurzelsud vermischen und gut fingerhoch in den Teller eingießen. Gehackten Knoblauch mit Semmelbröseln, Petersilie und Dillspitzen vermischen und über die Fischfilets verteilen. Mit gut gebräunter Butter übergießen.

Foto nächste Seite

ZUTATEN

800 g filetierte Weißfische oder andere Fischfilets nach Angebot (Karpfen, Amur, Schleien u. a.)
150 g Wurzelwerk, grobnudelig geschnitten
150 g Zwiebeln, blättrig geschnitten
250 ml Weißwein
50 g Butter
50 g Semmelbrösel
je 10 g Petersilie und Dillspitzen, fein gehackt
20 g Knoblauch, fein gehackt

Heiß abgesottenes Fisch-Allerlei

Weißfische in roter Paprikasoße

ZUTATEN

ca. 900 g Weißfischfilets, geschröpft (Karpfen, Schleie, Karausche, Rotfedern, Brachse u. a.)

4 rote Paprikaschoten, blanchiert, geschält und abgeschreckt

Butter für die Form

Zitronensaft

250 ml Fischsud

50 g mehlige Erdäpfel, gekocht

50 g Butterstückchen, eiskalt

Weißwein (oder Fischsud) zum Untergießen

Salz

Dille oder Petersilie, gehackt

Knoblauch, zerdrückt

ZUBEREITUNG

Die geschröpften Filets in portionsgerechte Stücke teilen und mit Salz sowie Zitronensaft würzen. Fischfilets in eine mit Butter ausgestrichene Pfanne oder Form legen, mit etwas Weißwein oder Fischsud untergießen und für ca. 5-6 Minuten in das auf 200 °C vorgeheizte Backrohr geben.

Währenddessen Fischsud mit den gekochten Erdäpfeln sowie 2 (!) Paprikaschoten und eiskalter Butter fein pürieren bzw. aufmixen. Mit Dille oder Petersilie und Knoblauch abschmecken. Restliche Paprikaschoten in Streifen schneiden und einmengen. Den pochierten Fisch in tiefen Tellern anrichten, mit Paprikasoße beträufeln und servieren.

BEILAGENEMPFEHLUNG: gekochte Erdäpfel

EDEL- ODER FLUSSKREBSE

Vor über 100 Jahren waren Krebse ein Volksnahrungsmittel und ein wöchentlich wiederkehrendes „Personalessen" in Herrschaftshäusern. Nach der um 1870 in Frankreich einsetzenden Krebsenpest wurden allmählich alle mitteleuropäischen Bestände vernichtet. Erst in jüngster Zeit werden Fluss-, Stein- und Signalkrebse wieder aus heimischen Zuchten, allerdings zu ziemlich hohen Preisen, angeboten. Die Krebssaison dauert von Mai bis August.

Flusskrebserl in steirischem Himbeeressig

ZUBEREITUNG

Öl und Essig für das Dressing gut verrühren, mit Salz und schwarzem Pfeffer aus der Mühle würzen. Karfiol und Brokkoli in Salzwasser bissfest kochen und abschrecken. Abtropfen lassen und mit dem Dressing marinieren. Krebse nach dem Grundrezept zubereiten und noch lauwarm ebenfalls mit dem Dressing marinieren. Blattsalat marinieren und auf Tellern anrichten. Krebse sowie Gemüse darauf platzieren und mit Estragonblättern dekorieren.

ZUTATEN

20–24 Flusskrebse (Grundzubereitung s. unten)
ca. 600 g Brokkoli- und Karfiolröschen
2–3 Teile Sonnenblumenöl
1 Teil steirischer Himbeeressig
Salz, Pfeffer aus der Mühle
Blattsalat nach Belieben
Estragonblätter

Flusskrebse natur (Grundrezept)

ZUBEREITUNG

In einem großen Topf genügend Salzwasser mit den Gewürzen aufkochen *(Abb. 1, nächste Seite)*. Lebende Krebse einlegen *(Abb. 2)* – sie sind in Sekundenschnelle getötet –, Topf beiseite ziehen oder Hitze auf ein Minimum reduzieren und die Krebse noch ca. 3–4 Minuten ziehen lassen *(Abb. 3)* – sie verfärben sich dabei rötlich. Krebsschwänze aber auf keinen Fall kochen, da sie dadurch hart werden! Herausheben und die etwas abgekühlten Krebse auslösen *(Abb. 4)*.

TIPP: Achtung! Nur frische bzw. lebende Krebse verarbeiten, da bei länger getöteten Krebsen bzw. Krustentieren Vergiftungsgefahr (Eiweiß- bzw. Fischvergiftung) besteht.

ZUTATEN

ca. 2 kg Flusskrebse (etwa 20–24 Stück), lebend
Salz, Kümmel, Dille (Dillspitzen oder Dillstängel)
eventuell Fenchelholz

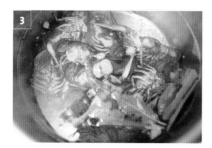

Kleiner Krebsen-Knigge

Keine Angst vor kniffligen Krebsen! Das „Panzerknacken" ist gar nicht so schwer. Trennen Sie zunächst den Krebsschwanz mit einer leichten Drehung vom Körper ab (Abb. 1, gegenüberliegende Seite). Drücken Sie den Schwanzpanzer an beiden Seiten etwas zusammen und ziehen Sie ihn vorsichtig vom Fleisch ab (Abb. 2). Schneiden Sie den ausgelösten Krebsschwanz an der Oberseite in Längsrichtung etwas ein und ziehen Sie den Darm, einen etwa suppennudeldünnen Faden, aus dem Fleisch, damit dieses danach nicht bitter schmeckt (Abb. 3).

Drehen Sie nun die Scheren, am besten mit Hilfe eines Geschirrtuches oder einer Serviette, aus dem Panzer (Abb. 4). Drehen Sie die kleine, bewegliche Schere vorsichtig ab (Abb. 5) und schneiden Sie die große Schere entweder mit einem Messer auf (Abb. 6) oder verwenden Sie zum Aufknacken einen Nussknacker oder eine Krebsenzange. Auch ein Schnitzelklopfer kann gute Dienste tun, wenn man den Krebs zuvor mit einem Tuch abdeckt, damit er unter der Wucht nicht zerbirst. Sobald die Schere geknackt ist, lässt sich das Fleisch leicht herausziehen und genießen (Abb. 7).

Bitte werfen Sie Panzer und Scheren nicht weg. Denn wenn Sie das Krebsnase genannte Kopfteil vollkommen ausputzen (Abb. 8) und mit den restlichen Schalen von Schwanz und Scheren im lauwarmen Rohr trocknen, brauchen Sie es nur noch mit dem Schnitzelklopfer etwas zu zerkleinern und können es für die Herstellung von Krebssoße oder Krebsbutter (s. Seite 317) weiterverwenden.

Nächste Doppelseite: Flusskrebse natur

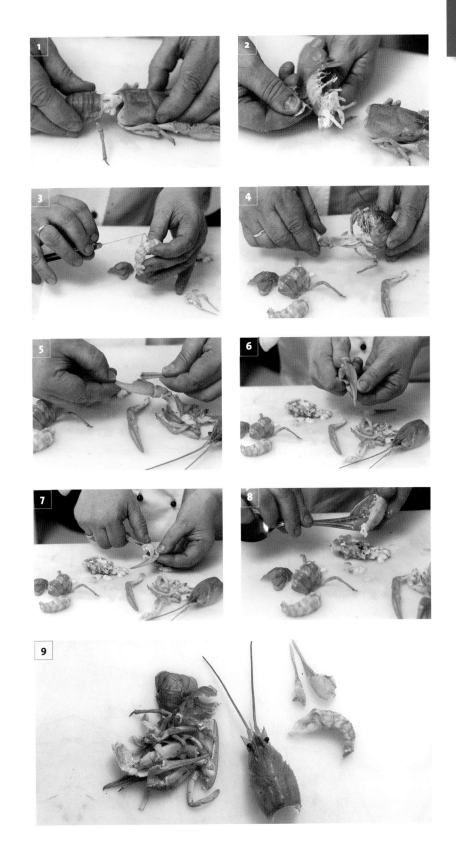

Flusskrebse mit Salbeinudeln und Eierschwammerln

ZUTATEN

20–24 Flusskrebse, ausgelöst (s. S. 217 f.)
ca. 250 g Nudeln
ca. 250 g Eier-schwammerln
100 g Zwiebeln, fein geschnitten
8–10 Salbeiblätter
Sonnenblumenöl
Salz, Pfeffer aus der Mühle

ZUBEREITUNG

Nudeln in Salzwasser bissfest kochen. Eierschwammerln möglichst trocken-putzen und am besten mit der Hand in kleinere Stücke reißen. In Öl gut anrösten, Zwiebeln zugeben und kurz mitdünsten. Salbei fein schneiden (einige Blätter als Garnitur beiseite legen) und einmengen. Gekochte Nudeln unterrühren. Die wie beschrieben gekochten und ausgelösten Fluss-krebse (mitsamt den Scheren) zugeben. Mit Salz und Pfeffer würzen. In vor-gewärmten Suppentellern anrichten, mit Salbeiblättern und Krebsnasen garnieren.

Krebsenschmarren anno 1893

ZUTATEN

ca. 30 Flusskrebse
500 ml Milch
10 Eier
Mehl, glatt
Salz
125 g Krebsbutter (s. S. 317)
125 g Krebsbutter oder Butter zum Backen
Dille, gehackt

ZUBEREITUNG

Die Flusskrebse wie im Grundrezept beschrieben kochen, Krebsfleisch aus-lösen und nicht zu klein schneiden. Milch mit so viel Mehl verrühren, dass ein dünnflüssiger Teig entsteht. Krebsbutter schmelzen, zugießen und Teig salzen. Eier einrühren und Krebsfleisch zugeben. Bei Bedarf die Konsistenz des Teiges mit Mehl oder Milch korrigieren, so dass ein schöner Schmarren- bzw. Palatschinkenteig entsteht. Krebsbutter oder Butter in einer Kasserolle erhitzen und Teig einfließen lassen. Im gut vorgeheizten Backrohr bei ca. 200 °C Oberhitze so lange backen, bis die Oberfläche schön braun gewor-den ist. Den Schmarren mit zwei Gabeln zerreißen und mit gehackter Dille garniert servieren.

BEILAGENEMPFEHLUNG: zarter Blattsalat

TIPP: Anno 1893 wurde der Schmarren nicht im Backrohr mit Oberhitze, sondern auf einem Dreifuß so gebacken, dass der Schmarren von oben mehr Hitze abbekam als von unten.

Krebsragout im Kohlrabi

ZUBEREITUNG

Flusskrebse wie auf Seite 211 f. beschrieben kochen und auslösen. Vom Kohlrabi Deckel mit Grün abschneiden und zum Dekorieren aufheben. Restlichen Kohlrabi schälen, vorsichtig aushöhlen und in Salzwasser bissfest kochen. Kohlrabi-Abschnitte mit Brokkoli- oder Zucchiniwürfeln ebenfalls bissfest kochen.

Für das Krebsragout zunächst die weiße Grundsoße mit einem Schuss Weinbrand und etwas Paradeisermark sowie eventuell mit etwas Krebsbutter aufmixen. Diese Krebssoße mit ausgelösten Krebsen, Gemüse und Basilikum vermischen. Mit Salz und Pfeffer gut abschmecken. Kohlrabi auf vorgewärmte Teller setzen, mit dem Krebsragout füllen, den Kohlrabideckel aufsetzen und servieren.

TIPPS:

- ▪ Die Krebssoße kann – mit Eidotter verrührt – auch zum Überbacken verwendet werden. Wird sie mit Suppe verdünnt, so lässt sich daraus auch eine Schaumsuppe zaubern.
- ▪ Für Flusskrebse im Blätterteig-Pastetchen wird das Krebsragout statt in Kohlrabi zwischen zwei Deckel (in beliebiger Form) aus knusprig gebackenem Blätterteig gefüllt.

ZUTATEN
24 Flusskrebse,
ausgelöst
4 schöne Kohlrabi
Brokkoli- oder Zucchini-
würfel nach Belieben
Basilikum
Salz, Pfeffer

Für das Krebsragout
weiße Grundsoße
(s. S. 318)
Schuss Weinbrand
Paradeisermark
Krebsbutter (s. S. 317)
nach Bedarf

Flusskrebse im Wurzelsud

ZUTATEN

20–24 Flusskrebs-
schwänze und Scheren
250 ml kräftiger Krebs-
oder Fischsud und
Krebsbutter (s. S. 317)
50 g mehliger Erdapfel,
gekocht, zum Binden
50 g kalte Butter oder
Krebsbutter
Basilikum oder
Petersilie, gehackt
Schuss Weinbrand
300 g Gemüse (Wurzel-
oder Mischgemüse),
gekocht

ZUBEREITUNG

Krebs- oder Fischsud mit gekochtem Erdapfel und kalter Butter (oder Krebs-butter) im Turmmixer oder mit dem Stabmixer aufmixen bzw. binden (montieren). Mit Basilikum oder Petersilie und Weinbrand kräftig abschme-cken. Gekochtes, kleinwürfelig geschnittenes Gemüse einrühren. Fluss-krebse wie auf Seite 211 f. beschrieben kochen und auslösen. Die ausgelös-ten Flusskrebsschwänze in tiefen Tellern anrichten und mit der gebundenen Soße begießen.

TIPP: Etwas ausgiebiger gerät dieses Gericht, wenn man unter die Krebs-schwänze noch gekochte Erdäpfelwürferl mengt.

Krebse in Biersoße

Nach einem historischen Rezept

ZUBEREITUNG

Lebende Krebse sorgfältig mehrmals mit frischem Wasser übergießen und waschen, indem man sie mit einem Holzstäbchen hin und her bewegt. In einem Topf Bier mit Salz und Kümmel aufkochen, Krebse zugeben und 5–8 Minuten garen. Butter, Petersilie sowie frisch gemahlenen Pfeffer zugeben und nochmals aufkochen lassen. Krebse herausnehmen und warm halten. Zerkleinerte Semmel in die Soße rühren und damit binden. Soße nochmals abschmecken und gemeinsam mit den Krebsen servieren.

TIPP: Die Soße kann auch mit Mehl und Butter gebunden werden.

ZUTATEN

20–24 Flusskrebse
Weißbier oder helles Bier
Salz, Kümmel
Pfeffer aus der Mühle
100 g Butter
Petersilie, fein gehackt
1 Semmel, altbacken und
zerkleinert

Abraham a Sancta Claras gereimter Fischmarkt

Abraham a Sancta Clara wurde vor allem dadurch bekannt, dass er den „Wiener Leckermäulern" wortreich ins Gewissen redete. Nur wenige wissen, dass er in den Jahren 1683–1689 als Prediger bei den barfüßigen Augustinermönchen im Grazer Münzgraben wirkte und dort in Anspielung auf die Fischpredigt des hl. Antonius auch eine Verspredigt verfasste, in der er auf die Vorlieben der Grazer für Karpfen, Hechte, Platteißeln (Schollen), Stockfische, Sardellen, Aale, Hausen, Saiblinge, Äschen, Krebse und Schildkröten anspielte: „Fisch grosse/Fisch kleine/Vornehme/und Gmeine/heben in d'Höh die Köpf/wie verständige Gschöpf/auf Gottes Begehren/um Antonius zu hören."

VOM POULARD BIS ZUM LAMMHAXEL

Aus steirischen Fleischtöpfen

Auch wenn manche alten Gemälde von Bauernhochzeiten und Fürstentafeln einen ganz gegenteiligen Eindruck machen mögen, so bleibt doch festzuhalten: Das Fleisch hat in der steirischen Volksnahrung bis vor gar nicht so langer Zeit nur eine Nebenrolle gespielt. Die steirische Küche war vorwiegend eine Getreideküche, und erst während der letzten 150 Jahre hat sich der Fleischgenuss etwa verfünffacht.

Wenn freilich in der steirischen Küche Fleischgerichte auf den Tisch kamen, so stammten diese, zumindest bis tief ins 19. Jahrhundert hinein – die hochherrschaftliche Wildbretküche einmal ausgenommen –, fast immer vom Schwein. Während Schaf und Ziege eher der Milchgewinnung dienten, hatte sich das Schwein schon im Mittelalter zum wichtigsten „Fleischlieferanten" von Bauern und einfachen Volksschichten entwickelt. Und als im 19. Jahrhundert die Schweinemast durch die Einfuhr der neuen Futtermittel Erdäpfel und Mais aus Amerika einen gewaltigen Aufschwung nahm, entdeckte auch das aufstrebende Bürgertum seine Liebe zum früher als nicht standesgemäß geltenden Schweinebraten.

Die große Stunde des Rindes schlug in der Steiermark unterdessen erst, als mit dem Siegeszug der Kleineisenindustrie auch Sensen entwickelt wurden, die es ermöglichten, den unaufhörlichen Jungwaldwuchs auf Großflächen durch eine jährliche Mahd zu bändigen und so großräumige Weideflächen zu kultivieren. Die dadurch gewonnenen großen Heumengen boten ausreichend Winterfutter für die Zucht größerer Rinderbestände. Rindsuppe und Rindfleisch konnten somit zum täglichen Mahl der Bürger- und Offiziershaushalte in den Garnison- und Gewerkenstädten werden, wo es täglich Rindfleisch gab – außer natürlich an den Fasttagen und am Sonntag, wenn die steirische Hausfrau noch etwas Feineres, etwa einen schönen knusprigen Braten, auftischte.

Was den Bürgern ihr gekochtes Rindfleisch, das war den Bauern im 19. Jahrhundert ihr Selchfleisch, das keineswegs als „Armeleuteessen" galt. Im Gegenteil: Gerade reiche Bauern hielten sich zugute, täglich außer Freitag und Sonntag oder „zumindest dreimal" die Woche geselchte Suppen und geselchtes Fleisch auf den Tisch zu bekommen.

Wesentlich rarer machte sich da schon das Hausgeflügel auf den Tafeln vergangener Zeiten. Hühner gehörten in der Steiermark zwar einst zu jedem großen und kleinen Hof, zu jedem Keuschler, ja sogar zum kleinsten Austragshäuserl. Doch wurden sie nicht in erster Linie dazu gehalten, um die Speisekarte zu bereichern, sondern um Eier zu legen.

Im Ennstal war das Schlachten einer Henne das Zeichen dafür, dass es am Hof eine Wöchnerin gab. Diese – und nur diese – hatte nämlich einen Anspruch auf eine kräftigende Hühnersuppe mit Weißbrotschnitzen, und gegen Ende der Woche fanden sich auch Hühnerfleischstückchen in der Suppe.

In der niedrigeren Ackerbauregion des Landes, wo reichlich Getreide vorhanden war und die Hühner nützliche Schädlingsvertilger waren, hatte man freilich mitunter auch mehr Geflügel und das Huhn gehörte – wiewohl nur sonntags – zur Volkskost.

Auf den meisten anderen steirischen Höfen landeten früher jedoch nur alte Suppenhühner im Topf, der Rest war (wie vor allem auch die Enten und Gänse) der Steuerleistung an die Grundherrschaft und dem Verkauf auf den städtischen

Märkten vorbehalten, wo Federvieh aller Art freilich hoch im Kurs stand. Im Sulmtal erreichte die Zucht steirischer Poularden sogar einen ähnlichen internationalen Ruf wie ihn die Bressehühner oder die Brüsseler Poularden genossen. Dabei unterschieden sich die steirischen Poularden gerade von den grobhäutigen Bresse-Poularden doch beträchtlich durch ihre gelbe, feinporige Haut. Im Gegensatz zu den französischen, häufig ohne Haut gekochten Hühnern werden die steirischen Hühner daher auch bis heute vorwiegend mit der Haut gebraten. Leider hat die in der zweiten Hälfte des 20. Jahrhunderts aufgekommene Massentierhaltung das Image des Geflügels – leider auch des steirischen – nachhaltig beschädigt und erst allmählich wird wieder der (durchaus auch geschmackliche) Wert von Wild- oder Freilandhühnern aus biologischer Bodenhaltung entdeckt.

Ein gewaltiger Imagezuwachs – vom eher übel riechenden „Schöpsernen" hin zur begehrten Delikatesse – ist indessen während der letzten Jahrzehnte dem steirischen Lammfleisch zuteil geworden. Am meisten verbreitet ist das Bergschaf, gefolgt von den Rassen Merino, Milchschaf und verschiedenen Fleischrassen wie Schwarzkopf, Suffolk oder Texel.

Als Mutterrassen werden zur Lammfleischproduktion meist das Bergschaf oder Merino eingesetzt, während väterlicherseits Fleischrassen zur Verbesserung der Fleischfülle zum Einsatz kommen.

Letztendlich ist die steirische Fleischküche, wie auch schon in Mittelalter und Renaissance, eine Wildküche geblieben. Das Wildbret zählt auf Grund seiner Haltung im Freiland und seiner natürlichen Nahrung zum wertvollsten Fleischprodukt in der Küche. Das Fleisch des Wildes ist feinfasrig, zart und leicht verdaulich. Es hat einen hohen Gehalt an Eiweiß, jedoch einen sehr geringen Fettanteil (2–3 %) und daher auch einen geringen Cholesterinwert.

An Wild mangelt es in der waldreichen Steiermark keineswegs. Immerhin kann sie unter allen österreichischen Bundesländern auf den höchsten Bestand an Haarwild (Reh, Rot- und Damwild, Gams, Steinbock, Muffel, Wildschwein, Feldhase, Wildkaninchen) und Federwild (Fasan, Rebhuhn, Stock- und Krickente, Wildtaube, Schnepfe) verweisen.

Unser Umgang mit dem Wildbret hat sich seit den Zeiten der hochherrschaftlichen Jagden freilich sowohl dem Wild als auch den Wildgenießern gegenüber geändert. Denn für jedes Wild gibt es mittlerweile streng überwachte Jagdzeiten, und die Köstlichkeiten des Waldes stehen heute nicht nur den Schlossküchen offen. Die Wildschützen, die früher ganze Sagen- und Legendenbücher füllten, sind indessen so gut wie ausgestorben.

KLEINE FLEISCH-KOCHSCHULE

Einkauf

■ Fleisch am Tag seiner Zubereitung zu besorgen, ist sehr riskant. Je nach Teilstück oder Wochentag könnte es vielleicht auch gar nicht angeboten werden oder noch nicht optimal gereift sein. Bestellen Sie Ihr Fleisch also, zumal vor Wochenenden und Feiertagen, rechtzeitig vor und beachten Sie, dass manche Fleischstücke (z. B. Rindslungenbraten, Steaks etc.) durch längeres Nachreifen in Öl nur besser werden können.

■ Kaufen Sie, von Geflügel einmal abgesehen, wo immer es möglich ist, marmoriertes Fleisch, bei Bedarf auch mit guter Fetteindeckung. Fett ist und bleibt, gerade beim Fleisch, der Geschmacksträger Nummer eins. Und nur eine zarte Durchwirkung von feinen und feinsten Fettäderchen ermöglicht auch ein entsprechendes Abhängen und Reifen von Fleischteilen und damit ein optimales Geschmacksergebnis. „Schönes rotes und mageres Fleisch" ist fast immer auch trockenes und geschmacksarmes Fleisch. Fleischstücke mit höherem oder hohem Fettanteil sollten daher aus Geschmacksgründen unbedingt mitverarbeitet werden, auch wenn Sie diese – aus Kaloriengründen – vor dem Servieren wegschneiden sollten.

Klopfen

Wenn die Fleischstücke, etwa für Schnitzel oder Rouladen, geklopft werden, so verwenden Sie dafür möglichst nur die glatte Seite eines Schnitzelklopfers und schieben Sie eine dickere Plastikfolie zwischen Klopfer und Fleisch. Fleisch kann übrigens auch mit einem schweren Pfannenboden gut plattiert werden. Fleischstücke wie Steaks, Koteletts oder dickere Schnitzel, die saftig gebraten werden sollen, eignen sich nicht zum Klopfen, weil sonst der wertvolle Fleischsaft verloren geht und das Fleisch schrumpft.

Salzen und Würzen

Verwenden Sie kein Fleisch, das direkt aus dem Kühlschrank kommt, sondern warten Sie, bis es Zimmertemperatur hat.

Gesalzen wird grundsätzlich vor dem Braten. Auch Leber kann kurz vor dem Braten gesalzen werden, sollte jedoch dann bei möglichst geringer Hitze, am besten in zart gebräunter Butter, gebraten werden, da sie durch zu hohe Temperatur leicht verbrennt und somit durchgegart und hart wird. Gewürzt kann (und soll oft auch) schon ein bis zwei Tage vor dem Braten werden, indem man das Fleisch mit Kräutern (möglichst frisch, in Öl konserviert oder gefriergetrocknet) und Gewürzen in geschmacksneutralem Öl 1–2 Tage mariniert.

Zum Marinieren eignen sich folgende Kräuter, Gewürze und Aromen:

■ **Dunkles Fleisch (Rind, Wild, Lamm):** Schwarzer Pfeffer, ganz oder grob gemahlen, Senf (sollte für Lamm und Rind scharf-würzig sein), Rosmarin, Thymian, Lorbeer, Majoran, Petersilie, Knoblauch, Koriander, Wacholder, Zimt, Piment, Nelken (für Wild), Minze (für Lamm), Zwiebeln und Wurzelwerk als Röstgemüse für Braten, kräftige Rotweine.

- *Helles Fleisch (Kalb, Schwein, Geflügel):* Weißer Pfeffer, ganz oder grob gemahlen, Thymian, Salbei, Majoran, Petersilie, Kerbel, Schnittlauch, Dille, Lavendel, Kresse sowie Zwiebeln, Karotten, Sellerie, Petersilwurzeln und Porree (als Würzstoff für Ragouts und Soßen), trockene Weißweine.

Dünne Fleischstücke werden nur auf einer Seite gewürzt und auf der ungewürzten Seite angebraten.

Beim Grillen oder Braten von Fleischstücken sollten diese nicht zu früh mit Kräutern (schon gar nicht mit getrockneten) gewürzt werden, da diese schnell verbrennen und einen bitteren Geschmack erzeugen können.

Knoblauch sollte eher geschnitten als gepresst werden. Außerdem empfiehlt es sich, Fleisch bzw. Soßen erst kurz vor dem Anrichten mit Knoblauch zu würzen, da dieser beim Braten anbrennt und Bitterstoffe freisetzt.

Beim Umgang mit Kräutern und Gewürzen sollte man eher sparsam sein und sich nur auf ein bis zwei Kräuter beschränken, um einerseits den Fleischgeschmack und andererseits den Kräutergeschmack nicht zu übertönen.

Garzeiten

Alle Fleischgerichte der klassischen steirischen oder altösterreichischen Küche – gekochtes Rindfleisch, Gulasch, Ragouts, gedünstete Braten, Rouladen oder Rostbraten – sollten bei sehr niedriger Hitze (80–90 °C), eher nicht oder maximal halb zugedeckt, ganz langsam ca. 3–4 Stunden garen.

Garmethoden

Die Wahl der Garmethode hängt von unterschiedlichen Faktoren wie Fleischqualität, Marktangebot, Jahreszeit und persönlichen Vorlieben ab. Folgende Möglichkeiten stehen zur Auswahl:

Braten in der Pfanne: Schnitzel, Steaks, Medaillons und andere Stücke in heißer, geklärter Butter (Butterschmalz) oder Öl anbraten und ohne Flüssigkeitszugabe fertig braten. Dazu ein paar Tipps:

- Schneiden Sie Flachsen oder Sehnenränder öfters ein (damit sich das Fleisch beim Braten nicht aufwölbt und aus der Fasson gerät) und entfernen Sie diese erst nach dem Braten oder Kochen. Dann trocknet das Fleisch weniger leicht aus.
- Verwenden Sie möglichst Pfannen mit dickem Boden, die sich gut erhitzen lassen, und geben Sie Fett oder Öl erst kurz vor dem Braten in die heiße Pfanne.
- Verwenden Sie nur Fette, die nicht schnell überhitzt werden können (z. B. Schmalz, Sonnenblumen- oder Rapsöl). Alle kalt gepressten Öle sind ebenso ungeeignet wie Fette, die beim Erhitzen schnell zu rauchen beginnen (z. B. Teebutter).

▨ Braten Sie das Fleisch nach dem Würzen immer zuerst auf der fettreichen Seite (Hautseite bei Geflügel, Schwartenseite bei Fleisch) an.

▨ Je dicker das Fleischstück ist, desto stärker muss die Hitze nach dem Anbraten reduziert werden, damit keine allzu harte Kruste entsteht.

▨ Wenden Sie kurz angebratene Koteletts, Medaillons, Steaks oder Rumpsteaks, sobald sich Saft auf der Oberseite bildet, schalten Sie dann die Hitze stark zurück und garen Sie die Fleischstücke auf kleiner Flamme unter oftmaligem Wenden (ca. alle 2 Min.) langsam zum gewünschten Garungspunkt fertig. Eine zweite Methode besteht darin, die Fleischstücke gleich nach dem Anbraten und Wenden auf eine kalte Platte oder ein Gitter zu legen und bei Bedarf – eventuell auch Stunden später – im vorgeheizten Ofen bei ca. 200 °C fertig zu garen. Das dauert je nach Größe ca. 5–10 Minuten. Wirklich dicke Steaks brauchen 12–15 Minuten.

▨ Stechen Sie Fleischstücke beim Wenden niemals mit der Gabel an, weil dann unnötig Saft entweicht.

▨ Braten Sie Kurzbratenstücke wie Schnitzel, Filets oder Geschnetzeltes immer nur in kleinen Mengen in einer Pfanne an, nehmen Sie diese nach dem Anbraten und Wenden halb durch aus der Pfanne und stellen Sie die Stücke, während Sie die nächsten oder die Soße zubereiten, einfach beiseite. (Nicht warm stellen, da das Fleisch sonst nachgart und hart wird.) Erhitzen Sie dann vor dem Anrichten die Soße und erwärmen Sie darin das vorgebratene, halbrohe Fleisch bzw. lassen Sie es in der heißen Soße fertig garen!

▨ Vermindern Sie beim Aufgießen oder Ablöschen mit Wein oder Suppe unbedingt zuvor die Hitze, da sonst die Gefahr von Stichflammenbildung besteht!

▨ Je magerer und daher stärker durch Austrocknung gefährdet ein Stück Fleisch ist, desto weniger Hitze sollte nach dem scharfen Anbraten und Wenden verwendet werden. Denn: Nur langsames Garen erhält die Säfte.

▨ Lassen Sie alle Fleischstücke nach dem Braten und vor dem Anschneiden – am besten auf einem Gitter – rasten, damit sich der Fleischsaft verteilen kann und beim Anschneiden nicht ausrinnt. Steaks und Koteletts benötigen ca. 5–8 Minuten Rastzeit. (Eventuell während des Rastens mit Alufolie bedecken, damit die Fleischstücke nicht zu schnell erkalten.)

Sautieren: In Scheiben, Würfel oder Streifen geschnittenes Fleisch oder Geflügel in kleinen Mengen bei großer Hitze kurz anbraten. Vorsicht: Bei zu geringer Hitze oder zu großer Fleischmenge sinkt die Temperatur in der Pfanne ab und das Eiweiß an der Oberfläche kann sich nicht schließen (bräunen). Dadurch tritt Fleischsaft aus und die Fleischstücke werden gedünstet statt gebraten und dadurch schnell trocken.

Dünsten: Kleinere Fleischstücke ohne Flüssigkeitszugabe im eigenen Saft zugedeckt langsam weich garen.

Werden Fleischstücke in dunkler Soße gedünstet (Braten, Ragout, Rostbraten usw.), so wird das Fleisch zu Beginn in der Pfanne bei hoher Hitze rundum gut angebraten. Werden Fleischstücke hingegen in hellen

Rahmsoßen oder Gulaschsaft gedünstet, so wird das Fleisch (auch z. B. Faschiertes für Sugo) in rohem Zustand in die Soße gegeben und langsam weich gedünstet. Eine Sonderform des Dünstens ist das Gulasch. (Spezialtipps s. Seite 264)

Braten im Rohr: Frühere Öfen hatten durchschnittliche Backrohrtemperaturen von ca. 130–150 °C, wodurch sich eine sanfte, langsame Garung ergab. Die heutigen Geräte erreichen 200–250 °C Backrohrtemperaturen, weswegen die Bratenstücke zwar schneller durch sind, dafür aber, bedingt durch die große Hitze, bis zu 35 % des Fleischsaftes verdunsten, wodurch das Endprodukt ein gelegentlich wohl brauner, jedoch trockener und stark geschrumpfter Braten ist. Vorzuziehen ist daher eine Senkung der Ofentemperatur auf „frühere Verhältnisse". Sie werden sehen: Sofort wird das geschmackliche Ergebnis besser, es braucht aber – wie so vieles in jeder wirklich guten Küche – auch etwas mehr Zeit. Dazu gehört auch, dass Bratenstücke die Gelegenheit haben sollten, nach Bratende (am besten im abgeschalteten und geöffneten Rohr) je nach Größe noch ca. 10-15 Minuten zu rasten.

Und noch zwei Tipps:

- Ist die Schwarte eines Bratens am Ende der Garzeit bereits schön knusprig geworden, so sollte man sie nicht mehr mit Saft oder Wasser übergießen, da sie sonst leicht zäh wird. Ist die Schwarte indessen bei Bratschluss noch nicht knusprig genug, so übergießen Sie diese einfach (aus Sicherheitsgründen in einer sehr tiefen Bratenpfanne) öfters mit sehr heißem Schmalz oder Öl (Vorsicht! Verbrennungsgefahr!), wodurch die Schwarte auch knusprig gemacht werden könnte.

- Für die moderne Küche lohnt sich in jedem Fall die Anschaffung eines Bratenthermometers. Solche sind heute schon sehr preisgünstig zu haben, und die einfachste sowie sicherste Methode, die Garung großer Bratenstücke problemlos in den Griff zu bekommen, besteht darin, dass man die Kerntemperatur misst. Diese beträgt für Schweine-, Kalbs- oder Rinderbraten 72–75 °C. Je langsamer diese Temperaturbereiche erreicht werden, desto saftiger und mürber gerät der Braten. Soll der Braten zart rosa sein, darf eine Kerntemperatur von 68–70 °C keinesfalls überschritten werden.

- Was den Garpunkt von Fleischstücken ganz allgemein betrifft, gelten folgende Kerntemperatur-Richtwerte:

englisch/stark rot	60–62	°C
halb durch	63–66	°C
zart rosa/drei viertel durch	67–69	°C
fast durch	70–72	°C
gut durch, eher trocken	75	°C +

Schmoren: Größere oder große Fleischstücke bei mittlerer Hitze anbraten, Hitze reduzieren, Röstgemüse mitrösten, mit Wein, Most oder Bier ablöschen, einkochen lassen und mit kräftigem Fleischfond oder Suppe auffüllen. Im Rohr bei 130–150 °C oder auf dem Herd zugedeckt langsam weich garen.

Kochen: Siedefleisch von Rind, Lamm, Huhn, Schwein (oder auch Innereien wie Kalbszunge oder Kalbsherz) in mäßig heißer Suppe (80–90 °C) mit Gemüse, Kräutern und wenig Salz weich kochen. Während des Kochens zwischendurch evtl. abschäumen und abfetten (degraissieren). Achtung: Beim Aufgießen zwischendurch nur kaltes Wasser verwenden! Und noch ein Tipp:

■ Schrecken Sie gekochtes Rind, Schwein, Kalb, Lamm, aber auch Beuschel oder Selchfleisch nach dem Kochen immer mit kaltem Wasser ab, damit es nicht austrocknet und sich nicht verfärbt. Bei der Weiterverarbeitung (Beuschel) oder beim Wiedererwärmen behalten die gekochten Fleischstücke auf diese Weise ihre appetitliche Farbe.

Backen: Fleisch oder Geflügel nach dem Panieren in Mehl, kurz verschlagenem Ei (ohne Zugabe von Wasser oder Öl) und in Bröseln (am besten frisch gerieben oder von entrindetem Weißbrot) je nach Größe bei 130–180 °C schwimmend ausbacken. Zum Backen dürfen nur hitzebeständige Öle wie Kokosfett, Erdnussöl, Schweineschmalz, Butterschmalz oder diverse pflanzliche Frittieröle (niemals kalt gepresst) verwendet werden. Achtung auf den Garpunkt: Kleine Fleischstücke müssen heiß (ca. 160–180 °C), große Stücke wie Hühnerkeulen, Koteletts etc. anfangs bei mäßiger Hitze auf 120 °C, gegen Ende bei ca. 150 °C gebacken werden. Anstatt in Bröseln können Fleischstücke auch in gehackten Kürbiskernen, Getreideflocken, Nüssen oder Käse paniert oder „nach Pariser Art" in Mehl und Ei gewälzt und anschließend gebacken werden. Eine andere Variante bilden Backteige, die mit Milch, Wein oder Bier zubereitet werden. In jedem Fall ist es wichtig, das gebackene Fleisch vor dem Servieren auf Küchenkrepp abtropfen zu lassen. Als Durchschnittsmengen für 4 Personen gelten beim Einkauf für Fleisch mit Knochen ca. 1000–1500 g, ohne Knochen ca. 600–800 g und für Faschiertes ca. 500–600 g.

Faschiertes

Faschieren – sprich: fein hacken oder durch den Fleischwolf drehen – lässt sich so gut wie jedes Fleisch. Wenn in der Steiermark von Faschiertem die Rede ist, so versteht man darunter grundsätzlich ein Gemisch aus Rindfleisch und Schweinefleisch, das nicht mehr als 20 % Fett aufweisen darf. Alles andere (z. B. Lammfaschiertes) müsste extra deklariert werden. Dazu noch ein paar Tipps aus Willi Haiders „Hausfleischerei":

■ Faschiertes sollte nur aus frischen, möglichst großen Fleischstücken hergestellt werden.

■ Faschiertes ist zwar leicht verdaulich, aber ebenso leicht verderblich. Es muss also unbedingt am Tag, an dem es faschiert wurde, verwertet werden.

■ In der steirischen Küche wird das Faschierte so gut wie immer mit Semmeln gestreckt, die in Suppe oder Wasser (nicht in Milch) geweicht wurden. Das Faschierte wird dadurch lockerer (Milcheiweiß würde den Fleischteig verhärten).

■ Anstelle von Semmeln können auch Reis, Rollgerste oder Haferflocken verwendet werden.

HAUSGEFLÜGEL

Gefüllte steirische Poularde

ZUBEREITUNG

Ausgenommenes Huhn waschen und mit Küchenkrepp trockentupfen. Innen und außen gut salzen. Für die Fülle Zwiebeln in Öl hell anrösten. Mit Milch aufgießen, aufkochen und über die Semmelwürfel gießen. Gut durchmischen und rasten lassen. Nach dem Abkühlen Eier, Petersilie, Salz und Majoran einarbeiten. Nach Wunsch die Innereien kurz anbraten, etwas zerkleinern und unter die Fülle mengen. Fülle in die Bauchhöhle füllen und die Öffnung vernähen.

Bratenform mit Öl ausstreichen, Huhn hineinsetzen und im vorgeheizten Backrohr etwa 1 Stunde braten. Danach die Hitze auf ca. 130 °C verringern und noch ca. 1–1,5 Stunden fertig braten. Währenddessen wiederholt mit Bratensaft (bei Bedarf etwas Suppe oder Wasser zugießen) übergießen.

TIPP: Damit die Brust schön saftig bleibt, kann das Huhn auch unter der Haut gefüllt werden. Dazu hebt man die Haut vorsichtig ab (ohne sie zu zerreißen) und schiebt die Fülle zwischen Haut und Fleisch.

ZUTATEN
für 4–6 Portionen
1 Poularde (Masthuhn) ca. 1,5–2 kg
evtl. Innereien (Leber, Herz, Magerl)
3 Semmeln, kleinwürfelig geschnitten
Öl
ca. 80 g Zwiebeln, fein geschnitten
125 ml Milch
1–2 Eier
Petersilie und evtl. Liebstöckel, Salz, Majoran
Suppe oder Wasser zum Übergießen

Brathuhn auf südsteirische Art

ZUBEREITUNG

Innereien, Hals, entferntes Fett, Wurzelwerk, Zwiebeln und Suppengrün in etwa 1 Liter Wasser aufstellen und zu einer kräftigen Hühnersuppe kochen. Mit Salz abschmecken und abseihen. Erdäpfel schälen und in gleichmäßige Stücke schneiden. Das halbierte Huhn gut salzen. Mit der Haut noch oben in eine schwere, mit Butter ausgestrichene Pfanne legen und im vorgeheizten Rohr bräunen. Herausnehmen und im selben Fett die Erdäpfel anbraten. Hühnerhälften wieder darüber legen, mit etwas Suppe begießen und im Rohr ca. 1 Stunde fertig braten.

TIPP: In der Untersteiermark wird das Huhn mit den Erdäpfeln in der Pfanne aufgetragen.

ZUTATEN
1 Brathuhn (ca. 1,5 kg) mit Innereien, halbiert
500 g Erdäpfel, feste Sorte
20 g Butter
Salz
100 g Wurzelwerk (Karotten, Petersilwurzel), in grobe Stücke geschnitten
50 g Zwiebeln, mit Schale grob geschnitten
Petersilie, Porree und anderes Suppengrün

Der Sulmtaler Gelbfüßlerexpress

*Die Sulmtalbahn von Lieboch nach Wies ist längst ein Stück Eisenbahnge-
schichte, und auch ihr Spitzname „Gelbfüßlerexpress" ist nahezu vergessen.
Dabei geht er auf ein Exportgut zurück, das den Ruf der Steiermark als Back-
hendlhochburg bis heute begründet, nämlich auf das Sulmtaler Geflügel, auch
als „Steirisches Poulard" oder schlicht „Gelbfüßler" bekannt. Die Sulmtalbahn
beförderte das Federvieh nach Leibnitz an die Südbahn, mit der es nach Wien
oder über Kärnten bis nach Triest weit über die steirischen Landesgrenzen
hinaus befördert – und entsprechend berühmt – wurde.*

*Neben dem Poulard (einem vor dem Eiertragen verschnittenen und danach
geschoppten Masthuhn) und dem Janisch, dem auch Pokerl oder Schustervo-
gel genannten Truthahn, waren es vor allem die Kapaune, die das Image der
„geflügelten" Grünen Mark wesentlich prägten. Diese heute nahezu ausgestorbene, aber unter Feinschmeckern gleichermaßen beliebte Spezialität vom kastrierten Hahn erreicht ein Gewicht von dreieinhalb bis viereinhalb Kilo, bedarf
langer Garungszeiten, belohnt den Koch dafür jedoch mit deliziösem Geschmack, der dem einer Poularde mindestens ebenbürtig ist. (Sowohl die „echten" Poularden als auch die Kapaune sind heute in der Steiermark so gut wie
ausgestorben, da das Schoppen verboten ist und das Verschneiden nur mehr
vom Tierarzt durchgeführt werden darf, was den Handel mit Kapaunen un-
ökonomisch macht.)*

*Ein echter „Grätzer Kapaun", pflegte man früher zu sagen, unterscheide sich
von seinen kastrierten italienischen Brüdern, wie sich eine gelbe Maibutter von
einer weißen Winterbutter unterscheidet. Kein Wunder, dass um 1800 zur
Weihnachtszeit allein von Graz nach Wien sechstausend solcher „Kapäune"
exportiert wurden. Damals freilich noch mit Ross und Wagen. Denn der „Gelbfüßlerexpress" wurde erst am 9. April 1873 in Betrieb genommen. Und als er
1973 seine letzte Fahrt antrat, sind ganz bestimmt keine „Kapäune" unter den
Passagieren gewesen.*

Huhn im Bierteig

ZUTATEN

1,5 kg Hühnerteile,
gekocht
125 ml Bier
80 g Mehl
1 EL Öl (oder 20 g Butter)
1 Eiklar
Salz
Schmalz zum Backen

ZUBEREITUNG

Die weich gekochten Hühnerteile abkühlen lassen und in beliebige Stücke
schneiden. Für den Bierteig Mehl in eine Schüssel geben, Bier unter ständigem Rühren darunter mischen und 10 Minuten quellen lassen. Eiklar zu
Schnee schlagen und gemeinsam mit Öl und Salz unterheben. Hühnerteile
durch den Bierteig ziehen und in heißem Schmalz goldbraun backen.
Herausheben und auf Küchenkrepp abtropfen lassen.

BEILAGENEMPFEHLUNG: Käferbohnen oder Bohnenschotensalat

TIPP: Für den Backteig kann anstelle von Bier auch trockener, steirischer
Weißwein – vermischt mit einem Eidotter – verwendet werden.

Huhn weststeirisch

Der Hendlklassiker aus dem Sulmtal mit reichlich Wurzelgemüse

ZUBEREITUNG

Das Huhn waschen, trockentupfen und in acht Teile tranchieren. Kaltes Wasser mit Hühnerklein (samt Fett) und Gemüseabschnitten (Reste vom Putzen) aufsetzen und zu einer Hühnersuppe kochen. Suppe abseihen und etwa 500 ml bereithalten. Hühnerteile mit Salz, Pfeffer und Muskatnuss würzen. In Mehl wenden und in einer Pfanne in heißem Fett rundum anbraten. Herausheben, Zwiebeln und geschabtes Gemüse im selben Fett anrösten. Mit Schilcher ablöschen und etwas Suppe zugießen. In eine Kasserolle mit dickem Boden umfüllen und die Hühnerteile einlegen. Zugedeckt ca. 1 Stunde weich dünsten. Dann die Hühnerteile wieder herausnehmen. Mit restlicher Suppe aufgießen, Sauerrahm mit etwas Mehl verrühren und die Soße damit binden. Nochmals gut durchkochen. Mit geriebener Zitronenschale abrunden.

Die Hühnerstücke in der Soße nochmals erwärmen. Mit gehackter Petersilie bestreut zu Tisch bringen.

BEILAGENEMPFEHLUNG: Teigwaren, Erdäpfel oder Rollgerstl

TIPP: Dieses Gericht wurde früher meist mit Sulmtaler oder Altsteirer Hühnern zubereitet, zwei Rassen, die heute leider kaum noch erhältlich sind. Das Rezept kann jedoch auch mit klein geschnittenem Hühnerfleisch sowie gekochtem Gemüse oder gekochten Pilzen zu Geflügelragout abgewandelt werden.

ZUTATEN

1 Masthuhn (ca. 1,5 kg)
50 g Karotten, grob geschabt
50 g Sellerieknolle, grob geschabt
50 g Petersilwurzel, grob geschabt
50 g Zwiebeln, fein geschnitten
50 g Butterschmalz oder Hühnerfett
125 ml Schilcher (ersatzweise kräftiger Roséwein)
Petersilie, gehackt
5 cl Sauerrahm
Mehl zum Wenden
Zitronenschale, gerieben
Muskatnuss
Salz
weißer Pfeffer

Paprikahendl

ZUBEREITUNG

Huhn waschen, trockentupfen und in kleine Stücke zerteilen. Haut abziehen. Abschnitte, Hühnerklein, Haut und Rückgrat kurz überbrühen, in kaltem Wasser abschrecken und mit etwas Wurzelgemüse auskochen (die Suppe zum Aufgießen bereithalten). Fein geschnittene Zwiebeln in heißem Schmalz goldgelb anrösten. Etwas Paradeisermark einrühren, Hitze reduzieren, Paprikapulver einrühren und im lauwarmen Fett 1–2 Minuten durchrühren. Mit warmer Suppe oder Wasser aufgießen. Hitze wieder erhöhen, mit Salz, Pfeffer, Lorbeerblatt und geriebener Zitronenschale würzen. Etwa 30 Minuten kräftig kochen lassen. Dann Hitze reduzieren und 1 weitere Stunde auf kleiner Flamme langsam köcheln lassen. Zwischendurch bei Bedarf mit etwas Wasser aufgießen und entfetten. Nach Wunsch Zwiebeln abseihen.

Die Hühnerteile mit Salz sowie Pfeffer würzen und ohne Anbraten in den Gulaschsaft einlegen. Langsam 50–60 Minuten weich dünsten. Etwas Sauerrahm mit Mehl verrühren, Soße damit binden und noch gut durchkochen.

BEILAGENEMPFEHLUNG: Nockerln, Nudeln, Salzerdäpfel oder Tarhonya (auch Reibgerstl genannte Beilage aus dem nahen Ungarn, die wie Reis gekocht oder gedünstet und mit Zwiebeln, Paprika oder Gemüse variiert werden kann)

ZUTATEN

1 Huhn (ca. 1,5 kg)
oder Hühnerkeulen
Wurzelgemüse
(evtl. Abschnitte
und Schalen)
250 g Zwiebeln,
fein geschnitten
ca. 100 g Schmalz
Paradeisermark
2 EL Paprikapulver,
edelsüß
ca. 1 l Hühnersuppe
oder Wasser
Salz, Pfeffer
Lorbeerblatt
abgeriebene
Zitronenschale
etwas Sauerrahm und
Mehl zum Verfeinern

Schürzengeld vom Pipihenderl

Die Chance für eine Bäuerin, zu einem „eigenen Geld" zu kommen, war in früheren Zeiten gleich null. Selbst die Mitgift steckte der Mann ein. Es gab nur eine einzige Ausnahme: Die Verantwortung für die Aufzucht der Bruthennen oblag ausschließlich der Bäuerin, und wenn sie geschickt war, konnte sie durch den Verkauf von Brut- und alten Suppenhennen auch ein so genanntes „Schürzengeld" lukrieren. Die wenigsten Bäuerinnen verwendeten dieses Körberlgeld allerdings für sich selbst. Meist wurde es für Kinderwünsche, Küchenutensilien – oder in manchen Fällen wohl tatsächlich auch für eine neue Schürze – ausgegeben.

Steirisches Backhuhn

Auf typisch steirische Art mit Innereien serviert

ZUTATEN

1–2 Hühner (je nach Größe) mit Innereien
2–3 Eier, versprudelt und gesalzen
Salz
100 g Semmelbrösel von bester Qualität
Mehl
Schweine- oder Butterschmalz
Petersilie zum Garnieren
Öl

ZUBEREITUNG

Das Huhn waschen, trockentupfen und in 4 bzw. 8 Stücke teilen. Leicht salzen. Eier versprudeln und zart salzen. Hühnerteile mit der Haut sowie die Innereien zunächst in Mehl wenden, durch die Eier ziehen und in Bröseln panieren. In einer großen Pfanne genügend Schweine- oder Butterschmalz erhitzen, Hühnerteile einlegen und auf beiden Seiten goldgelb backen. Bruststücke dabei kürzer als Keulenstücke in der Pfanne lassen. Herausheben und abtropfen lassen. Petersilie im heißen Fett frittieren und Backhuhn damit garnieren.

BEILAGENEMPFEHLUNG: Erdäpfel- oder Kopfsalat (grüner Salat) mit Kernöl

TIPPS

■ Wird das Backhuhn mit Haut paniert, sollte es bereits am Vortag zerteilt und eingesalzen werden. Dadurch schmeckt es nicht nur viel besser, sondern die Panier hat einen besseren Halt!

■ Fast zum Klassiker avanciert ist der beliebte Backhendlsalat, jene Backhuhn-Spielart, bei der knusprig herausgebackene Backhendlstücke auf frischem, meist mit Kernöl mariniertem Blattsalat als Vorspeise oder kleines Zwischengericht serviert werden.

■ Köchinnen und Köche mit geschickten Händen haben das Backhuhn vor dem Servieren so zusammengesetzt, dass es seine ursprüngliche Form erhielt. Macht etwas Mühe, sieht aber auch heute noch gut aus.

ZUTATEN

1 Brathuhn (ca. 1,4 kg), halbiert und gespickt
Spickspeck zum Spicken
Öl zum Anbraten
50 g Hamburger oder Jausenspeck, in dünne Scheiben geschnitten
50 g Karotten, feinblättrig geschnitten
50 g Selleriewurzel, feinblättrig geschnitten
50 g Zwiebeln, feinblättrig geschnitten
250 ml Rotwein
Rindsuppe zum Aufgießen
10 Pfefferkörner
5 Pimentkörner
3 Gewürznelken
40 g Hagebuttenmarmelade, in Rotwein aufgelöst
30 g Stärkemehl (Maizena)
Salz, Pfeffer

Gespicktes „Hühnel mit rothem Weine gedünstet"

Aus der Alt-Grätzer Küche

ZUBEREITUNG

Das gespickte Huhn mit Salz sowie Pfeffer würzen und in etwas heißem Öl rasch rundum anbraten. Eine Kasserolle mit Speckscheiben auslegen, Zwiebeln kurz anrösten und gemeinsam mit dem Gemüse und den Gewürzen einstreuen. Etwas Rindsuppe sowie Rotwein zugießen, Hagebuttenmarmelade zugeben und alles kurz dünsten lassen. Hühnerhälften darauf legen und unter weiterem Begießen fertig garen. Vor dem Anrichten die Soße nach Bedarf mit Stärkemehl sämig binden.

BEILAGENEMPFEHLUNG: Kroketten, Teigwaren, Serviettenknödel, Preiselbeeren und Rotkraut

Steirisches Backhuhn

Entenbrust in Thymianbutter

ZUBEREITUNG

Auf der Hautseite mit Salz und Pfeffer, auf der Fleischseite zusätzlich mit getrocknetem Majoran oder Thymian würzen. In nicht zu heißem Öl auf der Hautseite knusprig anbraten, wenden und kurz nachbraten. Auf eine kalte, feuerfeste Platte geben, Thymianzweig dazulegen und im 180–200 °C heißen Ofen je nach Größe ca. 14–16 Minuten zartrosa braten. Dann noch 12–15 Minuten zugedeckt rasten lassen. Leicht schräg aufschneiden, den Fleischsaft dabei auffangen und diesen mit aufgeschäumter brauner Butter und frisch gehacktem Thymian verrühren.

BEILAGENEMPFEHLUNG: Pilz-Polenta (s. S. 114)

Nächste Doppelseite: Entenbrust in Thymianbutter

ZUTATEN
2 Entenbrüste
(Barbarie- oder
Flugente), ausgelöst,
oder 4 Brüste von der
Haus- oder Wildente
Salz
Pfeffer aus der Mühle
Majoran oder Thymian,
getrocknet
Thymianzweig, frisch
Butter zum
Aufschäumen
Öl zum Braten

Gebratene Ente

ZUTATEN

1 Ente von ca. 2–2,5 kg
Salz, weißer Pfeffer
aus der Mühle
frischer Majoran
2 Orangen oder Äpfel
Öl, etwas Honig
Apfelbalsamessig

ZUBEREITUNG

Die ausgenommene Ente kurz waschen und innen sowie außen mit Salz und Pfeffer aus der Mühle würzen. Majoranzweig sowie Orangen oder Äpfel in die Bauchhöhle geben und die Öffnung mit einem Rouladenspieß verschließen. Besonders fette Enten mit einem scharfen Messer kreuzweise auf der Brust einschneiden, dabei aber nur in das Fett, nicht in das Fleisch schneiden.

In einem großen Bräter oder in einer Pfanne die Ente in heißem Öl zuerst auf den beiden Brustseiten und dann auf Schenkeln und Rücken gut anbraten. Auf einem Rost oder Fettgitter im vorgeheizten Rohr bei ca. 150 °C 1,5–2 Stunden braten. Dabei ein tiefes Backblech mit etwas Wasser unterstellen. Kurz vor Garungsende die Ente eventuell mit etwas Honig und ganz wenig gutem Balsamessig oder Apfelbalsamessig bepinseln und bei höherer Temperatur schön knusprig braten. Herausheben und je nach Belieben erst bei Tisch tranchieren.

BEILAGENEMPFEHLUNG: Rotkraut und Semmelknödel

TIPP: Besonders große Enten können auch zuerst langsam in Salzwasser gekocht (etwa 75 Minuten) und anschließend bei 200 °C noch 45 Minuten gegrillt oder gebraten werden.

Weststeirische Weihnachtsgans mit Maroni-Semmelfülle

ZUTATEN

1 Gans von ca. 3,5 kg
Salz
3 altbackene Semmeln
250 ml Milch
1 EL Butter
250 g Gänseleber
(keine Stopfleber),
faschiert
12 geschälte und weich
gekochte Maroni
3 Eier
Pfeffer aus der Mühle
1 gestrichener EL
gemahlener Majoran
1 KL gemahlener Beifuß
Mehl zum Stauben
Ganslsuppe zum
Aufgießen

ZUBEREITUNG

Semmeln in Milch einweichen, ausdrücken, durch ein Sieb passieren und in Butter andünsten. Maroni klein schneiden und mit Eiern, Salz, Semmeln und Leber vermengen. Gans salzen, mit der Masse füllen und zunähen. Rundum mit Salz, Pfeffer, Majoran und Beifuß würzen. Eine große Bratenpfanne etwa einen Finger hoch mit heißem Wasser füllen, Gans mit der Brust nach unten einlegen und im vorgeheizten Rohr bei 220 °C Farbe nehmen lassen. Hitze stufenweise auf 160 °C reduzieren und die Gans unter regelmäßigem Begießen je nach Größe etwa 35 Minuten pro Kilo braten. Nach der halben Bratzeit wenden. Sobald die Gans durch ist, Fett abgießen, die Gans in vier Teile tranchieren und bei starker Oberhitze ohne Begießen noch 5-10 Minuten knusprig braten. Fülle währenddessen warm halten. Den entfetteten Bratenrückstand mit etwas Mehl stauben, mit Ganslsuppe aufgießen und zu einer sämigen Soße einkochen.

SCHWEINEFLEISCH

Steirisches Wurzelfleisch
Das typische „Krenfleisch"

ZUBEREITUNG

Die Knochen kurz blanchieren (überbrühen) und dann kalt abspülen. Schweinefleisch und Knochen mit leicht gesalzenem heißem Wasser bedecken und mit den Abschnitten vom Wurzelgemüse, mit Knoblauch sowie den Gewürzen langsam ca. 90 Minuten weich köcheln lassen. Zwischendurch den sich bildenden Schaum abschöpfen.

Sobald das Fleisch weich ist, etwas Kochsud abseihen und das in Streifen geschnittene Wurzelgemüse der Reihe nach (gelbe Rüben, Karotten und Sellerie) in Abständen von ca. 2 Minuten einlegen und weich kochen. Den Wurzelsud mit Essig abschmecken. Das Fleisch in Scheiben schneiden und mit dem Wurzelgemüse sowie mit etwas Suppe anrichten. Mit frisch geriebenem Kren und Schnittlauch bestreuen und sofort servieren. (Restlichen Sud für Suppen oder Soßen weiterverwenden.)

BEILAGENEMPFEHLUNG: Salz- oder Kümmelerdäpfel

TIPPS

- ■ In manchen Gegenden wird das Wurzelfleisch würfelig geschnitten serviert und auch als Krenfleisch bezeichnet.
- ■ Werden anstelle der Schulter Schweinshaxelscheiben verwendet, so wird diese Speise in einigen steirischen Orten als Klachelfleisch bezeichnet.
- ■ Übrig gebliebenes Wurzelfleisch sofort in kaltem Wasser abschrecken! Es bleibt dadurch saftiger, zerkocht bzw. zerfällt nicht, trocknet nicht an und verfärbt sich nicht dunkel.

ZUTATEN

ca. 900 g Schweins-
schulter oder Schopf
einige Schweins-
knochen
300 g Wurzelgemüse
(Sellerie, Karotten,
gelbe Rüben)
Salz
2 Lorbeerblätter
Pfefferkörner
2 Knoblauchzehen
2 EL Weißweinessig
3 EL Kren, gerieben
Schnittlauch

Zwiebelfleisch

ZUBEREITUNG

Zwiebeln in Ringe schneiden und in reichlich Fett anrösten. Paradeisermark einrühren, gut durchrösten und mit Rotwein langsam ablöschen. Dunkel einkochen lassen und mit Suppe aufgießen. Mit Salz, Pfeffer, Lorbeerblatt und Majoran zurückhaltend würzen und 30 Minuten köcheln lassen. Fleisch würfelig schneiden, mit Salz und Pfeffer würzen und in etwas Fett rasch rundum anbraten. In den Saft geben und zugedeckt (oder im Rohr) ca. 90 Minuten langsam weich dünsten. Saft bei Bedarf vor dem Servieren mit etwas in Rotwein angerührtem Mehl binden.

BEILAGENEMPFEHLUNG: Hörnchen, Makkaroni oder Spiralnudeln, die auch direkt in das Zwiebelfleisch eingerührt werden können.

ZUTATEN

ca. 800 g Schweine-
fleisch (Schulter)
750 g Zwiebeln
Schmalz oder Öl
zum Anbraten
2 EL Paradeisermark
125 ml Rotwein
ca. 750 ml milde Suppe
Salz, Pfeffer
Majoran, Lorbeerblatt
Mehl nach Bedarf

Szegediner Gulasch

ZUTATEN

für ca. 10 Portionen

1,5 kg Schweinefleisch,
nicht zu mager (Hals,
Schulter oder Brüstl)
1 kg Sauerkraut, roh
250 g Zwiebeln,
fein geschnitten
ca. 100 g Schmalz
2 EL Paradeisermark
3 EL Paprikapulver,
edelsüß
ca. 2 l Suppe oder Wasser
Salz, Pfeffer
Kümmel, ganz
Lorbeerblatt, Knoblauch
eventuell etwas
Sauerrahm und Mehl
zum Binden

ZUBEREITUNG

Zwiebeln in heißem Schmalz goldgelb anrösten. Paradeisermark einrühren, Hitze verringern und Paprikapulver zugeben. Im lauwarmen Fett 1–2 Minuten durchrühren, dann mit warmer Suppe oder Wasser aufgießen. Hitze erhöhen, mit Salz, Pfeffer, Kümmel, Lorbeerblatt und Knoblauch würzen und 30 Minuten nicht zugedeckt kräftig kochen lassen (der Gulaschsaft wird dadurch nicht bitter). Hitze reduzieren und das würfelig geschnittene rohe Fleisch zugeben. Nach 30 Minuten das Sauerkraut zugeben und alles auf kleiner Flamme ganz langsam insgesamt ca. 90 Minuten weich köcheln lassen. Zwischendurch, wenn notwendig, mit etwas Suppe oder Wasser aufgießen. Abschließend etwas Sauerrahm und Mehl verrühren und das Szegediner Gulasch damit binden.

BEILAGENEMPFEHLUNG: Salz- oder Kümmelerdäpfel

Liegt Szeged in der Steiermark?

Das Szegediner Gulasch, auch Szegediner Krautfleisch genannt, ist ein allseits beliebter Bestandteil der steirischen Hausmannskost. Nur: Aus Szeged stammt es ganz bestimmt nicht. In Ungarn heißt dieses Rezept daher auch Szekely-Gulyás, und angeblich soll es von den Einwohnern Siebenbürgens, den Szeklern, erfunden worden sein. Der ungarische Dichter Sándor Petöfi (1823–1849) beschwört indessen, dass auch die Szekler nichts damit zu tun haben. Er erzählt vielmehr von einer Begebenheit, die er 1846 im Pester Restaurant „Zur Spieluhr" selbst erlebt hat. Ein städtischer Bibliothekar namens Székely fand sich damals erst nach Küchenschluss ein, worauf man ihm die Speisekarte verweigerte. Hungrig, wie er war, bat er den Wirt, ob es nicht möglich sei, ihm einfach noch eine Portion Pörkölt mit etwas Sauerkraut aufzuwärmen, denn dazu bedürfe es ja wohl keines Kochs. Herr Székely bekam, was er wollte, und der Wirt garnierte das Krautfleisch noch, wie in Ungarn üblich, mit einem Klacks Sauerrahm. Und der Dichter Petöfi bestellte ab diesem Zeitpunkt nur noch „das Gulyás des Herrn Szekely", das vor allem auch die Österreicher liebten. Dass aus dem Szekler Gulyás ein Szegediner wurde, ist also nichts anderes als einer der schmackhaftesten Hörfehler der Kulinargeschichte.

Krautroulade

ZUBEREITUNG

Die Hälfte des Faschierten kurz in heißem Fett anrösten. Geraspeltes Wurzelgemüse mitrösten. Mit Salz, Pfeffer und Kräutern nach Gusto würzen. Abkühlen lassen und mit Ei, rohem Faschiertem und gekochtem Reis vermengen. Nochmals gut abschmecken. Vier gekochte Krautblätter auf einem feuchten Tuch auflegen, flach klopfen (Strunk dabeilassen) und jeweils mit Faschiertem bestreichen. Gut einrollen. Restliche Krautblätter (2–3 Stück zum Zudecken aufheben) feinnudelig schneiden und in eine gefettete Form streuen. Rouladen darauf schlichten, mit Speckscheiben belegen und mit gekochten Krautblättern abdecken. Eventuell etwas Suppe angießen und im vorgeheizten Rohr bei 160–170 °C ca. 90 Minuten dünsten lassen. Mit Sauerrahm garniert anrichten.

BEILAGENEMPFEHLUNG: Salzerdäpfel und Paradeisersoße
TIPP: Die Krautblätter lassen sich besser vom Krautkopf lösen, wenn der Krautkopf vorher im Ganzen vorgekocht wird, dazu den Strunk vorsichtig etwas ausschneiden.

ZUTATEN
1 mittelgroßer Krautkopf (ca. 750 g)
500 g Faschiertes vom Schwein (oder Rind, Kalb, Lamm)
50 g Wurzelgemüse, geraspelt (z. B. Karotten, Sellerie, Petersilwurzel)
100 g gekochter Reis
4 große gekochte Krautblätter zum Füllen sowie Krautblätter zum Abdecken
1 Ei
Salz, Pfeffer aus der Mühle
Majoran, Thymian, Liebstöckel
Fett zum Anrösten
Speckscheiben zum Belegen
evtl. Suppe zum Angießen
Sauerrahm zum Garnieren

Steirisches Osterfleisch

Schwein gehabt mit Gottes Segen

Der Osterschmaus war – und ist in vielen Teilen der Steiermark heute noch – eine besonders rituelle Angelegenheit. In jedem Fall geht ihm die „Fleischweih" am Karsamstag voraus, von der die Bäuerin nicht nur mit dem unbedingt benötigten „Woachfleisch", einem schönen Stück Osterschinken, sondern auch mit geweihten Eiern, Bratwürsten, Osterbrot und einer Flasche Wein nach Hause kommt. Ja, sogar das Salz wird zuweilen in den mit einem schönen Leinentuch abgedeckten sowie mit Palmzweigen und Frühlingsblumen verzierten „Rotkäppchenkorb" gepackt, um in Hinkunft Glück und Segen auf den Tisch zu bringen. Geweiht wird sowohl in Pfarrkirchen als auch in Kapellen und oft auch an den Marterln, die in einschichtigen Gebieten Wegkreuzungen markieren. Für einen Pfarrer, der sein „Weihgeschäft" ernst nahm, artete der Karsamstagnachmittag früher daher mitunter in einen regelrechten Fitnesslauf aus: Da man Hochwürden da oder dort auch gerne ein Gläschen kredenzte,

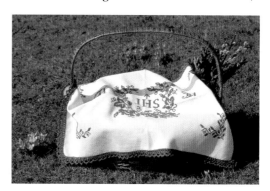

konnte dies den korrekten liturgischen Ablauf der Osternachtsfeier mitunter schwerstens gefährden. Geistliche von heute haben solche Probleme nicht mehr. Sie fahren mit dem Auto von Weiheplatz zu Weiheplatz – und unterliegen somit der 0,5-Promille-Grenze.

Tipps und Tricks rund ums Osterfleisch

- Achten Sie schon beim Einkauf auf eine gute und heimische Qualität und kaufen Sie lieber weniger, aber dafür besseres Fleisch, das nur dann saftig sein kann, wenn es auch entsprechend mit Fett durchwirkt ist *(Abb. 1)*.

- Lagern Sie rohes Osterfleisch bzw. Rohschinken an einem luftigen, kühlen und trockenen Ort in hängendem Zustand, am besten in einem Schrank mit feinem Gitter, wo es vor Fliegen und anderen Insekten geschützt ist.

- Legen Sie das Osterfleisch in reichlich heißes Wasser und lassen Sie es möglichst ohne Deckel auf mittlerer Stufe langsam bei etwa 80° C ziehen, bis es zart weich ist und eine Kerntemperatur von ca. 72–75 °C erreicht hat *(Abb. 2)*.

- Legen Sie das gekochte Selchfleich nach dem Kochen für einige Minuten in kaltes Wasser, damit es abkühlen kann, ohne dabei auszutrocknen.

- Schlagen Sie das abgekühlte Selchfleisch für eine längere Lagerung am besten in ein zart befeuchtetes Tuch ein und lagern Sie es im Kühlschrank. Vorsicht: In Plastik verdirbt das Fleisch sehr rasch.

- Sollte einmal etwas zu viel vom Osterfleisch übrig bleiben, so lässt es sich gut einfrieren oder evtl. am besten gleich für ein schmackhaftes Essen weiterverarbeiten wie z. B. zu Schinkenfleckerln, Schinkensulz, Schinkenstrudel, Schinkenkipferln, Schinkenschöberln, Schinken-Topfen-Aufstrich u. v. m.

Schweinskarbonaden
Fascierte Laibchen nach einem altsteirischen Rezept

ZUBEREITUNG

Semmeln in Milch einweichen und gut ausdrücken. Fleisch in grobe Stücke schneiden und durch die mittlere Scheibe des Fleischwolfs fascieren. Semmeln ebenfalls durchdrehen. Beides vermischen und Masse mit Knoblauch, Salz, Pfeffer und Zitronenschale abschmecken. Gut durcharbeiten. Aus der Masse Laibchen formen und diese im Kühlschrank ca. 1 Stunde rasten lassen. In einer Bratpfanne Öl oder Butterschmalz erhitzen und die Laibchen langsam von beiden Seiten durchbraten.

BEILAGENEMPFEHLUNG: gestampfte Erdäpfel

ZUTATEN
600 g Schweinefleisch, mager und ohne Sehnen
2 Semmeln, altbacken
Milch zum Einweichen
2 Knoblauchzehen, fein geschnitten
Zitronenschale, gerieben
Öl oder Butterschmalz zum Braten
Salz, Pfeffer

Wurzelbraten vom Schwein

ZUTATEN

1 kg Schweinebraten-
fleisch (Karree, Schopf
etc.)
100 g Karotten,
grob geschabt
100 g Sellerieknolle,
grob geschabt
100 g Selleriewurzeln,
grob geschabt
150 g Zwiebeln, grob-
würfelig geschnitten
2 Knoblauchzehen,
fein geschnitten
100 ml Sauerrahm
Mehl zum Binden
Rindsuppe zum
Aufgießen
Salz, Pfeffer
Öl oder Schmalz
zum Anbraten

ZUBEREITUNG

Das zugeputzte Fleisch mit Salz und Pfeffer würzen und in einer eisernen Bratpfanne von allen Seiten rundum anbraten. Fleisch herausheben und im selben Fett Wurzelwerk, Zwiebeln und Knoblauch anrösten. Fleisch in eine passende Kasserolle mit dickem Boden geben, mit etwas Schweins- oder Rindsuppe untergießen und halbweich dünsten. Dann das Gemüse beifügen und Fleisch fertig garen. Fleisch herausheben und warm halten. Etwas Mehl und Sauerrahm verrühren, in die Soße einrühren, mit Suppe verdünnen und mollig verkochen. Das Fleisch in Scheiben schneiden und mit der Soße servieren.

BEILAGENEMPFEHLUNG: hausgemachte Nudeln
TIPP: Auch Rindfleisch eignet sich für dieses Rezept hervorragend.

Malträtierter Schweinsrücken

ZUTATEN
für 6–8 Portionen
1,2 kg kurzes Schweins-
karree mit Knochen
1 Schweinsnetz, gut
gewässert
150 g Hamburger Speck
(oder besser Jausen-
speck), in feine Scheiben
geschnitten
80 g Pökelzunge
oder Schinken
200 g Austernsaitlinge
(oder andere Pilze)
80 g Senfgurken
(ersatzweise süß-saure
Essiggurkerln)
500 g Sauerkraut,
gekocht, abgeseiht,
gehackt
80 g Sellerieknolle, grobblättrig geschnitten
50 g Petersilwurzel,
grobblättrig geschnitten
80 g Zwiebeln, grob-
blättrig geschnitten
2 Knoblauchzehen,
im Ganzen zerdrückt
Salz, Pfeffer
Petersilie und
Liebstöckel, gehackt
Rindsuppe, Butter

ZUBEREITUNG

Schweinskarree auslösen, bis auf das reine Fleisch zuparieren (zuputzen), den fleischigen Teil des Zuputzes beiseite stellen. Knochen fein hacken oder alles beim Fleischhauer vorbereiten lassen. Knochen in kaltem Wasser aufstellen und mit dem restlichen Zuputz, evtl. Speckschwarten, Wurzelwerk, Zwiebeln und Knoblauch aufkochen. Zu einem kräftigen Fleischsaft einkochen lassen. Abseihen und nochmals reduzierend einkochen lassen, bis ein kräftiger Jus entstanden ist.

Den fleischigen Zuputz nicht zu fein faschieren, mit dem gekochten Sauerkraut vermischen und mit dem Jus (Fleischsaft) zu einer streichfähigen Farce abmischen. Mit Salz, Pfeffer, Petersilie und Liebstöckel würzen. Pökelzunge oder Schinken sowie Senfgurken in Streifen schneiden und das Fleisch damit spicken. Mit den Speckscheiben umwickeln. Gewässertes, trockengetupftes Schweinsnetz ausbreiten, mit der Farce bestreichen und das Fleisch darin fest einwickeln. In eine Pfanne setzen und im vorgeheizten Rohr bei 250 °C ca. 60–70 Minuten braten. Währenddessen wiederholt mit Fleischsaft übergießen und bei Bedarf etwas Suppe oder Wasser zugießen. Nach dem Braten 20 Minuten rasten lassen. Bratrückstand entfetten und mit etwas Suppe durchkochen. Pilze klein schneiden oder fein hacken, kurz in etwas Butter anrösten und unter die Soße mischen. Fleisch tranchieren und mit der Soße auftragen.

BEILAGENEMPFEHLUNG: überbackene Erdäpfel, Erdäpfelsterz, Blattsalat
TIPP: Statt mit Sauerkraut kann der Schweinsrücken auch mit anderem blanchierten Gemüse (Kohl, Spinat, Weinblätter usw.) umhüllt werden.

Schweinsmedaillons mit Paradeisern und Edelschimmelkäse überbacken

ZUBEREITUNG

Paradeiser an der Kuppe kreuzweise einritzen und ca. 20 Sekunden in kochendes Wasser geben. Kalt abschrecken, Haut abziehen, vierteln, entkernen und in Würfel (Concassé) schneiden. (Dosenparadeiser grob hacken und abtropfen lassen.) Zugeputzte Medaillons mit wenig Salz und Pfeffer würzen. In heißem Öl kurz auf beiden Seiten jeweils ca. 1,5 Minuten (halbdurch) anbraten. Mit Paradeiserwürfeln sowie Käse belegen und mit Paprikapulver zart bestauben. Im vorgeheizten Rohr bei 200 °C ca. 5–7 Minuten überbacken.

BEILAGENEMPFEHLUNG: Erdäpfel und Blattspinat

ZUTATEN
8–12 Schweins-
medaillons
Salz, Pfeffer aus
der Mühle
2 Paradeiser (oder
Dosenparadeiser)
Edelschimmelkäse
(Österkron)
Paprikapulver
Öl zum Anbraten

Borstenvieh und Kindersegen

Dass die Steirer auch in ökonomisch harten Zeiten niemals Kostverächter waren, ist immer auch Reiseschriftstellern und anderen „externen Beobachtern" aufgefallen. Einer von ihnen war Joseph Rohrer, der in seinem „Versuch über die deutschen Bewohner der österreichischen Monarchie" die Steirer kurzerhand mit den von ihnen favorisierten Hühnern und Schweinen verglich und meinte: „Obgleich ich nun zwar dem Steiermärker es nicht verarge, dass er sein junges, zum Abstechen bestimmtes Feder- und Borstenvieh stopft, so tut mir doch leid, dass er analogisch mit seinen eigenen Kindern verfährt und in ihnen durch beständiges Überfüttern mit fettem Mehlbrei den Sinn verdrängt, zu beurteilen, wann sie genug haben."

Schweinsbrüstl (Schwartenbraten)
Der klassische steirische Schweinsbraten

ZUTATEN

für ca. 6–8 Portionen
ca. 1,5 kg Schweinsbrüstl
(auch Schweinsschulter
oder Karree), mit
Schwarte, ohne Knochen
Salz, Kümmel (ganz)
Knoblauch

ZUBEREITUNG

Schweinsbrüstl vor dem Braten in heißes Salzwasser geben, mit Salz sowie Kümmel würzen und ca. 30 Minuten vorkochen. Mit einem scharfen Messer erst quer bzw. parallel zum Anschnitt und dann längs ein Schachbrettmuster einschneiden (schröpfen).

In eine Bratenpfanne mit der Schwarte nach oben setzen, mit etwas Kochwasser untergießen und im vorgeheizten Rohr bei ca. 220 °C ungefähr 1 Stunde knusprig braten. Währenddessen nicht übergießen, da die Schwarte sonst nicht knusprig wird! Hitze auf 120–130 °C zurückschalten und je nach Größe fertig braten, bis beim Anstechen mit einem Spießchen nur mehr klarer Saft austritt. Abschließend Knoblauch mehr oder weniger fein schneiden und mit etwas Kümmel in das „Natursaftl" einrühren. Braten mit einem scharfen Messer tranchieren.

BEILAGENEMPFEHLUNG: mitgebratene Erdäpfel, Sauerkraut, Kürbisgemüse, Semmel- oder Grammelknödel

TIPPS

■ Der fertige Braten lässt sich noch leichter tranchieren, wenn man ihn zu Beginn gleich in der gewünschten Breite der späteren Bratenscheiben schröpft.

■ Wenn Sie über ein Bratenthermometer verfügen, so sollte die Kerntemperatur im Braten ca. 80 °C betragen.

VARIANTE: *Surbraten*

Statt rohem Schweinefleisch wird ein meist 3 Wochen mariniertes (gesurtes) Fleischstück aus der Schulter oder auch Karree gebraten. Ein weiteres Würzen des Bratens ist in diesem Fall nicht mehr nötig. Braten im heißen Rohr bei ca. 150 °C etwa 2,5 Stunden braten. Knödel und Kraut sind Standardbegleiter eines Surbratens.

Surbraten mit Semmelknödel und Sauerkraut

Deftige Kost braucht viel Most

Während der steirische Weinbau erst von Erzherzog Johann systematisiert und kultiviert wurde, war der Most seit jeher das „steirische Nationalgetränk". Schon in einem Bericht aus dem Sulmtal des Jahres 1780 heißt es: „Das tägliche Geschenk ist der Most, der regelmäßig zu den vier Mahlzeiten von beiden Geschlechtern genossen wird. In früheren Zeiten erhielten ihn auch regelmäßig alle Kinder, oft schon ab dem dritten Lebensjahre." Einzelne Bauern, so berichtet der Zeitgenosse, würden problemlos zehn bis fünfzehn Liter pro Tag konsumieren, und einer von ihnen habe auf die Frage nach seinem Tagesbedarf an Most geantwortet: „Ich brauch ein Schaff voll, so viel wie ein Ochs Wasser!"

KALBFLEISCH

Kalbsgulasch

ZUTATEN

ca. 1 kg Kalbsvögerl
(ausgelöste Wade oder
Haxe) oder Kalbsschulter
250 g Zwiebeln
Öl oder Kalbsnierenfett
1 EL Paradeisermark
1 EL Paprikapulver,
edelsüß
500 ml Kalbssuppe
oder Wasser
Salz
2–3 Lorbeerblätter
Zitronenschale, gerieben
125 ml Schlagobers
oder Sauerrahm
1 EL Mehl, glatt

ZUBEREITUNG

Kalbfleisch in nicht zu kleine Würfel schneiden. Zwiebeln fein schneiden und in reichlich Öl oder flüssigem Kalbsnierenfett goldgelb anrösten. Paradeisermark zugeben, kurz mitrösten, Hitze reduzieren. Paprikapulver einrühren, 1–2 Minuten bei geringer Hitze anrösten und dann kalte Suppe langsam nach und nach zugießen. Mit wenig Salz, Lorbeerblättern und Zitronenschale würzen. Etwa 15 Minuten kräftig durchkochen, dann auf kleiner Flamme noch 45 Minuten halb zugedeckt köcheln lassen (damit die blähenden Stoffe beseitigt werden).

Gulaschsaft abschmecken, eventuell abseihen und die rohen Fleischstücke (ohne anzubraten) einlegen. Etwa 1,5–2 Stunden ganz langsam und halb zugedeckt köcheln lassen. (Je langsamer das Gulasch kocht, umso besser wird der Geschmack und das Fleisch wird gleichmäßig weich.) Bei Bedarf hin und wieder etwas Wasser nachgießen. Schlagobers oder Sauerrahm mit Mehl verrühren, in das Gulasch einrühren und kurz durchkochen.

BEILAGENEMPFEHLUNG: Nockerln (s. S. 125)

Heiß abgesottenes Kalbfleisch

Eine Spezialität aus der Fürstenfelder Bürgerküche, die unter Viehhändlern häufig auch als „Jaus'n" serviert wurde

ZUBEREITUNG

Knochen in kochendem Wasser blanchieren (überbrühen), kalt abschrecken und in 1 Liter kaltem Wasser frisch zusetzen. Wurzelwerk schälen und in 3 mm dicke Scheiben schneiden. Die Schalen gemeinsam mit der Zwiebel sowie den Gewürzen zugeben und alles langsam kochen lassen. Nach ca. 30 Minuten das Fleisch dazugeben und bei schwacher Hitze kernig weich werden lassen (Garprobe durch Anstechen machen!). Durch ein feines Sieb so viel Suppe seihen, dass man das Wurzelwerk darin garen kann. Gegartes Gemüse abseihen, Fleisch in mundgerechte Stücke schneiden.

Nun sowohl den Fleisch-Kochsud als auch den Wurzelgemüsesud zusammen aufsetzen und jetzt erst salzen. Knoblauch, Petersilie und geröstete Brösel miteinander vermischen. Gemuse in vorgewärmten tiefen Tellern anrichten, obenauf das gekochte Fleisch setzen und so viel Suppe eingießen, dass immer noch ein 2–3 cm hohes „Fleischhäubchen" herausragt. Dieses mit dem Brösel-Knoblauchgemisch bestreuen. Butter aufschäumen und darüber träufeln.

BEILAGENEMPFEHLUNG: gekochte Erdäpfel

TIPP: Nach demselben Rezept lässt sich auch ein heiß abgesottenes Huhn herstellen, wobei man in diesem Fall auf die Würzung mit Gewürznelken und Piment verzichten kann.

ZUTATEN

800 g Kalbfleisch, vorzugsweise Brustspitz oder Hals
250 g Kalbsknochen (Zuwaage)
100 g gelbe Rüben oder Karotten
100 g Sellerieknolle
100 g Petersilwurzel
1 Zwiebel, mit Schale halbiert, mit Nelken gespickt
1 Lorbeerblatt
10 Gewürznelken
10 Pfefferkörner
5 Pimentkörner (Neugewürz)
2 Knoblauchzehen, fein geschnitten
1 Petersilbund, fein gehackt
50 g Semmelbrösel, im Rohr gebäht (geröstet)
60 g Butter
Salz

Reisfleisch

ZUBEREITUNG

Kalbfleisch in nicht zu große Würfel schneiden, mit Salz und Pfeffer würzen und in Fett rasch goldgelb anrösten. Aus der Kasserolle heben, noch etwas frisches Öl zugießen und die Zwiebeln hell anschwitzen. Hitze reduzieren, Paprikapulver zugeben und 1–2 Minuten durchrühren. Mit warmer Suppe oder Wasser aufgießen, Hitze steigern und mit Salz, Pfeffer, Lorbeer sowie Knoblauch würzen. Etwa 15 Minuten nicht zugedeckt kräftig kochen lassen. Hitze reduzieren, das angebratene Fleisch zugeben und weich dünsten. Nach ca. 1 Stunde etwa 250 ml Saft abgießen und beiseite stellen. Rohen Reis unter das Fleisch mengen und alles langsam am Herd oder im Rohr ca. 30 Minuten weich dünsten lassen. Sauerrahm mit Mehl verrühren, in den beiseite gestellten Saft einrühren und kräftig durchkochen lassen. Das Reisfleisch mit einem nassen Schöpfer auf Teller stürzen, mit der Soße umgießen und mit etwas geriebenem Käse bestreut servieren.

ZUTATEN

200 g Zwiebeln, fein geschnitten
ca. 80 g Öl oder Kalbsnierenfett
2 EL Paprikapulver, edelsüß
ca. 1,5 l Kalbssuppe oder Wasser
Salz, Pfeffer
Lorbeerblatt, Knoblauch
600 g Kalbsschulter
150 g Langkornreis
etwas Sauerrahm und Mehl zum Binden
Hart- bzw. Reibkäse zum Bestreuen

Linke Seite: Heiß abgesottenes Kalbfleisch

Naturschnitzel

ZUTATEN

4 Kalbsschnitzerl zu
je ca. 180 g (Kaiserteil,
Nuss, Frikandeau oder
Schlussbraten)
griffiges Mehl zum
Stauben
Salz, Pfeffer
125 ml Suppe zum
Aufgießen
Butter zum Binden
Öl und Butter oder
auch Kalbsnierenfett
zum Braten

ZUBEREITUNG

Schnitzel zart (am besten zwischen starker Klarsichtfolie) klopfen und bei
Bedarf die Sehnen etwas einschneiden, damit sich die Schnitzel beim
Braten nicht wölben. Auf einer Seite mit Salz und Pfeffer würzen, mit der
anderen Seite kurz in Mehl legen. In einer Pfanne Öl und Butter erhitzen
und die Schnitzel mit der bemehlten Seite nach unten einlegen. Bei mittlerer Hitze ca. 2 Minuten anbraten, wenden und auf der anderen Seite ca.
1 Minute braten. Schnitzel aus der Pfanne heben und warm halten. Bratrückstand mit Suppe lösen und einkochen lassen. Ein nussgroßes Stück
kalte Butter einrühren und den Saft damit binden, aber nicht mehr aufkochen! Schnitzel auf vorgewärmten Tellern anrichten. Bratensaft abschmecken und durch ein Sieb über die Schnitzel gießen.

BEILAGENEMPFEHLUNG: Reis oder Erdäpfel

Wiener Schnitzel

ZUTATEN

ca. 700 g Kalbfleisch,
zugeputzt (aus Kaiserteil,
Nuss oder Frikandeau)
2 Eier
Salz
glattes Mehl und
Semmelbrösel
Öl oder Schmalz
zum Backen
Zitrone und Petersilie
zum Garnieren

ZUBEREITUNG

Das Fleisch in gleichmäßige, ca. 5 mm dicke Schnitzel schneiden und am
besten zwischen einer starken Plastikfolie zart klopfen. An den Rändern
eventuell vorhandene kleine Sehnen einschneiden und leicht salzen. Schnitzel hintereinander in Mehl, kurz verschlagenem Ei und Semmelbröseln
panieren. Brösel ganz leicht andrücken, Schnitzel hochheben und leicht
schütteln, damit die überschüssigen Semmelbrösel abfallen können.
In einer Pfanne reichlich Fett erhitzen (auf etwa 150 °C) und unter wiederholtem vorsichtigem Schwenken der Pfanne (dabei wird heißes Fett über
die Schnitzeloberfläche gespült, wodurch die Panier souffliert und schöne
Wellen bekommt) goldgelb ausbacken. Auf Küchenpapier abtropfen lassen
und mit Zitronenscheiben und Petersilie anrichten.

BEILAGENEMPFEHLUNG: Petersil- oder Buttererdäpfel, Blattsalat, Erd-
äpfel- oder Mayonnaisesalat

TIPP: Damit das Wiener Schnitzel die klassischen Wellen in der Panier bekommt, darf das Ei nur kurz verschlagen und nicht mit Milch oder Wasser
vermischt werden. Auch zu stark erhitztes Fett verhindert das Soufflieren.

Täglich Kalbsbraten

*Eine Schilderung der Grazer Lebensumstände aus dem Jahre 1808 beschäftigt
sich mit der Tatsache, dass der „Hauptbestandteil der Kost" Fleisch verschie-
denster Herkunft war: „Das Kalbfleisch steht dem Rindfleische fast im gleichen
Verhältnisse. Einen Kalbsbraten isst der Grazer fast täglich. Alle Professionis-
ten müssen wenigstens zwei Mal in der Woche ihren Gesellen diesen Braten
auftischen, dessen Stelle bisweilen ein Lamm, Kitzchen oder ein Geflügel zu
vertreten pflegt."*

Turracher Hochzeitsschnitzel
Das steirische „Cordon bleu"

ZUBEREITUNG

Die Schnitzel (am besten zwischen einer Klarsichtfolie) dünn klopfen und mit je einem Blatt Selchfleisch belegen. Topfen mit den fein gehackten Kräutern und geschnittenen Zwiebeln vermischen und je einen Löffel dieser Topfenfülle auf ein Schnitzel auftragen. Schnitzel wie eine Tasche zusammenklappen und die Ränder gut zusammenklopfen (bei Bedarf mit Zahnstochern fixieren). Mit Salz und weißem Pfeffer würzen, in Mehl wenden und durch kurz verschlagene Eier sowie Brösel ziehen. In einer Pfanne in genügend heißem Fett beidseitig goldgelb backen. Herausheben und auf Küchenkrepp abtropfen lassen.

BEILAGENEMPFEHLUNG: Petersilerdäpfel und grüner Salat

TIPPS

- Ist der Topfen nicht trocken genug, so kann er mit Semmelbröseln gebunden werden.
- Die gefüllten Schnitzel können auch „natur", also nicht paniert, gebraten werden.

Foto: Seiten 252/253

ZUTATEN

4 Kalbsschnitzel (ersatzweise Schweinsschnitzel) à ca. 160 g
4 Selchfleischscheiben
80 g Topfen, wenn möglich vollfetter, trockener Bauerntopfen oder Brimsen
Zwiebeln, fein geschnitten
Petersilie, Schnittlauch und Kräuter nach Belieben, fein gehackt
2 Eier
Mehl
Brösel
Öl oder Schmalz zum Backen
Salz, weißer Pfeffer

Gekochte Kalbsschulter mit Semmelkren
Eine feine Variante des Rindfleischklassikers

ZUBEREITUNG

So vorhanden, Kalbsknochen kurz überbrühen und mit Kalbfleischabschnitten in kaltem Wasser zustellen. Wurzelgemüse, Gewürze sowie etwas Salz zugeben und 45 Minuten ziehen lassen. Dabei wiederholt Fett und Schaum abschöpfen. Dann das Fleisch einlegen und knapp unter dem Siedepunkt ca. 2 1/2–3 Stunden weich köcheln lassen. Zwischendurch wiederholt mit kaltem Wasser aufgießen, abfetten bzw. abschäumen, aber niemals aufkochen lassen, da sonst die Suppe trüb wird. Fleisch herausheben und sofort in kaltem Wasser abschrecken. Suppe abseihen, kräftig würzen und das in Scheiben geschnittene Fleisch darin langsam erwärmen. Mit gehacktem Schnittlauch bestreuen und mit Semmelkren servieren.

BEILAGENEMPFEHLUNG: Rösti, Dillfisolen, Kohlgemüse und Schnittlauchsoße

ZUTATEN

1 kg Kalbsschulter, evtl. Fleischknochen und Parüren (Fleischabschnitte)
1 Karotte
1/2 Sellerie
1/2 Lauchstange
2 Gewürznelken
Salz, Lorbeerblätter, weiße Pfefferkörner
Semmelkren s. S. 329
Schnittlauch

Nächste Doppelseite: Turracher Hochzeitsschnitzel

Gefüllte Kalbsbrust

ZUTATEN

für 10 Portionen

1 Kalbsbrust ohne
Knochen
Salz, Pfeffer
Öl oder Kalbsnierenfett
zum Anbraten
Suppe zum Untergießen

Für die Semmelfülle

125 ml Öl
ca. 100 g Zwiebeln,
fein geschnitten
500 ml Milch
500 g Semmelwürfel
bzw. Knödelbrot,
getrocknet
Salz, Petersilie, Majoran,
eventuell etwas
Liebstöckel
6 Eier

ZUBEREITUNG

Kalbsbrust vom Fleischer auslösen und eine Tasche in die Brust schneiden (untergreifen) lassen. Die ausgelösten Rippen und eventuell Abschnitte von der Kalbsbrust zum Unterlegen beim Braten verwenden. Kalbsbrust gut mit Salz und Pfeffer würzen, mit der vorbereiteten Semmelfülle füllen und die Öffnung mit einem langen Spieß verschließen oder mit Spagat zubinden. Knochen in eine Bratform legen, Kalbsbrust darauf legen und die Oberseite der Brust mit Kalbsnierenfett oder Öl gut einfetten. Mit etwas Suppe untergießen und im vorgeheizten Rohr bei anfangs 220 °C ca. 1 Stunde braten. Sobald die Kalbsbrust eine schöne Farbe bekommen hat, Hitze auf ca. 150 °C reduzieren und noch ca. 90 Minuten fertig braten. Währenddessen wiederholt mit Bratensaft übergießen und bei Bedarf etwas Suppe angießen. Die fertige Kalbsbrust mit einem großen scharfen Messer oder einem Elektromesser in schöne Scheiben bzw. Tranchen schneiden und mit dem abgeseihten Natursaft anrichten.

Für die Fülle Zwiebeln in heißem Öl goldgelb anrösten. Milch zugießen und aufkochen lassen. Über das Knödelbrot gießen und gut mit dem Kochlöffel durchmischen. Mit Salz und den gehackten Kräutern würzen. Masse abkühlen lassen. Eier trennen, Eidotter einmengen und gut durchkneten. Eiklar halbsteif aufschlagen und unter die Semmelmasse rühren, etwas rasten lassen.

BEILAGENEMPFEHLUNG: Petersilerdäpfel und Salat

TIPP: Kalbs- bzw. Kalbsnierenbraten lässt sich nach derselben Methode zubereiten. Der Braten wird gewürzt, rundum angebraten und im Rohr bei 150 °C ca. 3 Stunden gebraten. Für ein g'schmackiges Saftl vor dem Braten Knochen in der Form kräftig anrösten, mit Suppe lösen und zum Schluss mit etwas Mehlbutter binden.

Kalbsragoutpudding

ZUTATEN

insgesamt ca. 600 g
gegartes Kalbfleisch,
nach Belieben gemischt
mit gedünstetem Bries,
Kalbs- oder Gänseleber,
Karfiol, Erbsen,
Champignons etc.
50 g Butter
50 g Mehl, glatt
ca. 300 ml Milch
4 Eidotter
4 Eiklar
1 EL Hartkäse (Asmonte),
gerieben
Salz, weißer Pfeffer
Butter für die Form

ZUBEREITUNG

Milch mit Butter aufkochen und leicht salzen. Mehl beifügen und abbrennen, bis sich der Teig vom Topf löst. Abkühlen lassen und Eidotter nacheinander einarbeiten. Klein geschnittenes Fleisch und Gemüse einrühren. Eiklar zu Schnee schlagen und unterheben. Abschmecken. Eine Dunstpuddingform gut ausbuttern, mit Käse ausstreuen und Masse einfüllen. Form in einen Kochtopf stellen, drei Viertel hoch mit kochendem Wasser auffüllen und zugedeckt im heißen Rohr 1 Stunde garen. Vor dem Servieren stürzen.

BEILAGENEMPFEHLUNG: Pilz- oder Champignonsoße

Geschmorte Kalbsvögerl

ZUBEREITUNG

Die ausgelösten Muskelstränge der Kalbsstelze in der Längsrichtung teilen. Die Haut, die den Muskel umschließt, aber nicht wegschneiden. Mit Salz und weißem Pfeffer aus der Mühle würzen, in Fett rundum anbraten und aus der Pfanne heben. Zwiebel in derselben Kasserolle hell anrösten. Angebratene Kalbsvögerl zugeben und mit Suppe untergießen. Am Herd zugedeckt oder im vorgeheizten Rohr bei sanfter Hitze ca. 2,5–3 Stunden langsam weich schmoren. Vögerl herausheben und Saft abseihen. Flüssige Butter mit Mehl vermengen und den Saft damit binden. Vögerl nochmals kurz einlegen und mit dem Saft anrichten.

BEILAGENEMPFEHLUNG: Schwammerlreis, Rollgerstl mit Schwammerln (s. S. 119), Petersilerdäpfel und Salat

TIPP: Kalbsvögerl werden meistens gespickt, bei sanfter Garung bleiben die Vögerl jedoch auch ohne Spicken sehr saftig.

ZUTATEN
ca. 1 kg Kalbsvögerl
(ausgelöste Kalbsstelze
oder Haxe)
1 Zwiebel, fein
geschnitten
Öl oder Kalbsnierenfett
zum Anbraten
ca. 250 ml Suppe
Salz, weißer Pfeffer
aus der Mühle
2 Teile flüssige Butter
1 Teil Mehl

RINDFLEISCH

Gekochtes Rindfleisch

ZUTATEN

1 kg Tafelspitz
(Schulterspitz, Schulter-
scherzel, Beinfleisch etc.)
Fleischknochen
(Zuwaage)
1 Karotte
je 1 Stück Sellerie
und Lauchstange
Lorbeerblätter
Petersilstängel
Salz
Schnittlauch

ZUBEREITUNG

Knochen kurz blanchieren (überbrühen) und gemeinsam mit eventuell vorhandenen Rindfleischabschnitten (Parüren) mit kaltem Wasser zustellen.
Wurzelgemüse, Lorbeer, Petersilstängel und etwas Salz zugeben und ca. 45
Minuten ziehen lassen. Dabei Fett und Schaum abschöpfen. Fleisch einlegen und bei 85 °C ca. 3–4 Stunden weich köcheln. Währenddessen zwischendurch mit kaltem Wasser aufgießen und abfetten bzw. abschäumen.
(Nicht aufkochen lassen, Suppe würde dadurch trüb werden!)
Weich gegartes Fleisch herausheben und sofort in kaltem Wasser abschrecken. Suppe kräftig abschmecken und in Scheiben geschnittenes Fleisch
darin langsam erwärmen. Gemüse nach Belieben mitservieren und mit
gehacktem Schnittlauch bestreuen.

BEILAGENEMPFEHLUNG: Semmelkren, Rösterdäpfel, Schnittlauchsoße
sowie Kohl, Dillfisolen etc.

TIPPS

- Verwenden Sie, solange das Fleisch in der Suppe ist, keinesfalls Suppen-
  würze – sie würde das Fleisch verfärben!
- Nach demselben Rezept lässt sich auch Kalbsschulter kochen, deren
  Kochsud man zusätzlich noch mit Nelken aromatisieren kann.
- Noch besser schmeckt gekochtes Rindfleisch, wenn man größere Stücke
  kocht. Übrig gebliebenes Rindfleisch eignet sich auch bestens für kalte
  Gerichte und Salate.
- Der Semmelkren kann auch auf die tranchierten Fleischscheiben auf-
  getragen und bei großer Oberhitze goldbraun überbacken werden.

Obersteirischer Weinmostbraten

ZUBEREITUNG

Das Rindfleisch mit dem Spickspeck spicken und gemeinsam mit dem Gemüse in einen großen Topf geben. Pfefferkörner, Gewürzkörner und Lorbeerblatt zugeben und mit einer Mischung aus Weißwein und Apfelmost (oder Apfelsaft) übergießen. (Das Fleisch soll von der Flüssigkeit bedeckt sein.) Im Kühlschrank abgedeckt 3–4 Tage marinieren.

Dann aus der Beize nehmen, das anhaftende Gemüse abstreifen, mit einem Tuch trockenreiben, einsalzen und in heißem Fett von allen Seiten anbraten. In eine Kasserolle mit dickem Boden legen. Im Bratenfett das abgeseihte und ausgedrückte Gemüse anrösten und zum Fleisch geben.

So viel abgeseihtes Wein-Mostgemisch dazugeben, dass der Boden ca. 1,5 cm hoch mit Flüssigkeit bedeckt ist. Bei mittlerer Hitze je nach Fleischqualität 1 2 Stunden zugedeckt garen. Währenddessen wiederholt mit Wein-Mostgemisch und Rindsuppe aufgießen. Abschließend gut durchkochen und Soße passieren. Soße mit Hagebuttenmarmelade verkochen. Den Braten in Scheiben schneiden, mit Soße überziehen und mit Weintrauben garnieren.

BEILAGENEMPFEHLUNG: Sterzwurst, Erdäpfel oder Nudeln

ZUTATEN

1 kg Rindfleisch (Beiried, Tafelspitz oder Schale)
100 g Spickspeck, in Streifen geschnitten
100 g Karotten, grob gehobelt
je 100 g Sellerie und Selleriewurzel, gerieben oder feinblättrig geschnitten
50 g Hagebutten-marmelade (ersatz-weise Preiselbeeren)
250 ml Weißwein, trocken
250 ml Apfelmost oder Apfelsaft
Pfefferkörner, Piment, Lorbeerblatt
Öl oder Schmalz zum Braten
Salz, Pfeffer
kräftige Rindsuppe zum Aufgießen
Weintrauben zum Garnieren

Rindfleisch-Biereintopf mit Paprika

ZUBEREITUNG

Zwiebeln in heißem Öl langsam goldgelb anrösten. Paradeisermark einrühren, weiterrösten, Hitze verringern und Paprikapulver zugeben. Noch 1–2 Minuten rühren, dann mit Bier ablöschen und 15 Minuten gut durchkochen lassen. Mit Suppe aufgießen und auf kleine Flamme schalten.

Würfelig geschnittenes Fleisch mit Salz und Pfeffer würzen, eventuell in der Pfanne kurz anrösten und in den Zwiebelsaft einlegen. Mit Salz, Pfeffer, Lorbeer, Kümmel und Pfefferoni abschmecken und auf ganz kleiner Flamme ca. 2,5–3 Stunden langsam köcheln lassen. Nach ca. 2 Stunden die grob geschnittenen Paprikastücke zugeben. Abschließend Mehl mit etwas Bier verrühren und den Saft damit binden.

BEILAGENEMPFEHLUNG: Erdäpfelnudeln, Knödel oder Sterzwurst (s. S. 114)

Foto Seite 259

ZUTATEN

1 kg Rindfleisch (Wadel oder Schulter)
500 g Zwiebeln, grob geschnitten
125 ml Öl oder Schmalz
2 EL Paradeisermark
1 EL Paprikapulver
500 ml Bier
500 ml Suppe
Salz, schwarzer Pfeffer
Lorbeer, Kümmel
1 kl. Pfefferoni oder Chili
1 rote und 1 grüne Paprikaschote, würfelig geschnitten
1 EL Mehl, mit etwas Bier verrührt

Anna Plochls „Neidhammelbraten"

Unter den vielen historischen steirischen Kochbüchern ragt jenes von Anna Plochl ganz besonders heraus. Versuchte die Postmeisterstochter und morganatische Gattin des Reichsverwesers Erzherzog Johann doch mit großem Erfolg, bäuerlichen, bürgerlichen und aristokratischen Kochtraditionen gleichermaßen gerecht zu werden. Ihr Fazit: „Ihr Habsburger könnt's vielleicht besser regieren, aber wir Plochls können besser kochen." Ob die schöne Anna aus Angst, ihr Gatte könnte darob aus Eifersucht erbleichen, einen „Neidhammelbraten" in ihre Rezeptsammlung aufgenommen hat? Vermutlich nicht. Denn so nennt man in der Obersteiermark seit jeher das Mostfleisch.

Riegersburger Rostbraten

In diesem Rezept haben sich die Magyaren, gegen welche die Riegersburg jahrhundertelang ein Bollwerk bildete, eindeutig durchgesetzt.

ZUTATEN

4 Rostbratenstücke
à 160 g
50 g Paprikaschoten,
rot und grün, nudelig
geschnitten
100 g Zwiebeln,
blättrig geschnitten
100 g Paradeiser,
geschält, entkernt,
würfelig geschnitten
(Concassé)
100 g Champignons
oder Waldpilze, blättrig
geschnitten
100 g Selchwürstel,
blättrig geschnitten
100 g Selchspeck,
würfelig geschnitten
4 TL Sauerrahm
Mehl zum Stauben
Fett zum Braten
Rindsuppe
Salz mit frisch ge-
mahlenem schwarzem
Pfeffer vermischt

ZUBEREITUNG

Rostbraten (am besten zwischen starker Klarsichtfolie) klopfen und die Ränder etwas einschneiden, damit sich das Fleisch beim Braten nicht wölbt. Mit der Salz-Pfeffermischung würzen. In einer Pfanne im heißen Fett beidseitig anbraten, herausnehmen und warm stellen. Im gleichen Fett geschnittene Selchwürstel, Zwiebeln, Paprika und Pilze durchrösten. Zuletzt die Paradeiser beifügen, mit Mehl stauben und mit etwas Rindsuppe zu einer sämigen Soße verkochen. Rostbraten einlegen und in der Soße kurz ziehen lassen. Währenddessen Speckwürfel glasig rösten. Rostbraten auf vorgewärmten Tellern anrichten und das Ragout darüber gießen. Mit geröstetem Speck und einem Tupfen Sauerrahm dekorieren.

Rechte Seite: Rindfleisch-Biereintopf mit Paprika

Zwiebelrostbraten

ZUTATEN

4 Rostbratenscheiben
vom Ochsen, à ca. 220 g
400 g Zwiebeln, fein-
nudelig geschnitten
30 g Paradeisermark
125 ml Rotwein
500 ml Suppe
Salz, Pfeffer aus
der Mühle
Öl zum Braten

ZUBEREITUNG

Rostbraten (am besten zwischen starker Klarsichtfolie) klopfen und die Ränder etwas einschneiden, damit sich das Fleisch beim Braten nicht wölbt. Mit Salz sowie Pfeffer würzen und in nicht zu heißem Öl anbraten, wenden und nach ca. 1 Minute aus der Pfanne nehmen. In eine kalte Kasserolle legen.

Etwas frisches Öl in der Pfanne erhitzen und Zwiebeln darin goldgelb anrösten. Paradeisermark einrühren und auf kleiner Flamme gut durchrösten. Nach und nach mit Rotwein ablöschen, weiterrösten, bis eine schöne dunkle Farbe entsteht, und dann mit Suppe langsam aufgießen. Gut durchkochen lassen und über den Rostbraten gießen. Mit Alu-Folie abdecken und im vorgeheizten Rohr bei 80 °C ca. 2,5–3 Stunden ganz langsam weich dünsten lassen. (Das Fleisch sollte noch ganz zart rosa und saftig sein.)

BEILAGENEMPFEHLUNG: in Butter geschwenkte Erdäpfel oder Braterdäpfel

TIPPS

■ Die hier geschilderte „Niedertemperaturvariante" ist nur für wirklich mürbes und gut abgehangenes Fleisch zu empfehlen, das im Übrigen, wenn man die Fett- und Sehnenränder wegschneidet, auch kurz (5–10 Minuten, je nach Stärke) gebraten werden kann. Eine weitere Möglichkeit besteht darin, den Rostbraten in der zugedeckten Pfanne weich zu dünsten, was je nach Fleischqualität 1–2 Stunden dauert. Sollte die Fleischqualität nicht optimal sein, so empfiehlt es sich, den Rostbraten rechtzeitig oder bereits am Vortag zugedeckt bei nicht zu starker Hitze weich zu dünsten. Der Rostbraten braucht dann bei Bedarf nur noch langsam angewärmt zu werden, wodurch man viel Zeit und Ärger sparen kann.

■ Garnieren Sie den Rostbraten mit Zwiebelringen, die zuerst in griffigem Mehl gewendet, dann in heißem Öl frittiert und gut trockengetupft werden. Vor dem Servieren noch leicht salzen.

VARIANTE: *Schwammerlrostbraten*

Nur etwa die Hälfte der Zwiebeln verwenden und gegen Ende der Garzeit 250–300 g geschnittene und in Öl angeröstete Pilze oder Schwammerln dazugeben. Kurz in der Soße mitdünsten und mit Thymian sowie Petersilie verfeinern.

Girardi – Ein Vegetarier der ersten Stunde?

Dass der Girardi-Rostbraten als „typisch steirische" Rostbratenvariante gilt, verdankt er vor allem der steirischen Herkunft seines Namensgebers: Alexander Girardi, der berühmte Volksschauspieler und legendäre „Fortunatus Wurzel" in Raimunds Zaubermärchen „Der Bauer als Millionär", wurde nämlich 1850 in Graz geboren. Seine Karriere machte er gleichwohl in Wien, wo er auch häufig im Salon seiner Schauspielerkollegin Katharina Schratt verkehrte, deren Kochkünste legendär waren. Im Gegensatz zu Frau Schratts Herzensfreund Kaiser Franz Joseph war Girardi jedoch alles andere als ein Rindfleischtiger, sondern vielmehr dem Gemüse zugetan. Als er von seiner Gastgeberin einmal auf einen Rostbraten eingeladen wurde, soll er angeblich den Mund verzogen haben – worauf Frau Schratt ihre Köchin anwies, das Fleisch so zu dunsten, dass es unter einem Berg von Gemüse verborgen war. Girardi war offensichtlich zufrieden – und der Girardirostbraten war erfunden.

Girardi-Rostbraten

ZUBEREITUNG

Rostbraten (am besten zwischen starker Klarsichtfolie) klopfen und die Ränder etwas einschneiden, damit sich das Fleisch beim Braten nicht wölbt. Fleisch auf einer Seite mit Senf bestreichen und beidseitig mit Salz-Pfeffermischung würzen. In einer schweren, eisernen Pfanne Öl erhitzen. Die Rostbratenstücke mit der Senfseite nach unten einlegen, anbraten, wenden, ebenfalls braten und wieder herausnehmen. Warm stellen, Speckwürfel anrösten (sollte zu viel Fett vorhanden sein, überschüssiges Fett abgießen). Etwas Butter zugeben und Schalotten, Pilze, Kapern, Gurkerln und Petersilie durchrösten. Mit einem Schuss Weißwein ablöschen und mit Mehl stauben. Sauerrahm mit wenig Mehl und Wasser anrühren, einmengen. Dann etwas Rindsuppe zugießen und zu einer molligen Soße verkochen. Rostbraten wieder einlegen, kurz ziehen lassen. Auf vorgewärmten Tellern anrichten und mit gehackter Petersilie servieren.

BEILAGENEMPFEHLUNG: hausgemachte Nudeln, Serviettenknödel oder Sterzwurst

TIPP: Lässt man die Pilze weg und gießt mit Milch anstelle von Weißwein, Rindsuppe und Sauerrahm auf, so ergibt sich eine altsteirische Spezialität: der Milchrostbraten.

ZUTATEN
4 Rostbratenscheiben zu je ca. 160 g
50 g Selch- oder Jausenspeck, feinwürfelig geschnitten
60 g Schalotten, fein geschnitten (ersatzweise kl. Zwiebeln)
200 g Pilze (Champignons, Steinpilze), blättrig geschnitten
60 g Gewürzgurkerln, gehackt
10 g Essigkapern, grob gehackt
200 ml Sauerrahm
Suppe zum Aufgießen
Öl zum Braten
Butter
Mehl
Petersilie, gehackt
Senf (scharf, z. B. Dijonsenf)
Weißwein
Salz mit frisch gemahlenem schwarzem Pfeffer vermischt

Rindsgulasch

ZUTATEN

für ca. 10 Portionen

1 kg Zwiebeln
2 kg Gulaschfleisch
(Wadl bzw. Wadschinken
oder Haxe, Hals oder
Schulter, würfelig
geschnitten)
ca. 200 g Schmalz
Paradeisermark
2–3 EL Paprikapulver,
edelsüß
ca. 2 l Suppe, notfalls
auch Wasser
Salz, Pfeffer
Kümmel, Majoran
Lorbeerblatt
Knoblauch
Pfefferoni oder
Chilischote
eventuell etwas Mehl
und Wasser zum
Binden

ZUBEREITUNG

Fein geschnittene Zwiebeln in einer größeren Kasserolle in reichlich Schmalz bei mittlerer Hitze ca. 30 Minuten goldgelb anrösten *(Fotos 1 und 2)*. Etwas Paradeisermark einrühren *(Foto 3)*, Hitze verringern, Paprikapulver zugeben *(Foto 4)* und im lauwarmen Fett 1–2 Minuten durchrühren. Mit warmer Suppe oder Wasser aufgießen *(Foto 5)*. Hitze wieder erhöhen, mit Salz, Pfeffer, Kümmel, Majoran, Lorbeer, Knoblauch und etwas Pfefferoni oder Chilischote vorsichtig würzen *(Foto 6)*. Etwa 30 Minuten nicht zugedeckt kräftig kochen lassen. Dann Hitze etwas reduzieren.

Gulaschfleisch salzen *(Foto 7)* und ohne Anbraten zugeben *(Foto 8)* und 3–3,5 Stunden auf kleiner Flamme ganz langsam köcheln lassen *(Foto 9)*. Währenddessen bei Bedarf mit etwas kaltem Wasser aufgießen und entfetten. Gulasch je nach Wunsch mit etwas Mehl und Wasser (verrührt) binden.

VARIANTEN

Kalbs- oder Schweinsgulasch: Fleisch erst ca. 1,5–2 Stunden später einlegen, da durch die kürzere Kochzeit die Zwiebeln sonst nicht ausreichend verkochen würden.

Saftgulasch: Es werden gleich viel Zwiebeln wie Fleisch verarbeitet.

So gelingt das Gulasch wie zu Omas Zeiten

1. Verwenden Sie für ein Saftgulasch gleich viel Zwiebeln wie Fleisch, für ein Kalbsgulasch deutlich weniger Zwiebeln als Fleisch. Schneiden Sie die Zwiebeln erst unmittelbar vor dem Anrösten. Zwiebeln, die gehackt oder in geschnittener Form länger gelagert werden, schmecken bitter!

2. Rösten Sie geschnittene Zwiebeln in einer schweren und möglichst geräumigen Kasserolle in reichlich Schmalz an. Eine breite und schwere Kasserolle sorgt für eine gleichmäßige Hitzeverteilung. Durch die große Fläche kann das Wasser aus den Zwiebeln besser und schneller verdunsten. Fett erleichtert das Umrühren und fördert so ein gleichmäßiges Durchrösten der Zwiebeln.

3. Lassen Sie sich für das Einrühren des Paprikapulvers ins Fett vor dem anschließenden Aufgießen ein bis zwei Minuten Zeit, da der Paprika sich besser auflösen kann, wodurch eine schönere Farbe und ein besserer Geschmack entstehen.

4. Kochen Sie diesen Gulaschansatz ca. 45 Minuten ohne Deckel kräftig am Herd, damit sich Zwiebeln und Paprika gut verkochen sowie blähende Stoffe sich auflösen können.

5. Verzichten Sie, wenn Sie eine genügend große Zwiebelmenge verwendet haben, getrost auf das Binden mit Mehl und gießen Sie mit einer geeigneten Flüssigkeit auf (Rindsuppe für Saftgulasch, Kalbssuppe für Kalbsgulasch oder Schwammerlfond für Schwammerlgulasch).

6. Lassen Sie sich Zeit. Eine ausgelöste Rinderhaxe (Wadl), das klassische Gulaschfleisch, dauert bei gemütlicher Hitze etwa 3 Stunden und erübrigt das Passieren. Achten Sie dabei aber auf niedrige Hitze.

7. Halten Sie sich an das alte Sprichwort, demzufolge ein aufgewärmtes Gulasch viel besser mundet als ein frisch zubereitetes.

ZUTATEN

500 g Faschiertes vom Styria-Beef
Strudel- oder Blätterteig, hausgemacht oder fertig gekauft
50 g Wurzelgemüse, geraspelt (z. B. Karotten, Sellerie, Petersilwurzel)
2 EL Semmelbrösel
1 Ei
Salz, schwarzer Pfeffer aus der Mühle
Senf (am besten Dijonsenf)
Majoran, Thymian und Liebstöckel, gehackt
3–4 Mangoldblätter, kurz überbrüht und abgeschreckt
Fett zum Anrösten
Mehl für das Tuch
Butter zum Bestreichen
Eidotter zum Bestreichen

Styria-Beef-Strudel

ZUBEREITUNG

Die Hälfte des Faschierten evtl. kurz anrösten (für besseren Geschmack) und geraspeltes Wurzelgemüse mitrösten. Mit Salz, Pfeffer, Senf und gehackten Kräutern nach Geschmack würzen. Masse abkühlen lassen. Dann mit Ei, Bröseln und restlichem, rohem Faschiertem vermengen. Nochmals gut abschmecken.

Strudelteig (auf bemehltem Tuch) oder Blätterteig ausbreiten, mit etwas flüssiger Butter bestreichen und die Fleischfülle auf zwei Drittel der Teigfläche verteilen. Blanchierte, abgeschreckte Mangoldblätter auflegen und Strudel einrollen. Enden gut verschließen. Auf ein mit Backpapier ausgelegtes Backblech (oder gefettetes) setzen und den Strudel mit einem Spießchen mehrmals einstechen (damit er nicht aufplatzt). Mit Eidotter bestreichen und im vorgeheizten Rohr bei 180 °C ca. 25 Minuten backen. Etwas abkühlen lassen und am besten mit einem Elektromesser aufschneiden.

BEILAGENEMPFEHLUNG: Chinakohl-Apfelgemüse (s. S. 159)

Styria-Beef-Roulade
mit Kürbiskern-Topfenfülle

ZUBEREITUNG

Zunächst die Fülle vorbereiten. Dafür alle Zutaten vermischen und 2–3 Stunden anziehen lassen.

Dann Styria-Beef-Schnitzel mit Senf leicht bestreichen, mit Salz sowie Pfeffer würzen und mit der vorbereiteten Topfenfülle bestreichen. Mit blanchierten Mangoldblättern belegen und fest einrollen. Mit Spagat oder einer Rouladennadel verschließen und in heißem Öl rundum gut anbraten. Wie bei den Rindsrouladen beschrieben (s. S. 266) fertig garen.

TIPP: Bevorzugt man die Rouladen eher kurz gebraten, so können sie nach dem Anbraten im heißen Rohr bei 200 °C ca. 18 Minuten rosa gebraten werden. Die Soße muss in diesem Fall aus dem Bratenrückstand erzeugt werden.

**ZUTATEN für
2 größere Rouladen**
2 Styria-Beef-Schnitzel à
ca. 200 g (aus der Schale,
Rose oder Tafelstück)
Salz, schwarzer Pfeffer
aus der Mühle
scharfer Senf (Dijonsenf
oder englischer Senf)
2–4 Mangoldblätter
(je nach Größe), überbrüht und abgeschreckt
Öl zum Anbraten
1 kl. Zwiebel,
fein geschnitten
eventuell geraspeltes
Wurzelgemüse
1 EL Paradeisermark
200 ml Rotwein
500 ml Rindsuppe
2 Lorbeerblätter,
eventuell Rosmarin und
Thymianzweig
etwas Mehl und Rotwein
zum Binden für die Soße

Für die Topfenfülle
200 g Topfen, trocken
(40 % Fett i. Tr., evtl.
Schafmilchtopfen)
50 g Weizengrieß
oder Polenta
2 EL Brösel (am besten
von entrindetem
Weißbrot)
2–3 EL Kürbiskerne,
gehackt

Rindsrouladen

ZUTATEN

4 Rindsschnitzel à ca.
170 g (aus der Schale,
Rose oder Tafelstück)
Salz, schwarzer Pfeffer
aus der Mühle
scharfer Senf (Dijonsenf
oder englischer Senf)
Öl zum Anbraten
1 kl. Zwiebel, fein
geschnitten
eventuell geraspeltes
Wurzelgemüse
1 EL Paradeisermark
200 ml Rotwein
500 ml Rindsuppe
2 Lorbeerblätter,
eventuell Rosmarin
und Thymianzweig
etwas Mehl und
Rotwein zum Binden

**Für die Fülle,
ganz nach Belieben**
gekochter Schinken,
Speckstreifen, Käse-
streifen, Würstchen,
Essiggurkerln,
Zwiebeln, Pilze,
Paprikastücke, Wurzel-
gemüse wie Karotten,
gelbe Rüben, Sellerie
oder Stangensellerie,
Porree
Topfen oder Brimsen
gehackte Kürbiskerne
oder Kräuter

ZUBEREITUNG

Rindsschnitzel auf einer Seite mit Senf leicht bestreichen. Mit Salz sowie Pfeffer würzen und ganz nach Belieben mit der gewählten Fülle belegen. Roulade fest einrollen und mit Spagat oder einer Rouladennadel verschließen. In heißem Öl rundum gut anbraten. Im Bratrückstand etwas frisches Öl erhitzen und die Zwiebel anrösten. Eventuell Wurzelgemüse dazugeben, Paradeisermark einrühren und einige Minuten mitrösten. Mit Rotwein ablöschen und nochmals rösten bzw. einkochen, bis eine schöne dunkle Farbe entsteht. Mit Suppe aufgießen und kurz durchkochen lassen. Angebratene Rouladen einlegen, Gewürze zugeben und alles auf kleiner Flamme am Herd zugedeckt oder im Rohr bei ca. 140 °C 1,5–2 Stunden weich schmoren. Sobald die Rouladen weich sind, aus der Kasserolle heben. Soße eventuell abseihen. Rotwein mit etwas Mehl verrühren, einmengen und die Soße damit binden. Von den Rouladen den Spagat oder die Rouladennadel entfernen, kurz in die Soße legen und auf vorgewärmten Tellern anrichten. Mit Soße umgießen.

BEILAGENEMPFEHLUNG: Sellerie-Erdäpfelpüree (s. S. 142), hausgemachte Bandnudeln oder Nockerln und grüner Salat

TIPP: Besonders fein schmecken die Rouladen, wenn sie in ein gut gewässertes und trockengetupftes Schweinsnetz gehüllt werden.

SOS für einen Lungenbraten

Zum Alltag eines Kochs, der wie Willi Haider eine Kochschule führt, zählen gelegentlich auch Dienste als Nothelfer. „So rief mich eines Samstagnachmittags eine völlig verzweifelte Kursteilnehmerin an", erinnert sich Willi Haider, „der beim Anbraten des Lungenbratens im Netz die ganze Farce mitsamt dem Blattspinat auseinander gebrochen war. Sie erzählte mir, wie wichtig die Gäste wären, die sie an diesem Abend bekochen musste, und ich bot ihr daher an, sie möge doch mit dem missglückten Stück Fleisch zu mir kommen, damit ich es retten könne. Sie hatte allerdings keine Zeit, meinte aber, es könne ja ihr Mann kommen, sobald er mit dem Weineinkaufen fertig sei."

Zwei Stunden später wurde der verletzte Lungenbraten, nachdem er gute 20 Kilometer mit dem Auto zurückgelegt hatte, in Willi Haiders kulinarischer Privatklinik eingeliefert.

„In der Zwischenzeit", erinnert sich Willi Haider, „hatte ich schnell ein Schweinsnetz aufgetaut, aus einem zum Glück vorrätigen Geflügelfleischlaibchen eine neue Farce vorbereitet und anstelle des Blattspinats ein paar Salatblätter überkocht und abgeschreckt. Als der Gatte der Kursteilnehmerin eintraf, war alles vorbereitet. Der gebrochene Lungenbraten wurde ausgewickelt, neu in ein Netz mit Farce und Salatblättern gerollt, rundum vorsichtig angebraten und in eine Bratenpfanne gehoben. Sicherheitshalber rüstete ich den Herrn dann auch noch mit einem Bratenthermometer aus und schickte ihn nach nur zehnminütiger Operation mit seinem Patienten wieder auf die Heimreise."

Das Dankeschön für den in letzter Minute geretteten Abend – eine wirklich gute Flasche Wein – ließ nicht lange auf sich warten.

Wadschunken in Rotweinsoße

Die steirische Antwort auf das Wiener Saftgulasch

ZUBEREITUNG

Zwiebeln in reichlich Fett anrösten und nach Belieben Wurzelgemüse mitrösten. Paradeisermark einrühren und langsam dunkelbraun rösten. Mit Mehl stauben, kurz durchrösten und nach und nach mit Rotwein ablöschen. Einkochen lassen, dann mit Suppe aufgießen, aufkochen und ca. 45 Minuten kräftig kochen lassen. Knoblauch, Kräuter und Gewürze zugeben.

Fleisch in größere Stücke schneiden, mit Salz, Senf sowie Pfeffer würzen und in heißem Schmalz oder Öl rundum langsam anbraten. In die Soße einlegen und auf kleiner Flamme (oder im Rohr bei 130–140 °C) ca. 3,5–4 Stunden köcheln bzw. weich schmoren lassen. Währenddessen Fleisch wenden. Vor dem Servieren nochmals mit Salz und Pfeffer abschmecken. Ist die Soße noch nicht mollig genug, etwas Mehl in Rotwein anrühren und die Soße damit binden.

BEILAGENEMPFEHLUNG: Semmelknödel oder Salbei-Semmelpudding (s. S. 119), Sterzwurst, Teigwaren, Erdäpfel und Gemüse

TIPP: Garnieren Sie dieses Gericht noch mit Petersilie oder Gemüsestreifen und mengen Sie zusätzlich noch Paradeiser- oder Paprikawürfelchen unter die Soße – so schmeckt der Braten noch feiner.

ZUTATEN
für 8–10 Portionen
1,5–2 kg Rinder-Haxe ohne Knochen (Wade, Wadl, Stelze, Vogerl)
750 g Zwiebeln, fein geschnitten
evtl. Wurzelgemüse, geraspelt
200 g Schmalz oder Öl
500 ml Rotwein
1 EL Mehl zum Stauben
500 ml Rindsuppe
Salz, schwarzer Pfeffer aus der Mühle
Senf, eher scharf (Dijonsenf)
1 EL Paradeisermark
evtl. Rosmarin- und Thymianzweig
2–3 Lorbeerblätter
2–3 Knoblauchzehen
etwas Rotwein, mit Mehl verrührt

Rinderfilet im Kräuter-Topfen-Teig

ZUBEREITUNG

Für den Teig alle Zutaten rasch verkneten, zu einem flachen Ziegel formen und 2–3 Stunden kalt stellen. Den Lungenbraten von Sehnen befreien und in gleichmäßige Stücke schneiden. Mit Salz und Pfeffer gut würzen. Trockengetupftes Schweinsnetz ausbreiten, mit blanchiertem (überbrühtem), trockengetupftem Spinat belegen und mit Geflügelfarce dünn bestreichen. Rohen Lungenbraten auflegen, Zwischenräume mit Farce bestreichen und fest in das Schweinsnetz einrollen. Bei nicht zu großer Hitze rundum anbraten (bei starker Hitze würde die Farce bzw. Füllung stark aufquellen und in weiterer Folge aufbrechen). Dabei mit zwei breiten Spachteln oder Schmarren-Schaufeln vorsichtig wenden. Gut abkühlen lassen.

Auf einer bemehlten Arbeitsfläche den Topfenteig dünn ausrollen. Den angebratenen und abgekühlten Lungenbraten darauf setzen und einrollen. Enden gut verschließen. Mit einem Spießchen einige Male einstechen und auf ein gefettetes oder mit Backpapier ausgelegtes Blech setzen. Mit Eidotter bestreichen und im heißen Rohr bei 220 °C 25–30 Minuten backen, Hitze auf ca. 120 °C reduzieren und auf den gewünschten Garungspunkt braten. Strudel aufschneiden und auftragen.

ZUTATEN
für ca. 6-8 Portionen
1 Lungenbraten, ca. 1,30 kg
1 Schweinsnetz, gewässert
200 g Blattspinat, blanchiert
Farce, mit Geflügelfleisch zubereitet nach Wildfarce-Rezept S. 285
Salz, Pfeffer aus der Mühle
Öl zum Anbraten
Eidotter zum Bestreichen

Für den Topfenteig
200 g Topfen, trocken (40 % Fett i. Tr.)
200 g Butter oder Margarine
300 g Mehl, griffig
Salz, Kräuter nach Belieben
Mehl für die Arbeitsfläche

Steirisches Rumpsteak
Saftig-würzige Rindsrückenschnitten unter der Ochsenmarkkruste

ZUTATEN

4 Rumpsteaks (vom
Rindsrücken geschnitten)
Salz, schwarzer Pfeffer
aus der Mühle
scharfer Senf (Dijonsenf)
Öl zum Braten

**Für die
Ochsenmarkkruste**

200 g Rindermark
(am besten vom Ochsen)
1 Zwiebel, geschnitten
1 Bund Petersilie, gehackt
100 g Weißbrotbrösel
ca. 60 ml Weißwein
Salz, schwarzer Pfeffer
aus der Mühle, Thymian

ZUBEREITUNG

Rumpsteak mit Salz, frisch gemahlenem Pfeffer und Dijonsenf würzen. In heißem Öl gut anbraten, wenden und ca. 2–3 Minuten garen bzw. ziehen lassen. Abkühlen und mit der vorbereiteten Ochsenmarkmasse belegen. In eine gefettete Form setzen und im heißen Rohr auf mittlerer Schiene (da sich bei großer Oberhitze das Backblech wölbt und das Blech so leichter zu entnehmen ist) unter der Grillschlange ca. 8–10 Minuten überbacken.

Für die Kruste das Rindermark gut wässern und danach in kleine Würfel schneiden. Mark mit geschnittener Zwiebel, Petersilie, Wein und Bröseln gut vermischen. Mit Salz, Pfeffer und Thymian abschmecken. Gut durchkneten und zu etwa 1 cm dicken Laibchen in passender Größe formen.

TIPP: Diese gratinierte Ochsenmarkkruste harmoniert nicht nur mit Rumpsteaks, sie passt auch ausgezeichnet zu Filetsteaks, Schweinsmedaillons oder Koteletts vom Lamm.

Steirisches Bierfleisch
Nach einem historischen Rezept

ZUBEREITUNG

Das Rindfleisch in ca. 5 mm dicke Scheiben schneiden. Pfeffern, salzen und in ein irdenes Gefäß geben. Essig und Wasser aufkochen, über das Fleisch gießen und 2 Stunden marinieren.

In einer Pfanne Fett erhitzen, das Fleisch rundum anbraten und wieder herausheben. Zwiebeln mit Mehl bestäuben und in frischem heißem Fett goldbraun rösten. Fleisch in einer Kasserolle mit gerösteten Zwiebeln vermischen, Bier zugießen und alles bei kleiner Flamme je nach Qualität ca. 3 Stunden langsam weich dünsten.

BEILAGENEMPFEHLUNG: Hörnchen, Spiralennudeln oder Salzerdäpfel
TIPP: Nach alter Rezeptur wurde das Fleisch am Rost auf offenem Feuer gegrillt.

ZUTATEN
800 g Rindfleisch (gut durchwachsener Wadschinken)
400 g Zwiebeln, feinnudelig geschnitten
50 g Schmalz oder Backfett
100 ml Weinessig
100 ml Wasser
100 ml dunkles Bier
Mehl zum Stauben
Salz, Pfeffer

Steirisches Roastbeef

ZUBEREITUNG

Das Fleisch mit Salz, Pfeffer und Senf kräftig würzen. In heißem Öl oder Schmalz von allen Seiten gut anbraten (beim Wenden nicht mit der Gabel anstechen, Saftverlust!). Frische Kräuter rund um das Fleisch legen und im vorgeheizten Rohr bei ca. 120 °C auf den gewünschten Garungsgrad braten. Dabei bedient man sich am besten eines Bratenthermometers (Kerntemperaturtabelle s. S. 227). Das gebratene Fleisch tranchieren, auf vorgewärmten Tellern mit Beilagen nach Wahl anrichten und rasch servieren.

BEILAGENEMPFEHLUNG: Braterdäpfel und Gemüse nach Saison und Angebot

TIPPS

- Es hat sich als vorteilhaft erwiesen, das Fleisch ca. 2 °C vor Erreichung der gewünschten Kerntemperatur aus dem Ofen zu nehmen, wodurch die Kerntemperatur etwas absinkt. Nunmehr die Hitze im Rohr auf ca. 180 °C erhöhen (das ist auch ein günstiger Zeitpunkt, um Beilagen zu erwärmen) und das Fleisch ca. 15 Minuten vor dem Servieren wieder ins heiße Rohr geben. Fleisch nach Erreichen der gewünschten Kerntemperatur aus dem Rohr nehmen. Die Beiried (aber auch Rumpsteak) braucht bei dieser Methode nicht mehr zu rasten und kann sofort portioniert werden.

- Das Schneidbrett sollte beim Aufschneiden des Fleisches am besten in ein Backblech gestellt werden, um den Saft (kein Blut, sondern verwendbarer Fleischsaft!), der beim Aufschneiden evtl. austritt, aufzufangen und für die Soße weiterzuverwenden.

ZUTATEN
1 kg Beiried vom Almochsen oder Styria-Beef
Salz, schwarzer Pfeffer aus der Mühle
scharfer Senf (Dijonsenf)
Öl oder Schmalz zum Braten
frische Kräuterzweige (Rosmarin, Thymian, Lorbeer)

Kluges Thermometer

Wer wie Willi Haider seit Jahrzehnten eine Kochschule betreibt, ist so ziemlich auf alle Fragen gefasst. Eine davon – sie wurde während eines Bratkurses gestellt – brachte jedoch auch einen alten Profi wie ihn in Verlegenheit. „Sie haben uns da eine Liste für die Verwendung des Bratenthermometers gegeben, auf der Tiere und Temperaturen angegeben sind, z. B. Rind 70 °C oder Huhn 85 °C", fragte die Kochschülerin wissbegierig. „Aber wie weiß das Bratenthermometer, ob es nun in einem Rind oder in einem Huhn steckt?"

LAMMFLEISCH

Gebackenes Lamm (Kitz)

ZUTATEN

Portionsstücke nach Wunsch und Bedarf von Lammschulter, -brust und -hals, teils mit Knochen, à ca. 100 g
Salz
Eier, versprudelt
Mehl und Brösel zum Panieren
Schmalz oder Öl zum Backen
Petersilie zum Garnieren

ZUBEREITUNG

Die Lammstücke zart salzen und zuerst in Mehl wenden, durch versprudeltes Ei ziehen und in Semmelbröseln panieren. In nicht zu heißem Fett (bei ca. 120 °C) wie ein Backhuhn langsam schwimmend herausbacken. Herausheben und auf Küchenkrepp gut abtropfen lassen. Mit frittierter Petersilie garnieren.

BEILAGENEMPFEHLUNG: Petersil- oder Kräutererdäpfel, Erdäpfel-Porreesalat mit Kürbiskernöl oder Vogerlsalat mit warmen Erdäpfeln

TIPPS

- Gebackenes Kitz wird auf dieselbe Weise zubereitet.
- Befürchtet man, dass das Lammfleisch nicht weich wird, so können die Lammfleischstücke in Salzwasser vorher weich gekocht werden. Im Kochsud erkalten lassen oder kurz in kaltem Wasser abschrecken, abtrocknen, evtl. mit wenig Senf würzen und panieren. Nun allerdings bei ca. 160 °C goldgelb backen.
- Die Brösel können zur Verfeinerung des Aromas in der Küchenmaschine mit frischem Thymian vermischt werden.

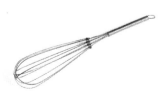

Von Kitz bis Schöps

Steirisches Lammfleisch wird für seine hohe Qualität mit Recht gerühmt. Um das richtige Fleisch für das richtige Gericht einzukaufen, sollte man sich freilich auch in der Terminologie auskennen:

Lamm: Als Lämmer bezeichnet man junge Schafe von 3 bis 6, maximal 8 Monaten (35–40 kg Lebendgewicht, küchenfertig: ca. 20 kg).

Milchlamm (Kitz): Milchlämmer, manchmal auch Lammkitze oder nur Kitze genannt, sind ganz junge, zarte Lämmer (5–8 Wochen), die sich von Muttermilch und Trockenfutter ernähren und sich wegen ihres zarten Eigengeschmacks besonderer Wertschätzung unter Gourmets erfreuen.

Hammel: Unter Hammelfleisch versteht man allgemein das Fleisch junger Schafe und Hammel, im engeren Sinne jedoch das Fleisch von nicht zu alten Hammeln.

Schöps (auch: Kastraunenes): Diese altsteirische Spezialität wird aus dem Fleisch kastrierter männlicher Schafe (Schafsböcke) zubereitet.

Schaf: Als Schaffleisch im engeren Sinne bezeichnet man das Fleisch alter Schafe und Böcke.

Pot-au-feu vom Lamm
Der klassische steirische Lamm-Suppentopf

ZUTATEN

1/2 Lammkopf oder
ca. 500 g Knochen
und Abschnitte
500 g Lammschulter
2 Lammzungen
(wenn vorhanden)
1–2 Lammstelzen
1 kl. Sellerie
2 Karotten
je 1 Petersilwurzel
und kleiner Porree
2–3 Kohlblätter
bunte Paprikastreifen
nach Belieben
1 kl. Bund Petersilie
2 Zwiebeln
2–3 Lorbeerblätter
2 Knoblauchzehen
Salz, Schnittlauch

ZUBEREITUNG

Lammkopf oder Lammknochen in kochendem Wasser 2–3 Minuten blanchieren (überbrühen), abseihen und mit kaltem Wasser gut waschen. Mit 3–4 Liter frischem, kaltem Wasser zustellen und leicht salzen. Einen Teil des Wurzelgemüses und der Zwiebeln in dekorative Stücke schneiden (Stäbchen, Ringe, Scheiben) und getrennt bissfest vorkochen, in Eiswasser kurz abschrecken. Paprikastreifen ebenfalls vorkochen, Kohlblätter blanchieren. Das restliche Wurzelgemüse mit sämtlichen Kräutern (etwas Schnittlauch zum Garnieren beiseite legen), Knoblauch, restlichen Zwiebeln und Gewürzen zum Lammkopf bzw. Knochen geben und ca. 1 Stunde köcheln lassen. Lammschulter, Zungen und Stelzen in die heiße Suppe geben und auf kleiner Flamme ca. 1 1/2–2 Stunden weich kochen. Fleisch in kaltem Wasser abschrecken bzw. gut abkühlen lassen und klein schneiden. Suppe abseihen und mit dem vorgekochten Gemüse, Kohlblättern und den Fleischstücken kurz wärmen. Nochmals gut abschmecken und mit Schnittlauch bestreut servieren.

TIPP: Pot-au-feu-Reste können zu einer schmackhaften Sulz verarbeitet werden. Für ca. 500 ml Suppe werden 14 Blatt eingeweichte Gelatine mit dem klein geschnittenen Fleisch und Gemüse vermischt, kräftig gewürzt und in eine geölte und mit Klarsichtfolie ausgelegte Form gegeben. Über Nacht kalt stellen.

Gebratene Lammripperln auf Spare-Ribs-Art

ZUBEREITUNG

Für die Marinade alle Zutaten vermengen. Die Lammripperln im Ganzen gut damit einreiben und 1–2 Tage marinieren lassen. Ripperln auf einen Gitterrost (Blech mit Wasser unterstellen) oder ein Backblech legen und im vorgeheizten Rohr bei ca. 160–170 °C ca. 90 Minuten langsam braten.

BEILAGENEMPFEHLUNG: Erdäpfel, Speckbohnenschoten, Salat und Weißbrot

TIPPS

■ Die Ripperln können auch in Salzwasser oder Suppe ca. 20 Minuten langsam vorgekocht werden. Kalt abschrecken, gut abtropfen lassen und marinieren. In diesem Fall bei größerer Hitze (180 °C) nur 20–30 Minuten braten.

■ Diese Marinade ist im Kühlschrank ca. 2 Wochen haltbar und kann auch zum Marinieren von Schweinsripperln, Hühnerflügerln und -keulen, Koteletts oder auch Fischsteaks verwendet werden.

ZUTATEN

2 kg Lammripperln (oder Lammbruststreifen)

Für die Marinade
150 g Ketchup
(oder Hot Ketchup)
30 g Knoblauch (4–5 Zehen), fein geschnitten oder gehackt
1 EL Apfelbalsamessig
2 EL Malzbier
10 g Salz
2 EL Honig (90–100 g)
1–2 EL Kren, gerieben

ZUTATEN

1,5–2 kg Lammhaxen
(in ca. 2 cm starke
Scheiben geschnitten)
Salz und Pfeffer
griffiges Mehl zum
Wenden
Öl
1–2 Zwiebeln, grob-
würfelig geschnitten
100 g Wurzelgemüse
(Karotten, Sellerie usw.),
grob geraspelt
1–2 EL Paradeisermark
ca. 125 ml Rotwein
ca. 750 ml Suppe
oder Wasser
Thymian, Rosmarin,
Lorbeer, Knoblauch
evtl. Schlagobers
zum Verfeinern
gekochte Gemüse-
oder Paradeiserwürfel
zum Garnieren

Geschmorte Lammhaxenscheiben auf Ossobuco-Art

ZUBEREITUNG

Lammhaxenscheiben mit Salz und Pfeffer würzen und in griffigem Mehl
wenden. In heißem Öl beidseitig gut anbraten, dabei Zwiebeln und Wurzelgemüse mitrösten. Paradeisermark einrühren, gut durchrösten und mit Rotwein ablöschen. Einkochen lassen, dann mit Suppe oder Wasser so aufgießen, dass das Fleisch nicht ganz bedeckt ist. Gewürze und Knoblauch einmengen. Im Rohr bei ca. 110 °C oder auf dem Herd bei kleiner Hitze, mit
Alufolie zugedeckt, 2 1/2–3 Stunden langsam weich schmoren lassen.
Sobald das Fleisch weich ist, Soße abseihen und Fleisch warm halten. Etwas
Rotwein mit wenig Mehl verrühren und die Soße damit binden. Nach
Wunsch mit wenig Obers verfeinern. Nochmals abschmecken und über die
angerichteten Haxenscheiben geben. Nach Belieben mit gekochten Gemü-
se- oder Paradeiserwürferln garnieren.

BEILAGENEMPFEHLUNG: Erdäpfel, Teigwaren oder Rollgerstl

Gerollte Lammbrust auf Rollgerste

ZUBEREITUNG

Die ausgelöste Lammbrust mit allen Gewürzen, gehacktem Knoblauch sowie Senf gut einreiben. Spinatblätter kurz blanchieren (überbrühen), trockentupfen und auflegen. Einrollen und mit Küchengarn in Form binden. In heißem Öl rundum kurz anbraten und im vorgeheizten Rohr bei ca. 170 °C ca. 2 1/2 Stunden unter wiederholtem Begießen braten. Bei Bedarf etwas Suppe oder Wasser angießen.

Eingeweichte Rollgerste in der Suppe weich kochen. Gemüse nach Wahl dazugeben, würzen und bissfest garen. Auf vorgewärmten Tellern anrichten. Fertig gegarte Lammbrust in Scheiben schneiden, auf die Rollgerste legen und mit Bratensaft übergießen.

ZUTATEN
900 g Lammbrust, ausgelöst
100 g Spinat
200 g Rollgerste, über Nacht eingeweicht
200 g Gemüse (z. B. Erbsen und Mais, auch tiefgekühlt)
500 ml Rindsuppe
Salz, Pfeffer, Senf (Dijonsenf)
Knoblauch, Rosmarin, Petersilie
Öl zum Anbraten
Suppe oder Wasser zum Angießen

Gebratene Lammschulter mit Petersilwurzeln

ZUBEREITUNG

Die Lammschulter mit Salz und Pfeffer würzen. Im heißen Öl rundum gut anbraten und in eine Bratenpfanne legen. Die Schalotten (oder die grob geschnittenen Zwiebeln) in Öl gut anbraten, Petersilwurzeln zugeben, mit etwas Suppe oder Rotwein untergießen und zur Schulter geben. Knoblauch und Thymian beigeben und im vorgeheizten Rohr bei ca. 160 °C je nach Größe vorerst ca. 1 Stunde braten. Dann Hitze auf 130 °C reduzieren und noch ca. 1–1 1/2 Stunden langsam weich braten. Währenddessen wiederholt mit Bratensaft begießen und bei Bedarf etwas Suppe oder Wasser nachgießen. Die Lammschulter tranchieren und mit dem mitgebratenen Gemüse anrichten.

BEILAGENEMPFEHLUNG: Erdäpfel

TIPP: Lammstelzen lassen sich nach demselben Rezept zubereiten.

ZUTATEN
1 Lammschulter mit Knochen (ca. 1,5 kg)
Salz, Pfeffer aus der Mühle
ca. 750 g Schalotten oder kl. Zwiebeln
2 Petersilwurzeln, würfelig geschnitten
Suppe oder Rotwein zum Untergießen
Knoblauch, Thymian
Sonnenblumen- oder Rapsöl

Steirisches Schöpsernes

Das klassische „Kastraunene", wie es früher zu Martini serviert wurde

ZUTATEN

500–600 g Hammel-
schulter oder -hals
200 g Wurzelgemüse,
grobwürfelig ge-
schnitten
200 g Kohl oder Weiß-
kraut, grob geschnitten
200 g Erdäpfel, grob-
würfelig geschnitten
Salz, Pfeffer, Lorbeer,
Knoblauch, Majoran
oder Thymian
Erdäpfel oder Mehl
sowie Butter zum
Binden

ZUBEREITUNG

Fleisch grobwürfelig schneiden (wie für Gulasch). Einen Topf mit Salzwasser aufstellen, Gemüse und Lorbeerblatt zugeben und das Fleisch darin langsam weich kochen. Abschließend entweder einen Erdapfel in das Ragout
schaben und damit oder mit einer Einbrenn binden. Dafür Öl oder Schmalz
erhitzen, Mehl anrösten und nach und nach mit Soße aufgießen. Mit
Knoblauch, Thymian oder Majoran und Pfeffer gut würzen.

TIPP: Dieser Klassiker wurde in der Steiermark früher ausschließlich mit
dem Fleisch von kastrierten Schafen (Widder oder Hammel) im Alter von
12–14 Monaten zubereitet. Dass das so genannte „Schöpserne" heutzutage
als zäh und übel riechend in Verruf gekommen ist, liegt an der Nachkriegs-
praxis, dafür auch ganz alte Tiere zu verwenden. Schöpsenfleisch ist dadurch
sehr selten geworden. Das Rezept lässt sich allerdings auch mit Lammfleisch
ganz ausgezeichnet zubereiten.

Ausgelöster Lammrücken im Blätterteig

ZUTATEN

300 g Blätterteig
(hausgemacht oder
fertig gekauft)
800 g Lammkarree,
ausgelöst
Salz, Pfeffer aus
der Mühle
1 EL Öl
200 g Champignons
2 EL Schalotten,
geschnitten
2 EL Butter
100 ml Schlagobers
5 Eidotter
1 EL Petersilie, gehackt
Mehl für die
Arbeitsfläche

ZUBEREITUNG

Lammkarree salzen, pfeffern und in heißem Öl rundum anbraten. Champignons feinwürfelig schneiden und in einer Kasserolle mit den Schalotten so
lange in Butter dünsten, bis die Flüssigkeit völlig verdampft ist. Nun die
Hälfte des Obers dazugießen und einkochen lassen.
Restliches Obers mit 4 (!) Dottern verschlagen und unter die Champignons
rühren, bis die Masse stockt. Mit Salz, Pfeffer und Petersilie würzen und
Farce kalt stellen. Fleisch mit der kalten Pilzmasse einstreichen und in den
ausgerollten Blätterteig einwickeln. Gut verschließen und mit Dotter bestreichen. Auf ein mit Backpapier belegtes Backblech legen und im vorgeheizten Backrohr bei 200 °C 25 Minuten backen. Kurz rasten lassen und
am besten mit einem Elektromesser aufschneiden.

BEILAGENEMPFEHLUNG: grüne Bohnen und Braterdäpfel mit Rosmarin

Rechte Seite: Ragout vom Lammschlögel mit Schalotten und Karotten

Ragout vom Lammschlögel mit Schalotten und Karotten

ZUTATEN

1/2 Lammschlögel
(ausgelöst)
Kräuter (Lorbeer,
Knoblauch, Majoran,
Thymian, Rosmarin)
zum Marinieren
Öl
Salz, Pfeffer aus
der Mühle
Rotwein und Lammfond
zum Aufgießen
ca. 12–16 Schalotten
(oder kl. Zwiebeln),
im Ganzen geschmort
2–3 Karotten, in Scheiben
geschnitten und gekocht
kalte Butter zum Binden

ZUBEREITUNG

Lammschlögel in nicht zu große und nicht zu dünne Stücke schneiden. Grob geschnittene Kräuter mit Öl vermengen und das Fleisch damit abgedeckt über Nacht kühl marinieren. Dann das auf Raumtemperatur erwärmte Fleisch mit Salz und Pfeffer würzen, in einer heißen Pfanne (am besten mit dickem Boden) eher in kleinen Mengen nach und nach in heißem Öl kurz anbraten und auf einem lauwarmen Teller rasten lassen.

Bratensatz mit etwas Rotwein ablösen und mit Lammfond aufgießen. Geschmorte Schalotten und gekochte Karottenscheiben einmengen. Den sich am Teller absetzenden Fleischsaft zugeben, abschmecken und nach Bedarf mit kalten Butterstückchen binden. Die angebratenen, halb rohen Fleischstücke in die heiße Soße geben, nach dem ersten Aufkochen beiseite stellen und nur noch ca. 4–5 Minuten auf kleiner Flamme (oder neben der Kochplatte) zugedeckt ziehen lassen. (Nicht mehr aufkochen, Fleisch würde sonst hart werden.)

BEILAGENEMPFEHLUNG: Salzerdäpfel

Foto Seite 277

Lammkarree in der Kräuterkruste

ZUTATEN

1 Lammkarree, mit
Rippenknochen und
ohne Rückgrat (ca. 1,5 kg)
Salz, Pfeffer aus
der Mühle
Öl oder Schmalz
zum Anbraten
1 Zwiebel, grob
geschnitten
Rotwein oder Suppe
zum Ablöschen
Rosmarin- und Thymian-
zweige, Lorbeerblatt,
Knoblauchzehe

Für die Kruste

scharfer Senf (Dijonsenf)
Weißbrot, frisch gerieben
frische Kräuter nach
Wahl (Thymian,
Rosmarin, Majoran)

ZUBEREITUNG

Lammkarree auf der Fettseite einschneiden bzw. schröpfen. Mit Salz und Pfeffer würzen und in reichlich Fett zuerst auf der Fettseite, dann rundum gut anbraten. Zwiebel kurz mitrösten, mit etwas Rotwein oder Suppe ablöschen. Kräuter sowie Knoblauch in die Pfanne legen und alles im Rohr auf unterer oder mittlerer Schiene bei 130 °C ca. 2–2 1/2 Stunden langsam braten. (Kräuter nicht auf das Fleisch geben, da sie leicht verbrennen und dadurch das Fleisch bitter schmecken könnte.) Währenddessen ab und an mit Bratensaft übergießen.

Gebratenes Karree mit Senf leicht bestreichen. Weißbrotbrösel mit frischen Kräutern in der Küchenmaschine vermischen und auf das Karree auftragen. Bei starker Oberhitze auf mittlerer Schiene kurz (dauert nur einige Sekunden!) goldgelb überbacken. Anschließend den Rücken am besten mit einem Elektromesser in Koteletts aufschneiden und dann wieder in die ursprüngliche Karreeform bringen. Bratensaft abseihen und extra servieren.

TIPP: Für eine gebratene Lammkrone wird das Karree nach dem Würzen auf der Fettseite evtl. ganz kurz angebraten und mit der Hautseite nach innen bzw. mit den Karreeknochen nach außen rund gebogen. Zusammenbinden und wie beschrieben braten.

Rechte Seite: Lammkarree in der Kräuterkruste

Bratl ohne Wein, darf das sein?

Die Bewohner der Obersteiermark, zumal die Leobener, litten, wie aus einer von keinem Geringeren als Erzherzog Johann selbst im Jahre 1812 in Auftrag gegebenen Ernährungsstudie hervorgeht, sehr darunter, dass sie im Gegensatz zu den Südsteirern keinen direkten Zugriff auf den Rebensaft hatten: „Da fast in keinem Hause ein eigener eingekellerter Wein zu finden ist, so wird auch weder bei der Mittags- noch bei der Abendtafel ein solcher getrunken. Nachdem aber der Mann doch an diesem Getränke hängt, so besucht er selbst gleich nach dem Mittagessen und auch nach jenem des Abends das Gasthaus und sucht sich, besonders zu letzterer Zeit, auch damit gütlich zu tun, dass er sich zu seinem Trunke auch nach Verschiedenheit der Jahreszeit ein Stück Braten, Fisch oder sonst etwas zum Zuspeisen geben lässt, oder er besucht schon um sechs Uhr abends einen Garten und lässt sich da manches recht herzlich schmecken."

Lammkoteletts mit Wacholdersoße

ZUBEREITUNG

Die Wacholderbeeren zerdrücken. In einem Topf Wasser mit 8 Beeren, Rosmarinzweig und Essig aufsetzen. Zucker sowie Salz zugeben und die Mischung 10 Minuten zugedeckt kochen lassen. Sud abkühlen lassen. Die Lammkoteletts mit dem kalten Sud übergießen und 2 Stunden marinieren. Fleisch aus dem Sud nehmen und gut trockentupfen. Butterschmalz oder Öl in einer Pfanne erhitzen und die Koteletts darin auf jeder Seite 3–4 Minuten braten. Salzen, pfeffern und warm stellen. Den Bratsatz mit wenig Wasser lösen, die restlichen Wacholderbeeren und Schlagobers einrühren und alles sämig einkochen lassen. Soße mit Salz, Pfeffer sowie Zitronensaft abschmecken und gesondert zu den Lammkoteletts servieren.

BEILAGENEMPFEHLUNG: Teigwaren, Nockerln oder Spätzle

ZUTATEN
4 doppelte Lammkoteletts
12 Wacholderbeeren
1 Zweig Rosmarin
125 ml Essig
250 ml Wasser
1 TL Zucker
Salz, Pfeffer
250 ml Schlagobers
3 EL Butterschmalz oder Öl
2 TL Zitronensaft

INNEREIEN

Kalbsbeuschel

ZUTATEN
Vorbereitung

1 Kalbsbeuschel mit
Herz, ohne Luft- und
Speiseröhre (ca. 1 kg)
Wurzelwerk (Karotten,
Petersilwurzel,
Sellerieknolle),
geputzt, in Scheiben
oder Würfel geschnitten
Salz, Lorbeerblatt,
Pfefferkörner
ca. 100 g Zwiebeln
Thymian

Fertigstellung

ca. 60 g Schmalz
oder Öl
2 EL Mehl, glatt
1 Zwiebel, fein
geschnitten
2–3 mittlere Essig-
gurkerln, fein gehackt
1 EL Kapern (möglichst
klein), fein gehackt
etwas Weißwein
1 l kalter
Beuschelkochsud
Schuss Essig
Salz, Pfeffer
Sardellenpaste
scharfer Senf
Zitronenschale
und Majoran
evtl. etwas Sauerrahm,
mit wenig Mehl und
Wasser verrührt

ZUBEREITUNG

Zunächst den Beuschelsud zubereiten. Das Kalbsbeuschel dafür gut in kaltem Wasser wässern. Lunge mehrmals anstechen und in einem reichlich großen Topf (das Beuschel vergrößert sich am Anfang beim Kochen) mit kaltem Wasser, Wurzelgemüse, Salz, Lorbeer, Pfefferkörnern, Zwiebeln und Thymian zustellen. Anfangs ca. 30 Minuten nicht zugedeckt, später zugedeckt langsam kochen. Nach ca. 1 Stunde die Lunge im Topf wenden und noch ca. 30 Minuten weich kochen lassen. Lunge in kaltem Wasser gut auskühlen lassen. Herz weiterkochen, bis es weich ist. Dann ebenfalls kalt abschrecken, damit es nicht dunkel und trocken wird. Lunge und Herz am besten mit einer Aufschnittmaschine erst in feine Scheiben und dann in feine Streifen schneiden.

Beuschelkochsud einkochen, abseihen und 1 Liter bereitstellen. Für die Fertigstellung des Beuschels Öl oder Schmalz erhitzen, Mehl einrühren und anrösten. Fein geschnittene Zwiebel, gehackte Essiggurkerln und Kapern dazugeben und kurz mitrösten. Mit einem Schuss Weißwein ablöschen und mit kaltem Beuschelsud aufgießen. Das geschnittene Beuschel einmengen. Mit einem Schuss Essig, Salz, Pfeffer, Sardellenpaste, scharfem Senf, Zitronenschale und Majoran gut abschmecken und mindestens noch ca. 20–30 Minuten leicht köcheln lassen. Ist das Beuschel noch nicht sämig genug, etwas Sauerrahm mit wenig Mehl und Wasser an- und einrühren. Nochmals kurz durchkochen lassen.

BEILAGENEMPFEHLUNG: Semmelknödel

TIPPS

■ Für Beuschelsuppe wird das Beuschel zusätzlich mit etwa 500 ml Beuschelsud aufgegossen.
■ Besonders würzig schmeckt das Beuschel, wenn man es vor dem Servieren mit etwas Gulaschsaft beträufelt.

Kalbsbeuschel

Lammbeuschel mit Rahm und Bärlauch

ZUBEREITUNG

Das Lammbeuschel sauber waschen, mit Karotten, Sellerie, Zwiebel und Lorbeerblättern weich kochen. Gekochtes Lammbeuschel sofort in kaltem Wasser abkühlen lassen (für eine schönere Farbe). Sud abseihen, das kalte Beuschel zuerst blättrig, dann feinnudelig schneiden.

Butterschmalz erhitzen, Mehl einrühren und zu einer leichten Einbrenn bräunen. Mit kaltem Beuschelfond aufgießen, mit Salz, Senf, Paprika, Essig und fein gehacktem Bärlauch abschmecken. Aufkochen lassen und geschnittenes Beuschel wieder zugeben. Mit Schlagobers vollenden.

BEILAGENEMPFEHLUNG: Polenta, Semmelknödel

TIPP: Mit dem Lammbeuschel kauft man oft auch die Milz und häufig auch das Bries. Verwenden Sie die Milz z. B. für die Milzschnittensuppe. Das Bries ist zwar nicht groß, aber gebacken oder gebraten eine wahre Delikatesse.

ZUTATEN
1 Lammbeuschel
(Lunge und Herz)
2 Karotten
1 kl. Stück Sellerie
1 Zwiebel
2 Lorbeerblätter
125 ml Schlagobers
Salz, Senf (Dijonsenf)
1 EL Essig (Gurkerlessig)
80 g Butterschmalz
50 g Mehl, glatt
1 Prise Paprikapulver,
edelsüß
ca. 10 Blätter Bärlauch

Kalbsleber mit Salbeisoße

ZUTATEN
600 g Kalbsleber
Öl, Butter
Salbei (frisch)
Salz, Pfeffer
Rotwein oder Wasser
zum Ablöschen

ZUBEREITUNG
Die Leber in gleichmäßige Scheiben schneiden, mit Salz und wenig Pfeffer würzen und in nicht zu heißem Öl (oder Öl und Butter) langsam rosa (nicht ganz durch) braten und warm stellen. Bratensatz mit etwas Wasser oder Rotwein ablöschen, mit Butterflocken und frisch gehacktem Salbei verfeinern. Leber wieder einlegen, kurz wärmen und abschmecken.

BEILAGENEMPFEHLUNG: in Butter geschwenkte Brokkoli und Erdäpfel-Selleriepüree (s. S. 142)

TIPP: Lamm- und Rehleber lassen sich nach demselben Rezept zubereiten. Bei der Rehleber sollte aber unbedingt klein gewürfelter Speck mitgeröstet werden.

Der steirische Appetit

Über den sprichwörtlichen steirischen Heißhunger wurden einst viele Anekdoten erzählt. Eine davon handelt von einem Fremdling, der von einem gastfreundlichen Bauern zum Mittagessen eingeladen wurde. Nachdem er sich gesättigt hatte und sah, dass seine Tischgenossen immer noch kräftig in die Schüssel langten, sagte er, aufrichtig erstaunt: „Ihr esst ja gewaltig viel hier in der Steiermark. Ich komme aus dem Norden und habe schon bei vielen Völkern gegessen, aber nirgendwo habe ich so üppig beladene Tische gesehen." Der Bauer erwiderte: „Das kommt davon, dass wir einfach mehr hab'n. Wenn ihr mehr hättet's, dann bin ich sicher, ihr tätet's auch viel mehr essen."

Gebackenes Kalbshirn

Lässt sich auch hervorragend mit Kalbsbries zubereiten

ZUBEREITUNG

Kalbshirn kurz in kaltem Wasser wässern, Haut abziehen und in gleichmäßige Stücke (Röschen) schneiden. Gut mit Salz und Pfeffer, nach Bedarf auch mit Majoran und Petersilie würzen. In Mehl und kurz verschlagenem Ei wenden und am besten in einer beschichteten Pfanne in heißer Butter oder heißem Butterschmalz bei kleiner Hitze beidseitig langsam braten (ca. 10–12 Minuten).

VARIANTE: *Gebackenes Hirn auf andere Art*

Hirnröschen nach Belieben ca. 15 Minuten in Salzwasser blanchieren. Wie Schnitzel in Mehl, verschlagenem Ei sowie Bröseln wenden und in heißem Fett goldgelb backen.

VARIANTE: *Gebratenes oder gebackenes Kalbsbries*

Bries in kaltem Wasser über Nacht gut wässern. Dann mit frischem, kaltem Wasser, Weißwein, Lorbeerblatt, Pfefferkörnern und Salz zustellen, langsam bis zum Aufkochen erhitzen. Auf kleiner Flamme ca. 30 Minuten köcheln. Vom Feuer nehmen und im Kochsud abkühlen lassen, Haut abziehen und in kleine Röschen (Briesröschen) teilen. Ganz nach Geschmack in Butter braten, panieren und backen oder mit feiner Weißweinsoße als Ragout servieren.

ZUTATEN
600 g Kalbshirn
Salz, Pfeffer aus der Mühle
Majoran und Petersilie nach Belieben
glattes Mehl zum Wenden
1–2 Eier, versprudelt
Butter oder Butterschmalz zum Braten

Geschmorte Lammherzen

ZUBEREITUNG

Die Lammherzen mit Salz und Pfeffer würzen, in heißem Öl kurz anbraten. Herausnehmen und Zwiebel, Knoblauch sowie Gemüse in das Bratenfett geben. Kurz anschwitzen, das Paradeisermark einrühren, kurz mitrösten und mit Wein ablöschen. Die Lammherzen wieder dazugeben und alles ca. 1 1/2–2 Stunden zugedeckt im Ofen bei 160 °C schmoren lassen. Die weich geschmorten Herzen aus dem Topf nehmen und in Scheiben schneiden. Sauerrahm mit etwas Wasser und wenig Mehl anrühren, in die Soße rühren und ca. 3 Minuten einkochen lassen. Herzen wieder einlegen, mit Estragon, Salz und Pfeffer abschmecken. Auf vorgewärmten Tellern anrichten und mit je einem Estragonzweig garnieren.

BEILAGENEMPFEHLUNG: Teigwaren oder Reis

ZUTATEN
4 Lammherzen
Salz, schwarzer Pfeffer aus der Mühle
2 EL Öl
1 Zwiebel, fein geschnitten
2 Knoblauchzehen, fein gehackt
200 g Karotten, Lauch und Kohlrabi, würfelig geschnitten
1 EL Paradeisermark
200 ml kräftiger Rotwein
200 g Sauerrahm
etwas Mehl
1 EL Estragon, gehackt
4 Estragonzweige

Kalbsniere in Senfsoße

ZUTATEN
1 Kalbsniere mit
Fettmantel
Salz, Pfeffer aus
der Mühle
weiße Grundsoße
s. S. 318
scharfer Senf
(Dijon- oder engl. Senf)
Kapern nach Belieben

ZUBEREITUNG

Die Kalbsniere mit Fettmantel gut mit Salz und Pfeffer würzen. In einer heißen Pfanne rundum anbraten und in eine feuerfeste Form setzen. Im vorgeheizten Rohr bei ca. 100–120 °C ca. 90 Minuten langsam garen. Kalbsniere aufschneiden und mit der vorbereiteten Senfsoße anrichten. Nach Belieben mit Kapern bestreuen.

Für die Senfsoße weiße Grundsoße mit Senf verrühren. In den zurückgebliebenen Bratensaft einmengen und aufmixen.

BEILAGENEMPFEHLUNG: Rollgerstl mit Schwammerln (s. S. 119) oder Teigwaren

WILDGERICHTE

Wildfarce oder Wildbrät (Grundrezept)

ZUBEREITUNG

Für die Farce alle Zutaten in der Küchenmaschine zu einer glatten Masse (Farce/Brät) cuttern.

Kalt stellen und vor der Weiterverarbeitung gut durchrühren.

VERWENDUNG: für Pasteten, Terrinen, Nockerln, für Suppeneinlage, Rehnockerln oder Pudding, zum Füllen von Palatschinken oder Nudelblattern und zum Ummanteln von Rückenfilets (Reh, Hirsch, Gams u. a.)

TIPPS

■ Anstelle von Reh könnte auch rohes Fleisch vom Hirsch, Fasan, Hasen, von der Gams oder Wildente u. v. a. verwendet werden.

■ Für Wildnockerln werden aus der Masse Nockerln geformt und diese in kräftig gewürzter Suppe ca. 10 Minuten (schwach wallend, nicht kochend!) gegart. Die Nockerln können dann etwa auf bissfest gekochten Nudeln mit gerösteten Schwammerln angerichtet werden.

ZUTATEN

ca. 180 g mageres Wild- oder Wildgeflügelfleisch (roh, ohne Knochen, Fett oder Sehnen), faschiert oder fein gehackt und angefroren
1 Toastbrot, entrindet, in etwas Obers eingeweicht
2–3 helle Hühnerlebern oder Wildleber (wenn möglich)
ca. 125 ml Schlagobers
1 Ei (oder 2 Eiklar)
Salz, Pfeffer, Wacholder, evtl. Preiselbeeren
Orangenschale, Rosmarin
evtl. etwas Madeira oder Weinbrand

Keine Angst vor „wilden" Speisen

Wildgerichte stehen im Ruf, so etwas wie die „Kür" für gute Köchinnen und Köche zu sein. Das liegt freilich eher daran, dass das Grundmaterial teuer ist, als daran, dass Wild schwerer zuzubereiten wäre als anderes Fleisch und Geflügel. Dazu einige Tipps:

■ Die Meinung, dass Wild allein schon deshalb so „kompliziert" sei, weil es langer Beizzeiten bedürfe, ist dank guter Kühl- und Lagermöglichkeiten längst überholt. Wild wird heute fast ausschließlich frisch zubereitet, und wem es um den Geschmack geht, der kann das „Beizaroma" auch erzielen, indem er sein Wildbret mit neutralem Öl und frischen Kräutern (z. B. Thymian, Rosmarin, Majoran, Salbei, Petersilie, Kerbel), aber ohne Salz und vor allem ohne glutamathaltige Fertiggewürze mehrere Tage lang mariniert. Unmittelbar vor der Zubereitung darf das Wild dann auch mit Salz und frisch gemahlenem Pfeffer gewürzt werden.

■ Tiefkühlwild hat bei richtiger Lagerung (möglichst vakuumverpackt) kaum Qualitätsverluste zu verzeichnen, mittlere oder weniger gute Qualitäten werden durch das Frieren sogar eher mürber.

■ Wildteile von hoher Qualität und zartem Fleisch (Rücken und Schlögel) sollten bei sanfter Temperatur (ca. 120–140 °C) langsam zartrosa gebraten werden.

■ Wildbraten, Wildragouts bzw. Wildgulasch sollten, ebenfalls bei geringer Hitze, ganz langsam gut durchgegart bzw. weich geschmort werden.

■ Für dunkle Wildsoßen gilt dasselbe wie für alle anderen Fleischsoßen (s. S. 324 f. und Wildgrundsoße S. 316), das Ablöschen des Bratensatzes am Topfboden sollte jedoch grundsätzlich mit kräftigem Rotwein erfolgen. Durch Mitrösten von Hollerbeeren und eventuell einen Schuss Brombeerlikör kann die Soße zusätzlich dunkler und „g'schmackiger" gemacht werden.

■ Bei gebundenen Wildsoßen sollte der Rotwein mit Mehl oder Stärke (Maizena) verrührt werden, dann wird die Farbe schöner. Außerdem sollte das Wurzelgemüse für den Soßenansatz nur abgeseiht und keinesfalls püriert werden.

■ Wildgerichte von Frisch-Wild eignen sich auch sehr gut zum Einfrieren.

Wildpalatschinken

ZUTATEN

125 ml Milch
1 Ei
2 EL Mehl, glatt
Salz
frisch gehackte Kräuter
oder Preiselbeeren
nach Belieben
Öl zum Backen
Wildfarce s.
Grundrezept S. 285
Blattspinatblätter,
blanchiert

ZUBEREITUNG

Für den Palatschinkenteig Milch mit Ei, Mehl und Salz kurz verrühren und ca. 1/2–1 Stunde stehen lassen. Nach Belieben mit frisch gehackten Kräutern oder Preiselbeeren vermischen. In einer nicht zu heißen Pfanne wenig Öl erhitzen und nacheinander 4 Palatschinken backen. Abkühlen lassen *(Abb. 1)*. Abgekühlte Palatschinken mit Wildfarce bestreichen *(Abb. 2)*, mit etwas blanchiertem (kurz überbrühtem), trockengetupftem Blattspinat belegen *(Abb. 3)* und nochmals mit etwas Farce bestreichen *(Abb. 4)*. Palatschinken einrollen und in Folie eindrehen *(Abb. 5–8)*. Enden gut zudrehen und in heißem Fond oder Wasser mindestens ca. 20 Minuten ziehen lassen bzw. pochieren *(Abb. 9)*.

BEILAGENEMPFEHLUNG: Rotkraut, Rahmkohl, Rotweinzwiebeln oder Schwammerlsoße

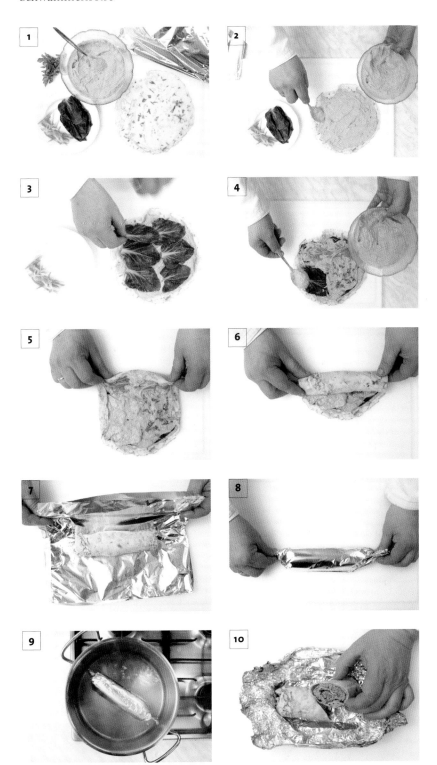

TIPPS

■ Diese Farce schmeckt auch in gekochte Nudelblätter oder Strudelteig gerollt äußerst delikat.

■ Wildpalatschinken können auch als kalte Vorspeise, feine Suppeneinlage oder kleines Zwischengericht serviert werden.

Rehschnitzel in Wacholderrahmsoße

ZUBEREITUNG

Rehschnitzerl (zwischen Klarsichtfolie) zart flach klopfen. Mit Salz und Pfeffer würzen. In nicht zu heißem Öl anbraten, wenden und bei möglichst mäßiger Hitze auf der zweiten Seite ca. 2–3 Minuten braten. Aus der Pfanne nehmen und rasten lassen. Bratensatz mit etwas Weinbrand ablöschen, mit Obers aufgießen und kurz ein-kochen lassen. Bei Bedarf mit etwas Mehl stauben. Mit zerstoßenen Wacholderkörnern, Salz, Pfeffer und Petersilie abschmecken.

Gebratene Rehfilets sowie den ausgetretenen Fleischsaft in die Soße geben und kurz ziehen lassen, aber nicht mehr aufkochen (Fleisch würde hart werden). Auf vorgewärmten Tellern anrichten und mit Preiselbeeren garnieren.

BEILAGENEMPFEHLUNG: in gerösteten Haselnüssen gewälzte Nockerln

ZUTATEN
4 Rehschnitzerl à
ca. 150 g (oder 8 kleine
Schnitzel)
Salz, Pfeffer
Öl zum Braten
2 cl Weinbrand
250 ml Schlagobers
evtl. Mehl zum Stauben
Wacholder und
Petersilie
Preiselbeeren zum
Garnieren

Gedünsteter Rehbraten

ZUBEREITUNG

Rehschlögel mit Salz und Pfeffer würzen, in heißem Öl in einer Kasserolle rundum anbraten. Zwiebeln dazugeben, anrösten und das Paradeisermark zugeben. Alles gut durchrösten, bis eine schöne dunkle Farbe entsteht. Zwischendurch Wurzelgemüse und Hagebutten zugeben, dabei immer mit etwas Rotwein ablöschen. Sobald sich eine schöne dunkelbraune Basis gebildet hat, mit Suppe oder Wasser aufgießen. Wacholder und Lorbeer zugeben und im Rohr bei ca. 150 °C ca. 2–2 1/2 Stunden langsam weich schmoren. Bei Bedarf noch etwas Flüssigkeit nachgießen.

Fleisch aus der Soße nehmen und aufschneiden. Soße abseihen und abschmecken. Nach Wunsch etwas Rotwein und Mehl verrühren und die Soße damit binden. Auf vorgewärmten Tellern anrichten, mit Gemüsewürferln bestreuen und mit Preiselbeeren garniert auftragen.

BEILAGENEMPFEHLUNG: Rotkraut und Knödelgröstl (geschnittene, in Butterschmalz geröstete Semmelknödel)

TIPPS

■ Hirsch- oder Gamsbraten lässt sich nach demselben Rezept zubereiten.

■ Bevorzugt man den Rehschlögel zartrosa, so muss die Hitze auf 120 °C und die Garzeit auf etwa 2 Stunden (je nach Größe) reduziert werden. Die Kerntemperatur sollte in diesem Fall 68 °C betragen.

ZUTATEN
ca. 750 g ausgelöster
Rehschlögel (oder
gerollte Schulter)
Salz, Pfeffer
Öl zum Braten
150 g Zwiebeln,
fein geschnitten
100 g Wurzelgemüse,
klein geschnitten
3–4 EL Hagebutten,
entkernt (evtl.
getrocknete)
1 EL Paradeisermark
125 ml Rotwein
500 ml Suppe
(am besten Wildsuppe)
Salz, Pfeffer, Wacholder,
Lorbeerblatt
evtl. Rotwein und
Mehl verrührt
gekochte Gemüsewürferl
und Preiselbeeren
als Garnitur

Rechte Seite: Wildpalatschinken   Nächste Doppelseite: Gedünsteter Rehbraten

Rehmedaillons im Speckmantel

ZUTATEN

8–12 Rehmedaillons
(gesamt ca. 600 g)
8–12 Speckscheiben
(gekochter oder
gebratener Frühstücks-
speck ohne Knorpel)
Salz, Pfeffer aus
der Mühle
Kräuter nach Wahl
Öl zum Anbraten
Wildfond oder Suppe
zum Ablöschen
kalte Butter zum
Binden

ZUBEREITUNG

Die Rehmedaillons mit Salz und Pfeffer würzen, mit den Speckscheiben
umwickeln und mit Küchengarn festbinden. In einer Pfanne mit etwas nicht
zu heißem Öl beidseitig ca. 3–4 Minuten braten, Hitze verringern und die
Medaillons noch etwas ziehen lassen. Bratrückstand mit etwas Wildfond
oder Suppe ablöschen und etwas einkochen lassen. Die Soße mit einigen
kalten Butterstücken binden (montieren) und die Medaillons darin kurz
ziehen lassen. Küchengarn entfernen und auf vorgewärmten Tellern anrichten.

BEILAGENEMPFEHLUNG: Erdäpfelkroketten und in Butter geschwenktes
Gemüse nach Saison

Maibockschnitzel
mit Spargel und Rhabarber

ZUBEREITUNG

Spargel großzügig schälen, holzige Teile entfernen und in Salzwasser bei sanfter Hitze bissfest kochen. Spargel herausheben und eventuell in Eiswasser abschrecken (beseitigt die Bitterstoffe). Dabei etwas Spargelsud aufbewahren. Rhabarber waschen, bei Bedarf schälen und in aufgeschäumter Butter kurz anschwitzen. Mit etwas Spargelsud ablöschen und bissfest, aber nicht zu weich dünsten. Mit dem Spargel und etwas Kerbel vermischen.

Die Maibockschnitzel am besten zwischen einer starken Klarsichtfolie flach klopfen und mit Salz sowie Pfeffer würzen. In einer Pfanne in nicht zu heißem Öl ca. 2 Minuten anbraten, wenden und auf der zweiten Seite bei etwas weniger Hitze langsam zartrosa braten. Aus der Pfanne geben. Frische Butter aufschäumen lassen, geschnittenen Kerbel zugeben, die Schnitzel einlegen und am Herdrand (oder bei kleiner Hitze) 1–2 Minuten ziehen lassen. Nach Wunsch mit etwas Wildfond ablöschen und mit kalten Butterflocken binden. Mit dem vorbereiteten Rhabarberragout auf vorgewärmten Tellern anrichten.

BEILAGENEMPFEHLUNG: Kroketten oder Teigwaren

ZUTATEN
8 Maibockschnitzel
vom Schlögel à ca. 60 g
Öl zum Braten
Butter
Kerbel, gehackt
1,5 kg Spargel
2–3 Rhabarberstangen
evtl. etwas Wildfond
zum Aufgießen und
kalte Butter zum Binden

Ausgelöster Rehrücken im Netz

ZUTATEN

1/2 Rehrücken bzw.
1 ausgelöstes
Rehrückenfilet
(500–600 g)
Wildfarce (s. S. 285)
1 Schweinsnetz,
gewässert
ca. 100 g Blattspinat
oder Mangoldblätter,
blanchiert
Salz, Pfeffer

ZUBEREITUNG

Gewässertes, gut trockengetupftes Schweinsnetz ausbreiten und mit blanchiertem (überbrühtem), trockengetupftem Blattspinat eine Fläche von ca. 25 x 20 cm auslegen. Mit der Hälfte der Farce bestreichen. Rohes Filet mit Salz und Pfeffer gut würzen und auf die Farce legen. Zwischenräume mit Farce bestreichen und gut in das Schweinsnetz einrollen. In nicht zu heißem Fett rundum vorsichtig anbraten. In eine Bratenform legen und im Rohr bei 150–180 °C ca. 1 Stunde braten. Danach kurz rasten lassen und am besten mit einem Elektromesser aufschneiden.

BEILAGENEMPFEHLUNG: Eierschwammerlnudeln, Pilzpolenta

Hirschröllchen

ZUTATEN

4 Hirschschnitzerl
à ca. 120–140 g
Salz, Pfeffer aus
der Mühle
Wildfarce (s. S. 285)
8–12 Speck- oder
Schinkenstreifen
1 Schweinsnetz,
gewässert
gehackte Kräuter
nach Belieben

ZUBEREITUNG

Hirschschnitzerl am besten zwischen einer starken Plastikfolie flach klopfen. Mit Salz und Pfeffer würzen. Mit etwas Farce bestreichen, Speck oder Schinken darauf legen und nochmals mit etwas Farce bestreichen. Straff zu Röllchen einrollen. Gewässertes, trockengetupftes Netz auflegen und mit gehackten Kräutern bestreuen. Röllchen darin gut einwickeln. In einer nicht zu heißen Pfanne rundum anbraten und im vorgeheizten Rohr bei 200 °C ca. 15 Minuten garen. Kurz rasten lassen und schräg aufschneiden.

BEILAGENEMPFEHLUNG: Kohlgemüse (s. S. 165) und Erdäpfel-Sellerie-püree (s. S. 142)

TIPP: Steht keine Farce zur Verfügung, so kann sie auch einfach weggelassen oder durch blanchierten Blattspinat ersetzt werden. In diesem Fall reduziert sich die Garzeit im Rohr auf 10–12 Minuten.

Hirschfilet im Blätterteig mit Schwammerlsoße

ZUBEREITUNG

Hirschfilet mit Salz und Pfeffer sowie mit den gehackten Kräutern würzen. Blätterteig auflegen, mit etwas flüssiger Butter bestreichen und das rohe Filet drauflegen. Straff einrollen. Mit Eidotter bestreichen und mit einer Rouladennadel öfters einstechen. Auf ein mit Backpapier belegtes Backblech legen und im vorgeheizten Rohr bei 200–220 °C ca. 20 Minuten backen und anschließend ca. 10 Minuten rasten lassen. Mit einem Elektro- oder Sägemesser aufschneiden. Mit der vorbereiteten Schwammerlsoße auftragen.

Für die Schwammerlsoße die geputzten Schwammerln zerkleinern. In einer Pfanne in heißem Öl gut anrösten, Mehl darüber stauben und kurz mitrösten. Zwiebeln zugeben und ebenfalls kurz andünsten. Mit Obers aufgießen, Kräuter zugeben und alles aufkochen lassen. Mit Salz und Pfeffer abschmecken und kurz köcheln lassen. Wenn die Soße zu dick gerät, mit etwas Suppe oder Wasser verdünnen.

BEILAGENEMPFEHLUNG: in Butterbröseln geschwenkte Brokkoli. Dazu Brokkoli (ca. 0,5 kg) zerkleinern, waschen und in Salzwasser kochen, in Eiswasser abschrecken, in Butterbröseln erwärmen. Dazu 60 g Butter aufgeschäumt mit 1 EL Bröseln vermengen.

ZUTATEN

600–800 g Hirschfilet
Salz, Pfeffer aus der
Mühle
Kräuter (Salbei, Thymian
u. a.)
ca. 300 g Blätterteig
(hausgemacht oder
fertig gekauft)
Butter zum Bestreichen
1 Eidotter

Für die Schwammerlsoße

200 g Eierschwammerln,
Pilze oder Champignons
ca. 80 g Zwiebeln,
fein geschnitten
ca. 1 KL Mehl
150–250 ml Schlagobers
Salz, Pfeffer aus der
Mühle
Kräuter (Petersilie,
Majoran u. a.)
Öl zum Anrösten

Hirschrückensteak mit Schwammerlbutter überbacken

ZUBEREITUNG

Hirschrückensteaks mit Salz und Pfeffer würzen. In nicht zu heißem Öl gut anbraten (am besten im Uhrzeigersinn einlegen), Hitze reduzieren, wenden (wieder im Uhrzeigersinn) und auf der zweiten Seite eher langsam bzw. nur noch kurz halbdurch braten. Steaks auf einem kalten Teller etwas abkühlen lassen und mit der vorbereiteten Schwammerlbutter belegen (tiefgekühlt in Scheiben geschnitten) oder mit weicher Schwammerlbutter bestreichen. In eine feuerfeste Form legen und im Rohr bei starker Oberhitze (Grillschlange) auf der mittleren Schiene ca. 5 Minuten überbacken.

Für die Schwammerlbutter fein geschnittene Zwiebeln in etwas Butter andünsten. Schwammerln kurz mitdünsten, mit Salz, Pfeffer, Petersilie, Thymian und Majoran würzen. Auf einem Sieb abtropfen und abkühlen lassen. Butter schaumig rühren, Ei, Dotter sowie Semmelbrösel einrühren. Pilze einmengen und am besten in Fettpapier oder Folie eingerollt kalt stellen oder tiefkühlen.

BEILAGENEMPFEHLUNG: Bandnudeln, Kürbiskernnockerln, Maroni-Erdäpfel

ZUTATEN

4–8 Hirschrückensteaks
(je nach Größe)
Salz, Pfeffer aus der
Mühle
Öl zum Braten

Für die Schwammerlbutter

1 EL Zwiebeln, geschnitten
Butter zum Andünsten
100 g Schwammerln,
klein gehackt
Salz, Pfeffer, Thymian,
Majoran und Petersilie
100 g Butter
1 Ei
1 Eidotter
2–3 EL Semmelbrösel

Hirschbraten

Ein Rezept aus Roseggers Waldheimat

3,5 kg Hirschfleisch im
Ganzen (Schlögel oder
Schulter), ausgelöst
500 g Karotten, grob
gehackt
250 g Sellerie, grob
gehackt
3 EL Preiselbeeren,
eingekocht
750 g Zwiebeln,
geschnitten
Petersilie, gehackt
100 g Mehl
250 ml Sauerrahm
2 Äpfel, im Ganzen
geschält
750 ml Rotwein
500 g Spickspeck
etwas Wild- oder Rind-
suppe zum Aufgießen
Majoran, Salz, Pfeffer,
Lorbeer, Wacholder
Senf
Öl zum Anbraten
Orangenscheiben
zum Garnieren

ZUBEREITUNG

Spickspeck in Streifen schneiden und anfrieren lassen. Mithilfe einer Spick-
nadel den Braten spicken. Den gespickten Braten mit Salz, Pfeffer sowie
Majoran einreiben, mit Senf bestreichen und in heißem Fett am Herd ca.
45 Minuten rundum anbraten. Karotten, Sellerie, Zwiebeln, Preiselbeeren
und Äpfel beifügen, weiterrösten. Mit Lorbeer und Wacholder aromatisieren. Zwischendurch mit Rotwein ablöschen und mit wenig Wild- oder
Rindsuppe aufgießen. Im vorgeheizten Rohr oder am Herd zugedeckt ca.
2 Stunden langsam fertig garen. Fleisch herausheben, Fond passieren,
Sauerrahm mit Mehl glatt rühren und die Soße damit binden. Petersilie
einrühren. Bei Tisch oder bereits vor dem Auftragen tranchieren. Mit Orangenscheiben garnieren.

BEILAGENEMPFEHLUNG: Serviettenknödel, Preiselbeeren, Rotkraut und
glasierte Kastanien

Süßes Gulasch

*In seiner Kochschule pflegte Willi Haider vor allem die von weiter her ange-
reisten Teilnehmerinnen danach zu fragen, was sie sich denn von dem Koch-
kurs erwarteten. Eine eigens aus Wien angereiste Elevin, die sich für den Back-
kurs angemeldet hatte, sagte darauf wie aus der Pistole geschossen: „Ich komme eigentlich nur wegen des Erdäpfelgulaschs, das Sie den Kursteilnehmerin-
nen zu Mittag servieren. Das soll ja legendär sein!"*

Hirschgulasch mit Preiselbeeren

ZUTATEN

1 kg Hirschfleisch (von
Wadschunken, Wade,
Schulter oder Hals)
400 g Zwiebeln,
fein geschnitten
ca. 125 ml Öl
1 EL Paradeisermark
evtl. 1 EL Mehl zum
Stauben
250 ml Rotwein
ca. 1 l Wildfond
(Suppe oder Wasser)
Salz, Pfeffer aus
der Mühle
Wacholder, Orangen-
schale, Majoran
125 ml Rotwein und
2 EL Mehl zum Binden
evtl. 1 EL Obers oder
Sauerrahm
Preiselbeeren

ZUBEREITUNG

Zwiebeln in reichlich Öl anrösten. Paradeisermark einrühren und langsam
dunkelbraun rösten. Nach Belieben mit Mehl stauben, kurz durchrösten
und nach und nach mit Rotwein aufgießen. Einkochen lassen und mit Wildfond aufgießen, aufkochen und ca. 45 Minuten kräftig kochen lassen.
Hirschfleisch in Würfel schneiden, mit Salz sowie Pfeffer würzen und in einer
Pfanne rundum gut anbraten. Herausheben und gemeinsam mit Wacholder,
Majoran und Orangenschale in die Soße geben. Auf kleiner Flamme ca.
1,5–2 Stunden köcheln lassen. Rotwein und Mehl verrühren, Hirschgulasch
damit binden und noch kurz durchkochen lassen. Nach Belieben noch Obers
oder Sauerrahm einrühren. Mit Preiselbeeren verfeinern.

TIPPS

■ Anstelle von Hirsch kann auch anderes Wildfleisch, wie etwa Reh, Gams,
   Wildschwein, Hase u. a., verwendet werden.
■ Für ein Wildragout wird das Gulasch noch zusätzlich mit Pilzen, Speck
   oder Wurzelgemüse verfeinert.

Rechte Seite: Gamsmedaillons auf Kräuterpalatschinke

Wildspieße auf Rosmarinpolenta mit Pilzen

ZUTATEN

600 g Wildfilet bzw.
Rücken oder Schlögel
(Reh, Hirsch, Gams u. a.)
100 g Jausen- oder
Frühstücksspeck
150–200 g Pilze
(am besten Steinpilze),
grob geschnitten
Salz, schwarzer Pfeffer
aus der Mühle
Öl zum Anbraten
Butter zum
Aufschäumen

Für die
Rosmarinpolenta

ca. 100 g Polenta
(hochgelb) oder
Maisgrieß, steirisch
(blassgelb)
1 kl. Rosmarinzweig
40 g Butter, kalt
Salz

ZUBEREITUNG

Fleisch sowie Speck würfelig oder in Scheiben schneiden und abwechselnd mit den Pilzstücken auf die Spießchen stecken (einen Teil der Pilze als Garnitur aufheben). Mit Salz und Pfeffer würzen. In einer Pfanne (bei größeren Spießen am besten in einer ovalen Fischpfanne) in nicht zu heißem Öl anbraten. Nach ca. 2 Minuten wenden und auf der anderen Seite ca. 2–3 Minuten garen, bis das Fleisch zartrosa ist (zwischen die aufgespießten Stücke schauen!). Spieße aus der Pfanne geben, etwas Butter aufschäumen lassen und darin die restlichen Pilzstücke kurz anrösten. Spieße auf der vorbereiteten Polenta anrichten und mit den Pilzen garnieren.

Für die Polenta etwa 500 ml Wasser aufkochen, den Rosmarinzweig zugeben, den Topf vom Feuer nehmen und ca. 10 Minuten ziehen lassen. Abseihen, leicht salzen und die Polenta einrühren. Auf kleiner Flamme unter ständigem Rühren ca. 5–6 Minuten durchkochen, bis die Masse cremig weich ist. Mit kalter Butter binden und bei Bedarf noch einmal mit Salz und Rosmarin abschmecken.

TIPP: Eine aparte Geschmackskombination ergibt sich, wenn Sie statt der Steinpilze Dörrzwetschken auf die Spießchen stecken.

Gamsmedaillons auf Kräuterpalatschinke mit Vogelbeeren und Rotweinzwiebeln

ZUBEREITUNG

Gamsmedaillons mit Salz und Pfeffer würzen, in einer Pfanne in nicht zu heißem Öl ca. 2 Minuten anbraten. Wenden und auf der zweiten Seite ca. 3–4 Minuten langsam zartrosa fertig garen. Medaillons aus der Pfanne heben. Vogelbeeren einrühren, mit Wildfond oder Suppe ablöschen und etwas einkochen lassen. Evtl. vorhandenen Fleischsaft von den Medaillons zugießen und mit etwas Obers und gehackten Kräutern abrunden. Soße mit kalten Butterflocken sämig binden. Medaillons kurz in die heiße Soße legen und erwärmen. Vorbereitete Kräuter-Palatschinken auf vorgewärmten Tellern anrichten und die Medaillons darauf setzen. Mit den Rotweinzwiebeln anrichten.

Für die Kräuter-Palatschinken alle Zutaten – außer den Kräutern – kurz verrühren und ca. 1/2–1 Stunde stehen lassen. Mit Kräutern vermischen und aus dem Teig acht kleine, dünne Palatschinken backen (oder aus größeren Palatschinken entsprechend kleine Palatschinken ausstechen).

BEILAGENEMPFEHLUNG: Kroketten, glasierte Kastanien, Brokkoli oder Eierschwammerln

Foto Seite 297

ZUTATEN

8 Gamsmedaillons à ca. 60–70 g, fingerdick geschnitten (oder andere Wildmedaillons)
Salz, Pfeffer aus der Mühle
Öl zum Anbraten
2–3 EL Vogelbeeren-Kompott, mit 2 cl Vogelbeerbrand mariniert
125 ml Wildfond oder Suppe
Schlagobers zum Aufgießen
Kräuter nach Belieben, gehackt
Butterflocken, kalt
1 kl. Brokkoli
250 g Eierschwammerln
evtl. frittierte Petersilie
Rotweinzwiebeln
s. S. 160

Für die Palatschinken
ca. 250 ml Milch
2 Eier
3 EL glattes Mehl (80–100 g)
Salz
Kräuter nach Belieben, gehackt

Gamskitz in Thymianbröseln gebacken

ZUBEREITUNG

Gamskitzschnitzel am besten zwischen einer starken Plastikfolie flach bzw. gleich hoch klopfen. Mit Salz und Pfeffer würzen. Senf mit fein gehackten Kräutern vermengen und Fleisch damit bestreichen. Weißbrotbrösel in einer Küchenmaschine mit frisch gehacktem Thymian vermischen. Schnitzel in Mehl, kurz verschlagenen Eiern und Bröseln panieren. In reichlichem, auf ca. 160 °C erhitztem Öl beidseitig goldgelb backen und auf Küchenkrepp abtropfen lassen. Mit Orangen- oder Zitronenscheiben garnieren und auftragen.

BEILAGENEMPFEHLUNG: mit gekochten Selleriestreifen vermengter Erdäpfelsalat

ZUTATEN

600–800 g Gamskitzmedaillons oder -schnitzel
Salz, Pfeffer
Senf
Thymian und andere Kräuter nach Wahl
Mehl
2 Eier und entrindetes Toastbrot oder Semmelbrösel
Öl zum Herausbacken
Orangen- oder Zitronenscheiben zum Garnieren

Gamspfeffer

ZUTATEN

900 g Gamsschulter,
in Würfel geschnitten
80 g Selchspeck
(Hamburger) oder
Jausenspeck, würfelig
geschnitten
80 g Karotten,
würfelig geschnitten
80 g Sellieriewurzel,
würfelig geschnitten
50 g Petersilwurzel,
würfelig geschnitten
100 g Zwiebeln, fein-
würfelig geschnitten
Rotwein zum Aufgießen
1 EL Hagebuttenmar-
melade (oder passierte
Preiselbeeren)
1 Knoblauchzehe,
fein gehackt
5 cl Schweineblut,
durchgerührt und abge-
seiht (oder 5 cl Rotwein
und 1 TL Stärkemehl)
5–6 Wacholderbeeren,
zerdrückt
Wildfond oder Rindsuppe
zum Aufgießen
Senf, Thymian
Salz, Pfeffer
Öl

ZUBEREITUNG

In einer schweren Kasserolle Speckwürfel in etwas Öl goldbraun rösten. Wurzelwerk beifügen und Farbe nehmen lassen. Dann Zwiebeln beigeben und dunkelbraun rösten. Mit etwas Rotwein ablöschen, Knoblauch, Wacholderbeeren sowie Hagebuttenmarmelade einrühren und mitköcheln lassen. Wiederholt mit Wildfond oder Rindsuppe untergießen, bis eine honigartige Konsistenz entsteht. Erst jetzt das Fleisch dazugeben. Mit Salz, Pfeffer, Thymian und Senf würzen und zugedeckt im eigenen Saft 2–2 1/2 Stunden weich dünsten (bei Bedarf auch länger). Fertiges Ragout entweder mit Schweineblut oder mit in Rotwein aufgelöstem Stärkemehl binden.

BEILAGENEMPFEHLUNG: Semmel- oder Serviettenknödel

TIPP: Wer nicht mit Schweineblut arbeiten will, kann die Soße auch mit etwas Powidl (Zwetschkenmus) abbinden.

Wildhasenragout mit Linsen

Ragout aus den Fischbacher Alpen.

ZUTATEN

750 g Wildhase, aus-
gelöst, ohne Sehnen
4 Zwiebeln, fein
geschnitten
100 g Speck, würfelig
geschnitten
250 g Linsen,
vorgeweicht, langsam
weich gekocht
250 ml Rotwein
Wild- oder Rindsuppe
zum Aufgießen
Paradeisermark, Senf
Grünzeug (Petersilie,
Porree, Schnittlauch),
gehackt
Salz, Pfeffer
Öl

ZUBEREITUNG

Wildhase in Würfel schneiden und mit wenig Öl gemeinsam mit Zwiebeln und Speck anrösten. Mit Rotwein ablöschen und ca. 2 Stunden weich garen. Währenddessen bei Bedarf ab und an mit etwas Suppe aufgießen. Leicht gesalzene, weich gekochte Linsen zugeben.
Mit Salz, Pfeffer, Senf, Paradeisermark und viel Grünzeug würzig abschmecken. Auf vorgewärmten Tellern anrichten.

BEILAGENEMPFEHLUNG: Semmelknödel

Wildhasenkeule in Rotweinsoße

ZUBEREITUNG

Fein geschnittene Zwiebeln in reichlich Fett anrösten. Nach Belieben fein geschabtes Wurzelgemüse mitrösten. Paradeisermark einrühren und langsam dunkelbraun rösten. Mit Mehl stauben, kurz durchrösten und nach und nach mit Rotwein aufgießen. Einkochen lassen, mit Suppe aufgießen, aufkochen und 45 Minuten kräftig kochen lassen.

Hasenkeulen mit Salz und Pfeffer würzen, rundum in Öl oder Schmalz anbraten und in die Soße einlegen. Lorbeerblätter zugeben und auf kleiner Flamme oder im Rohr bei ca. 130 °C ca. 2 1/2–3 Stunden weich schmoren lassen. Währenddessen Keulen umdrehen. Abschließend mit Salz, Pfeffer und etwas Rosmarin oder Thymian abschmecken. Mit Petersilie garniert auftragen.

BEILAGENEMPFEHLUNG: Polentanockerln s. S. 70 oder gekochte Teigwaren

TIPPS:

■ Wünscht man die Soße molliger, so bindet man sie mit etwas mit Mehl verrührtem Rotwein und lässt sie nochmals kurz durchkochen.

■ Das Gericht kann auch durch darüber gestreute gekochte Gemüsewürfel zusätzlich verfeinert werden.

ZUTATEN

4 Wildhasenkeulen
2–3 Zwiebeln, fein geschnitten
nach Belieben Wurzelgemüse (Karotte, Sellerie, Petersilienwurzel), geschabt
100 g Schmalz oder Öl
250 ml Rotwein
500 ml kräftige Wild- oder Rindsuppe
Salz, schwarzer Pfeffer aus der Mühle
1 EL Paradeisermark
1 EL Mehl zum Stauben
evtl. Rosmarin- und Thymianzweig
2 Lorbeerblätter
Petersilie zum Garnieren

Wildhasen-Kohlwickler

ZUBEREITUNG

Alle Zutaten (außer den Kohlblättern) nicht zu fein faschieren, ein Drittel davon nochmals faschieren (für eine bessere Bindung) und gut abschmecken. (Zur Probe ein kleines Laibchen formen und in Öl braten.)

Kohlblätter blanchieren (überbrühen), kalt abschrecken, trockentupfen und auflegen. Strunk flach klopfen und faschierte Masse auftragen oder in Wurstform in der Mitte vom Kohlblatt positionieren. Zu straffen Rouladen einrollen. Eine feuerfeste Pfanne mit Öl ausstreichen, Rouladen einlegen und mit etwas Suppe begießen. Mit Alufolie abdecken und im vorgeheizten Rohr bei 180 °C ca. 30–40 Minuten dünsten.

BEILAGENEMPFEHLUNG: Rotkraut s. S. 165, Maroni-Erdäpfel s. S. 141, Wild- oder Rahmsoße (auf der Basis von Schwammerln oder Kräutern)

ZUTATEN

4 Kohlblätter, gleichmäßig groß
ca. 400 g Faschiertes vom Wild (Reh, Hirsch, Hase, Fasan, Ente, Gams etc.)
100 g Karotten, würfelig geschnitten
50 g Sellerie, würfelig geschnitten
100 g roher Rückenspeck (grüner Speck), würfelig geschnitten
100 g Weißbrot, in Obers oder Milch eingeweicht
Salz, Pfeffer, Wacholder
Petersilie, Majoran
Öl zum Braten
Wild- oder Rindsuppe zum Begießen

Nächste Doppelseite: Wildhasen-Kohlwickler

Wildfiletspitzen mit Trauben im Nudelblatt

ZUBEREITUNG

Nudelteig wie beschrieben zubereiten, ausrollen und in passende Nudelblätter zurechtschneiden. In Salzwasser bissfest kochen, abschrecken und warm stellen. (Lasagneblätter nach Anleitung kochen.)

Wildmedaillons mit Salz und Pfeffer würzen. In einer Pfanne in nicht zu heißem Öl ca. 1–2 Minuten anbraten, wenden und auf der zweiten Seite ca. 2–3 Minuten langsam zartrosa fertig garen. Medaillons aus der Pfanne heben und auf einen Teller geben. Bratrückstand mit Wildfond oder Suppe ablöschen und etwas einkochen lassen. Obers oder Crème fraîche zugeben und nochmals kurz einkochen. Ist die Soße noch nicht sämig genug, etwas flüssige Butter mit wenig Mehl verrühren und die Soße damit binden. Ausgetretenen Fleischsaft von den Medaillons zugeben und mit einem Schuss Weinbrand sowie nach Wunsch Salbei geschmacklich abrunden. Medaillons und Trauben kurz in die heiße Soße legen, erwärmen und anschließend auf vorgewärmten Tellern abwechselnd mit den Nudelblättern anrichten. Mit Kerbel und Preiselbeeren garnieren.

Foto linke Seite

ZUTATEN
600–800 g Wildfilet bzw. kleine Medaillons von Reh, Hirsch, Gams u. a.
Salz, Pfeffer aus der Mühle
Öl zum Anbraten
150–200 g Trauben (am besten kernlos oder entkernt)
125 ml Wildfond oder Suppe
ca. 60 ml Schlagobers oder Crème fraîche
Nudelblätter nach Nudelteig s. S. 129 (oder fertige Lasagneblätter)
bei Bedarf etwas mit flüssiger Butter verrührtes Mehl
Schuss Weinbrand
etwas Salbei nach Wunsch
Preiselbeeren und Kerbel zum Garnieren

Wildschweinrücken mit Erdäpfel-Maronihaube

ZUBEREITUNG

Wildschweinrückensteak mit Salz und Pfeffer würzen, in heißem Öl gut anbraten, Hitze reduzieren, wenden und auf der zweiten Seite langsam halbdurch braten. Steaks auf einem kalten Teller oder Platte etwas abkühlen lassen. Mit dem vorbereiteten Maronipüree bestreichen und im vorgeheizten Backrohr bei starker Oberhitze (unter der Grillschlange) auf mittlerer Schiene (am besten zwischen den Einschubleisten, da sich das Blech durch die hohe Hitze verbiegen könnte) ca. 5–6 Minuten überbacken.

Für die Erdäpfel-Maronihaube die geschnittenen Erdäpfel in Salzwasser mit einem Schuss Schlagobers weich kochen. Abseihen, mit kalten Butterstücken und Maronipüree zu Püree stampfen. Mit Salz und ein wenig weißem Pfeffer abschmecken. Abschließend Eidotter einrühren.

BEILAGENEMPFEHLUNG: glasierte Maroni, Kürbisgemüse, Kürbiskernnockerln (s. S. 156) und Preiselbeeren sowie Wildsoße

TIPP: Dieses Gericht eignet sich optimal für Gäste, da die bereits mit Maronipüree bestrichenen Steaks problemlos einige Stunden vorher vorbereitet und dann erst überbacken werden können.

ZUTATEN
4 Wildschweinrückensteaks à ca. 150 g (oder von Hirsch-, Reh- oder Gamsrücken)
Salz, Pfeffer aus der Mühle
Öl zum Anbraten

Für die Erdäpfel-Maronihaube
400 g mehlige Erdäpfel, grobwürfelig geschnitten
Salz, weißer Pfeffer aus der Mühle
Schuss Schlagobers
150 g Maronipüree
einige Butterstückchen, eiskalt
1–2 Eidotter

Wildschweinragout
Nach einem historischen Rezept

ZUTATEN

800 g Wildschwein-
schulter
etwas Würfelzucker
2–3 Zwiebeln, grob-
würfelig geschnitten
100 g Sellerieknolle,
feinblättrig geschnitten
50 g Petersilwurzeln,
feinblättrig geschnitten
100 g Öl oder Schmalz
2 Knoblauchzehen,
fein geschnitten
250 ml Rotwein
500 ml Wildfond,
ersatzweise Rindsuppe
Stärkemehl zum
Binden nach Bedarf
Senf, Salz, Wacholder
Thymian

ZUBEREITUNG

Wildschweinfleisch in Würfel von ca. 40 Gramm schneiden. In einer schweren Kasserolle Würfelzucker in Schmalz oder Öl karamellisieren. Wurzelwerk und Zwiebeln darin anlaufen lassen, das Fleisch beifügen, mit Knoblauch, Senf, Salz, Wacholder und Thymian würzen. Mit etwas Rotwein löschen und zugedeckt ca. 1 1/2–2 Stunden weich dünsten. Währenddessen bei Bedarf etwas Suppe zugießen. Mit dem restlichen Rotwein und Suppe aufgießen und eventuell etwas Stärkemehl mit wenig Suppe verrühren und das Ragout damit binden. Nochmals durchkochen und abschließend abschmecken.

BEILAGENEMPFEHLUNG: hausgemachte Nockerln
TIPP: Noch raffinierter schmeckt dieses Ragout, wenn man es mit feinen Pilzen und jungen Zwiebeln verfeinert.

Es muss(te) nicht immer Fasan sein

Was das Federvieh aus den steirischen Wäldern betrifft, so war der Festtagstisch im 19. Jahrhundert noch wesentlich vielfältiger bestückt als der heutige. „Im Herbste finden die Leckermäuler am leichtesten volle Befriedigung", schreibt etwa der Schriftsteller Johann Vincenz Sonntag in seiner „Naturgetreuen Schilderung" des Steiermärkers. „Besonders lieben jene die kleinen schmackhaften Vögel, die man zur besagten Jahreszeit zu Tausenden fängt. Auf dem Tische des reichen Obersteiermärkers findet man: Alpenamseln, Drosseln, Krametsvögel, Hasel-, Reb-, Stein- und Schneehühner, welche den böhmischen Fasan entbehrlich machten: im Mai wohl auch einen Auerhahn oder Birkwild. Der Untersteirer ziert seine Tafel mit dem köstlichsten Hausgeflügel, wohl auch mit einer Wildente, Schnepfe, einem Star u. s. w."

Fasan im Speckmantel

ZUBEREITUNG

Fasane mit Salz und Pfeffer innen und außen gut würzen. In heißem Öl rundum gut anbraten und anschließend die Brust mit eher dicken Speckscheiben belegen. Im vorgeheizten Rohr bei ca. 120–130 °C ca. 1 1/2–2 Stunden langsam braten. Fasane herausnehmen, Butter und Mehl miteinander verrühren und den entstandenen Natursaft damit binden. Kurz aufkochen lassen. Fasane tranchieren und je einen halben Fasan auf einem vorgewärmten Teller anrichten. Speck nach Belieben mitservieren.

BEILAGENEMPFEHLUNG: mit Kastanien verfeinertes Rotkraut (s. S. 165), Erdäpfelknödel und Preiselbeeren

TIPP: Früher wurde eine fast fingerdicke Scheibe von rohem bzw. grünem Bauchspeck zum Schutz vor dem Austrocknen auf die Brust des Fasans gebunden. Viele Fasane werden heute vom Wildhändler bereits „im Speckmantel" geliefert, wobei der dafür oft verwendete Jausenspeck keinen ausreichenden Schutz vor dem Austrocknen bietet. Um Austrocknen zu vermeiden, sollte die Ofentemperatur daher (bei gleichzeitiger Ausdehnung der Bratdauer) möglichst niedrig gehalten werden.

ZUTATEN

2 junge Fasanhennen, gerupft und ausgenommen
250 g grüner (roher) Speck oder gekochter Jausenspeck
(ca. 12 Scheiben)
Salz, Pfeffer,
Thymianzweig
Öl zum Braten
2 EL Butter, flüssig
1 El Mehl

Gebratene Fasanbrüstchen im Kastaniensaft

ZUBEREITUNG

Die ausgelösten Fasanbrüstchen mit Salz und Pfeffer würzen. Auf der Hautseite in heißem Öl gut anbraten, wenden und auf der anderen Seite kurz anbraten. Auf eine kalte feuerfeste Platte oder einen Teller legen, Kräuter dazulegen und im vorgeheizten Rohr bei 200 °C ca. 10–12 Minuten braten. Aus dem Ofen nehmen und einige Minuten rasten lassen. Brüstchen schräg aufschneiden, den ausgetretenen Fleischsaft mit dem Saft der glasierten Kastanien (Rezept S. 160) vermischen und das Fasanbrüstchen darauf anrichten.

BEILAGENEMPFEHLUNG: glasierte Kastanien, Kürbisgemüse, Erdäpfellaibchen

ZUTATEN

4 Fasanbrüstchen
à ca. 120–150 g,
mit Haut
Salz, Pfeffer
Öl oder Schmalz
zum Anbraten
frische Kräuter
(z. B. Rosmarin oder Thymianzweig)
Kastanienpüree nach Belieben

Nächste Doppelseite: Wildentenbrust auf Karotten und Trauben

Gebratene Fasanbrüstchen im Kastaniensaft

Wildentenbrust auf Karotten und Trauben

ZUTATEN

4 Wildentenbrüstchen
mit Haut
Salz, Pfeffer aus der
Mühle, Majoran
Öl zum Braten
1 Majoranzweig zum
Mitbraten
Karotten und gelbe
Rüben nach Belieben
Prise Zucker
Butter zum Braten
Trauben, am besten
kernlos oder entkernt
Butterflocken, eiskalt

ZUBEREITUNG

Die ausgelösten Wildentenbrüstchen mit Salz, Pfeffer und auf der Fleischseite zusätzlich mit Majoran würzen. Auf der Hautseite in nicht zu heißem Öl etwas länger an- bzw. knusprig braten, wenden und auf der anderen Seite kurz nachbraten. Auf eine kalte feuerfeste Platte oder einen Teller legen, Majoran dazulegen und im vorgeheizten Rohr bei 180–200 °C je nach Größe ca. 14 Minuten braten. Aus dem Ofen nehmen und 10 Minuten abgedeckt rasten lassen. Brüstchen schräg aufschneiden, auf dem vorbereiteten Gemüse anrichten und mit dem ausgetretenen Natursaft begießen. Für das Gemüse geschälte Karotten und gelbe Rüben in leicht gesalzenem Wasser weich kochen, abschrecken und in Scheiben schneiden. In einer Kasserolle mit etwas Butter und einer Prise Zucker erwärmen. Halbierte und entkernte Trauben dazugeben, kurz durchmischen und mit kleinen kalten Butterflocken binden.

BEILAGENEMPFEHLUNG: Kroketten

Gebratene Wildente
mit Steirerkraut

ZUBEREITUNG

Wildenten mit Salz und Pfeffer innen und außen gut würzen. In einer Pfanne in heißem Öl rundum gut anbraten. Den Majoranzweig dazulegen und anschließend im vorgeheizten Rohr bei 150 °C ca. 1 1/2–2 Stunden langsam braten. Währenddessen ab und an mit Bratensaft übergießen und bei Bedarf etwas Suppe nachgießen.

Gebratene Wildente herausheben, warm halten und etwas Orangensaft oder Rotwein mit wenig Mehl glatt rühren. In den zurückgebliebenen Natursaft einrühren und damit binden. Kurz aufkochen lassen. Wildente tranchieren und mit dem vorbereiteten Steirerkraut anrichten.

BEILAGENEMPFEHLUNG: Erdäpfelknödel und Preiselbeeren

ZUTATEN

1–2 junge Wildenten
(je nach Größe), geputzt
und ausgenommen
Salz, Pfeffer
1 Majoranzweig
Öl zum Anbraten
Rotwein oder Orangensaft, mit etwas Mehl
verrührt
Steirerkraut (s. S. 163),
etwa die halbe Menge
Suppe oder Wasser
zum Nachgießen

Gefüllte Wildente

ZUBEREITUNG

Die Wildente innen wie außen gut salzen und pfeffern. Gehackten Speck, klein geschnittene Leber und Herz der Ente, Semmelbrösel, Walnüsse, Ei, Zwiebel und Gewürze miteinander vermengen und die Enten damit füllen. Öffnung mit einem Bratspießchen verschließen oder vernähen. In heißem Schmalz rundum anbraten und im Rohr bei 150 °C 1 1/2–2 Stunden langsam goldbraun braten. Währenddessen ab und an mit Bratensaft übergießen und bei Bedarf etwas Suppe nachgießen. Enten herausheben und tranchieren.

BEILAGENEMPFEHLUNG: Knödel und Rotkraut oder Buttererdäpfel mit Apfelmus

ZUTATEN

1–2 Wildenten (ca. 1 kg)
mit Innereien, geputzt
und ausgenommen
100 g Speck, fein gehackt
2 Semmeln, zu Bröseln
gerieben
60 g Walnüsse, gerieben
1 Ei
1 kl. Zwiebel, geschnitten
Petersilie, Salz, Pfeffer
Suppe oder Wasser
zum Nachgießen
Schmalz zum Anbraten

Schüsseltrieb mit Infanteristen

Was Bits und Bytes für den Computerfreak sind, ist dem Jäger sein „Weidmannsheil". Die Zunftsprache der Jäger ist Nichtjägern indessen seit jeher ein Buch mit sieben Siegeln. Doch man muss, um ein Wildschwein ordentlich zuzubereiten, gottlob nicht unbedingt wissen, dass ein junger Keiler ein „Hosenflicker" ist. Dass Wildvögel „im Bukett" auffliegen, könnte indessen fast schon ein Ausdruck aus der Weinsprache sein. Und wenn Jäger, die sich nach vollendetem Waidwerk zu einem gemütlichen Zusammensein bei Speis und Trank zusammenfinden, ihrem „Schüsseltrieb" folgen, so ist das auch dann eine durchaus kulinarische Regung, wenn sie dabei einen „ehemaligen Infanteristen" verspeisen. Denn unter einem solchen verstehen die Hubertusjünger schlicht und einfach einen laufenden Fasan.

VOM SEMMELKREN BIS ZUR GURKENSOSS

Kleine steirische Soßenkunde

Die Soßenküche gilt heutzutage, und zwar keineswegs nur in Frankreich, unangefochten als die „Hohe Schule der Kochkunst". In bäuerlichen Regionen spielte sie indessen jahrhundertelang keine Rolle, und so gab es auch in der Küche des steirischen Bauernhauses keine Soße im klassischen Sinn, sondern allenfalls „Saftln".

Der steirische Bürgerhaushalt in Graz oder in den reichen Gewerkenstädten kannte indessen sehr wohl Gerichte, die den Namen Soße verdienten. So war es zum Beispiel durchaus üblich, zum gekochten Rindfleisch statt der Gemüsebeilage eine Dill-, Gurken- oder Paradeisersoße zu geben. Vor allem Krensoßen spielten und spielen in der steirischen Küche eine besonders bedeutende Rolle, wobei der Bogen vom Apfel- über den Semmel- bis hin zum Oberskren reicht. Auch die aus Frankreich stammende Mayonnaise hat sich in den feineren Bürger- und Adelshäusern der Steiermark schnell eingebürgert und bildet die Grundlage vieler kalter Soßen, die zu Fleisch, Wild und Fisch gereicht werden.

Die steirische Küche von heute kommt freilich auch nicht mehr ohne die großen Grundsoßen (Fonds) und Buttersoßen aus. Stärker als in manchen anderen Regionen hat sich hier jedoch auch die „gute alte Einbrenn" erhalten, die man heutzutage allerdings leichter und bekömmlicher anlegt, als das in früheren Zeiten der Fall war.

GRUNDFONDS FÜR DIE SOSSENKÜCHE

Dunkler Fond (Glace)

ZUTATEN

1,5–2 kg Knochen und Fleischparüren (Sehnen, Abschnitte)
Öl zum Anrösten
300 g Zwiebeln mit Schale
300 g Wurzelgemüse, kleinwürfelig geschnitten
ca. 300–400 ml Rotwein
2–3 EL Paradeisermark, dreifach konzentriert
3–4 l Suppe (ungesalzen) oder Wasser
2–3 Lorbeerblätter
Petersilstängel

ZUBEREITUNG

Knochen und Fleischparüren klein hacken bzw. schneiden und auf dem Herd (oder im Rohr) in Öl langsam dunkel anrösten *(Abb. 1)*. Ungeschälte, evtl. halbierte Zwiebeln zugeben *(Abb. 2)* und goldgelb anrösten. Wurzelgemüse beimengen und mitrösten *(Abb. 3)*. Sollte sich inzwischen auf dem Pfannenboden eine leichte dunkle Kruste bilden, Topf kurz vom Feuer nehmen und mit ca. 60 ml Rotwein ablöschen. Kurz warten und die Kruste vom Topfboden lösen. Paradeisermark einrühren *(Abb. 4)* und wieder bei kleiner Hitze langsam insgesamt 30–45 Minuten durchrösten, bis eine schöne dunkelbraune Farbe entsteht. Bei Bedarf zwischendurch die entstehende Kruste am Topfboden wieder mit etwas Rotwein ablöschen *(Abb. 5)*.

Dann mit ca. 250 ml Rotwein ablöschen, nochmals einkochen lassen, bis der Wein fast völlig verkocht ist. Mit ungesalzener warmer Suppe oder Wasser langsam nach und nach aufgießen und auf kleiner Flamme 3–4 Stunden köcheln lassen. Dabei anfangs Schaum und Fett von der Oberfläche abschöpfen. Nach etwa anderthalb Stunden Lorbeerblätter und evtl. Petersilstängel dazugeben *(Abb. 6)* und bei Bedarf mit etwas Wasser aufgießen

(Abb. 7). Durch ein feuchtes Etamin (Leinentuch) oder feines Sieb abseihen *(Abb. 8–9)* und auf ca. 750 ml Flüssigkeit einkochen *(Abb. 10)*. (Wird dieser Fleischfond so kräftig, dass er in kaltem Zustand geliert und schnittfest wird, so spricht man von einer Glace.)

TIPPS

■ Ist der Fond nach dem Passieren klar und sauber *(Abb. 1)*, so kann er je nach Bedarf mit ca. 60 ml Rotwein und ca. 1–2 EL Mehl oder mit 1–2 EL Stärkemehl (Maizena) verrührt (für durchsichtige Soßen) und gebunden werden.

■ Je konzentrierter der Fond bzw. die Glace werden soll, desto wichtiger ist es, bei der Herstellung auf Salz möglichst zu verzichten, da Gerichte, für die dieser Fond weiterverwendet wird, sonst leicht versalzen werden.

■ Da die Herstellung von dunklem Fond doch zeitaufwendig ist, empfiehlt es sich, gleich eine größere Menge herzustellen, in Eiswürfelsäckchen abzufüllen und auf Vorrat – gut beschriftet mit Inhalt und Abfülldatum – tiefzukühlen *(Abb. 2)*. Tiefgekühlte Fonds sind bis zu 1 Jahr haltbar.

VARIATIONEN

Der jeweilige dunkle Grundfond kann zum Aufgießen für Bratengerichte oder gebunden als Soße zu kurz gebratenem Fleisch serviert werden.

Kalbs- oder Rindsfond: Kalbs- od. Rindsknochen und Parüren, Thymian, Majoran, Rosmarin. Kalbsfond ist eher neutral im Geschmack und kann daher im Notfall auch als Basis für Rind, Lamm, Wild, Geflügel, Kaninchen u. a. verwendet werden.

Lammfond: Lammknochen und Parüren, Thymian, Rosmarin, Majoran, Knoblauch

Wildfond: Wildknochen und Parüren, Wacholder, Koriander, Nelken, Orangenschalen, Preiselbeeren, Pilze, Speck, Cognac, Thymian, Hollerbeeren

Geflügelfond: Geflügelknochen und Parüren, Thymian, Rosmarin, Salbei, Estragon

Fischfond (Grundrezept)

ZUBEREITUNG

Butter oder Öl in einer Kasserolle erwärmen, klein gehackte, gut gewässerte und abgetropfte Fischkarkassen zugeben und darin andünsten. Zwiebeln, Wurzelgemüse sowie einige Petersil- oder Dillstängel dazugeben. Mit einem Schuss Weißwein ablöschen, kurz einkochen lassen und mit sehr kaltem Wasser (am besten mit Eiswürfeln versetzt) ablöschen. (Oder Fischabschnitte gut waschen und gleich mit kaltem Wasser knapp bedeckt zustellen.) Gewürze sowie etwas geschnittenen Knoblauch beigeben. Kurz aufkochen lassen und auf kleiner Flamme höchstens 30–40 Minuten köcheln lassen. Währenddessen wiederholt Schaum abschöpfen. Durch ein feuchtes Etamin oder feines Sieb abseihen und bis zur gewünschten Konzentration (Geschmack) einkochen lassen. Kalt stellen und erst bei der weiteren Verwendung salzen.

TIPPS

- Durch kaltes Wasser bzw. Eiswürfel wird der Fischfond langsamer warm, wodurch das Eiweiß besser abstockt und der Fond schöner geklärt wird.
- Fischsud lässt sich auch sehr gut tiefkühlen. Dafür füllt man ihn am besten in kleine Eiswürfelsäckchen ab, die dann bei Bedarf portionsweise verwendet werden können.

ZUTATEN
für ca. 500 ml
2 EL Butter oder Öl
250 g klein gehackte Fischkarkassen (Abschnitte vom Filetieren der Fische, Fischkopf, Gräten ohne Haut), gut gewässert
50 g Zwiebeln, grob geschnitten
50 g Wurzelgemüse (Karotten, Sellerie, Porree u. a.), grob geschnitten
einige Petersil- oder Dillstängel
etwas Weißwein
ca. 750 ml Wasser, sehr kalt
1–2 Lorbeerblätter
Pfefferkörner
etwas Knoblauch

Krebsfond

ZUBEREITUNG

Krebse nach dem Grundrezept (s. S. 211 f.) kochen und auslösen. Krebsfleisch nach Belieben weiterverwenden. Getrocknete und zerkleinerte Schalen bzw. Panzer und Scheren langsam in Öl mit Zwiebel, wenig Wurzelwerk und einigen Dillstängeln anrösten, Paradeisermark einrühren, weiterrösten und mit Weinbrand flambieren. Mit etwas Weißwein und Wermut ablöschen, mit Fischfond oder etwas Wasser aufgießen und noch einmal kurz aufkochen lassen. Je nach Verwendung abseihen oder weiterverwenden.

VARIATIONEN

Krebssoße: Den Krebsfond mit etwa 250 ml Schlagobers aufgießen. Alles in einen schmalen, hohen Topf umgießen und ca. 1 Stunde kochen lassen. Hitze reduzieren und noch ca. 45 Minuten ganz leicht köcheln lassen. Bei Bedarf zwischendurch immer wieder mit so viel Fischfond aufgießen, dass die Schalen gerade bedeckt sind. Die fertige Soße durch ein feines Sieb abseihen und vor dem Servieren noch einmal etwas einkochen.

Krebsbutter: Krebsfond mit ca. 250 g Butter montieren (binden) und kalt stellen. Danach die sich an der Oberfläche absetzende und fest gewordene Krebsbutter abheben, leicht erwärmen, abschmecken und erneut kalt stellen. Eignet sich perfekt zum Abrunden von Suppen und Soßen, die vor dem Servieren noch einmal kräftig mit Weinbrand abgeschmeckt und mit kalten Butterstücken aufgemixt werden sollten.

ZUTATEN
25 Flusskrebse
1 kl. Zwiebel, geschnitten
1 kl. Bund Wurzelwerk (Sellerie, Stangensellerie und Karotte)
Dillstängel
1 EL Paradeisermark
4 cl Weinbrand
Schuss Weißwein
Schuss Wermut, trocken
Fischfond oder Wasser zum Ablöschen
Salz, Kümmel
Öl

Für die Krebssoße:
250 ml Schlagobers
reichlich Fischfond zum Aufgießen

Für Krebsbutter:
250 g Butter

HELLE GRUNDSOSSEN

Weiße Grundsoße
Willi Haiders Küchen-Vademecum

**ZUTATEN für
ca. 8–10 Portionen
(500 ml Soße)**
250 ml Weißwein
1 EL Zwiebelringe
1 Lorbeerblatt
4–5 Pfefferkörner
250 ml Fond
(z. B. Kalbssuppe
für Kalbssoße oder
Fischfond für Fischsoße)
250 ml Schlagobers
Salz und weißer Pfeffer
aus der Mühle

**Für die Mehlbutter
(als Einmach-Ersatz)**
40 g Butter, flüssig
20 g Mehl, glatt

ZUBEREITUNG
Weißwein mit Zwiebelringen, Lorbeerblatt und Pfefferkörnern auf 2–3 EL Flüssigkeit einkochen. Mit Fond aufgießen und abseihen. Mit Obers auffüllen, aufkochen und mit Mehlbutter (flüssige Butter und Mehl verrühren) binden. Kurz durchkochen lassen, mit Salz sowie Pfeffer abschmecken und aufmixen.

TIPPS
Diese Soße ist Willi Haiders persönlicher Beitrag zur steirischen Küche. Er hat sie 1980 entwickelt, um in seiner Restaurantküche den Soßenbereich zu vereinfachen und vor allem eine gleichbleibend gute Qualität zu erreichen, was auch in den vielen Jahren gelang. Inzwischen ist sie durch die Kochschule zu einem beliebten Fixbestandteil vieler Kursteilnehmer geworden. Es handelt sich dabei um eine Kombination aus:

- *Béchamelsoße* (Butter, Mehl und Milch), geschmacksarme weiße Basissoße
- *Sahnesoße* (Wein, Obers, Butter), eher üppige, geschmacksarme Oberssoße
- *weiße Buttersoße* (Zwiebeln, Wein, Butter), feinsäuerliche, aufwendige buttrige Soße

Die weiße Grundsoße kann, mit etwas Suppe verdünnt, auch als Einmach- oder Cremesuppe verwendet werden, sie ermöglicht aber auch eine Vielzahl weiterer

VARIATIONEN
Kräutersoße: Mixen Sie die Soße einfach mit einem „Kräutl" Ihrer Wahl, z. B. Basilikum, Kresse oder Petersilie. Sie können auch eher grob gehackte gemischte Kräuter kurz vor dem Anrichten einrühren. Aber Vorsicht: Niemals mehrere Kräuter aufmixen! Der Geschmack wird dadurch undefinierbar und grob.

Paradeisersoße: Verfeinern Sie die weiße Grundsoße mit Paradeisermark und eventuell einer Spur Basilikum oder Estragon.

Edelschimmelsoße: Schmecken Sie die weiße Grundsoße kurz vor dem Anrichten mit Österkron oder Gorgonzola ab oder kochen Sie einfach Obers und Österkron kurz auf (ideal für Nockerl- und Nudelgerichte).

Käsesoße: Rühren Sie Hartkäse (z. B. Asmonte), Schmelzkäse oder Edelschimmelkäse (z. B. Österkron, Dolce Blu) in die weiße Grundsoße und ziehen Sie, wenn Sie das Gericht gratinieren wollen, noch ein Eidotter unter.

Safransoße: Kochen Sie eine Prise Safran mit etwas Weißwein oder Suppe auf und vermischen Sie den Safransud mit weißer Grundsoße.

Paprikasoße: Rühren Sie bei möglichst geringer Hitze Paprikapulver in Öl oder Butter an, löschen Sie mit etwas Suppe ab, lassen Sie die Mischung kurz kochen, gießen Sie weiße Grundsoße an. Dann abermals eine Weile köcheln lassen und aufmixen.

Statt Paprikapulver können Sie auch eine gekochte rote Paprikaschote, etwas Paradeisermark, Knoblauch und ein wenig Chili aufmixen, mit (etwas dünnerer) weißer Grundsoße verrühren, abseihen und abschmecken. Zum Verdünnen eignen sich Suppe oder (bei Fischgerichten) Fischfond.

Weinsoße: Lassen Sie Weißwein oder trockenen Champagner zunächst stark einreduzieren und gießen Sie dann mit weißer Grundsoße auf. Wichtig: Für Weinsoßen sollte die weiße Soße zuvor immer mit kräftigem Fond oder Suppe aufgegossen werden, da sonst die Säure des Weins zu stark durchschmeckt!

Gourmet-Hotline am Weihnachtsabend

Das erste „Stille Nacht" war schon im Radio erklungen. Es war Heiliger Abend, kurz nach fünf, als bei Willi Haider das Telefon klingelte. Am anderen Ende war eine Kochschülerin, die beteuerte, dass sie drei Cognacs gebraucht habe, um Mut für diesen Anruf zu tanken. Aber es müsse nun einmal sein, denn ihre Grundsoße, die sie ihrer Familie in einer Stunde vorzusetzen gedenke, sei ganz und gar verpfuscht – und sie selbst entsprechend verzweifelt.

Doch der Fehler war gleich gefunden. Die Dame hatte die mit dem Wein einreduzierten Zwiebeln mitpüriert, und der Fischfond zum Aufgießen war zu schwach, um das auszugleichen.

Willi Haider riet also zu einer weihnachtlichen „Notaktion": Neben Butter und noch vorhandenem Obers wurde auch ein trockener Wermut zur Rettung beigezogen (Fett neutralisiert Säure!), und gottlob befand sich auch noch etwas Fischfond im Tiefkühlschrank der Anruferin. Der wurde nunmehr kräftig eingekocht, und schon war die Soße für den Heiligen Abend nicht mehr streng und sauer, sondern mollig und harmonisch.

So schnell kann ein Koch zum Weihnachtsmann werden!

Béchamelsoße

Die klassische Einmachsoße

ZUTATEN

für ca. 300 ml

25 g Butter
25 g Mehl, glatt
250 ml Milch
Salz, weißer Pfeffer
aus der Mühle und
getrockneter Lorbeer

ZUBEREITUNG

In einer Kasserolle Butter schmelzen lassen. Mehl einrühren, kurz anrösten und mit Milch aufgießen. Unter kräftigem Rühren gut durchkochen. Mit Salz, Pfeffer und Lorbeer abschmecken.

VERWENDUNG: Béchamelsoße eignet sich als Begleitung für Gerichte und Ragouts von hellem Fleisch wie Kalb und Geflügel oder von Fisch und Gemüse (Spargel, Karfiol, Pilze). Sie ist aber, mit Eidotter oder Käse vermischt, auch ideal zum Überbacken für Nudelgerichte oder Aufläufe.

TIPPS

■ Etwa ein Viertel der Milchmenge könnte auch durch andere Flüssigkeiten (Gemüsefond, Fischfond oder Suppe) ersetzt werden. Das entspricht zwar nicht dem Originalrezept, erzielt aber einen besseren Geschmack.

■ Wird die Béchamelsoße durch ein Etamin (Küchentuch) passiert oder aufgemixt, so erhält sie eine glattere, feinere Konsistenz.

Oberssoße

Schmeckt am besten mit trockenem steirischem Wein

ZUTATEN

für ca. 300 ml

ca. 125 ml steirischer
Weißwein, trocken
(Welschriesling oder
Morillon)
500 ml Schlagobers
1 EL Butter, kalt
Salz, weißer Pfeffer
aus der Mühle

ZUBEREITUNG

Wein in einer Kasserolle auf die Hälfte einkochen lassen. Mit Schlagobers aufgießen und unter häufigem Rühren bei mittlerer Hitze abermals auf die Hälfte einkochen. Kalte Butter einrühren und die Soße damit montieren (binden), aber nicht mehr kochen! Kräftig durchschlagen und mit Salz und weißem Pfeffer würzen.

TIPPS

■ Oft wird heute nur noch Obers stark eingekocht (fette und säurearme Soße ohne Geschmack) oder mit Crème double bzw. Crème fraîche gekocht. Crème double ist doppelfetter Süßrahm und kann selbst hergestellt werden, indem man 250 ml Obers auf 125 ml einkochen lässt (ersatzweise Mascarino oder Mascarpone verwenden!). Crème fraîche, ein doppelfetter Sauerrahm, der beim Erwärmen oder in Verbindung mit Säure nicht ausflockt, ist im Handel erhältlich. Sollten Sie Sauerrahm zum Binden verwenden wollen, so rühren Sie diesen immer mit etwas Mehl und Wasser an!

■ Die Oberssoße wird in der Küche wie Béchamelsoße (s. oben) verwendet.

Buttersoße

ZUBEREITUNG

Zwiebeln oder Schalotten fein schneiden. In einer Kasserolle Butter erhitzen und die Zwiebeln darin andünsten. Mit Weißwein aufgießen und bei starker Hitze einkochen, bis nur noch ca. 2–3 EL Flüssigkeit vorhanden sind. Kalte Butterstücke mit einem Schneebesen nach und nach einrühren (montieren), mit Salz und Pfeffer würzen. Nicht mehr aufkochen!!

VERWENDUNG: Die weiße Buttersoße veredelt vor allem gekochte Fischgerichte sowie Gerichte aus Kalb-, Schweine- und Geflügelfleisch, aber auch feines Gemüse wie Spargel, Karfiol und Frühlingszwiebeln.

TIPP: Wird anstelle von Weißwein Rotwein (am besten steirischer Zweigelt) verwendet, so wird aus der weißen eine rote Buttersoße, die außer zu kräftigen Fischgerichten (z. B. Karpfen) vor allem zu dunklen Fleischgerichten wie Wild- oder Wildgeflügel, Lamm und Rind bestens passt.

ZUTATEN
für ca. 250 ml
4–5 mittlere Zwiebeln
oder Schalotten
Butter zum Andünsten
250 ml steirischer
Weißwein, trocken
(Welschriesling
oder Morillon)
200 g Butterstücke, kalt
Salz, weißer Pfeffer
aus der Mühle

Sauce hollandaise
Eine unentbehrliche Grundsoße der klassischen Küche

ZUBEREITUNG

In einem Wasserbad Eidotter mit Weißwein, Reduktion oder Fond wie Sabayon schaumig aufschlagen. Die geklärte Butter (Butterschmalz) nach und nach langsam einschlagen und mit Salz, Pfeffer und Zitronensaft abschmecken.

VERWENDUNG: Sauce hollandaise passt vor allem zu Spargel, Karfiol und Fisch, Steak, Roastbeef und Kalbsfilets sowie Geflügel, ist aber auch zum Überbacken von Fleisch-, Fisch- und Gemüsespeisen geeignet. In diesem Fall müssen jedoch zusätzlich 1–2 Eidotter eingerührt werden.

TIPPS

- Zur Intensivierung der jeweils gewünschten Geschmacksnote kann statt Wein auch eine Reduktion (125 ml Wein, 1 EL Essig, 1 Lorbeerblatt, 10 Pfefferkörner und 1 fein geschnittene Schalotte), die auf 3 EL Flüssigkeit eingekocht wird, verwendet werden.
- Die Sauce hollandaise darf weder zu heiß werden, noch darf die Butter zu schnell eingerührt werden, da die Soße sonst gerinnen würde. Gerinnt sie dennoch, so rührt man 1 EL sehr kaltes Wasser ein oder bindet die Soße mit kalten Butterstückchen.

ZUTATEN
für ca. 200 ml
1–2 Eidotter
3–5 EL Weißwein,
Reduktion (s. Tipps)
oder Suppe bzw. Fond
(Spargel- oder Fischfond)
150 g geklärte Butter
(ersatzweise
Butterschmalz)
Salz, Pfeffer aus
der Mühle
Zitronensaft

Weiße Fischgrundsoße

ZUTATEN

ca. 125 ml Weißwein
1 EL Zwiebelringe
1 Lorbeerblatt
4–5 Pfefferkörner
125 ml Fond (Fischfond
oder Krebsfond)
125 ml Schlagobers
Salz, Pfeffer aus
der Mühle

Für die Mehlbutter
20 g flüssige Butter
10 g Mehl, glatt

ZUBEREITUNG

In einer Kasserolle den Weißwein mit Zwiebelringen, Lorbeerblatt und Pfefferkörnern auf 2 EL Flüssigkeit einkochen. Mit Fond aufgießen, etwas einkochen lassen und abseihen. Mit Obers auffüllen und aufkochen lassen. Flüssige Butter mit Mehl vermengen und die Soße damit binden. Kurz durchkochen lassen, mit Salz und Pfeffer abschmecken und, wenn möglich, aufmixen.

VERWENDUNG: Diese Grundsoße kann für sämtliche Fischsoßen bzw. Soßengerichte oder Ragouts verwendet werden. Mit Eidotter verrührt, eignet sie sich bestens zum Gratinieren, mit Fischfond verdünnt, dient sie als Basis für gebundene Fischsuppen.

TIPP: Für eine Krebssoße wird diese weiße Grundsoße zusätzlich mit Cognac, etwas Paradeisermark und – sofern vorhanden – evtl. mit Krebsbutter (s. S. 317) aufgemixt.

DUNKLE GRUNDSOSSEN

Bratensaft bzw. Natursaft

Der wichtigste Fond der traditionellen steirischen Küche ist das „Saftl". Der Bratensatz dient dabei als Geschmacksbasis. Dafür gelten folgende Grundregeln:

- Verwenden Sie zum Braten niemals beschichtete Pfannen, da sich dort kein Bratrückstand bildet, der abgelöscht werden könnte.
- Gießen Sie vor der Zubereitung des Bratensafts unbedingt das überschüssige Fett aus der Pfanne ab.
- Fügen Sie etwas Paradeisermark hinzu und stauben Sie nach Bedarf mit wenig Mehl.
- Verwenden Sie zum Ablöschen des Bratrückstandes zunächst Weiß- oder Rotwein, kochen Sie diesen ein und gießen Sie noch einmal mit ungewürzter Suppe oder Wasser auf. (Achtung: Bei Naturschnitzel oder Braten von hellem Fleisch sollte man weder Paradeisermark noch Rotwein verwenden!)
- Lassen Sie den Bratensaft gut durchkochen und binden Sie, je nach Bedarf, mit Butter oder Mehlbutter.

Einfacher Soßenansatz

Zwiebel-, Bier- oder Weinsoße

Dieser einfache Soßenansatz dient vor allem für kurz gebratene Fleischgerichte wie Geschnetzeltes, Filetspitzen, geröstete Leber u. Ä., aber auch als Basis für sämtliche Braten und Ragouts von Rind, Lamm oder Wild. Voraussetzung dafür ist, dass ein guter Fond oder eine gute Suppe zum Aufgießen zur Verfügung stehen, damit die Soße auch schön kräftig wird.

Und so funktioniert's:

- Lassen Sie reichlich Zwiebeln in Öl langsam goldgelb anrösten.
- Fügen Sie Paradeisermark hinzu und rösten Sie alles gut durch.
- Löschen Sie immer wieder mit etwas Rotwein oder Bier und gießen Sie nach Möglichkeit mit ungesalzener Suppe (Fond) oder Wasser auf.
- Eine gute Soße braucht viel Zeit. Lassen Sie sie am besten 2–3 Stunden sanft köcheln
- Verzichten Sie darauf, die Soße zu pürieren oder aufzumixen, da sie dadurch nur heller und süßer wird.
- Verwenden Sie nur so viel Paradeisermark, dass die Soße am Schluss nicht rot ist.

VARIATIONEN

Pfeffersoße: Soße abseihen und mit schwarzem oder grünem Pfeffer und Weinbrand würzen.

Madeirasoße: Soße mit eingekochtem Madeira verfeinern und mit etlichen kalten Butterstückchen aufmontieren (binden).

Rosmarinsoße: Soße mit gehacktem Rosmarin und Butter verfeinern oder mit anderen Kräutern (Thymian-, Salbei-, Knoblauchsoße u .a.) variieren.

Letzter Ausweg

Frage einer Teilnehmerin im Soßenkurs von Willi Haiders Kochschule: „Und was macht man, wenn bei einem mit Wein aufgegossenen Braten die Soße zu sauer ist?"

Antwort einer anderen Teilnehmerin: „Beten!"

Steirische Wurzelsoße

Die traditionelle steirische Wurzelsoße basiert auf dem einfachen Soßenansatz (s. Rezept oben). Zu den Zwiebeln wird jedoch gleich nach dem Anschwitzen auch Wurzelgemüse (Karotten, Sellerie, Petersilwurzeln, Pastinaken) gegeben und mitgeröstet.

Dabei gilt es folgende Details zu beachten:

- Wurzelsoßen sollten weder püriert noch passiert, sondern einfach abgeseiht werden. Wenn das Wurzelgemüse gut aussieht und schmeckt, kann es auch mitserviert werden.
- Die Wurzelsoße lässt sich mit Obers oder Crème fraîche noch weiter verfeinern.
- Beim Aufgießen oder Ablöschen mit Wein, Most oder Suppe muss die Hitze zuvor unbedingt reduziert werden, da sich allfällig in der Pfanne vorhandenes Fett (vor allem am Gasherd) sonst leicht entzündet.

So binden Sie dunkle Soßen richtig

- *mit Mehlbutter* (ca. 2 Teile flüssige Butter, 1 Teil glattes Mehl): Die Soße wird dadurch leicht trüb.
- *mit Speisestärke:* Bei der Bindung mit Maisstärke und Rotwein bleibt die Soße durchsichtig, dunkel und klar.
- *mit Mehl und Rotwein:* Die Farbe bleibt zwar dunkel, die Soße wird aber eher trüb.
- *mit kalten Butterstücken:* Durch das klassische „Montieren" wird die Soße schön sämig, aber Vorsicht: Die Soße darf nach der Zugabe von Butter keinesfalls mehr kochen.
- *mit Obers, Crème fraîche, Sauerrahm und etwas Mehl:* Die Soße wird mollig und heller.
- *mit Gemüsepüree:* Wird eine Wurzelsoße doch passiert, nimmt sie einen helleren Ton an und gerät püreeartig.

Siebzehn Tipps für Soßenköche

1. Verwenden Sie bei der Herstellung von Grundsoßen und Fonds kein Salz, da die fertige Soße sonst leicht versalzen schmeckt.

2. Sparen Sie nicht mit Parüren (Sehnen, Abschnitte und Knochen bzw. Fischabfälle, Gräten und Köpfe).

3. Sparen Sie dafür an Flüssigkeit: Je weniger davon verwendet wird, desto kräftiger wird die Soße.

4 Beachten Sie, dass dunkle Fleischsoßen und -fonds erst nach etwa 3–4 Stunden Kochzeit wirklich kräftig und geschmackvoll werden. Fisch-fonds sollen indessen spätestens nach ca. 40 Minuten abgeseiht wer-den, da sie sonst tranig schmecken.

5 Hacken bzw. schneiden Sie Knochen und Fleischabschnitte stets klein und rösten Sie diese in einer Kasserolle mit dickem Boden in Öl lang-sam dunkel (aber Vorsicht: Nicht verbrennen, da sonst ein bitterer Geschmack entsteht!).

6 Schöpfen Sie überschüssiges Fett ab oder tupfen Sie es mit Küchen-krepp ab.

7 Verwenden Sie nur dreifach konzentriertes Paradeisermark aus Tube oder Dose, aber machen Sie eher sparsam davon Gebrauch, damit die Soße nicht zu rot gerät.

8 Verwenden Sie nur trockene und möglichst nicht korkende Weiß- oder Rotweine guter Qualität zum Ablöschen und reduzieren Sie diese möglichst gut ein, damit der Alkohol verdunstet und sich die Säure einbindet.

9 Löschen Sie den Boden- bzw. Bratensatz immer wieder und nur in möglichst kleinen Mengen ab. Gießen Sie erst am Schluss warme, un-gesalzene Suppe nach und füllen Sie die Soße damit langsam auf. Am Schluss sollten Farbe und Geschmack des Paradeisermarks nicht mehr erkennbar sein.

10 Lassen Sie Soßen ca. 3 Stunden langsam köcheln und schäumen bzw. fetten Sie dabei öfters ab. Wenn Soßen oder Fonds durch ein Etamin (Leinentuch) abgeseiht werden, sollen sie vorher nicht gebunden bzw. gestaubt werden. Achtung: Etamin vorher in heißem Wasser durch-spülen und beim Abseihen am besten mit Wäscheklammern am Topf befestigen!

11 Runden Sie dunkle, kräftige Soßen mit reduziertem Alkohol, Essig (z. B. gutem altem Balsamico) oder Honig ab, achten Sie dabei aber darauf, dass die Soße nicht zu süß oder zu sauer bzw. brandig schmeckt.

12 Kochen Sie Soßen, die mit Mehl oder Stärke gebunden wurden, gut durch.

13 Kochen Sie Soßen, die mit kalter Butter oder mit Eidotter montiert wurden, nicht mehr auf.

14 Rühren Sie bei hellen Kräutersoßen die frischen, nicht zu fein gehack-ten Kräuter immer erst kurz vor dem Anrichten ein.

15 Beachten Sie, dass helle Soßen durch Aufmixen mit einem Stab- oder Turmmixer noch leichter und luftiger werden.

16 Verfeinern Sie helle Soßen vor dem Servieren mit geschlagenem Obers, aber Vorsicht: Sie kühlen dadurch leicht ab!

17 Beachten Sie, dass die wichtigste Grundzutat für gute Soßen, Suppen oder Ragouts immer eine kräftige, ungesalzene Aufguss-Flüssigkeit (Fond) ist. Wasser und Wein alleine reichen für eine gute Soße nicht aus.

KALTE BEGLEITSOSSEN

Apfelkren

ZUTATEN

300 g Äpfel (Golden
Delicious, Elstar,
Jonagold oder auch
etwas süßere Gala-Äpfel)
ca. 2 EL Kren, frisch
gerissen
Prise Salz und Zucker

ZUBEREITUNG

Äpfel schälen, entkernen und schaben. Mit frisch geriebenem Kren vermengen und mit einer Prise Salz sowie Zucker würzen. Vor dem Servieren nochmals gut durchmischen.

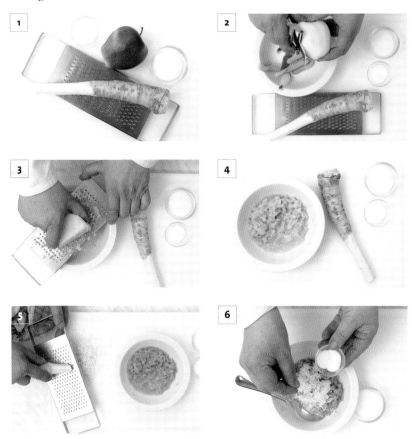

TIPP: Wenn die Äpfel schön sauer sind, braucht man keine weiteren Säuerungsmittel und der Apfelkren bleibt hell (ein wenig Bräunung des Apfels würde auch nicht schaden). Der Geschmack wird dabei nicht von Essig oder Zitrone bzw. durch verkochte Äpfel (Mus) beeinflusst oder verfremdet.

Essigkren

ZUBEREITUNG

Den frisch geriebenen Kren mit den restlichen Zutaten gut vermischen, so dass eine saftige, jedoch nicht zu dünne Soße entsteht.

VERWENDUNG: Essigkren serviert man zu fetten Fleisch- und Fischarten, er passt aber auch zu Knödeln und pikanten Strudeln.

TIPP: Verfeinern Sie dieses Grundrezept ganz nach persönlichem Geschmack durch passierte harte Eier oder entrindete, eingeweichte und passierte Semmeln.

ZUTATEN
ca. 1/2 kl. Krenwurzel, geputzt, gerieben
Prise Zucker und Salz
Weinessig, Öl nach Bedarf
etwas Rindsuppe
evtl. Semmelbrösel zum Verdicken

Oberskren

ZUBEREITUNG

Obers mit einer Prise Zucker steif schlagen. Den frisch geriebenen Kren darunter heben und mit Salz sowie Pfeffer abschmecken.

TIPP: Für Preiselbeer-Oberskren mischt man zusätzlich etwas Preiselbeeren unter den Oberskren und reduziert die Krenmenge ganz nach Geschmack. Diese Variante, die übrigens auch tiefgekühlt als Preiselbeer-Oberskren-Parfait ganz vorzüglich schmeckt, wird vor allem zu Wildschinken oder Räucherfischen serviert.

ZUTATEN
125 ml Schlagobers
Prise Zucker
ca. 2 EL Kren, frisch gerissen
Salz, weißer Pfeffer aus der Mühle

Cumberlandsoße

Keine steirische Soße, aber durch die sehr umfangreiche Wildküche oft gefragt!

ZUBEREITUNG

Gut gewaschene Orange auspressen und die Schale mit einem Zestenreißer in feine Streifen oder mit dem Messer feinnudelig schneiden. Saft abseihen. Rotwein in einer Kasserolle gemeinsam mit Orangenschale auf 2–3 EL einkochen. Mit den restlichen Zutaten verrühren und gut abschmecken. In ein heiß ausgespültes Einmachglas füllen und im Kühlschrank am besten 1 Woche marinieren lassen, damit sich das Aroma gut entwickeln kann.

VERWENDUNG: klassische Beigabe für Wild- und Geflügelgerichte sowie Pasteten, aber auch zum Abrunden für Wildsoßen

ZUTATEN
100 g Preiselbeeren, fein passiert
100 g Ribiselmarmelade, fein passiert, oder auch Ribiselgelee
1 Orange, nicht gespritzt
250 ml Rotwein
1 EL scharfer Senf (englischer oder Dijonsenf)
1–2 EL Ingwer, geschält und fein geschnitten oder auf Krenreibe gerieben
Prise Zucker und Salz

Honig-Senf-Soße

ZUBEREITUNG

Alle Zutaten nur mit einem Löffel verrühren. Dabei darauf achten, dass der Sauerrahm nur kurz verrührt wird, damit er schön cremig bleibt und nicht zu dünnflüssig wird.

ZUTATEN
100 g Sauerrahm
1 KL Honig
1 TL Senf (Dijonsenf)
Salz

Preiselbeer-Sauerrahm-Soße

ZUTATEN

100 g Sauerrahm
30 g Preiselbeeren
Salz
Kren, frisch gerissen

ZUBEREITUNG

Alle Zutaten mit einem Löffel nur kurz verrühren, damit der Sauerrahm dickcremig bleibt.

Mayonnaise (Grundrezept)

ZUTATEN

2 Eidotter
Salz, weißer Pfeffer
aus der Mühle
1 TL scharfer Senf
(Dijonsenf)
2–3 TL Zitronensaft
oder Essig
ca. 250 ml neutrales
Pflanzenöl

ZUBEREITUNG

In einer Schüssel Eidotter mit Salz, Pfeffer, Zitronensaft sowie Senf mit einem Schneebesen gut verrühren. Öl langsam in schwachem Strahl nach und nach einrühren und dabei kräftig rühren, bis sich die Masse homogen bindet.

VERWENDUNG: als Basis für unterschiedliche Mayonnaisesalate, Cocktailsoße oder Fleischsalate

TIPPS

■ Öl und Eier müssen bei Raumtemperatur verarbeitet werden!
■ Wird die Mayonnaise im Mixer (Stab- oder Turmmixer) zubereitet, so können auch ganze Eier verwendet werden.
■ Je nach weiterer Verwendung kann die Mayonnaise auch mit Essig oder Suppe verdünnt oder überhaupt durch Sauerrahm ersetzt werden.

VARIATIONEN

Sauce Tartare: Mayonnaise mit fein gehackten Gurkerln, Zwiebeln, Petersilie, Kapern, Sardellen und Schnittlauch vermischen.

Rahm-Tartaresoße: Für diese mildere und kalorienärmere Variante der Sauce tartare wird anstelle von Mayonnaise Sauerrahm mit denselben Zutaten vermengt. Schmeckt sehr gut zu gebackenem Käse, Pilzen oder Gemüse sowie zu gebackenem Fleisch oder Fisch.

Schnittlauchsoße: Mayonnaise mit fein geschnittenem Schnittlauch und evtl. Weißbrotbröseln verrühren, mit etwas Suppe verdünnen.

Eiersoße: Mayonnaise mit gekochten, fein gehackten Eiern und reichlich Kräutern vermischen.

Cocktailsoße: 2 Teile Mayonnaise mit 1 Teil Ketchup, frisch geriebenem Kren, Weinbrand, Salz und Pfeffer abschmecken, wobei ein Teil der Mayonnaise (oder auch die ganze) durch Rahm ersetzt werden kann.

WARME BEGLEITSOSSEN

Die warmen Begleitsoßen werden in der traditionellen steirischen Küche meist (mit Butter und Mehl) eingemacht oder (mit Mehl und Öl) eingebrannt. (Näheres zum Thema Einmach und Einbrenn lesen Sie im Suppenkapitel auf S. 64 f.) Manche basieren auch auf Brotbindungen. Eine große Rolle spielen in der steirischen Soßenküche immer wieder Kren, Wurzelwerk oder anderes Gemüse. Serviert werden diese Soßen vor allem zu gekochtem und geselchtem Fleisch und Fisch.

Semmelkren
Warme Krensoße

ZUBEREITUNG
Rindsuppe aufkochen, Semmelscheiben zugeben und kurz durchkochen. Mit der Schneerute zu einer etwas dickeren Soße rühren. Ist der Semmelkren zu dick, etwas Suppe zugießen, ist die Masse zu dünn, etwas Semmelwürfel oder Knödelbrot zugeben. Mit frisch geriebenem Kren und Salz würzen.

VERWENDUNG: als klassische Beilage zu Rindfleisch, aber auch zum Gratinieren von Fleischgerichten, wobei man in diesem Fall ein Eidotter und etwas Obers unter den Semmelkren rührt

TIPPS
- Je nach Geschmack kann der Semmelkren durch die Zugabe von Rahm, Schnittlauch und Petersilie auch abgewandelt werden.
- Semmelkren mit Knoblauch verfeinert ergibt Knoblauchkren.
- Anstelle von Semmeln können auch rohe (oder auch bereits gekochte) geschabte, mehlige Erdäpfel in der Suppe gekocht und mit Kren versetzt werden (Erdäpfelkren).

ZUTATEN
5 Semmeln, blättrig geschnitten
500 ml Suppe
(Rind-, Selch- bzw. Gemüsesuppe)
Salz
80 g Kren,
frisch gerieben

Paradeisersoße

1,5 kg Paradeiser,
vollreif, halbiert
80 g Butter oder
Butterschmalz
30 g Zucker
evtl. 80 g Mehl
Salz

ZUBEREITUNG

Paradeiser mit etwas Wasser verkochen und passieren. Butter oder Butterschmalz schmelzen und den Zucker hellgelb karamellisieren. Nach Belieben mit Mehl stauben. Passierte Paradeiser dazugeben und ca. 20 Minuten köcheln lassen. Mit Salz abschmecken.

VERWENDUNG: Passt zu gefülltem Gemüse (gefüllte Paprika etc.) und faschiertem Fleisch.

Gurkensoße

ZUTATEN

100 g Mehl
100 g Butter
1 Zwiebel, fein
geschnitten
1,5 kg Gurken
Dille, Petersilie gehackt
Sauerrahm
Salz

ZUBEREITUNG

Gurken schälen, entkernen, schaben und gut einsalzen. Mehl in heißer Butter anschwitzen und Zwiebel beigeben. Die nicht ausgedrückten Gurken zugeben und gut verkochen. Mit gehackter Dille und Petersilie würzen. Mit Sauerrahm vollenden.

TIPP: Dieses äußerst variable Gemüsesoßen-Rezept lässt sich auch für Kürbis, gekochte Bohnenschoten, Linsen, Bohnen, Erbsen, Karotten und Erdäpfel verwenden. Jedoch muss dann zusätzlich mit ca. 1 l Milch oder Gemüsekochwasser aufgegossen werden.

Schnittlauchsoße

ZUTATEN

40 g Butter
40 g Mehl
500 ml Milch
2 EL Schnittlauch,
fein geschnitten,
Salz, evtl. etwas
weißer Pfeffer aus
der Mühle

ZUBEREITUNG

Mehl in heißer Butter hell anschwitzen. Mit Milch aufgießen, salzen, pfeffern und gut verkochen. Kurz vor dem Servieren Schnittlauch einrühren.

VERWENDUNG: klassische Beilage zu gekochtem Rindfleisch, passt aber auch zu Fisch

TIPP: Anstelle von Schnittlauch können Kerbel, Dille, Sauerampfer, Petersilie oder gemischte Kräuter verwendet werden.

Schwammerlsoße

ZUTATEN

500 g Eierschwammerln
oder Pilze, geputzt,
zerkleinert
60 ml Öl
30 g Mehl
1 Zwiebel, fein
geschnitten
Petersilie, fein
geschnitten
250 ml Sauerrahm
Salz

ZUBEREITUNG

Schwammerln oder Pilze in heißem Öl anrösten. Geschnittene Zwiebel beigeben, mit Petersilie und Salz würzen und weiterdünsten lassen. Sauerrahm mit etwas Mehl sowie wenig Wasser verrühren und unter die Schwammerln mengen. Gerät die Soße zu dicklich, mit Milch oder Suppe verdünnen.

TIPP: Mit dem traditionell dazu servierten Semmelknödel wird diese schmackhafte Soße zum veritablen Hauptgericht.

Erdäpfelsoße

ZUBEREITUNG

Mehl in Schmalz dunkel rösten (Einbrenn), mit Erdäpfelkochwasser aufgießen und durchkochen. Gekochte Erdäpfel sowie Gewürze beifügen und zu einer dicken Soße einkochen. Nach Belieben mit Rahm verfeinern.

ZUTATEN

40 g Schweineschmalz
40 g Mehl
500 ml Milch oder
Gemüsekochwasser
500 g Erdäpfel, gekocht
und gewürfelt
Bohnenkraut oder
Majoran, Petersilie, Salz
Sauerrahm nach
Belieben

Kürbissoße

ZUBEREITUNG

Kürbis schälen, in kleine Würfel schneiden und in leicht gebräunter Butter andünsten. Mit Suppe und Obers aufgießen, mit gemahlenem Kümmel, Dille, Salz sowie wenig Pfeffer abschmecken und ca. 20 Minuten köcheln lassen. Mit dem Mixer pürieren und nach Bedarf abseihen. Kurz vor dem Anrichten nochmals aufmixen, mit ein paar Tropfen Kürbiskernöl abschmecken oder Öl dekorativ darüber träufeln. Zum Schluss mit Dillzweigen und Dille gerösteten Kürbiskernen garnieren.

VERWENDUNG: Kürbissoße schmeckt zu gekochtem Kalb-, Rind- oder Schweinefleisch sowie zu Geflügel, Lamm, Wild und Fisch.
TIPP: Für eine schmackhafte Kürbissuppe gießt man einfach mit mehr Suppe auf.

ZUTATEN

150–200 g Kürbisfleisch
(Muskat-, Brot- oder
Hokkaidokürbis)
2 EL Butter
200 ml Suppe
125 ml Schlagobers
gemahlener Kümmel,
Dille
Salz und wenig Pfeffer
Dillzweige und einige
Tropfen Kernöl
geröstete Kürbiskerne

Lammsugo

ZUBEREITUNG

Geschnittene Zwiebel in heißem Öl kurz andünsten, Gemüse dazugeben und mitdünsten. Paradeisermark sowie pürierte Paradeiser einmengen, kurz durchrühren und mit Suppe aufgießen. Einige Minuten durchkochen lassen. Das rohe Faschierte zügig einrühren und auf kleiner Flamme (oder im Rohr bei etwa 80 °C) mindestens 2 1/2–3 Stunden köcheln lassen. Mit Salz, Pfeffer, Majoran und Knoblauch würzen.

VERWENDUNG: Mit al dente gekochten Nudeln und nach Belieben mit Hartkäse oder Blauschimmelkäse bestreut servieren.

Foto Seite 332

ZUTATEN

400 g Lammfaschiertes,
nicht zu mager, nicht
zu fein faschiert
50 g Paradeisermark
3 Paradeiser, geschält,
püriert (oder aus der
Dose)
250 ml Fleischsuppe
(am besten vom Lamm)
1 Zwiebel, fein
geschnitten
ca. 200 g Wurzelgemüse
(Karotten, Sellerie usw.),
klein gewürfelt oder
grob geraspelt
2 EL Öl
Salz, Pfeffer, Majoran,
Knoblauch

HEISSE BUTTERMISCHUNGEN

Heiße Buttermischungen schmecken hervorragend zu Fisch, Fleisch, Gemüse und Teigwaren. Sie zählen dank ihrer leichten und schnellen Zubereitung sowie der großen Variationsmöglichkeiten zur Grundausstattung der Soßenküche. Dafür wird gebräunte, aufgeschäumte und leicht gesalzene Butter mit verschiedensten Kräutern oder Zutaten wie Thymian, Petersilie, Estragon, Haselnüssen, Mandeln, Knoblauch oder Bröseln u. a. variiert. Beachten Sie bitte, dass Sie alle Zutaten (Fisch oder Fleisch) möglichst gleich in die gut gebräunte Butter geben und sofort mit kalten Butterflocken abkühlen (aufschäumen lassen), da die Butter sonst verbrennt.

Paradeiser-Buttersoße

ZUBEREITUNG

Paradeiser für einige Sekunden in kochendes Wasser tauchen, schälen, entkernen und kleinwürfelig schneiden. (Oder geschälte Paradeiser aus der Dose verwenden.) In heißer Butter andünsten. Mit Salz, einer Prise Zucker und Basilikum würzen und einkochen lassen. Pürieren, abseihen und bei Bedarf bzw. kurz vor dem Anrichten mit kalter Butter aufmixen (montieren). Mit Basilikum, Kerbel oder Estragon abschmecken.

VERWENDUNG: Passt vor allem zu Fisch und Fleisch sowie zu Gemüse- und Nudelgerichten.

VARIATIONEN

Nach demselben Rezept lassen sich Karotten-, Spargel-, Kürbis-, Jungzwiebel- oder Karfiolbutter zubereiten. Fügt man etwas Obers hinzu, so ergibt sich daraus eine cremeartige Soße, die man wiederum mit Suppe zu Gemüsecremesuppe verdünnen kann.

ZUTATEN
3–4 Paradeiser
Butter zum Andünsten
Salz, Prise Zucker
Basilikum, frisch gehackt
kalte Butterstückchen
Basilikum, Kerbel
oder Estragon

Die Steiermark:
Ein „Fressland" für Sanguiniker

Wer die „Skitze von Grätz" im Jahre 1792 tatsächlich verfasst hat, ist bis heute nicht bekannt. Fest steht jedoch, dass der Anonymus von der schlaraffischen Lebensart der Grazer bereits damals tief beeindruckt gewesen sein muss „Steyermark ist allenthalben als ein sogenanntes Fressland bekannt", heißt es in dem Traktat. „Das gute Einkommen der meisten Grätzer, ihr Wohlstand, die Wohlfeilheit der Lebensmittel und ihr fruchtbares Land kann sie, wie ich glaube, doch berechtigen, besser zu leben als andere ... Sie schätzen eine gute fröhliche Mahlzeit, suchen Gesellschaft, speisen gerne an öffentlichen Orten, Sommerszeit in den Gärten der Vorstädte und Winterszeit in den Gasthäusern ... Dieß macht, dass der Fremde glaubt, sie bringen ihre ganze Lebenszeit mit Nichts, als dem lieben Essen und Trinken zu, dabei aber nicht bedenkt, dass sie eben dieß zu guten sanguinischen Leuten macht, die zwar selten zu großen Heldentaten sich emporschwingen, aber sich auch nicht so leicht zu großen Lastern erniedrigen."

*Foto linke Seite:
Lammsugo*

VOM PRÜGELKRAPFEN BIS ZUM KÜRBISKERNPARFAIT

Süßes aus der Grünen Mark

Wie auch anderswo in Europa war Zucker in der Steiermark bis zu Beginn des 19. Jahrhunderts ein Luxusprodukt, das nur dem Hochadel und den Besitzern internationaler Handelshäuser zur Verfügung stand. Das Ausgangsprodukt war nämlich ausschließlich Zuckerrohr, das aus Übersee importiert werden musste und entsprechend horrende Preise erzielte. Das änderte sich erst nach Sigismund Marggrafs Erkenntnis, dass die gute alte Runkelrübe durch ein modernes Extraktionsverfahren Zucker in exakt derselben Qualität zu liefern vermag. Zu Beginn des Industriezeitalters wurde Zucker dadurch innerhalb kürzester Zeit zum billigen Volksnahrungsmittel, das das Entstehen einer „süßen Mehlspeisküche" erst wirklich ermöglichte.*

In die immer schon auf „Selbstversorgung" – und daher auf Süßmacher wie (in Milch gelösten) Honig, Beeren, Trockenfrüchte und dextrinierte Getreidestärke – eingestellte Bauernküche fand der „Fremdstoff" Zucker noch viel später Eingang als in die steirischen Bürgerhäuser. Erst nach dem Ersten Weltkrieg fand man auf dem Lande neben dem Salzfass auch eine Zuckerschütte.

Die meisten der bäuerlichen Mehlspeisen wurden daher, außer zu ganz hohen Festtagen, eher schwach oder ganz und gar ungesüßt serviert. Was „zuckericht" oder „schleckericht" war, kennen wir nur aus den Küchen der steirischen Schlösser und Bürgerhäuser. Was Zubereitung und Garung betrifft, unterschied man nach alter steirischer Tradition vor allem zwei Hauptgruppen von Mehlspeisen:

- *in Schmalz gebackene Mehlspeisen und*
- *in Heißluft „über der Glut" und nach der Erfindung des Sparherds im Backrohr gebackene Mehlspeisen.*

Neben diesen beiden Archetypen der steirischen Mehlspeisküche findet man auch kulinarische Seitenstränge von großer Variationsbreite:

- *Koche, Breie, Flecken, Tommerl und gebackene Milchspeisen aus Häfen und Pfanne*
- *Schmalzgebäcke aus Mürb-, Back-, Waffel- und später auch aus Germteig*
- *Strudel (vor allem in Obst- und Gemüseregionen)*
- *Prügelkrapfen, auch Baum- oder Spießkuchen. Diese sind zwar nicht genuin steirisch, erfreuen sich hier aber an höchsten Festtagen trotz oder wegen der Kompliziertheit der Herstellung größter Beliebtheit.*

KLEINE STEIRISCHE BACKSCHULE

Die besten Tricks aus den Backkursen von Sepp Zotter und Willi Haider

Die richtige Backtemperatur

Vorsicht: Die „richtige Backtemperatur" bestimmt nicht Ihr Kochbuch, sondern Ihr Herd! Selbst das exakteste Backbuch kann nicht wissen, welches Baujahr, welche Technologie und welche Temperatursensibilität Ihr Herd hat. Kochbuch-Temperaturen sind daher nur Richtwerte, die Sie selbst auf Ihren Ofen abstimmen müssen. Dazu ein paar Tipps:

- Lernen Sie Ihren Herd genau kennen und achten Sie vor allem darauf, ob er zu bestimmten Tageszeiten oder an bestimmten Wochentagen zu Temperaturschwankungen neigt.
- Arbeiten Sie möglichst ausschließlich mit einem auf Ihre Wunschtemperatur vorgeheizten Backrohr.
- Verringern Sie bei Heiß- bzw. Umluft die im Rezept angegebene Temperatur um ca. 10 Prozent.
- Backen Sie schwere Massen (Sandmassen, Sachermassen) bei 200 °C zirka 10 Min. rasch an und dann bei zirka 160 °C eher langsam fertig.
- Wählen Sie bei leichten Massen (z. B. Biskuitroulade) immer eher eine kürzere Backzeit bei einer höheren Temperatur (bei einer Roulade ca. 5–6 Minuten bei ca. 220 °C). Lassen Sie das Backwerk danach etwa eine Minute ausdampfen und schließlich auf einem bemehlten Brett oder Backtrennpapier auskühlen. Achtung: Trennpapier nicht abziehen, denn so bleibt die Feuchtigkeit in der Roulade gespeichert, wodurch sie auch in kaltem Zustand elastisch und leicht zu rollen ist.
- Wenn Sie Gugelhupf oder Rehrücken nach dem Backen stürzen, so lassen Sie das Backwerk bitte mit der Form stehen, nachdem diese, ca. 4–5 Minuten nach dem Stürzen, einmal kurz abgehoben wurde. Dadurch verhindert man ein Austrocknen der Mehlspeisen sowie ein Ankleben des Kuchens in der Form.

Der richtige Umgang mit Backrezepten

Nicht jedes Rezept, das interessant klingt, funktioniert auch perfekt. Fehler können sich vor allem beim Abwiegen der Zutaten sowie beim Vergrößern oder Reduzieren von Zutatenmengen einschleichen. Beachten Sie daher unbedingt folgende Tipps:

- Je kleiner die Mengen sind, mit denen Sie arbeiten, desto genauer sollte Ihre Waage sein.
- Vorsicht bei Verdoppeln oder Halbieren von Angaben in den Grundrezepten! Es könnte dadurch unbemerkt zu unerwünschten Rezeptveränderungen mit fatalen Folgen kommen. So ist etwa ein schaumiger Butterabtrieb mit Minimalmengen (z. B. 40 g Butter mit 40 g Zucker) fast unmöglich und sollte daher durch etwas mitgerührtes Mehl ergänzt werden. (Achtung: Butter für Abtrieb bzw. zum Aufschlagen rechtzeitig aus dem Kühlschrank nehmen!)

■ Fertigen Sie zum Glasieren von Torten immer die doppelte Menge der angegebenen Glasurmasse an. Nur so können Sie großzügig und somit gleichmäßig glasieren, allfällige Reste können bequem weiterverwendet oder mit Milch als heiße Schokolade genossen werden.

Die richtige Verwendung von Grundprodukten

Umsicht und Qualitätsbewusstsein bei der Auswahl der Backmaterialien ersparen später viel Ärger.

Mehl

■ Bei der *Auswahl des Mehltyps* gilt folgende Faustregel: Verwenden Sie für in Wasser gekochte Mehlspeisen (Nudeln, Nockerln, Knödel) eher griffiges Mehl, für Germteige, Sandmassen und Biskuits eher glattes oder Universalmehl (Farina). Für Feingebäck und Strudelteige sollten Sie stets glattes Mehl verwenden.

■ Achten Sie auf den *Lagerzustand des Mehls:* Je nach Luftfeuchtigkeit wird die Feuchtigkeit des Mehls bis zu 30 % beeinflusst. Beginnen Sie bei der Teigzubereitung daher vorsichtshalber immer mit weniger Flüssigkeit und vertrauen Sie bei der weiteren Flüssigkeitszugabe lieber auf Ihr Gefühl.

■ Lassen Sie *gerührte Mehlteige* wie Palatschinken-, Schmarren- oder Backteige nach dem Anrühren etwa eine Stunde lang stehen und quellen, damit der Teig elastischer wird. Eischnee sollte erst ganz kurz vor dem Zubereiten untergehoben werden.

■ Lassen Sie *Strudel- oder Nudelteige* möglichst über Nacht kühl rasten.

■ Verarbeiten Sie *Nockerl- und Erdäpfelteige* (etwa für Apfelspatzen oder Obstknödel) möglichst gleich.

■ Rühren Sie das Mehl stets in *gesiebtem Zustand* unter die Backmassen, denn dadurch werden das Mehl sowie die Masse luftiger und lockerer. Das Mehl wird bei Teigen (Germ-, Strudel-, Nudelteig) am Beginn angerührt, bei Massen (gerührte und Biskuitmassen) hingegen zunächst zur Verhinderung von Klumpenbildung gesiebt und danach am besten mit einem Kochlöffel am Schluss untergehoben.

■ Bei *Biskuitmassen* kann zum Verfeinern der Masse bis zu 1/3 der Mehlmenge durch Stärke-Mehl ersetzt werden.

Eier

■ Verwenden Sie Eier möglichst *legefrisch,* und zwar kühl gelagert, doch temperieren Sie diese vor der Zubereitung ein wenig.

■ *Frische Eier* erkennen Sie beim Aufschlagen. Der Dotter ist prall gefüllt bzw. schön nach oben gewölbt und lässt sich gut vom Eiklar trennen. Wenn der Dotter bereits verrinnt und das Eiklar wässrig dünn ist, ist Vorsicht geboten. Also bitte Geruchsprobe machen und im Zweifelsfall nicht verwenden!

■ Messen Sie *Volleier* (Klar und Dotter ohne Schale) möglichst nicht nach Stück, sondern nach Gramm oder Milliliter, da der Größenunterschied einzelner Eier das Ergebnis sonst negativ beeinträchtigen kann. Die Schwankungsbreite von Hühnereiern liegt zwischen 40 g und 85 g Gewicht, wodurch sich bei einem Rezept mit 4 Eiern eine Gewichtsverschiebung von 160 g auf 340 g ergeben könnte.

- 1 Ei von durchschnittlich ca. 60–65 g wird folgendermaßen *berechnet:* ca. 40 g Eiklar, ca. 15–20 g Dotter und ca. 5–8 g Schalenanteil. 4 Eier wären demnach ca. 250 g oder knapp 250 ml Flüssigkeit.
- Schlagen Sie das *Eiweiß* für sämtliche Massen nicht zu fest auf. Halbsteifer, schmieriger Schnee kann leichter in die Massen eingerührt werden, wodurch sehr lockere Mehlspeisen hervorgebracht werden.
- Beachten Sie, dass Eiklar gut *eingefroren* und Dotter zumindest teilweise auch durch Öl ersetzt werden kann.
- Verwenden Sie Eidotter in der Mehlspeisküche getrost auch als *Farbgeber:* Je nach Backgut und Backdauer einfach pur oder mit Wasser bzw. Milch verdünnt auf die Oberfläche auftragen.
- Vergessen Sie auch bei süßen Mehlspeisen nicht, dem Ei stets eine *Prise Salz* hinzuzufügen.
- Verschlagen Sie Eier für Panier oder Eierspeise nur kurz, weil Sie dadurch besser eine *„soufflierende" Wirkung* erzielen.

Topfen

Bei der Verwendung von Topfen sollte stets das Verhältnis von Fett- und Wassergehalt beachtet werden. Magertopfen enthält beispielsweise fast 30 % mehr Wasser als Topfen mit 40 % Fettgehalt. Das wirkt sich selbstverständlich auch auf die Konsistenz von Mehlspeisen und Backwaren aus, die mit Topfen zubereitet werden. Bei der Verwendung von Magertopfen beachten Sie also bitte, dass dieser beim Verarbeiten dünner und Topfenknödel oder Topfenfüllungen daher weicher und weniger kompakt werden.

Nüsse

- Wenn Sie sich die Frage stellen, ob Sie lieber mit Haselnüssen oder Walnüssen backen sollen, beachten Sie bitte, dass *Walnüsse fetter als Haselnüsse* sind und die damit hergestellten Kekse am Blech leichter „zerfließen".
- Bei Mandeln, Kürbiskernen und Nüssen gilt die Faustregel: *grob gerieben – weniger Bindung, fein gerieben – mehr Bindung.*
- Achten Sie bei der Herstellung von *Krokant* aus Walnüssen, Haselnüssen, Mandeln oder Kürbiskernen auf ein Nuss-Zucker-Verhältnis von 1:1. Lassen Sie den Kristallzucker in einer heißen Pfanne schmelzen (karamellisieren), bis er goldgelb wird. Rühren Sie dann erst die Nüsse, eventuell grob gehackt, ein und lassen Sie den Krokant auf geöltem Blech oder Backtrennpapier auskühlen und härten.

Zucker

Zucker ist nicht gleich Zucker und jede Sorte verhält sich beim Kochen anders:

- *Kristallzucker* enthält (je nach Lagerung) eine höhere Feuchtigkeit, die vor allem Biskuit- und Souffléemassen lockerer werden lässt.

▪ *Staubzucker* ist trocken und eignet sich am besten für Schneemassen, Schneehaube und Windmassen. (Steht nur Kristallzucker zur Verfügung, so lässt sich daraus notfalls mit Hilfe eines Küchencutters auch Staubzucker herstellen.)

▪ *Rohr- oder Braunzucker* bringt eine Geschmacksverbesserung bei diversen Süßspeisen. Vollzucker eignet sich zwar nicht gut für Teige und Massen, jedoch zum Süßen von Vollwertgerichten.

▪ Selbst hergestellter *Vanillezucker* ist grundsätzlich dem synthetisch hergestellten aus dem Supermarkt vorzuziehen: Einfach ein Schraubglas mit ca. 250 g feinem Kristallzucker und ein bis zwei aufgeschlitzten Vanilleschoten füllen, Tee-Ei mit Reis hinzufügen, zwei Wochen lagern, Vanilleschote(n) und Tee-Ei entfernen und die klein geschnittene(n) Vanilleschote(n) im Küchencutter mit dem Kristallzucker zerkleinern bzw. pulverisieren. Ein halber Esslöffel dieses Vanillezuckers entspricht etwa einem Paket Fertig-Vanillezucker.

Schokolade

▪ Die für die Feinbäckerei unentbehrliche *Tunkmasse (Kuvertüre)* ist ein reines Naturprodukt, das im Wesentlichen aus Kakaobutter, Kakaomasse, Zucker, Vanille und Milchpulver besteht und lichtgeschützt bei ca. 15–20 °C gelagert werden muss. Tunkmasse wird für Massen aus Schokolade (z. B. Sachermasse), Schokolademousse, diverse Cremen, zum Tunken von feinem Gebäck, Teegebäck und vor allem für die Pralinenerzeugung verwendet. Sie ist besonders fein im Geschmack und zart im Schmelz. Tunkmasse muss nur zum Überziehen und Glasieren temperiert werden. Für Kuchen, Massen und Mousse sollte die Temperatur der Tunkmasse etwas über der Körpertemperatur liegen. Sie lässt sich dann leichter verarbeiten. Höher als auf maximal 50 °C darf Tunkmasse niemals erwärmt werden, weil die darin enthaltene Kakaobutter im Gegensatz zu anderen Fetten ein anderes spezifisches Gewicht aufweist, sprich: leichter ist. Bei falscher Temperatur stockt sie zu langsam, sie steigt nach oben und erzeugt beim Abstocken einen grauen Schimmer. Die getunkte Ware wirkt alt, sie hat zwar keine mindere Qualität, aber das Aussehen leidet darunter. Um es ganz richtig zu machen, sollte Tunkmasse zunächst über Wasserdampf vorsichtig auf ca. 45–50 °C, am besten im Backrohr oder Mikrowellenherd, erwärmt werden, dann durch Zugabe von geriebener Kuvertüre und durch ständiges Rühren (ohne Wasserbad) auf 31 °C abkühlen. Durch diesen Vorgang bekommt die Kuvertüre einen schönen Glanz und die richtige feste Konsistenz. Sollte Tunkmasse für Pralinen oder diverse Überzüge verwendet werden, dürfen auf keinen Fall Wasser oder andere Flüssigkeiten wie Butter, Obers etc. hinzugefügt werden, da die Kuvertüre dadurch sofort stocken oder verklumpen würde.

▪ *Kochschokolade* kann bis zu einer Temperatur von 45 °C verarbeitet werden, verhält sich aber bei der Verarbeitung völlig anders als Tunkmasse, da sie weniger gehärtete Fette enthält. Kochschokolade besteht in den meisten Fällen aus einem geringen Anteil an Kakaobutter, sie weist einen wesentlich höheren Zuckeranteil, Fremdfette, Milchpulver,

Vanille und Kakaomasse auf. Durch den Zusatz von anderen Fetten als Kakaobutter ist die Verarbeitung von Kochschokolade wesentlich einfacher und unkomplizierter, wird aber dafür niemals die Qualität von Tunkmasse erreichen.

■ *Glasurmassen* sind spezielle, bereits vorgefertigte Überzugsschokoladen zum Glasieren von Torten oder anderem Gebäck.

Tipps und Tricks für den Backalltag

■ Nehmen Sie alle Backzutaten rechtzeitig aus dem Kühlschrank, damit sie bis zur Verarbeitung Raumtemperatur erreichen können.

■ Lassen Sie Mürbteig (Linzerteig) bei kühler Raumtemperatur rasten, jedoch nicht im Kühlschrank.

■ Bitte vergessen Sie nicht, bei gezuckerten Teigen stets eine *kleine Prise* Salz zuzufügen.

■ Backen Sie vor allem Kleingebäck immer „auf Sicht" und kontrollieren Sie die Farbe (darf weder zu hell noch zu dunkel sein) sowie durch Druckprobe die Konsistenz der Gebäckstücke (dürfen nicht zu weich und nicht zu fest bzw. trocken sein).

■ Bewahren Sie Kleingebäck sorgfältig sortiert und gut verschlossen in einem kühlen Raum bei ca. 10 °C (möglichst alle Sorten in separaten Dosen) auf. Einzelne Sorten (z. B. Mürbteige) könnten auch tiefgekühlt werden. Brote, Schnitten sollten immer im Ganzen lagern und, um nicht auszutrocknen, erst bei Bedarf aufgeschnitten werden.

■ Beachten Sie, dass viele Kleingebäcksorten erst nach einer Woche Lagerung ihre perfekte Mürbheit und Geschmacksreife erreichen. Kleingebäck lässt sich gewöhnlich bis zu einem Monat problemlos lagern. Gebäckstücke mit Buttercreme oder anderen leicht verderblichen Cremen sollten indessen möglichst schnell verzehrt werden.

Der richtige Umgang mit Backwerkzeug

Backbleche und Backformen

■ Achten Sie beim ersten Backversuch mit einem neuen Ofen stets auf die Größe von Backform oder Backblech, da es immer wieder, vor allem bei Backblechen, *Größenunterschiede* gibt. Die zu verwendenden Mengen für Biskuitteige oder Blechkuchen müssen daher möglicherweise auf das neue Backblech angepasst werden.

■ Probieren Sie auch bei ausgeborgten oder aus einem Vorgängerofen stammenden Blechen noch vor dem Befüllen, ob sie auch tatsächlich in Ihren Ofen passen.

■ Die Rezepte in diesem Buch sind durchwegs auf Bleche mit einer *Backfläche von ca. 30 x 40 cm* ausgelegt. Größe bzw. Durchmesser von Tortenformen sind bei den Rezepten angegeben.

■ Bei Backformen werden *Antihaft-Formen* zusehends beliebter. Diese haben den Vorteil, dass Backgut kaum noch anklebt und nahezu fettfrei gebacken werden kann. Gerade damit ist aber auch ein Nachteil verbunden: Bestimmte Bäckereien wie z. B. Gugelhupf, Potitze oder Reindling verlieren dadurch ihre fein-knusprige Außenschicht. Wer also den herrlich knusprigen Rand trotzdem will, sollte auch bei Antihaft-Backformen nicht an Fett zum Ausstreichen sparen.

Schneebesen

Die beste Möglichkeit, kompakten Eischnee oder festes Schlagobers zu erhalten, ist allem Küchen-High-Tech zum Trotz immer noch ein dichter Handschneebesen. Für Butterabtriebe oder Biskuitmassen sowie zum Einrühren von Schnee oder Obers in schwere Massen sind freilich Gummispatel, Handmixer oder Rührbesen (mit weniger dichtem Drahtgeflecht) vorzuziehen. Für süße Soßen und dünne Cremen hat sich ein Soßenquirl mit einer flach am Boden aufliegenden Spirale am besten bewährt

Die richtige Stimmung zum Backen

Alle backtechnischen Tipps nützen nichts, wenn die beiden wichtigsten Ingredienzien fehlen – und die heißen nun einmal Freude und Zeit. Beide sind wesentliche Voraussetzungen für ein gelungenes und schmackhaftes Endprodukt. Ärger und Stress sind hingegen zwei Zutaten, die man unter allen Umständen aus der Backstube verbannen sollte!

TEIGE UND MASSEN

Strudelteig

ZUBEREITUNG

Alle Zutaten gut zu einem glatten, geschmeidigen Teig verkneten. Mit Öl einpinseln und in Klarsichtfolie gehüllt am besten über Nacht im Kühlschrank rasten lassen. Den Teig dann rechtzeitig vor der Verarbeitung aus dem Kühlschrank nehmen, damit er nicht zu kalt ist. Nicht mehr kneten!!
Auf einem frei stehenden Tisch ein bemehltes Tuch ausbreiten, den Strudel auflegen und kurz ausrollen. Dann den Teig mit dem Handrücken (ACHTUNG: Ringe und Uhr vorher ablegen!) vorsichtig in Richtung Tischkanten ziehen, bis er hauchdünn geworden ist.
Mit etwas flüssiger Butter bestreichen bzw. beträufeln und die Fülle auf dem ersten Drittel oder maximal der Hälfte der Teigfläche verteilen. Überschüssigen Teig rundum abschneiden, einrollen und zwischendurch mit flüssiger Butter, am Schluss mit Eidotter bestreichen. Dabei Enden gut verschließen. Mit Hilfe des Tuches auf ein mit Butter bestrichenes Blech heben und im Rohr bei 180–200 °C ca. 20–25 Minuten backen.

ZUTATEN
250 g Mehl, glatt
125 ml Wasser, lauwarm
4 cl Öl
1 kl. Ei
Salz
Mehl für die Arbeitsfläche
Öl oder flüssige Butter sowie Eidotter zum Bestreichen

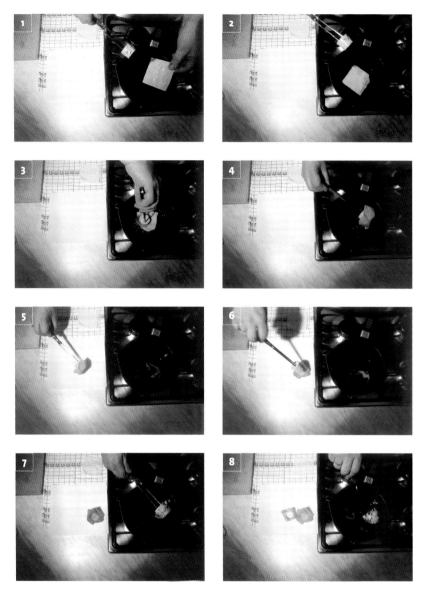

VARIANTE: *Strudeltulpen aus Strudelteigblättern*

Für die sehr dekorativen Strudeltulpen Strudelteig auf einem zartfeuchten Geschirrtuch ausbreiten und in gleichmäßige Quadrate schneiden. Dabei sofort übereinander legen, damit sie nicht austrocknen können. Mit Hilfe eines Holzstößels (od. Fasskorkens von ca. 4–5 cm, auf eine Fleischgabel gespießt) die Strudeltulpen backen. Dazu die Strudelteigquadrate in mittel-heißes Fett halten *(Fotos 1 und 2)* und sofort mit dem Stößel untertauchen *(Foto 3)* und am Topfrand etwas drehen *(Foto 4)*, damit sich die Strudelblät-ter zu einem tulpenähnlichen Gebilde formen können. Das Ausbacken der Strudeltulpen dauert nur etwa 5–10 Sekunden. Anschließend leicht schräg herausheben und auf Küchenpapier abtropfen lassen *(Fotos 5–8)*.

Die Strudeltulpen können 1–2 Tage vorher vorbereitet werden, müssen aber trocken, jedoch nicht zugedeckt gelagert werden.

Erst kurz vor dem Servieren mit diversen Füllungen füllen, damit der knusprige Teig nicht lasch wird. Für dekorative Kletzen-Strudelsackerl werden die Strudelteigblätter in 10 x 10 cm große Quadrate geschnitten.

Brandteig

ZUBEREITUNG
Milch oder Wasser mit Butter und Salz aufkochen lassen. Mehl unter ständigem Rühren mit dem Kochlöffel einkochen und über kleiner Flamme weiterrühren, bis sich die Masse vom Geschirr löst. Vom Feuer nehmen und etwas überkühlen lassen. Die Eier nach und nach einrühren und zu einem glatten Teig durcharbeiten. Noch warm in die gewünschte Form dressieren (Krapferl etc.) und (mit einem Schuss Wasser) bei geschlossenem Rohr bei 190 °C ca. 25 Minuten backen. Überkühlen lassen. Krapferl nach Belieben halbieren und etwa mit Vanille-Oberscreme (s. S. 349) füllen.

ZUTATEN
125 ml Milch
oder Wasser
80 g Butter
80 g Mehl
3 Eier
Salz

Mürbteig

ZUBEREITUNG
Alle Zutaten am besten in der Küchenmaschine rasch zu einem glatten Teig verkneten, diesen zu einem flachen Ziegel formen (lässt sich dadurch später besser rechteckig ausrollen) und mindestens 30 Minuten an einem kühlen Ort rasten lassen. Wird der Teig erst am nächsten Tag verarbeitet, sollte er gut eine Stunde vor dem Verarbeiten aus dem Kühlschrank genommen werden. Nach Belieben auf einem Backtrennpapier ausrollen und bei 180 °C ca. 10 Minuten backen (goldgelb).

TIPPS
- Für Linzerteig werden je nach Wunsch geriebene weiße Mandeln (weißer Linzerteig) oder geröstete, geriebene Haselnüsse oder Mandeln (brauner Linzerteig) zugegeben.
- Dieser Mürbteig wird aufgrund des Mengenverhältnisses seiner Zutaten auch „1-2-3-Teig" genannt.

**ZUTATEN für
2 Mürbteigböden
(Backblechgröße
ca. 40 x 32 cm)**
100 g Zucker (am
besten Staubzucker)
200 g Butter
300 g Mehl, glatt
(Type 700)
Salz, Vanillezucker
geriebene
Zitronenschale

Germteig

ZUBEREITUNG
Germ in etwas lauwarmer Milch auflösen. Etwas Mehl dazurühren, eine Prise Zucker dazugeben und Dampfl an einem warmen Platz rasten lassen, bis sich das Volumen verdoppelt hat. Restliche Milch mit Ei, Eidottern, Salz, Zucker, Rum, geriebener Zitronenschale und Vanillezucker vermengen und mit dem Dampfl sowie dem Mehl locker verrühren. Butter schmelzen, hinzufügen und den Teig zu geschmeidiger, seidig-glatter Konsistenz kneten. Etwa 10 Minuten lang rasten lassen. Je nach Belieben weiterverarbeiten.

TIPP: Auch der bei den Gebackenen Mäusen (s. S. 357) angegebene Germteig lässt sich für andere Rezepte verwenden.

ZUTATEN
500 g Mehl, glatt
200 ml Milch
120 g Butter
1 Päckchen Germ (40 g)
4 Eidotter
1 Ei
60 g Kristallzucker
Prise Salz
1 EL Rum
geriebene Zitronen-
schale, Vanillezucker
Mehl für die
Arbeitsfläche

Topfenteig

200 g grober bzw.
Strudeltopfen,
trocken (40 % Fett i. Tr.)
200 g Butter oder
Margarine, kalt
250–280 g Mehl,
griffig oder Universal
Salz
Zimt, Orangenschale
nach Belieben
Mehl für die
Arbeitsfläche

ZUBEREITUNG

Kalte Butter auf einer Röstireibe grob reiben und mit allen Zutaten rasch (am besten in der Rührmaschine) zu einem Teig kneten. Zu einem flachen Ziegel formen und in Folie verpackt mindestens 1–2 Stunden (am besten jedoch über Nacht) kalt rasten lassen. Auf einer gut bemehlten Arbeitsfläche ausrollen und nach Belieben weiterverarbeiten.

TIPP: Dieser Topfenteig eignet sich auch für pikanten Speck- und/oder Zwiebelkuchen, wobei in den Teig auch Kräuter oder Hartkäse (z. B. Asmonte) eingearbeitet werden können. Der Teig könnte auch mit Pilzen, Gemüse, Fisch oder Geflügel belegt und dann überbacken werden.

Plunderteig

**ZUTATEN für
ca. 35–40 Stk.
Plundergebäck
(Tascherl, Schnecke,
Krone) à 50 g**

750 g kalte Butter
für Ziegel
250 g Milch
75 g Kristallzucker
15 g Salz
2 kl. Eier
750 g Mehl, glatt
(Type 700)
50 g Margarine
100 g Germ
Mehl zum Bestreuen
Ei zum Bestreichen

ZUBEREITUNG

Kalte Butter zerkleinern und mit etwas Mehl in der Küchenmaschine rasch verkneten, zu einem Ziegel formen und bei Raumtemperatur stehen lassen (Fettziegel). Restliche Zutaten zu einem festen Teig verkneten, zu einer Kugel formen, kreuzweise einschneiden und 30 Minuten im Kühlschrank rasten lassen.

Teig kreuzförmig ausrollen, wobei er in der Mitte etwas höher sein soll. Fettziegel in die Mitte legen und mit den vier Teiglappen abwechselnd gut verpacken. Im Kühlschrank wieder rasten lassen. Dann abermals in Kreuzform ausrollen, davor jeweils von Ecke zu Ecke etwas eindrücken, damit sich beim Ausrollen die Butter gut verteilen kann. Den Teig gut bemehlen und gleichmäßig ca. 5 mm dick ausrollen.

Nach dem Abkehren und ausrollen des Teiges erhält dieser je nach Weiterverarbeitung und Wunsch verschiedene Touren:

- 12 (3 x 4)
  eine einfache Tour (dreifach), rasten, ausrollen
  eine doppelte Tour (vierfach) , rasten, ausrollen

- 16 (4 x 4)
  eine doppelte (4), rasten, ausrollen
  eine doppelte (4), rasten, ausrollen

- oder 36 Touren (3 x 4 = 12 x 3 = 36)
  eine einfache (3), rasten, ausrollen
  eine doppelte (4), rasten, ausrollen
  eine einfache (3), rasten, ausrollen.
  Dazwischen ca. 1/2 Std. kühl rasten lassen.

Teig ausrollen, in beliebige Formen schneiden, füllen und gut verschließen. Mit Ei bestreichen und im vorgeheizten Rohr bei 190 °C ca. 20–25 Minuten backen.

TIPP: Plunderteiggebäck kann gefüllt und dann tiefgekühlt werden. Vor dem Backen 2–3 Stunden auftauen und gehen lassen (oder im Kühlschrank über Nacht auftauen). Vorschläge zum Füllen finden Sie ab S. 349.

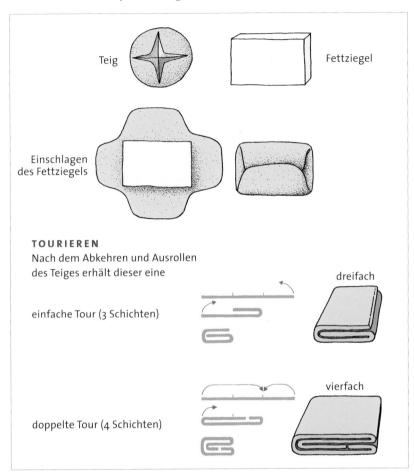

Teig

Fettziegel

Einschlagen des Fettziegels

TOURIEREN
Nach dem Abkehren und Ausrollen des Teiges erhält dieser eine

einfache Tour (3 Schichten)

dreifach

doppelte Tour (4 Schichten)

vierfach

Blätterteig

ZUBEREITUNG
Mehl, Salz, Rum oder Essig, Wasser und etwas Butter zu einem glatten Teig verkneten. Butter und Ziehfett verkneten, Mehl einstauben und zu einem Ziegel formen, gut kühlen, in Grundteig einschlagen und ausrollen.
Nach dem Abkehren und Ausrollen des Teiges erhält dieser:
- eine einfache Tour (dreifach), rasten, ausrollen
- eine doppelte Tour (vierfach), rasten, ausrollen
- eine einfache Tour, rasten, ausrollen
- eine doppelte Tour.
Dazwischen jeweils ca. 1/2 Std. kühl rasten lassen.
Somit entstehen die 144 Schichten des Blätterteigs:
(3 x 4 = 12 x 3 =36 x 4 = 144 Touren)
Dann nach Belieben weiterverwenden.

ZUTATEN
500 g Mehl, glatt
5 g Salz
70 ml Rum oder Essig
200 ml Wasser und
etwas Butter
250 g Butter
250 g Ziehfett
50 g Mehl für den Ziegel

Germteig

ZUTATEN

500 g Mehl, glatt
200 ml Milch
120 g Butter
1 Paket Germ (40 g)
4 Eidotter
1 Ei
60 g Kristallzucker
Prise Salz
1 EL Rum
geriebene Zitronen-
schale, Vanillezucker
Mehl für die
Arbeitsfläche

ZUBEREITUNG

Germ in etwas lauwarmer Milch auflösen. Etwas Mehl dazurühren, eine Prise Zucker dazugeben und Dampfl an einem warmen Platz rasten lassen, bis sich das Volumen verdoppelt hat. Restliche Milch mit Ei, Eidottern, Salz, Zucker, Rum, geriebener Zitronenschale und Vanillezucker vermengen und mit dem Dampfl sowie dem Mehl locker verrühren. Butter schmelzen, hinzufügen und den Teig zu geschmeidiger, seidig-glatter Konsistenz kneten. Etwa 10 Minuten lang rasten lassen. Je nach Belieben weiter verarbeiten.

TIPP: Auch der bei den Gebackenen Mäusen (s. S. 357) angegebene Germteig lässt sich für andere Rezepte verwenden.

Biskuit

ZUTATEN

**für 4 Backbleche
od. 2 Torten**

8–9 (500 ml) Eier
200 g Staubzucker
Vanillezucker, Salz
geriebene Zitronenschale
160 g Mehl, glatt
160 g Stärkemehl
(Maizena)
100 g flüssiges
Butterschmalz oder Öl
Mehl oder Zucker
zum Bestreuen

ZUBEREITUNG

Eier mit Zucker, Vanillezucker, Salz sowie Zitronenschale schaumig rühren. Mehl und Stärkemehl versieben und locker einrühren. Zuletzt Butterschmalz oder Öl unterheben.

Auf ein mit Backtrennpapier ausgelegtes Backblech streichen und im vorgeheizten Rohr bei 220 °C ca. 5–6 Minuten rasch backen (Torte ca. 10 Minuten bei 200 °C und ca. 40 Minuten bei 160 °C backen).

Nach dem Herausnehmen sofort mit wenig Mehl oder Zucker bestreuen. Ein zweites Backtrennpapier auflegen und sofort, d. h. noch heiß stürzen. Biskuit zwischen dem Backpapier auskühlen lassen, damit es nicht austrocknet. Je nach weiterer Verwendung füllen und rollen.

Schokobiskuit

ZUTATEN

für 2 Backbleche

5 Eier
100 g Zucker
80 g Mehl, glatt
15 g Kakao
Salz, Vanillezucker
Mehl oder Zucker
zum Bestreuen

ZUBEREITUNG

Eier mit Zucker, Vanillezucker und Salz schaumig rühren. Mehl mit Kakao versieben und locker unter die Eiermasse heben. Auf ein mit Backtrennpapier ausgelegtes Backblech streichen und im vorgeheizten Rohr bei 220 °C ca. 5–6 Minuten rasch backen. Nach dem Herausnehmen sofort mit wenig Mehl oder Zucker bestreuen. Ein zweites Backtrennpapier auflegen und sofort, d. h. noch heiß stürzen. Biskuit zwischen dem Backpapier auskühlen lassen, damit es nicht austrocknet. Je nach weiterer Verwendung füllen und rollen.

Sandmasse

ZUBEREITUNG

Butter mit Staubzucker, Rum, Salz, Vanillezucker und geriebener Zitronenschale schaumig rühren. Eidotter nach und nach einrühren. Mehl und Stärkemehl vermischen, durch ein Sieb sieben und langsam abwechselnd mit der Milch unter den Butterabtrieb rühren. Eiklar mit Kristallzucker zu schmierigem Schnee schlagen und locker unter die Masse heben. Je nach weiterer Verwendung verarbeiten, etwa in eine mit Butter ausgestrichene und mit Mandeln ausgestreute Gugelhupf-Form füllen und ca. 60 Minuten backen.

ZUTATEN
200 g Butter oder Margarine
100 g Staubzucker
1 EL Rum
Salz, Zitronenschale, gerieben
1 Päckchen Vanillezucker
4 Eidotter
4 Eiklar
100 g Kristallzucker
50 g Stärkemehl oder Weizenpuder (Maizena)
200 g Mehl, glatt
8 cl Milch
Butter für die Form

Hippenmasse

ZUBEREITUNG

Alle Zutaten glatt rühren und kühl stellen. Mit Hilfe einer Schablone in beliebiger Form (Herzen, Rechtecke etc.) auf ein gefettetes und gut gekühltes (am besten tiefgekühltes) Backblech streichen und im 200 °C heißen Rohr ca. 4–5 Minuten goldgelb backen. Sofort nach dem Backen, d. h. noch warm in die gewünschte Form bringen (z. B. über einen Kochlöffel biegen etc.). Zu diesem Zweck das Backblech im geöffneten Rohr lassen, die Hippen einzeln vom Blech nehmen und rasch formen.

TIPP: Sehr dekorativ wirken Hippen, wenn ein Teil der Masse vor dem Backen mit Kakao eingefärbt wird.

ZUTATEN
1 Eiklar
50 g Staubzucker
50 g flüssige Butter
50 g Mehl, glatt, gesiebt
Butter für das Backblech

FÜLLCREMEN UND –MASSEN

Vanille-Oberscreme

ZUBEREITUNG

Pudding mit Rum glatt rühren. Gelatine in kaltem Wasser einweichen, gut ausdrücken und über Dampf oder im Mikrowellenherd lauwarm auflösen. In den Pudding gut einrühren. Obers aufschlagen und ebenfalls unter den Pudding heben. Abkühlen lassen und beliebig weiterverwenden.

TIPP: Besonders gut eignet sich diese Creme als Füllcreme für Brandteiggebäck.

ZUTATEN
300 g Vanillepudding
4 cl Rum
2 Blatt Gelatine
250 ml Schlagobers

Williamscreme (Vanillecreme)

ZUTATEN

500 ml Milch
2 Eidotter
Prise Salz
70 g (3 EL) Zucker
20 g Stärkemehl
(Maizena)
1/2 Vanilleschote
4 cl Williamsbrand

ZUBEREITUNG

Etwas kalte Milch mit Maizena, Eidottern sowie Williamsbrand glatt rühren. Restliche Milch mit Zucker, Prise Salz und Vanilleschote aufkochen (von der Vanilleschote das Mark auskratzen und zugeben). Maizena-Dotter-Mischung einrühren, unter ständigem Rühren aufkochen und ca. 3 Minuten kochen lassen. In einem kalten Wasserbad unter ständigem Rühren abkühlen. Nach Belieben weiterverwenden.

TIPP: Die Creme kann auch zum Garnieren verwendet werden, wofür man sie allerdings etwas abrunden sollte, etwa durch Zimt, Schlagobers, einen Schuss Williamsbrand, Fruchtbrand, z. B. Himbeere oder Kirsch, oder Fruchtnektar.

Nussfülle

ZUTATEN

125 ml Milch
150 g Kristallzucker
40 g Margarine
Vanillezucker
geriebene
Zitronenschale
Zimt
2 cl Rum
170 g süße Brösel
350 g geriebene Nüsse,
am besten Wal- und
Haselnüsse je zur
Hälfte gemischt
2 Eiklar

ZUBEREITUNG

Milch mit Zucker, Margarine, Vanillezucker, Zitronenschale und Zimt aufkochen. Rum, süße Brösel und geriebene Nüsse einmengen und etwas durchkochen lassen. Zuletzt das Eiklar einrühren.

VERWENDUNG: zum Füllen etwa von Plunder- oder Blätterteiggebäck

Mohnfülle

ZUTATEN

180 ml Milch
130 g Kristallzucker
Zimt, geriebene
Zitronenschale
Vanillezucker
250 g Mohn, gemahlen
120 g süße Brösel
40 g Rum
80 g Rosinen

ZUBEREITUNG

Milch mit Zucker aufkochen, Aromen, gemahlenen Mohn und süße Brösel zugeben. Zuletzt Rum und Rosinen einrühren.

VERWENDUNG: zum Füllen etwa von Plunder- oder Blätterteiggebäck

Weichselfülle

ZUTATEN

400 g Weichseln, ohne
Kerne (tiefgekühlt)
50 g Zucker
30 g Puddingpulver

ZUBEREITUNG

Puddingpulver mit etwas Wasser anrühren. Weichseln mit Zucker und etwas Wasser aufkochen, Pudding einrühren und kurz durchkochen. Abkühlen lassen.

VERWENDUNG: zum Füllen etwa von Plunder- oder Blätterteiggebäck
TIPP: Bleibt etwas Plunderteigfülle über, so kann sie tiefgekühlt werden.

Topfenfülle

ZUBEREITUNG

Butter mit Ei, Eidotter, Zucker und Geschmackszutaten schaumig rühren. Topfen mit Weizenpuder unterrühren und Rosinen einstreuen.

VERWENDUNG: zum Füllen etwa von Plunder- oder Blätterteiggebäck

SCHMALZ-GEBACKENES

ZUTATEN
80 g Butter
1 Ei
1 Eidotter
150 g Staubzucker
Vanillezucker, Salz
geriebene Zitronenschale
750 g grober Topfen
(20 % Fett i. Tr.)
30 g Weizenpuder
oder Maizena
3 EL Rosinen

Einfache Strauben I

ZUBEREITUNG

Mehl mit Milch, Eiern und einer Prise Salz zu einem eher festeren Backteig verrühren. In einer tiefen Pfanne reichlich Schmalz erhitzen. Masse in einen Spritzsack oder Trichter füllen (zu Beginn Öffnung mit Finger verschließen) und kreis- bzw. spiralenförmig in beliebiger Größe einlaufen lassen. Goldgelb ausbacken, herausheben, mit Küchenkrepp abtupfen und mit Staubzucker bestreuen.

ZUTATEN
300 g Mehl, glatt
250 ml Milch
3 Eier
Salz
Schmalz (oder Öl)
zum Ausbacken
Staubzucker zum
Bestreuen

Perchtstrauben und Kranzlkrapfen

Dank seiner guten Modellierbarkeit ist Straubenteig eine geradezu ideale Basis für Brauchtumsgebäck aller Art. In Steirisch-Laßnitz dienten die Strauben zu Ostern beispielsweise als essbare Nachbildung einer Dornenkrone. In der mittleren Oststeiermark wiederum wurden sie als „gekrauster Nigl" oder „Kranzlkrapfen" in verdünnter Form mit markanten Zacken in Schmalz eingegossen. Und in der Ramsau wurden Strauben und Germstrauben in der auch „Perchtnacht" genannten Dreikönigsnacht (der letzten der Raunächte) mit Honig übergossen, um als „Perchtstrauben" die „Wilde Jagd" einigermaßen gnädig zu stimmen.

Einfache Strauben II (fester Teig)

ZUBEREITUNG

Das Ei trennen. Dotter mit Rahm verrühren, Eiklar steif schlagen und unter die Dotter-Rahmmasse heben. Eine Prise Salz und so viel Mehl einrühren, dass ein etwas festerer Teig entsteht. Den Teig ca. 30 Minuten kühl stellen. Auf einer bemehlten Arbeitsfläche dünn ausrollen und in Streifen schneiden. In einer tiefen Pfanne reichlich Schmalz erhitzen. Strauben im nicht zu heißen Fett goldgelb ausbacken. Herausheben, mit Küchenkrepp abtupfen und mit Staubzucker bestreuen.

ZUTATEN
1 Ei
1 EL Sauerrahm
Mehl nach Bedarf
Salz
Schmalz (oder Öl)
zum Ausbacken
Staubzucker zum
Bestreuen
Mehl für die
Arbeitsfläche

Perchtstrauben

ZUTATEN
750 ml Milch
600 g Mehl, glatt
3 Eier
3 Eidotter
3 EL Zucker
ca. 60 ml Schnaps
oder Most
1 Würfel Germ (40 g)
Prise Salz
Schmalz zum
Ausbacken
Staubzucker
zum Bestreuen

ZUBEREITUNG

Germ mit einer Prise Zucker und etwas lauwarmer Milch anrühren, mit Mehl bestauben und abgedeckt aufgehen lassen (Dampfl), bis sich das Volumen verdoppelt hat. In einem größeren Gefäß Milch mit Mehl, Zucker, Schnaps und Prise Salz verrühren. Dampfl einmengen, Dotter sowie Eier nach und nach einrühren. Germmasse gut abschlagen und zugedeckt ca. 30 Minuten stehen lassen, bis der Teig aufgeht und Blasen wirft.

Masse in einen Trichter füllen (am Beginn mit dem Finger zuhalten) und von der Mitte aus beginnend spiralförmig in mittelheißes Schmalz einlaufen lassen. Dabei mit Hilfe eines Kochlöffels die Spirale zusammendrücken und auch mit ein paar Teigtropfen verbinden, damit die Spirale nicht zerfällt. Beidseitig goldgelb backen, herausheben und auf einem Gitter oder Küchenkrepp abtropfen lassen. Mit Staubzucker bestreuen.

TIPP: In der Obersteiermark werden Perchtstrauben als eigenständiges Mittag- oder Abendessen serviert. Dazu reicht man Honig, kalte Milch, kalten Kaffee, Most oder auch Schnaps.

Gebackene Kürbisblüten

ZUTATEN
16–20 Kürbisblüten
250 g Mehl, glatt
2 Eier
250 ml Milch, Wein
oder Bier
Salz, Staubzucker
Schmalz oder Öl
zum Backen

ZUBEREITUNG

Eier in Dotter und Klar trennen. Dotter mit Mehl, einer Prise Salz und Milch, Wein oder Bier zu einem festen Backteig rühren. Eiklar zu halbfestem Schnee schlagen und unterheben. Teig rasten lassen. Blüten waschen und durch den Teig ziehen. In heißem Schmalz oder Öl kurz herausbacken. Herausheben, abtropfen lassen und mit Staubzucker bestreut servieren.

BEILAGENEMPFEHLUNG: Kompott oder Preiselbeeren
TIPP: Kürbisblüten stehen von Juni bis Ende September zur Verfügung.

Almraungerln

ZUTATEN
300 g Mehl, glatt
100 g Staubzucker
Prise Salz
250 g Butter, kalt
125 g Sauerrahm
Zimt-Staubzucker
zum Wälzen
Mehl für die
Arbeitsfläche
Schmalz oder Öl
zum Ausbacken

ZUBEREITUNG

Mehl mit Staubzucker und Salz vermischen. Kalte Butter grob dazureiben und mit dem Mehl rasch verkneten. Sauerrahm beigeben und rasch zu einem mürbteigähnlichen Teig verarbeiten. Kühl rasten lassen. Auf einem bemehlten Tisch messerrückenstark ausrollen.

Mit kleinen Ausstechern (Raungerlausstecher, ca. 3–5 cm groß) die „Raungerln" in Herzform (oder auch rechteckig) ausstechen. In mittelheißem Schmalz oder Öl (140 °C) goldgelb herausbacken. Herausheben, abtropfen lassen und noch warm in Zimt-Zucker wälzen. Die Raungerln können auch in einer Blechdose einige Zeit aufbewahrt werden.

TIPP: Machen Sie es zur Abwechslung einmal wie die Ennstaler Sennerinnen vor dem Almabtrieb und würzen Sie die Raungerln mit Salz und Anis.

Gebackene Apfelscheiben

ZUBEREITUNG

Äpfel schälen, Kerngehäuse ausstechen und in etwa 1 cm dicke Scheiben schneiden. Mit Zitrone, Zucker und Rum marinieren. Für den Weinteig Eidotter mit Weißwein, Öl, Mehl, einer Prise Salz und Zitronensaft glatt rühren. Eiklar mit Zucker steif schlagen und unterheben. (Der Backteig sollte nicht zu dünnflüssig sein!)

Apfelscheiben mit Hilfe eines Kochlöffelstiels durch den Backteig ziehen und in heißem Schmalz oder Öl goldgelb backen. Dabei die Pfanne etwas rütteln bzw. etwas heißes Fett über die Apfelscheiben gießen, damit sie schön stufflieren. Auf Küchenkrepp abtropfen lassen und mit Zucker bestreut servieren. Der restliche Backteig kann löffelweise ins heiße Fett gegeben und zu Weinteigkrapferln herausgebacken werden.

GARNITUREMPFEHLUNG: Preiselbeeren oder Kompott

TIPPS

■ Gebackene Holler-, Akazien- und Kürbisblüten lassen sich nach demselben Rezept zubereiten.

■ Für Wäschermadl werden anstelle der Äpfel Marillen, für Schlosserbuben Dörrzwetschken verwendet.

■ Für Backteig verwendet man statt Wein Milch, für Bierteig statt Wein Bier.

ZUTATEN für ca. 6 Portionen (24 Scheiben)

4–5 mittelgroße Äpfel (Jonathan, Jonagold)
Zitronensaft
Zucker und Rum
Schmalz oder Öl zum Herausbacken
Staubzucker zum Bestreuen

Für den Weinteig

2 Eidotter
125 ml Weißwein (Welschriesling, Muskateller)
2 EL Öl
150 g Mehl, glatt
Prise Salz und Zitronenschale
2 Eiklar
20 g Zucker

Rosenkrapfen

werden zu Festtagen, Hochzeiten und Buffets serviert

ZUBEREITUNG

Aus den angegebenen Zutaten einen glatten Teig bereiten und 30 Minuten kühl rasten lassen. Auf einer bemehlten Arbeitsfläche messerrückendick auswalken, wieder zusammenschlagen und wieder rasten lassen. Diesen Vorgang noch zweimal wiederholen. Dann dünn ausrollen und zu gleich vielen Scheiben in 3 verschiedenen Größen ausstechen.

Jede Scheibe am Rand fünfmal kurz einschneiden und die größten sowie mittleren Scheiben in der Mitte mit etwas Eiklar betupfen. Nun jeweils die mittlere Scheibe auf die größte Scheibe legen und zuletzt die kleinste Scheibe auflegen. Mit Hilfe eines Kochlöffelstieles in der Mitte kurz eindrücken, so dass ein rosenähnliches Gebilde entsteht, und in nicht zu heißem Schmalz goldgelb herausbacken. Mit Staubzucker bestreuen und kurz vor dem Servieren in der Mitte mit einem Marmeladetupfer garnieren.

TIPP: Aus demselben Teig lassen sich auch Strauben zubereiten (s. auch S. 351). *Foto linke Seite*

ZUTATEN
400 g Mehl, glatt
100 g Butter
6 Eidotter
60 g Kristallzucker
250 g Sauerrahm
1/2 Päckchen Backpulver
Salz, Zitronenschale, gerieben
Schmalz zum Ausbacken
Staubzucker zum Bestreuen
Marmelade
Mehl für die Arbeitsfläche
Eiklar zum Bestreichen

Heiligengeistkrapfen

Das Pfingstgebäck aus dem obersten Ennstal:
leicht, licht und zerbrechlich

ZUBEREITUNG

Aus Dottern, Obers und Mehl einen festen Teig kneten. Zu kleinen Kugerln formen und zu einem großen, papierdünn durchscheinenden Teigblatt auswalken (erfordert einige Mühe). In heißes Butterschmalz legen und sofort mit einer in der Mitte des Teiges senkrecht angesetzten Gabel im Uhrzeigersinn drehen. Dadurch entsteht (mit etwas Phantasie) eine Taube, das Zeichen für den Heiligen Geist.

ZUTATEN
10 Eidotter
500 g Mehl
ca. 60 ml Schlagobers
Salz, Anis nach Belieben
Butterschmalz oder Öl zum Ausbacken

Spagatkrapfen

ZUBEREITUNG

Butter 1–2 Stunden vor Arbeitsbeginn aus dem Kühlschrank nehmen. Mehl mit Butter abbröseln und mit Zucker, geriebener Zitronenschale, Eidotter, Weißwein, Sauerrahm sowie Salz rasch vermengen und etwas rasten lassen. Den Teig etwa 5 mm dick ausrollen und in Rechtecke von ca. 4 x 10 cm schneiden. Fett auf ca. 170 °C erhitzen. Teigrechtecke auf die Spagatkrapfenzange legen, die Zange schließen und den Teig im heißen Fett goldgelb ausbacken. Herausnehmen, abtropfen lassen und die noch warmen, halb bogenförmigen Krapfen mit der Zucker-Zimtmischung bestreuen. Kalt werden lassen und servieren.

TIPP: Wer keine Spagatkrapfenzange besitzt, kann auch jene Methode wählen, der die Krapfen ihren Namen verdanken: Teigstücke einfach mit Spagat auf Blechröhren binden und auf diesen in heißem Fett ausbacken.

ZUTATEN
für ca. 20 Krapfen
500 g Mehl, glatt
250 g Butter
2–3 Eidotter
60 g Staubzucker
4 EL Weißwein
6 EL Sauerrahm
geriebene Zitronenschale
Prise Salz
Schmalz oder Öl zum Ausbacken
Staubzucker und Zimt vermengt zum Bestreuen

Spagatkrapfen

Hasenöhrl'n

ZUBEREITUNG

Die angegebenen Zutaten zu einem Teig verarbeiten. Bei Bedarf die Konsistenz mit Mehl (fester) oder Wasser (weicher) korrigieren. Dann 1 Stunde kühl rasten lassen. Ein Holzbrett bemehlen und den Teig messerrückendick auswalken. In Dreiecke oder Vierecke schneiden und mit einer Gabel mehrfach einstechen. In reichlich sehr heißem Fett kurz auf beiden Seiten goldbraun ausbacken. Dabei sollten sich die Hansenöhrl'n schön aufblähen. In eine Schüssel geben und sofort zudecken, damit sie nicht zusammenfallen.

GARNITUREMPFEHLUNG: Früchte oder Fruchtmus

TIPP: Dieses in Schmalz herausgebackene Gebäck kann entweder als eigenständige Hauptmahlzeit oder als Nachspeise serviert werden, wobei es keineswegs nur süß gereicht werden muss. In der Obersteiermark kannte man die Hasenöhrl'n sogar ausschließlich in ihrer sauren Form, und zwar als typische Mittwoch-Hauptmahlzeit. In manchen Gegenden wurden sie übrigens auch aus Erdäpfelteig zubereitet und pikant mit Sauerkraut gefüllt.

ZUTATEN
VARIANTE I
500 g Mehl, glatt
1 Ei
200 ml mit Wasser vermengte Milch, lauwarm
1 EL Schnaps
5–6 EL Öl
Salz
Schmalz zum
Herausbacken
Mehl für die
Arbeitsfläche

VARIANTE II
150 g Butter
600 g Mehl, glatt
2 Eier
125 g Sauerrahm
1 Stamperl Schnaps
Salz
Schmalz zum
Herausbacken
Mehl für die
Arbeitsfläche

Faschingskrapfen

ZUBEREITUNG

Den Germteig wie beschrieben vorbereiten. Teig zu einer Rolle formen, diese in kleine Teile schneiden und mit der flachen Hand auf der Arbeitsfläche zu kleinen Kugeln schleifen (formen). Teigkugeln auf ein bemehltes Brett legen, mit einem Tuch abdecken und an einem warmen Platz aufgehen lassen. Fett erhitzen. Teigstücke mit der Wölbung nach unten ins Fett legen und zugedeckt ca. 3 Minuten lang backen. Deckel entfernen, Krapfen umdrehen und zu goldgelber Farbe fertig backen. Krapfen herausheben, auf Küchenpapier abtropfen und überkühlen lassen. Marillenmarmelade mit etwas Rum aromatisieren, in den Dressiersack (mit spezieller Krapfentülle) geben und Krapfen damit füllen. Mit Staubzucker bestreuen.

VARIANTE: *Vanillekrapfen*

Für die Vanillefülle die Gelatine in lauwarmem Rum auflösen und unter die Vanillecreme rühren. Abkühlen lassen. Dann geschlagenes Obers unterheben und kalt stellen. Krapfen waagrecht durchschneiden, Masse in den Spritzbeutel füllen und auf die Krapfen dressieren. Oberteil bzw. Deckel aufsetzen und nach Belieben mit Staubzucker bestreuen.

ZUTATEN
für ca. 20 Krapfen
Germteig (s. S. 345)
Schmalz oder Öl zum
Backen
Marillenmarmelade
mit Rum vermengt
zum Füllen
Staubzucker zum
Bestreuen

Für die Vanillefülle
ca. 300 g Vanillecreme
(s. Mürbteigbecherl
S. 402)
250 ml Schlagobers,
geschlagen
4 cl Rum, lauwarm
3–4 Blatt Gelatine,
kurz eingeweicht

Gebackene Mäus'

*Die Germspezialität aus dem Schmalzpfandl, auch als „Nuss'n",
„Schnuraus Berla" oder „Rumpelnudln" bekannt*

ZUBEREITUNG

Aus Germ, etwas lauwarmer Milch und einer Prise Zucker ein Dampfl bereiten und dieses abgedeckt 20 Minuten an einem warmen Ort stehen lassen. Zerlassene Butter, Ei, Salz, Rum, restlichen Zucker und Zitronenschale beifügen und mit Mehl sowie restlicher Milch einen seidig glatten Teig kneten. Dabei mit dem Kochlöffel so lange schlagen, bis der Teig Blasen wirft. Zugedeckt an einem warmen Ort hoch aufgehen lassen. Schmalz erhitzen, Teig löffelweise hineingeben und goldgelb ausbacken. Mit Staubzucker bestreut servieren.

ZUTATEN
300 g Mehl, glatt
20 g Germ
125 ml Milch,
lauwarm
1 Ei
50 g Butter,
zerlassen
Salz
1 EL Rum
50 g Zucker
Zitronenschale
Schmalz oder Öl
zum Herausbacken
Staubzucker
zum Bestreuen

Neunhäutiger Nigl

ZUTATEN

500 g Mehl, glatt
1 l Milch
10 Eidotter
Salz
1 kg Butterschmalz

ZUBEREITUNG

Aus Mehl, Milch, Dottern und Salz einen Schmarrenteig bereiten. Schmalz im Kessel erhitzen. Eine Teigschicht eingießen. Sobald die Masse goldbraun ist, umdrehen und neuen Teig darauf gießen. Diesen Vorgang muss man, zumindest der Überlieferung nach, neunmal wiederholen, bis zuletzt alles verbraucht ist und der Nigl einen halben Schuh Durchmesser hat.

Von Nigln, Schöberln und Nudln

Die kulinarische Geographie ordnet den echten steirischen „Nigl" dem Umkreis der Fischbacher Alpen und einigen Teilen der mittleren Oststeiermark zu, wo man früher fast alles Gebackene, ob es nun aus dem Schmalzpfandl oder aus dem Ofen kam, als Nigl bezeichnete. Einer der urtümlichsten davon ist der so genannte „Neunhäutige Nigl", im Grund ein in Schmalz gebackener Pudding aus Schmarrenteig, der wohl auch deswegen „neunhäutig" hieß, weil er hauptsächlich Schwerstarbeitern mit einer entsprechend „dicken Haut" als Nahrung diente.

Dem Neunhäutigen Nigl verwandt ist die Neunhäutlnudl, die allerdings im obersten Ennstal, etwa in der Gegend von Ramsau und Schladming, zu finden ist. Der Teig entspricht jenem des Neunhäutigen Nigl, die Zubereitung – der Teig soll ursprünglich rund um eine getrocknete Feige aufgetragen worden sein – klingt allerdings fast noch abenteuerlicher. Man taucht einen Kienspan in sehr heißes Butterschmalz, dann in den Teig, dann wiederum in das Schmalz und lässt den Teig anbacken. Diesen Vorgang bis zu neunmal wiederholen und jeweils eine neue Teigschicht über die bereits bestehende backen. Zuletzt streift man den fertig gebackenen Teigzapfen vom Holz ab, füllt ihn mit Honig oder Met und bestreut ihn mit Staubzucker.

In der nordwestlichen Oststeiermark, wo fast alle Schmalzgebäcke Schöberl heißen, findet sich auch der „Neunhäutige" als Schöberl wieder, wird aber mancherorts auch „Häf'n-Nigl" genannt. Der „Häf'n" war übrigens keineswegs ein Häferl, sondern ein veritabler, auf einen Dreifuß gestellter Kessel, der so lange über offenem Feuer blubberte, bis er nach der Erfindung des Sparherds allmählich in dessen „Ofenloch" übersiedelte.

Brioche-Pofesen
Die „Armen Ritter" der Steiermark

ZUBEREITUNG

Semmeln oder Kipferln in etwa 1 cm dicke Scheiben schneiden. Die Hälfte der Scheiben mit Powidl oder Orangenmarmelade bestreichen, mit den unbestrichenen Semmelscheiben zusammensetzen und leicht zusammendrücken. Milch mit Eiern, etwas Zucker, Vanillezucker, Prise Salz, abgeriebener Orangenschale sowie Rum nach Geschmack verrühren. Pofesen einlegen und kurz ziehen lassen. Fett erhitzen, Pofesen beidseitig goldgelb backen, aus dem Fett heben und auf Küchenkrepp abtropfen lassen. Staubzucker mit Zimt vermengen und Pofesen damit bestreuen.

GARNITUREMPFEHLUNG: Rotweinquitten, marinierte Früchte, Erdbeerwürferl mit Erdbeermark, Melonenkugeln mit Melonenmark, Minze oder Melisse

ZUTATEN
2–3 Semmeln oder
Brioche-Kipferln vom
Vortag (oder anderes
Milchgebäck)
80 g Powidl oder
Orangenmarmelade,
mit Marzipan vermischt
(Verhältnis 1:1)
ca. 60 ml Milch
2 Eier
Zucker, Vanillezucker
Prise Salz
Rum, abgeriebene
Orangenschale
Schmalz oder Öl
zum Backen
Zimt, Staubzucker

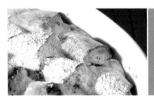

NUDELN, KNÖDEL, NOCKEN UND PALATSCHINKEN

Mohn- oder Nussnudeln

ZUTATEN
300 g mehlige Erdäpfel,
gekocht und heiß
passiert
100 g griffiges Mehl
(Type 480)
30 g Grieß
2 Eidotter
Prise Salz
Mehl für die
Arbeitsfläche
geriebener Mohn
oder Nüsse
Butter zum
Aufschäumen
Staubzucker zum
Bestreuen

ZUBEREITUNG
Alle Zutaten auf einem bemehlten Brett rasch verkneten, zu einer Rolle formen und ca. 30 Minuten zugedeckt rasten lassen. In kleine Stücke teilen, mit der flachen Hand und leichtem Druck zu Nudeln bzw. Schupfnudeln formen. In einem Topf Salzwasser aufkochen und Nudeln darin ca. 10–15 Minuten köcheln lassen. Mit einem Sieb- oder Lochschöpfer vorsichtig aus dem Wasser heben. In einer Pfanne Butter aufschäumen, Nudeln darin schwenken und Nüsse bzw. Mohn zugeben. Durchschwenken und mit Staubzucker bestreuen.

GARNITUREMPFEHLUNG: Kompott oder Zwetschkenröster
TIPP: Aus diesem Teig lassen sich auch Obstknödel herstellen.

Marillen- oder andere Obstknödel

ZUBEREITUNG

Butter mit Dottern schaumig rühren. Topfen, Mehl und eine Prise Salz zugeben und kurz zu einem glatten Teig verrühren. Im Kühlschrank ca. 1 Stunde rasten lassen. In 12 Teile teilen und mit der Hand flach drücken. Marillen vorsichtig entkernen. Nach Belieben mit Marillenbrand beträufelten Würfelzucker statt des Kerns hineingeben. Marillen mit dem Teig umhüllen und in leicht siedendem, gesalzenem Wasser ca. 15 Minuten köcheln lassen. Butter aufschäumen, Brösel einrühren und die abgetropften Knödel darin vorsichtig schwenken. Auf vorgewärmten Tellern anrichten und mit Staubzucker bestreuen.

GARNITUREMPFEHLUNG: Marillenröster oder Fruchtsoßen

TIPPS

■ Obstknödel können auch aus Erdäpfelteig (s. S. 135, Mohnnudeln) zubereitet werden.

■ Statt Marillen können auch Zwetschken oder Erdbeeren mit diesem Topfenteig umhüllt werden.

ZUTATEN

250 g Topfen, grob
(Fett i. Tr. 20 %)
150 g Mehl, griffig
60 g Butter, weich
2 Eidotter
Prise Salz
12 kl. Marillen, reif,
aber nicht zu weich
12 Stk. Würfelzucker,
evtl. mit Marillenbrand
beträufelt
Brösel und Butter
Staubzucker zum
Bestreuen

Topfenknödel

ZUBEREITUNG

Alle Zutaten gut verrühren und Teig im Kühlschrank mindestens 2–3 Stunden rasten lassen. Aus der Masse kleine Knödel formen (evtl. mit Eisportionierer) und in leicht gesalzenem Wasser mit etwas Zucker ca. 15 Minuten köcheln lassen. Herausheben, abtropfen lassen und in Butterbröseln wälzen. Auf vorgewärmten Tellern anrichten und mit Staubzucker bestreuen.

GARNITUREMPFEHLUNG: Hollerröster (s. S. 448), Erdbeer-, Marillen- oder Zwetschkenragout

TIPP: Wird der Topfenteig für Obstknödel verwendet, so müssen noch ca. 2 Esslöffel Mehl oder Grieß zugegeben werden.

ZUTATEN
für ca. 12–16 Knödel
25 g Butter
30 g Staubzucker
Salz, geriebene
Zitronenschale
350 g Topfen, grob und
trocken (40 % Fett i. Tr.)
1 Ei
50 g Grieß
100 g Weißbrotbrösel
(frisches entrindetes
Toastbrot, in der Küchenmaschine gerieben)
Butterbrösel und
Staubzucker zum
Anrichten

Topfennockerln

ZUTATEN

50 g Butter
Prise Salz, Vanillezucker
geriebene Zitronenschale
2 Eidotter
500 g Topfen, grob
(20 % Fett i. Tr.)
2 Eiklar
50 g Kristallzucker
150 g Brösel von
entrindetem frischem
Weißbrot
Staubzucker zum
Bestreuen
Butter und Brösel
zum Wälzen

ZUBEREITUNG

Butter mit Aromen schaumig rühren. Dotter nach und nach einrühren. Topfen zugeben und kurz verrühren. Eiklar mit Zucker nicht zu steif schlagen und in die Topfenmasse einrühren. Weißbrotbrösel zum Schluss leicht einrühren und die Masse ca. 1 Stunde im Kühlschrank durchziehen lassen. In einem Topf Salzwasser aufkochen. Mit Hilfe von 2 Löffeln Nockerln formen und ca. 10–15 Minuten köcheln lassen. Brösel in aufgeschäumter Butter anrösten, Nockerln darin wenden und auf vorgewärmten Tellern anrichten. Mit Staubzucker bestreuen.

GARNITUREMPFEHLUNG: Holler-, Zwetschken- oder Marillenröster (s. S. 447) sowie diverse Fruchtsoßen

Palatschinken

ZUTATEN

für ca. 6 Palatschinken
250 ml Milch
2 Eier
3 EL (80–100 g) Mehl,
glatt
Salz
Butter oder Öl zum
Ausbacken
Marillenmarmelade
zum Füllen
Staubzucker zum
Bestreuen

ZUBEREITUNG

Für den Teig alle Zutaten kurz verrühren und 30–60 Minuten rasten lassen. In einer Pfanne Butter oder Öl erhitzen. Etwas Teig eingießen, goldgelb anbacken, Palatschinke wenden und fertig backen. Warm halten und restliche Palatschinken ebenso backen. Mit Marmelade bestreichen, zusammenrollen oder einschlagen und mit Staubzucker bestreut servieren.

Mostpalatschinken

ZUTATEN

für ca. 12 Palatschinken
250 g Mehl, glatt
250 ml Milch
250 ml Apfelmost
4 Eier
200 g Apfelmus
50 g Nüsse
100 g Dörrzwetschken,
entkernt und in Schnaps
oder Rum eingelegt
Butter oder Butter-
schmalz zum Backen
Zucker zum Bestreuen

ZUBEREITUNG

Aus Mehl, Milch, Most und Eiern einen Palatschinkenteig bereiten. Wie oben beschrieben backen. Nüsse und Dörrzwetschken hacken und mit dem Apfelmus vermischen.
Die Palatschinken füllen und angezuckert servieren.

TIPP: Früher wurde in Gebieten mit Heilquellen und Sauerbrunnen, die damals im Gegensatz zu heute jedermann frei zugänglich waren, anstelle von Most auch Mineralwasser verwendet, weil die Kohlensäure den Teig lockerer machte.

Überbackene Topfenpalatschinken

ZUBEREITUNG

Palatschinken wie beschrieben backen. Für die Fülle Butter mit Zucker schaumig rühren, Eidotter zugeben und kurz weiterrühren. Topfen, Grieß, geriebene Zitronenschale sowie Vanillezucker einmengen. Eiklar nicht zu steif schlagen und mit den Rosinen unterziehen.

Für den Guss Sauerrahm mit Eidottern, Vanillezucker und Rum verquirlen. Obers schlagen und leicht unterziehen. Die Topfenfülle gleichmäßig auf die Palatschinken verteilen, einrollen, halbieren oder dritteln und dachziegelartig in eine mit Butter ausgestrichene Auflaufform legen. Mit dem Guss übergießen und im vorgeheizten Backrohr bei 200 °C ca. 30 Minuten backen. Mit Staubzucker bestreuen.

ZUTATEN
für 4–6 Palatschinken
Palatschinkenteig
(s. S. 362)
Butter für die Form
Staubzucker zum
Bestreuen

Für die Fülle
40 g Butter
60 g Kristallzucker
2 Eidotter
250 g Topfen, grob
(20 % Fett i. Tr.)
1 EL Grieß
geriebene Zitronenschale
50 g Rosinen
Vanillezucker
2 Eiklar

Für den Guss
125 g Sauerrahm
2 Eidotter
1 EL Vanillezucker
2 cl Rum
125 ml Schlagobers

SÜSSE KOCHE, AUFLÄUFE UND SCHMARREN

Hanserlkoch

Eine Festtagsspeise aus dem Joglland

ZUTATEN

750 ml Milch
150 g Mehl, glatt
2 EL Butter
Zitronenschale, gerieben,
nach Belieben auch Anis
2 EL Kristallzucker
Zimt, Vanillezucker
Prise Salz
evtl. Haselnüsse,
gerieben oder gehackt
braune Butter
zum Übergießen
Zimt-Zucker zum
Bestreuen

ZUBEREITUNG

Etwa 500 ml Milch mit Salz, Butter, Zimt, Vanille- und Kristallzucker sowie Zitronenschale und nach Belieben auch Anis aufkochen. Restliche Milch mit Mehl verrühren und unter ständigem Rühren mit einem Kochlöffel in die heiße Milch einmengen. Einige Minuten zu einem dicken Koch bzw. Brei verkochen. Auf vorgewärmten tiefen Tellern anrichten. Mit brauner Butter begießen, mit Zimt-Zucker bestreuen und servieren. Oder das Hanserlkoch erkalten lassen, stürzen und mit Haselnüssen bestreut servieren.

TIPP: Diese Festtagsspeise ist als „Süßes Milchkoch" oder „Gesulzte Milch" auch in anderen Gebieten der Obersteiermark bekannt und – allerdings ohne Zimt, Vanillezucker, Zitrone – mit sehr wenigen Haselnüssen und meist ohne Zucker im ganzen Land verbreitet. Eine ebenfalls recht populäre Variante besteht darin, das Hanserlkoch mit Rosinen oder anderem Dörrobst sowie mit Birnen oder Kirschen und reichlich frischem Rahm zu verfeinern.

Bröselkoch (B'soff'ne Lies'l)

Ein Bröselpudding mit Glühwein aus den Fischbacher Alpen

**ZUTATEN für
10 Portionen**

200 g Staubzucker
150 g Walnüsse, gerieben
50 g Biskuitbrösel oder
Semmelbrosel
4 Eiklar
4 Eidotter
100 g Mehl, glatt
1 lL Vanillezucker
Glühwein, weiß oder rot
Butter für die Form

ZUBEREITUNG

Dotter mit Zucker schaumig rühren, Vanillezucker, Walnüsse und Brösel beifügen. Eiklar zu Schnee schlagen, unter die Masse mengen und zum Schluss das Mehl darunter heben. In eine ausgebutterte Dunstkochform (Gugelhupfform mit Deckel) füllen, diese in ein Wasserbad stellen und (am besten im 180 °C heißen Rohr) ca. 35–45 Minuten garen. Nach dem Auskühlen portionieren, mit weißem oder rotem Glühwein übergießen und servieren.

Schwarzbrotpudding
mit Rotweinschaum

ZUBEREITUNG

Schwarzbrotbrösel mit Rotwein aufquellen lassen. Butter mit Zucker und Dottern schaumig schlagen. Nüsse, Vanillezucker, Orangenschale sowie Zimt zugeben, Brotbrösel dazurühren. Eiklar mit etwas Zucker und einer Prise Salz halbsteif aufschlagen, einen Teil unter die Masse rühren, dann wiederum die Masse unter den restlichen Schnee rühren.

Geeignete Pudding- oder Souffléeförmchen (oder Kaffeetassen, dauert allerdings ca. 20 Min. länger) gut mit küchenwarmer Butter ausstreichen und mit Mehl oder Zucker ausstreuen. Puddingmasse gleichmäßig aufteilen und im heißen Wasserbad im Rohr zugedeckt bei 180–200 °C mind. 40–45 Minuten pochieren (eher länger als kürzer).

Für den Rotweinschaum alle Zutaten in einem Kessel über Dampf (am besten mit dichtem Schneebesen oder Handmixer) gut schaumig aufschlagen. Mit dem Pudding auftragen.

BEILAGENEMPFEHLUNG: Preiselbeeren und Eis

TIPP: Diese Masse kann übrigens schon 2–3 Tage vor dem Backen abgefüllt und auch als großer Pudding, Kuchen oder Torte gebacken bzw. pochiert werden, wobei in diesem Fall 1 Esslöffel Mehl und etwas mehr Brösel nötig sind.

ZUTATEN
für ca. 12 Portionen
150 g Schwarzbrotbrösel
(ersatzweise Lebkuchen-
oder Biskuitbrösel,
Nüsse)
125 ml Rotwein
150 g Butter
150 g Zucker
4 Eidotter
4 Eiklar
50 g Nüsse, gerieben
(am besten Hasel- und
Walnüsse gemischt)
Vanillezucker, Orangen-
schale und Zimt
Salz und Zucker
für den Schnee
Butter und Mehl
für die Formen

**Für den Rotweinschaum
(Chadeau)**
125 ml trockener Rotwein
(am besten 250 ml auf
125 ml eingekocht)
2 Eidotter
1 Ei
2 EL Kristallzucker

Topfenpudding

ZUTATEN

für ca. 10 Portionen

500 g Topfen, trocken
(40 % Fett i. Tr.)
4 Eidotter
4 Eiklar
50 g Kristallzucker
2 EL Sauerrahm
2 EL Mehl, glatt
Salz, Zitronenschale,
Orangenschale
Vanillezucker
Butter und Zucker
für die Formen

ZUBEREITUNG

Topfen mit Dottern, Zucker, Sauerrahm und Mehl schaumig rühren. Mit Salz, Zitronenschale, Orangenschale und etwas Vanillezucker abschmecken. Eiklar mit 2 Prisen Salz und etwas Zucker nicht zu steif aufschlagen und unter die Topfenmasse rühren. Soufflééförmchen mit Butter gut ausstreichen und mit Zucker ausstreuen. Topfenmasse einfüllen und im heißen Wasserbad im vorgeheizten Rohr bei 180–200 °C ca. 40 Minuten pochieren.

BEILAGENEMPFEHLUNG: Holler- oder Zwetschkenröster (s. S. 447 f.) oder Beerenragout

TIPP: Der Pudding, der schon 2–3 Tage vor dem Backen abgefüllt werden kann, kann auch als größere Kasten- bzw. Terrinenform oder Torte gebacken werden.

Scheiterhaufen

ZUTATEN

für ca. 10 Portionen

10 Semmeln (vom
Vortag) oder Milch-
striezel, Briochekipferln
(ca. 500 g)
ca. 750 ml Milch
4 Eier
4 Eidotter
4 Eiklar
160 g Kristallzucker
Prise Salz
ca. 1 kg Äpfel
150 g Rosinen oder
Sultaninen
Rum, Zimt
ca. 30 g Staubzucker
für die Schneehaube
Butter für die Backform

ZUBEREITUNG

Semmeln oder Milchbrot blättrig schneiden. Milch mit Eiern, Eidottern, Zucker und einer Prise Salz verrühren. Ein wenig Wasser mit Rum vermengen und die Rosinen darin einweichen. Äpfel schälen, vierteln und Kerngehäuse entfernen. Äpfel feinblättrig schneiden oder grob raspeln. Eine feuerfeste Backform mit Butter ausstreichen.

Die Äpfel mit Rosinen vermengen, mit Zimt würzen. Semmeln in der Eiermilch gut anfeuchten. Dann abwechselnd Semmel- und Apfelmasse in die Backform schichten und mit der restlichen Eiermilch begießen. Den Scheiterhaufen gut zusammenpressen. Falls die Masse zu wenig saftig ist, etwas Milch nachgießen und mindestens 30 Minuten rasten lassen. Backrohr auf 200 °C vorheizen, den Scheiterhaufen etwa 40 Minuten lang backen und etwas abkühlen lassen. Inzwischen Eiklar mit Staubzucker und Prise Salz zu festem Schnee schlagen. Auf den Scheiterhaufen auftragen und evtl. mit einer Zackenteigkarte verzieren (oder Schnee mit einem Spritzbeutel aufdressieren) und im Rohr kurz goldgelb überbacken (am besten unter der Grillschlange).

BEILAGENEMPFEHLUNG: Kompott oder Apfelmus sowie eventuell Preiselbeeren

Mohr im Hemd

ZUBEREITUNG

Butter mit Zucker schaumig rühren und Dotter langsam einrühren. Nüsse sowie Brösel einmengen. Schokolade schmelzen lassen und ebenfalls einrühren. Eiklar mit etwas Salz und Zucker nicht ganz steif schlagen, einen Teil unter die Schokomasse rühren, dann diese Masse wiederum unter den restlichen Schnee rühren. Passende kleine Formen mit warmer Butter ausstreichen und mit Zucker ausstreuen. Die eher flüssige Masse gleichmäßig einfüllen und im heißen Wasserbad im vorgeheizten Rohr bei 180–200 °C mindestens ca. 40 Minuten pochieren. Für die Schokoladesoße die Kuvertüre langsam im Obers schmelzen lassen, mit Rum aromatisieren und über den Pudding gießen.

GARNITUREMPFEHLUNG: geschlagenes Obers

TIPP: So wie Schwarzbrot- und Topfenpudding kann auch der Mohr im Hemd schon 2–3 Tage vor dem Backen abgefüllt werden und als größere Kasten- bzw. Terrinenform oder Torte gebacken werden.

ZUTATEN
für ca. 12 Portionen
100 g Butter
100 g Kristallzucker
6 Eidotter
100 g Haselnüsse oder
Mandeln, gerieben
2 EL Brösel (30 g)
100 g Schokolade
(Kuvertüre oder
Kochschokolade)
6 Eiklar
Prise Salz und etwas
Zucker für den Schnee
Butter und Zucker
für die Formen

**Für die
Schokoladesoße**
1 Teil Schlagobers
1 Teil Kuvertüre oder
Kochschokolade
etwas Rum

Hirseauflauf

ZUTATEN

150 g Hirsebrein
(ungemahlene Hirse)
60 g Kristallzucker
60 g Butter
2 Eidotter
2 Eiklar
750 ml Milch
evtl. Mandeln
Salz
Butter für die Form

ZUBEREITUNG

Hirse kurz 1–2 Mal mit heißem Wasser überbrühen. Milch aufkochen, Hirse hineingeben, leicht salzen und eventuell fein geschnittene, bittere Mandeln zugeben. Alles weich dünsten und auskühlen lassen. Butter mit Dottern und Zucker zu einem flaumigen Abtrieb rühren. Hirse einmengen, Eiklar zu Schnee schlagen und unterziehen. In eine mit Butter ausgestrichene Form füllen und ca. 40–50 Minuten im Rohr backen.

TIPP: Dieses Grundrezept lässt sich auf vielfältigste Weise verfeinern, etwa mit beigemengten Rosinen, Nüssen, aber auch mit anderem Obst. Übereinander liegende Hirseschichten können auch mit Marmelade gefüllt werden, und die Masse selbst lässt sich durch die Zugabe von Rahm oder 1–2 Eiern noch zusätzlich verfeinern.

Wenn die Hirse im Tegel quillt

Der Hirseauflauf war, am Bauernhof wie im Bürgerhaus, in früheren Zeiten eine recht gebräuchliche Fastenspeise. Noch etwas einfacher und urtümlicher war der so genannte „Tegelbrein", den es überall dort gab, wo Hirse angebaut wurde und ein gemauerter Backofen in der Nähe war. Man bereitete das Gericht in einem „Tegel" – so nannte man eine große, höhere, meist irdene Rein – zu, in den man ausreichend kalte Milch schüttete, bevor man die überbrühte Hirse mit etwas Butter und Rahm hinzufügte und alles zugedeckt im verschlossenen Ofen quellen ließ. Durch das Aufquellen dextrinierte die Hirse ein wenig und wurde ein leicht süßliches, mittägliches Hauptgericht, das, wie die Steirer zu sagen pflegten, „den Magen schloss".

Grießschmarren

ZUTATEN

1 l Milch
150 g Butter
350 g Weizengrieß, grob
100 g Weinbeerln
(Rosinen), eingeweicht
Salz, Zucker
Vanillezucker
Zitronenschale, gerieben
Butter für die Form
Staubzucker zum Bestreuen

ZUBEREITUNG

Milch, Butter, Zucker, Salz, Vanillezucker und Zitronenschale aufkochen. Grieß einrühren, Rosinen beifügen und etwas andünsten lassen. In eine mit Butter gut ausgefettete Pfanne oder Form gießen und im vorgeheizten Rohr bei ca. 200 °C ca. 30 Minuten goldbraun backen, dabei wiederholt wenden bzw. mit zwei Gabeln zerkleinern. Mit Staubzucker bestreut servieren.

BEILAGENEMPFEHLUNG: eingelegte Früchte

Steirischer Kaserschmarren

Wenn man die vielen Legenden kennt, die sich um Kaiser Franz Joseph und „seinen" Kaiserschmarren ranken, so wird man den Geburtsort dieses Gerichts wohl eher in Wien oder allenfalls in Bad Ischl suchen. Es gibt aber auch eine Version, derzufolge der Kaiserschmarren auf einer Alm im Ausseerland entstanden sein soll, wo man dem Kaiser ein „Kaserschmarren" genanntes Pfannengericht aus Milch, Mehl, Eiern und Zucker auftischte. Der in kulinarischer Hinsicht recht bescheidene und volksnahe Monarch aß das Gericht mit viel Freude auf und sagte: „Euer Kaserschmarren ist eines Kaisers wohl würdig" – und der Name Kaiserschmarren war geboren ...

Kaiserschmarren

ZUBEREITUNG

Milch mit Mehl, Dottern, einer Prise Salz, Zucker sowie Vanillezucker verrühren und 10–15 Minuten quellen lassen. Eiklar mit etwas Zucker steif schlagen und locker unter die Grundmasse rühren. Butter in einer Pfanne nicht zu heiß werden lassen. Teig eingießen und, sobald die Masse am Boden zu bräunen beginnt, kurz mit einer Schmarrenschaufel den Bodensatz aufrühren (dadurch wird der Schmarren etwas fester). Mit Kristallzucker bestreuen und anschließend im Backrohr bei 200 °C ca. 15 Minuten backen. Vor dem Umdrehen zum Karamellisieren etwas anzuckern. Mit zwei Gabeln locker zerreißen und angezuckert servieren.

BEILAGENEMPFEHLUNG: Kompott oder Röster (Marillen-, Zwetschken- oder Hollerröster)

ZUTATEN
125 ml Milch
ca. 130 g Mehl, glatt
4 Eidotter
Salz
30 g Kristallzucker
Vanillezucker
4 Eiklar und ca. 50 g Zucker für den Schnee
Butter
Kristallzucker zum Bestreuen

Türkentommerl

ZUTATEN

1 l Milch
250 g Maisgrieß
150 g Kristallzucker
Salz, Vanillezucker,
Zitronensaft
750 g Äpfel (oder
Zwetschken), geschält,
entkernt, zerkleinert
60 g Butterschmalz
100 g Weinbeerln
(Rosinen), vorgeweicht
Butter für die Form
Staubzucker zum
Bestreuen

ZUBEREITUNG

Grieß und Zucker in die kochende, gesalzene Milch einrühren und aufkochen lassen. Eine Pfanne mit Butterschmalz ausstreichen und die Hälfte der Grießmasse darin verteilen. Mit der Hälfte der vorbereiteten Äpfel oder Zwetschken bedecken, zuckern, mit der restlichen Grießmasse bestreichen und restliches Obst mit den geweichten Rosinen darauf verteilen. Im vorgeheizten Rohr ca. 30–40 Minuten backen. Mit Staubzucker bestreuen. In Stücke teilen und servieren.

BEILAGENEMPFEHLUNG: eingelegte Früchte oder Mus

TIPP: Das Türkentommerl kann, ähnlich dem Heiden- und Weizentommerl, auch mit Ei hergestellt werden. Die Grießmasse wird dazu meist 1–2 Finger dick aufgegossen, mit Obst belegt und manchmal mit Rahm und Eiern übergossen.

Die steirische Speiseschaufel

Nicht nur Peter Rosegger hat – etwa bei der Beschreibung eines Neujahrsmahls eines Mürztaler Hammerherrn – recht anschaulich die Tischsitten jener Zeit geschildert, in der Messer und Gabel noch die Ausnahme waren und zumindest die Bauern- und Handwerksknechte im Regelfall durchaus mit einem Holz- oder Hornlöffel ihr Auslangen fanden.

In seinen Ausführungen über das Wesen des Steirers schilderte auch der Biedermeierschriftsteller Johann Vincenz Sonntag unter anderem diese Facette des steirischen Volkscharakters und wandte sich dabei vor allem an seine großbürgerlich-aristokratische weibliche Leserschaft: „Meine Damen! Sie würden sich vergeblich bemühen, auch nur den dritten Teil eines solchen Löffelungeheuers in Ihren küßlichen Mund zu bringen! – Es ist überhaupt bei Handhabung dieser Speiseschaufel eine eigene Kunstfertigkeit nötig. Gerne hätten wir die Geheimnisse dieses Verfahrens den edlen Freunden der Tischfreuden mitgeteilt; aber mit Beschämung müssen wir gestehen, dass wir uns zu schwach fühlen, eine gelungene Schilderung zu liefern!"

Roseggerschöberl

*Worauf sich der „Peterl", wenn er aus der Fremde
in die Waldheimat heimkehrte, besonders freute*

ZUBEREITUNG

Aus den Zutaten einen dickeren Palatschinkenteig anrühren. (Man soll damit in der Pfanne zeichnen können.) Einen Kochtopf mit 1–1,5 l Volumen (früher verwendete man einen „Dreifuß") etwa zu einem Drittel mit Fett (Öl, Schmalz) füllen und sehr heiß werden lassen. Nun etwas Teig mit einem „Schnabelhäferl" spiralenförmig langsam eingießen. Etwas warten und wieder eingießen. Ist die Unterseite goldbraun, umdrehen, fertig garen, stürzen und mit Zucker bestreuen.

BEILAGENEMPFEHLUNG: Preiselbeeren oder Fruchtgelees
TIPP: Wenn man den Teig nur mit Dottern anrührt und das Eiklar als Schnee unterhebt, erhält man einen lockeren Schmarrenteig. In ausreichend Schmalz in eine Pfanne fingerdick eingießen, ins Rohr schieben, wenden und mit 2 Gabeln zerreißen. Anzuckern und mit eingelegten Früchten servieren.

ZUTATEN

200 g Mehl, glatt
125 ml Milch
125 g Sauerrahm
4 Eier
Zucker
Prise Salz
Schmalz oder Öl
zum Backen

Sauerrahmdalken

ZUBEREITUNG

Eidotter mit Sauerrahm, Mehl und einer Prise Salz glatt rühren. Eiklar mit Zucker steif schlagen und in die Grundmasse einrühren. Am besten in einer Dalkenpfanne (oder beschichteten Pfanne) etwas Fett erhitzen und jeweils ca. 1 EL Masse pro Dalke langsam backen, wenden und fertig backen. (Oder nach dem Eingießen in die Pfanne im Rohr fertig backen.) Dalke nach Belieben mit Fülle bestreichen, mit zweiter Dalke belegen und mit Staubzucker bestreut servieren.

TIPP: Diese Masse könnte auch als Rahmschmarren (evtl. mit Beeren gebacken) serviert werden.

Foto Seiten 372/373

ZUTATEN

für ca. 20 Stück
2 Eidotter
100 g Sauerrahm
70 g Mehl, glatt
Prise Salz
2 Eiklar
30 g Zucker,
steif aufschlagen
Schmalz oder Butter
Staubzucker zum
Bestreuen

Zum Füllen
Powidl, Hollerröster,
Orangenmarmelade
oder Preiselbeeren

Nächste Doppelseite: Sauerrahmdalken

SÜSSE STRUDEL

Milchrahmstrudel

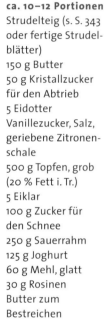

ZUTATEN für ca. 10–12 Portionen

Strudelteig (s. S. 343 oder fertige Strudelblätter)
150 g Butter
50 g Kristallzucker für den Abtrieb
5 Eidotter
Vanillezucker, Salz, geriebene Zitronenschale
500 g Topfen, grob (20 % Fett i. Tr.)
5 Eiklar
100 g Zucker für den Schnee
250 g Sauerrahm
125 g Joghurt
60 g Mehl, glatt
30 g Rosinen
Butter zum Bestreichen

Für den Guss

375 ml Milch
3 Eier
40 g Kristallzucker
Salz, Vanillezucker

ZUBEREITUNG

Butter mit Zucker, Dottern, Vanillezucker, Prise Salz sowie geriebener Zitronenschale schaumig rühren. Topfen mit Sauerrahm und Joghurt unterrühren. Eiklar mit Zucker zu Schnee schlagen und unter die Topfenmasse rühren. Zuletzt das Mehl und die Rosinen vorsichtig einrühren.

Vorbereiteten Strudelteig auf einem bemehlten Tuch ausziehen (s. S. 343) oder Teigblätter auf ein befeuchtetes Tuch legen und mit flüssiger Butter bestreichen. Fülle auf die halbe Teigfläche auftragen, einrollen, nach Belieben teilen und Enden gut verschließen. Mit Hilfe des Strudeltuches in eine passende, ausgebutterte, tiefe Strudelform (Wanne) geben. Nochmals mit Butter bestreichen und im vorgeheizten Rohr bei 200 °C ca. 20 Minuten backen. Rohr auf 170 °C Ober- und Unterhitze schalten (oder nach dem Begießen mit Alufolie abdecken). Den vorbereiteten Guss darüber gießen und noch ca. 45 Minuten fertig backen. Herausnehmen, kurz überkühlen lassen und portionieren. Für den Guss Milch mit Eiern, Kristall- und Vanillezucker sowie einer Prise Salz vermengen.

TIPP: In manchen Gebieten wird der Milchrahmstrudel ohne Topfen zubereitet, dafür wird mehr Sauerrahm verwendet und zusätzlich ca. 300 g würfelig geschnittenes, manchmal auch passiertes Weißbrot bzw. Semmeln dazugegeben.

Der Trick mit der Säge

In einem der vielen Backkurse, die Sepp Zotter in Willi Haiders Kochschule abhielt, erwischte der Meister-Chocolatier einmal für den Milchrahmstrudel eine zu große Bratenpfanne. Fazit: Die mit dem backfertigen Strudel gefüllte Pfanne passte nicht in den Backofen. Allein, Zotter ließ sich nicht unterkriegen, griff zu einer Eisensäge – und sägte die beiden Griffe der Bratpfanne einfach ab. Der Milchrahmstrudel wurde übrigens, wie sich Teilnehmerinnen des Kochkurses bis heute erinnern, ein wahres Gedicht.

Apfel- oder Birnenstrudel

ZUBEREITUNG

Für die Fülle Äpfel (oder Birnen) schälen, entkernen und vierteln. In 5 mm dicke Scheiben schneiden und mit Zimt, Zitronensaft, Rosinen, Rum und wenig Zucker ca. 15 Minuten dünsten. Apfelmasse nach dem Dünsten gut abtropfen und abkühlen lassen.

Vorbereiteten Strudelteig auf einem bemehlten Tuch ausziehen (s. S. 343) oder Teigblätter auf einem befeuchteten Tuch aufbreiten. Die ganze Fläche mit zerlassener Butter bestreichen und die Apfelfülle im ersten Drittel der Teigfläche verteilen. Strudel einrollen und zwischendurch mit flüssiger Butter, am Schluss mit Eidotter bestreichen. Enden gut verschließen. Strudel mit Hilfe des Tuches auf ein mit Butter ausgestrichenes Blech heben. Mit einer Rouladennadel öfters einstechen und im vorgeheizten Rohr bei 200 °C ca. 20–25 Minuten backen. Etwas abkühlen lassen, in schräge Stücke schneiden und lauwarm mit Staubzucker bestreut servieren.

ZUTATEN
Strudelteig (s. S. 343 oder fertige Strudelblätter)
Butter und Eidotter zum Bestreichen
Staubzucker zum Bestreuen
ca. 2 kg Äpfel, eher säuerlich (oder Birnen)
Zimt, Zitronensaft
Rum, etwas Zucker

Kletzenstrudel

ZUBEREITUNG

Für die Fülle alle Früchte kleinwürfelig schneiden und mit Rotwein, etwas Wasser, Rum und Fruchtbrand, z. B. Himbeere oder Kirsch, Orangenschale, Zimt und Vanillezucker am besten über Nacht marinieren. Dann auf kleiner Flamme zugedeckt weich dünsten und nach Belieben mit dem Stabmixer etwas pürieren. Nüsse einrühren und abkühlen lassen.

Vorbereiteten Strudelteig auf einem bemehlten Tuch ausziehen (s. S. 343) oder Teigblätter auf einem befeuchteten Tuch aufbreiten. Die ganze Fläche mit zerlassener Butter bestreichen und die Kletzenfülle in Rollenform auflegen. Strudel straff einrollen und zwischendurch mit flüssiger Butter, am Schluss mit Eidotter bestreichen. Enden verschließen und Strudel mit Hilfe des Tuches in eine mit Butter ausgestrichene Form legen. Im vorgeheizten Rohr bei 180–200 °C ca. 20–25 Minuten backen. Überkühlen lassen und mit Staubzucker bestreuen.

VARIANTE

Für dekorative Kletzen-Strudelsackerl wird der Teig in 10 x 10 cm große Quadrate geschnitten. Die Mitte mit etwas Dotter, der mit flüssiger Butter aufgemixt worden ist, bestreichen und etwas Kletzenfülle auftragen. Strudelteig locker über der Fülle zusammenfalten, leicht zudrücken, mit Ei bestreichen und ca. 15 Minuten backen.

TIPPS

■ Die Zusammensetzung des Dörrobstes kann ganz nach Angebot und Geschmack variiert werden.

■ Werden statt Dörrobst Beeren oder Trauben verwendet, so wird etwas Eischnee auf den Strudelteig gestrichen und dann erst werden die Beeren darauf verteilt.

ZUTATEN
für ca. 10–12 Portionen
Strudelteig (s. S. 343 oder fertige Strudelblätter)
Butter zum Bestreichen
Staubzucker zum Bestreuen
Eidotter zum Bestreichen
150 g Kletzen ohne Stiel (getrocknete Birnen)
150 g Dörrzwetschken ohne Kern
90 g Apfelringe, getrocknet
90 g Feigen, getrocknet
250 ml Rotwein
2 cl Rum
4 cl Fruchtbrand, z. B. Himbeere oder Kirsch
Zimt, Vanillezucker, Orangenschale
50 g Wal- oder Haselnüsse, grob gehackt

Trauben- oder Marillenstrudel

ZUBEREITUNG

Für die Fülle das Eiklar mit etwas Salz und Zucker steif schlagen. Nüsse unterheben. Den vorbereiteten Strudelteig auf einem bemehlten Tuch dünn ausziehen (s. S. 343) oder Teigblätter auf leicht befeuchtetem Tuch aufbreiten. Eine Hälfte mit der Nussmasse bestreichen, Trauben oder Marillen darauf verteilen und den Strudel mit Hilfe des Tuches einrollen. Enden verschließen und auf ein befettetes Backblech heben. Eidotter mit etwas Wasser vermengen und Strudel damit bestreichen. Im 200 °C heißen Rohr ca. 20–25 Minuten goldgelb backen. Noch heiß mit Staubzucker bestreuen. Kurz überkühlen lassen und noch lauwarm servieren.

VARIATIONEN

- Eines der höchsten Festtagsgebäcke der östlichen Steiermark war einst der so genannte „Weinbeerlstrudl", der zwar nach obigem Rezept, aber mit getrockneten Weinbeerln (Rosinen) und viel Rahm und Topfen zubereitet wurde.
- Eine besonders schmackhafte Variation ergibt sich, wenn man den Strudel zuerst mit einer Topfenfülle (Topfen, Eier, Zucker, Rum, Rosinen) dünn, dann mit der Eiweiß-Nussmasse bestreicht, darüber Beeren und Früchte gibt und den Strudel wie beschrieben einrollt und bäckt.
- Die ursprünglich nur in der Ost- und Süd-Oststeiermark beheimateten Strudel verbreiteten sich nach der Einführung des Sparherdes über die gesamte Steiermark und werden dort u. a. mit Kraut, Rüben, Topfen, Rahm, Beeren, Obst, neuerdings auch mit Erdäpfeln und Kürbis gefüllt.

Gleichenberger Strudel
Zweifacher Strudelgenuss: innen Topfen, außen Mohn

ZUBEREITUNG

Für die Masse I Butter, Dotter und Zucker schaumig rühren. Den passierten Topfen dazugeben. Eiklar zu Schnee schlagen und unter die Masse heben. Mit Zitronenschale würzen.

Für die Masse II Mohn mit Zucker in Milch aufkochen und kalt stellen. Äpfel schälen und in 4 mm große Würferl schneiden, mit Rum und Zitronensaft marinieren. Semmelbrösel mit Butter anrösten, überkühlen lassen und unter die Äpfel rühren. Gehackte Nüsse und die erkaltete Mohnmilch dazugeben und gut durchmischen. Vorbereiteten Strudelteig auf einem bemehlten Tuch ausziehen (s. S. 343) oder Teigblätter auf einem befeuchteten Tuch aufbreiten. Die ganze Fläche mit zerlassener Butter bestreichen. Auf einer Teighälfte die Mohnmasse auftragen, auf der anderen die Topfenmasse. Den Strudel so einrollen, dass die Mohnmasse innen und die Topfenmasse außen ist. Enden gut verschließen. Auf ein mit Butter ausgestrichenes Blech legen, mit Butter bestreichen und im vorgeheizten Rohr bei 180 °C 20–30 Minuten goldgelb backen. Überkühlen lassen und mit Staubzucker bestreut servieren.

Foto rechte Seite: Traubenstrudel

OFENGEBÄCKE, KUCHEN UND TORTEN

Brioche-Striezel

ZUTATEN
für ca. 2 Striezel
180–200 ml Milch
30 g Germ
60 g Kristallzucker
3 Eidotter
geriebene Zitronen-
schale, Salz
Vanillezucker
60 g Butter
500 g Mehl, glatt
(Type 700)
2 EL Rum
Mehl für die
Arbeitsfläche
Butter und Mehl
für die Form
verquirltes Ei zum
Bestreichen
evtl. Hagelzucker
zum Bestreuen

ZUBEREITUNG

Etwa 60 ml lauwarme Milch mit zerbröseltem Germ gut verrühren. Einen Teelöffel Zucker sowie 4 Esslöffel Mehl dazugeben und gut verrühren. Das Dampfl mit etwas Mehl bestauben und zugedeckt an einem warmen Ort gehen lassen, bis sich das Volumen verdoppelt hat.

Restliche Milch mit Butter und Kristallzucker auf ca. 40 °C erwärmen. Restliche Zutaten in einen Kessel geben, Milch-Butter-Mischung einrühren und kurz durchkneten. Dampfl dazugeben und zu einem zähen, aber eher weichen Teig abschlagen. Der Teig sollte sich vom Rand der Rührschüssel lösen; ist das nach längerem Abschlagen noch immer nicht der Fall, noch ein wenig Mehl dazugeben. Teig am besten auf ein bemehltes Holzbrett legen, mit Mehl bestauben, mit einem Tuch zudecken und rasten lassen.

Für die beiden Striezel den Teig zuerst in 2 Teile teilen, jeweils rund formen und noch etwas gehen lassen. Anschließend in 8 Teile teilen, zu langen Strängen formen und jeweils vier Stränge zu einem Striezel flechten. Beim Formen der einzelnen Stränge darauf achten, dass sie am Anfang und am Ende etwas dünner als in der Mitte sind, damit der fertige Striezel seine bauchige Form bekommt. Striezel auf ein gebuttertes, bemehltes oder ein mit Backtrennpapier belegtes Blech legen, mit einem Tuch bedecken und an einem 25–30 °C warmen Ort aufgehen lassen. Danach mit versprudeltem Ei bestreichen, eventuell mit Hagelzucker bestreuen und im vorgeheizten Backrohr zuerst bei 200 °C ca. 5 Minuten anbacken und bei 160 °C ca. 20 Minuten fertig backen.

TIPP: Beim Striezelflechten zu Beginn die vier Teigstränge etwa mit einer Flasche beschweren, damit man leichter flechten kann. Dann werden vier Teigstränge in Kreuzform aufgelegt und abwechselnd jeweils 2 Stränge über Kreuz in die ursprüngliche Kreuzform gelegt. Es können auch Rosinen in den Teig gegeben werden, wobei diese erst am Schluss kurz mitgeknetet werden sollten.

Nusspotitze

Dieses Rezept stammt von Frau Gertrude Heiling in Gradenfeld.

ZUBEREITUNG

Aus den angegebenen Zutaten einen Germteig bereiten. An einem warmen Ort zugedeckt gehen lassen. Für die Fülle alle angeführten Zutaten gemeinsam aufkochen und auskühlen lassen. Den Teig nach dem Aufgehen auswalken, mit der Fülle bestreichen, zusammenrollen und in eine gut befettete Potitzenform (bzw. viereckige Bratenwanne) setzen. Nochmals aufgehen lassen. Dann mehrmals mit einer Gabel bis zum Pfannenboden einstechen. Mit Ei bestreichen und im vorgeheizten Backrohr bei 170 °C ca. 45 Minuten backen.

VARIANTE: *Kürbiskernpotitze*

Statt der Nüsse werden 150 g geriebene Kürbiskerne mit 125 ml Milch, 2 EL Honig, 30 g Bröseln, 2 EL Rum, Germ sowie Zimt aufgekocht und wieder abgekühlt. Fülle wie beschrieben auftragen und Teig einrollen.

TIPPS

■ Wenn Sie einen Potitzenteig mit Rosinen, Nuss- oder Mohnfülle schneckenförmig eingerollt in eine gefettete Rein (wie Reindling) oder einen eigenen großen Model einlegen, so wird eine besonders festliche Speise daraus, die man früher auch „Bäck" nannte.

■ Potitzenfüllungen wurden früher vielfach nicht aus den vollfetten Samen, sondern aus gemahlenen Pressständen (Ölkuchen) von Mohn- und Nussöl hergestellt. Sie waren dadurch weniger fett, im Geschmack allerdings intensiver.

ZUTATEN

für den Germteig
500 g Mehl, glatt
20 g Germ
125 ml Milch, lauwarm
60 g Zucker
60 g Butter, lauwarm
2 Eidotter
Salz
Butter zum Ausfetten
Ei zum Bestreichen

Für die Fülle
150 g Nüsse, gerieben
2 EL Brösel
2 EL Honig
2 cl Rum
etwas Milch, Zimt

Potitze, Bagerl, Ofenkater

Das Wörtchen „Bagerl" verhieß in der steirischen Backstube stets Gutes. Bezeichnete es doch nichts anderes als ein im Ofen oder Backrohr zubereitetes Gebäck, das seine Form einem Model verdankte.

Wurden mehrere Bagerl in einem Backvorgang zubereitet, so nannte man diese Köstlichkeit kurzerhand „Bäck".

Ein typisches Bäck war und ist die Potitze, ein Ofengebäck, das, wie in Benditschs Grazer Topographie aus dem Jahre 1808 nachzulesen ist, zu den altsteirischen Festtagsbroten zählte und „ein sehr sehr schmackhaftes Gebäcke nach Art der Widder" war. Zubereitet mit „Nüssen, Mohnsamen und Honig", wurde es „aber mehr in seinem Vaterlande, dem Windischen, als hier genossen". Als „windisch" bezeichnete man die slowenischsprachige Untersteiermark, und das Wörtchen Widder, auch Wider geschrieben, dürfte daher auch nichts mit der gerollten Form eines Widderhorns zu tun haben, sondern entweder auf den alten Berufsstand des „Wieder- oder Gugelhupfbäckers" zurückgehen oder, wie auch die Wörter „Potitze", „Budiza" oder „Putitze", slawischer Herkunft sein. Der Name wird auch mit den slowenischen Wörtern „potivi" für „einwickeln" und „potiti" für „schwitzen" in Verbindung gebracht, und in der Tat erscheint die Potitze in der 1689 erschienenen „Beschreibung des Herzogtums Crain" durch den großen Renaissance-Geographen Johann Weichhard von Valvasor auch als „Schwizbrot", dessen fette Fülle beim Backen aus dem Teig schwitzt.

Zu den „windischen" Gebäcken gehören schließlich auch noch die Poganze, ein flacher Kuchen aus Butterteig, der mit Apfelmus oder anderem Obst gefüllt wurde, sowie die Pogatsche, ein kleiner Brotlaib, den es sowohl in süßer als auch in saurer Ausführung gab. Schließlich muss in diesem Zusammenhang auch noch die Gobanze, auch Gibanze oder Gubanitze genannt, erwähnt werden, eine Rahmstrudelart mit mehreren Füllungen, meist Mohn, Nuss, Topfen und Zwetschkenmus.

In der südlichen Weststeiermark wiederum hießen alle nicht alltäglichen Gebäcke, darunter auch Milchbrote, gefüllte Strudel und Gugelhupfe, schlicht und einfach „Backerl". Und die babylonische Sprachverwirrung unter den feineren Ofengebäcken setzt sich mit den Bezeichnungen „Schober" (Palten/Liesing- und Ennstal), „Reinling" (Grenzlandschaften gegen Kärnten), „Ofensterz" oder „Aufgehender Nigl" (mittlere Oststeiermark) und „Ofennudel" (Murtal) fort. Und die Nordweststeiermark, wo man zum Backen gerne den Stubenofen benutzte, wurde auch zur Heimat des „Ofenkaters", der in der so genannten „Ofendurchsicht" zubereitet wurde, die zur Winterzeit auch der beliebteste Platz von Katze und Kater war.

Weihnachtsstollen

ZUBEREITUNG

Aus lauwarmer Milch, Germ und ca. 280 g Mehl ein Dampfl ansetzen. Butter, Eidotter und Staubzucker schaumig rühren. Dampfl, Buttermischung, Aromen, Rum und restliches Mehl rasch zu einem eher weichen Teig verkneten und 30 Minuten zugedeckt rasten lassen. Für die Marzipanfülle alle Zutaten gut vermengen. Masse halbieren, auf Backtrennpapier zu zwei kleineren Stangen ausrollen und tiefkühlen.

Für die Früchtemischung alle Zutaten vermischen und in den Teig einarbeiten. Kurz durchkneten (ca. 2 Min. mit Maschine) und 30 Minuten rasten lassen. Den Teig halbieren, mit Mehl bestauben, aus den Teigstücken etwa 30 cm lange Stangen formen und kühl rasten lassen. Stangen rechteckig ausrollen, in der Mitte dünner, so dass an den Längsseiten dickere Wülste bleiben. Vorbereitete Marzipanfülle jeweils einlegen und Teig zur typischen Stollenform zusammenschlagen. Auf Backtrennpapier setzen und zugedeckt ca. 20 Minuten gehen lassen.

Im vorgeheizten Backrohr bei 170 °C ca. 50–60 Minuten backen. Den noch warmen Stollen gut mit flüssiger Butter einstreichen und großzügig mit einem Gemisch aus Zucker und Vanillezucker bestreuen.

TIPP: Der Stollen sollte eher kühl verarbeitet werden!

Kletzenbrot

ZUBEREITUNG

Kletzen in Wasser einweichen, alle Früchte sowie Nüsse klein schneiden bzw. hacken, mit Birnenbrand sowie Lebkuchengewürz vermischen und 24 Stunden marinieren. Eier mit Honig ca. 5 Minuten gut schaumig aufschlagen (Masse wird dadurch feinporig) und unter die Früchte rühren. Zuletzt das gesiebte Mehl mit einer Gummispachtel oder einem Kochlöffel einrühren. Aus dieser eher weichen Masse 2 runde oder längliche Brote formen und auf eine mit Backtrennpapier belegte Backform setzen. Mit gut verschlagenem Ei bestreichen, mit Mandeln belegen und im vorgeheizten Backrohr bei 160 °C 60–75 Minuten backen.

HINWEIS: Gut verpackt und kühl gelagert ist dieses oft auch Früchtebrot genannte Kletzenbrot ca. 2–3 Wochen haltbar, kann aber auch tiefgekühlt werden.

ZUTATEN für 2 Stollen
700 g Mehl, glatt,
Farina Type 480 oder 700
60 g Germ
200 ml Milch
250 g Butter
3 Eidotter
100 g Staubzucker
10 g Salz
Zitronenschale,
Vanillezucker, Zimt
2 cl Rum
Mehl für die
Arbeitsfläche
150 g flüssige Butter
zum Bestreichen
180 g Kristall- oder Staubzucker sowie Vanille-
zucker zum Bestreuen

**Für die
Früchtemischung**
150 g Aranzini
240 g Rumrosinen
(Rosinen in Rum mit Was-
ser ca. 1:1 eingeweicht)
80 g Walnüsse, gehackt
(oder gestiftelte
Mandeln)

Für die Marzipanfülle
150 g Rohmarzipan
60 g Aranzini, fasciert
1 Eidotter
etwas Zitronensaft

ZUTATEN für 2 Brote
250 g Kletzen
(getrocknete Birnen)
250 g Rosinen
150 g Feigen
30 g Pignoli
(Pinienkerne)
50 g Walnüsse oder
gestiftelte Mandeln
80 g Aranzini
ca. 1 TL Lebkuchengewürz
125 ml Birnenbrand
3 kl. Eier
130 g Honig
150 g Mehl, glatt, Farina
Type 480 oder 700
1 Ei zum Bestreichen,
Mandeln zum Belegen

Apfelstreuselkuchen

ZUBEREITUNG

Eier mit Zucker und Geschmackszutaten schaumig rühren. Mehl und Stärkemehl versieben, locker einrühren und zuletzt Butterschmalz oder Öl unterheben. In eine passende, mit Backpapier ausgelegte oder mit Butter bestrichene Kuchenform gießen und im vorgeheizten Rohr rasch bei 200 °C backen.

Währenddessen Äpfel schälen, entkernen und in ca. 5 mm dicke Scheiben schneiden. Mit Zimt, Zitronensaft, Rosinen, Rum und wenig Zucker vermengen und weich dünsten. Apfelmasse nach dem Dünsten gut abtropfen lassen.

Für die Streuselmasse alle Zutaten zwischen den Handflächen verreiben und durch einen Nockerlhobel drücken. Locker auf einem Backblech aufstreuen und im vorgeheizten Rohr bei ca. 160 °C goldbraun backen. Noch warm mit einer Teigkarte zerstechen und zerbröseln.

Biskuitfleck, wenn möglich, in einen Kuchenrahmen einlegen, die abgetropften Äpfel darauf verteilen und auskühlen lassen. Den kalten Kuchen mit gebackenem Streusel bestreuen und anzuckern. Rahmen abheben und portionieren.

TIPP: Statt auf Biskuitteig können die Äpfel auch auf einem gebackenen Mürbteigboden verteilt werden, der allerdings vorher mit Marmelade bestrichen werden sollte.

ZUTATEN für
1 Kuchenform
(1/2 tiefes Backblech)
1/2 Masse Biskuitteig
(s. S. 348)
ca. 1 kg Äpfel
Zimt, Zitronensaft, Rum
Rosinen und wenig
Zucker
Staubzucker zum
Bestreuen

Für den Butterstreusel
300 g Mehl
240 g Kristallzucker
240 g Butter
Vanillezucker, Salz, geriebene Zitronenschale

Osterpinze

Der typische, mit einer Schere (ital. pinza) eingeschnittene Osterkuchen

ZUBEREITUNG

Weißwein mit Anis lauwarm ca. 3 Stunden ziehen lassen, abseihen. Aus Germ, lauwarmer Milch, Prise Zucker und etwas Mehl ein Dampfl ansetzen. An einem warmen Ort zugedeckt gehen lassen. Mit den restlichen Zutaten zu einem Germteig verarbeiten und abermals gehen lassen, bis sich sein Volumen deutlich vergrößert hat. Teig zusammenschlagen, abermals gehen lassen und nochmals zusammenschlagen. In beliebig große Stücke teilen und zu Kugeln formen. Auf ein mit Backtrennpapier belegtes Backblech setzen, mit Ei bestreichen und halb gehen lassen. Anschließend mit einer Schere tief einschneiden und dem Teig damit die typische Pinzenform verleihen. Ein zweites Mal bestreichen (aber nicht die Schnittfläche!!) und nochmals gehen lassen. Im vorgeheizten Backrohr bei 160 °C ca. 30–40 Minuten je nach Größe backen.

Foto Seite 385

ZUTATEN für
ca. 10 Stk. à 200 g
5 g Anis, ganz
250 ml Wein
1 kg Mehl, glatt
50 g Germ
150 g Zucker
200 g flüssige Butter
10 g Salz
8 Eidotter
250 ml Milch
Vanillezucker, Zitronensaft
2 Eidotter und
1 ganzes Ei zum
Bestreichen

Linke Seite: Kletzenbrot

Osterbrot

Osterbrot

Dieses Rezept stammt von Willi Haiders Nachbarin, Frau Anni Nager

**ZUTATEN für
2 Laibe oder 2 Striezel
à 1 kg**

500 ml Milch, lauwarm
80 g Germ
120 g Fett (am besten
Schmalz und Margarine
gemischt), lauwarm
120 g Zucker
1 Ei
2 Eidotter
Rum, Zitrone und
etwas Weißwein
1,2 kg Weizenmehl
(Universal)
1,5 KL Salz
1 Ei zum Bestreichen

ZUBEREITUNG

Milch, Germ, Fett, Zucker, Ei, Eidotter und Geschmackszutaten (ohne Salz!) anrühren und stehen lassen, bis sich das Volumen etwas vergrößert hat. Mehl sowie Salz zugeben und zu einem geschmeidigen Teig kneten. Zugedeckt warm stellen und gehen lassen. Erneut durchkneten, Laibe oder Striezel formen und auf ein mit Trennpapier belegtes Backblech legen. Erneut gehen lassen. Mit Ei bestreichen und im vorgeheizten Backrohr bei 180 °C ca. 40 Minuten backen.

TIPP: Für dieses Osterbrot können je nach Belieben auch Rosinen mitverarbeitet werden.

Osterpinze

Heidenkuchen

ZUBEREITUNG

Butter mit Zucker und Eidottern schaumig rühren. Heidenmehl linden, d. h. trocken erwärmen, abkühlen lassen und in den Abtrieb rühren. Eiklar halbsteif schlagen, unterheben und mit Vanillezucker und einer Prise Salz abschmecken. Nach Belieben eine Prise Backpulver einrühren, damit die Masse etwas aufgeht. Eine Form mit Butter ausstreichen, mit Mehl (Heidenmehl) ausstreuen. Masse einfüllen und im vorgeheizten Rohr bei 170 °C ca. 30 Minuten backen. Auf ein Brett stürzen und mit der Form bedeckt abkühlen lassen. In gewünschte Stücke schneiden und mit Staubzucker bestreuen.

TIPP: Nach dem Originalrezept wird der Kuchen lediglich gezuckert. Man kann ihn jedoch auch mit Preiselbeeren oder dunkler Marmelade füllen.

VARIANTE: *Sterztorte*

Die Heidenkuchenmasse in einer Tortenform backen. Mit erwärmter dunkler Marmelade bestreichen, in einen Tortenreifen setzen und mit Sterzflammeri-Masse (s. S. 414) bestreichen.
Glatt streichen und kalt stellen. Aus der Form schneiden und nach Belieben mit Früchten, Schlagobersrosetten oder Schokospänen dekorieren.

Nächste Doppelseite: Mohnkuchen

ZUTATEN
200 g Butter
200 g Zucker
4 Eidotter
280 g Heidenmehl
(Buchweizenmehl)
4 Eiklar
Vanillezucker und
Prise Salz
Butter und (Heiden-)
Mehl für die Form
evtl. Prise Backpulver
Staubzucker zum
Bestreuen

Mohnkuchen

150 g Butter
6 Eidotter
50 g Staubzucker
Vanillezucker, Salz
geriebene Zitronenschale
6 Eiklar
110 g Kristallzucker
200 g Mohn, gemahlen
100 g Nüsse, gerieben
20 g Brösel
Butter und Mehl
für die Form
Staubzucker zum
Bestreuen

ZUBEREITUNG

Butter mit Staubzucker, Salz, Vanillezucker und geriebener Zitronenschale schaumig rühren. Dotter nach und nach unterziehen, so lange rühren, bis die Masse nicht mehr an Volumen zunimmt. Eiklar mit Kristallzucker zu schmierigem Schnee schlagen und vorsichtig unter die Buttermasse rühren. Mohn mit geriebenen Nüssen und Bröseln vermischen, vorsichtig in die Masse einrühren. Eine etwas größere Kastenform mit Butter ausstreichen, mit Mehl ausstreuen und die Masse drei Viertel hoch einfüllen. Dabei an den Rändern etwas hochstreichen. Im vorgeheizten Rohr bei 160 °C 45–60 Minuten (je nach Größe und Form) backen. Auskühlen lassen, mit Zucker besieben und aufschneiden.

TIPP: Diese Mohnmasse kann auch zu einer Mohntorte gebacken werden.

Foto Seiten 386/387

Orangenkuchen

ZUTATEN
80 g Butter
80 g Margarine
140 g Rohmarzipan
4 Eidotter
Salz, Vanillezucker
4 cl Fruchtbrand, z. B.
Himbeere oder Kirsch
30 g Stärkemehl
180 g Orangen-
marmelade
4 Eiklar
90 g Zucker
150 g Mehl
Butter, gehobelte Man-
deln für die Form

ZUBEREITUNG

Butter mit Margarine verkneten und mit dem Mixer schaumig rühren. Rohmarzipan weich kneten und mit den Dottern nach und nach unter die Buttermasse mengen. Vanillezucker und Salz zugeben, schaumig rühren. Stärkemehl versieben und unterheben, zuletzt die Orangenmarmelade und den Fruchtbrand einrühren. Eiklar mit Zucker zu Schnee schlagen und mit dem versiebten Mehl vorsichtig unterheben. Eine Kuchenform mit Butter ausstreichen und mit gehobelten Mandeln ausstreuen. Masse einfüllen und im vorgeheizten Rohr bei 160 °C ca. 45 Minuten backen.

Blechkuchen
Der Lieblingskuchen von Willi Haiders Ehefrau Renate

ZUTATEN
300 g Butter
300 g Staub- oder
Kristallzucker
Vanillezucker, Salz, ge-
riebene Zitronenschale
5–6 Eier
300 g Mehl
1/2 Päckchen Backpulver
Früchte zum Belegen,
evtl. Marillenmarmelade
zum Abglänzen
Staubzucker zum
Bestreuen

ZUBEREITUNG

Die zimmerwarme Butter mit Zucker, Vanillezucker, Salz sowie geriebener Zitronenschale schaumig rühren. Eier nach und nach dazurühren. Das Mehl sieben und langsam mit dem Backpulver einmelieren (locker einmischen). Backblech mit Backtrennpapier auslegen, Masse ca. 2 cm dick aufstreichen und nach Belieben dicht mit Früchten so belegen, dass Haut oder Schale nach unten schauen. Bei 160 °C im vorgeheizten Rohr ca. 35–40 Minuten backen.

Nach Belieben noch warm mit heißer Marillenmarmelade abglänzen (bestreichen). Mit Staubzucker bestreuen.

Apfelblechkuchen

Gugelhupf

ZUBEREITUNG

Die Sandmasse wie beschrieben vorbereiten. Das Öl mit Kakaopulver anrühren. In einer zweiten Schüssel etwa ein Drittel der Masse mit dem Kakao-Öl-Gemisch verrühren. Eine Gugelhupfform mit flüssiger Butter ausstreichen und mit gehobelten Mandeln ausstreuen. Nun mit der hellen Masse zuerst beginnen und abwechselnd mit der Teigkarte helle und dunkle Masse einfüllen. Den Gugelhupf bei 180 °C im vorgeheizten Rohr auf der mittleren Schiene ca. 60 Minuten backen. Herausnehmen, stürzen und noch warm die Form wieder darüber stülpen, damit der Kuchen schön saftig bleibt.

ZUTATEN
Sandmasse s. S. 349
1 EL Öl
1 EL Kakao
Butter und gehobelte
Mandeln für die Form

Z'widere Weiber

Ein altes steirisches Sprichwort lautet: „Beim Wasch'n und beim Bach'n san d'Weibatn zwider." Ob dem so ist, mag jede(r) selbst beurteilen. Fest steht, zumindest nach Willi Haiders Erfahrung: „In die Backkurse sind während der letzten Jahre auch immer mehr Männer gekommen. Und glauben Sie mir, auch die können ganz schön grantig werden, wenn etwas nicht gleich klappt!"

Schilcher-Biskuitroulade

ZUTATEN

Schokobiskuit, gesamte Masse (s. S. 348)
4 Eidotter
140 ml Schilcher (ersatzweise kräftiger Roséwein)
8 Blatt Gelatine
3 cl Zitronensaft
Vanillezucker, Salz
90 g Zucker
450 ml Schlagobers, geschlagen
Beeren nach Belieben zum Bestreuen
Staubzucker zum Bestreuen

ZUBEREITUNG

Aus den angeführten Zutaten wie beschrieben einen Biskuit-Teigfleck backen und auskühlen lassen. Für die Schilchercreme Eidotter über Dampf mit Salz, Vanillezucker, Zucker und Schilcher aufschlagen. Dann vom Wasserdampf nehmen und so lange weiterschlagen, bis die Masse erkaltet ist. Gelatine in kaltem Wasser einweichen, ausdrücken, warm auflösen (im Backrohr, Mikrowellenherd oder mit wenig warmem Wasser) und rasch mit dem Zitronensaft unter die Masse rühren. Zuletzt das geschlagene Obers unterziehen.

Backtrennpapier vom ausgekühlten Biskuitfleck abziehen. Biskuitfleck auflegen und Schilchercreme gleichmäßig darauf verteilen. Beeren darauf streuen und so zum Abstocken kühl stellen. Die Roulade erst dann einrollen, wieder kühl stellen und völlig stocken lassen. Anzuckern und in Scheiben schneiden.

Prügelkrapfen

ZUTATEN

500 ml Milch
500 g Mehl
13–15 Eidoller
13–15 Eiklar
Salz
bei Bedarf Zucker-, Eiweiß- oder Schokoglasur

ZUBEREITUNG

Aus Mehl, Milch, Eidottern und Salz einen Teig rühren. Eiklar zu Schnee schlagen und unterheben. Den konischen Holzprügel in Butterpapier einhüllen und mit Spagat umwickeln.

Auf einem Holzgestell wie einen Braten drehbar befestigen und neben dem offenen Feuer unter ständigem Drehen erhitzen. Eine Schicht Biskuit im Drehen aufgießen und durchbacken. Nächste Schicht aufgießen und auf diese Art Schicht für Schicht darüber backen. Ist der Prügelkrapfen fertig, durch einen Zug am Spagat den im Ganzen verbleibenden Leckerbissen vom Holzprügel lösen. Senkrecht aufgestellt kann er nach Belieben auch glasiert werden.

TIPP: Der klassische Baum- oder Spießkuchen für die höchsten Festtage des Lebens – vor allem für Hochzeiten und Primizen – kann, wie es schon die alten Römer kannten, auch aus Brotteig hergestellt werden. Seit etwa 1700 wird er jedoch aus Biskuitteig ohne Schmalzzusatz über offenem Feuer gebacken.

Baumkuchen aus dem Rohr

ZUBEREITUNG

Marzipan mit Eidottern verkneten oder in der Küchenmaschine glatt rühren. Butter mit Puderzucker, Weizenpuder, Salz, Vanillezucker sowie Zitronenschale schaumig rühren. Marzipanmasse langsam einrühren. Eiklar mit Kristallzucker zu schmierigem Schnee schlagen, unter die Buttermasse mischen. Mehl und Backpulver versieben und vorsichtig unterheben.

Backrohr auf 250 °C Oberhitze gut vorheizen und eine tiefe Wanne mit Backpapier auslegen. Etwas Baumkuchenmasse aufstreichen und ca. 5 Minuten backen, nächste Schicht auftragen und schichtenweise jeweils weitere 5 Minuten backen, bis alles aufgebraucht ist. (Dabei die erste Schicht etwas dicker auftragen.)

ZUTATEN für eine tiefe Bratenpfanne (ca. 37 x 21 cm)

350 g Butter
230 g Marzipan
110 g Weizenpuder oder Maizena
170 g Puder- oder Staubzucker
Salz, Vanillezucker, geriebene Zitronenschale
9 (180 g) Eidotter
7 (280 g) Eiklar
170 g Kristallzucker
140 g Mehl, glatt
15 g Backpulver

Nusstorte

ZUBEREITUNG

Butter mit Staubzucker, Vanillezucker, Zimt, Salz und geriebener Zitronenschale schaumig rühren. Eidotter nach und nach einrühren. Eiklar mit Kristallzucker zu schmierigem Schnee schlagen, locker unter die Masse heben. Haselnüsse mit Bröseln vermengen und ebenfalls locker einrühren. Eine Tortenform mit Backtrennpapier auslegen, Masse einfüllen und im vorgeheizten Rohr bei 170° C ca. 70 Minuten backen. Überkühlen lassen und mit Staubzucker bestreuen.

TIPP: Die Torte schmeckt etwas opulenter, wenn sie außen mit Buttercreme eingestrichen wird.

ZUTATEN

160 g Butter
100 g Staubzucker
9 Eidotter
9 Eiklar
100 g Kristallzucker
200 g Haselnüsse, gerieben
60 g süße Brösel
Vanillezucker, Zimt, Salz, Zitronenschale
Staubzucker zum Bestreuen

Mandel-Mandarinen-Torte

ZUBEREITUNG

Rohmarzipan mit Wasser, Dottern, Salz, Vanillezucker, Zitronenschale sowie Orangenmarmelade schaumig rühren. Eiklar mit Zucker zu schmierigem Schnee schlagen.

Weizenpuder mit Mehl versieben und mit dem Schnee vorsichtig unter die Marzipanmasse heben. Zuletzt das zerlassene Butterschmalz untermischen. Die Mandarinenspalten einstreuen. Eine Tortenform mit Butter ausstreichen, mit Mehl ausstreuen oder mit Backpapier auslegen. Masse einfüllen und bei 200 °C ca. 10 Minuten anbacken, Hitze auf 160 °C reduzieren und noch ca. 40–50 Minuten backen.

ZUTATEN

145 g Rohmarzipan
2 cl Wasser
4 Eidotter
20 g Orangenmarmelade
Salz, Vanillezucker, geriebene Zitronenschale
90 g Eiklar
80 g Zucker
20 g Weizenpuder oder Maizena
55 g Mehl, glatt
25 g Butterschmalz, geschmolzen
140 g Mandarinen-spalten
Butter und Mehl für die Form

Sachertorte

ZUTATEN

130 g Butter
40 g Staubzucker
Vanillezucker, Salz
6 Eidotter
130 g Kuvertüre
(Tunkmasse), leicht
erwärmt
6 Eiklar
180 g Kristallzucker
130 g Mehl, glatt
(Type 700)
Mehl zum Bestauben
Marillenmarmelade

**Für die
Honigschokolade
(Schokoladeglasur)**
250 g Tunkmasse
220 g Schlagobers,
flüssig
50 g Honig

ZUBEREITUNG

Butter mit Staubzucker, Salz und Vanillezucker schaumig rühren. Dotter nach und nach zugeben. Kuvertüre bzw. Tunkmasse erweichen und einrühren. Eiklar mit Kristallzucker zu schmierigem Schnee schlagen und unter die Buttermasse heben. Zuletzt das Mehl vorsichtig unterziehen. Masse in eine mit Backtrennpapier ausgelegte Tortenform geben und im vorgeheizten Rohr zu Beginn bei 200 °C 10 Minuten rasch anbacken, danach bei 170 °C ca. 1 Stunde ausbacken. In der letzten Viertelstunde die Torte evtl. mit Backtrennpapier abdecken, damit sie nicht zu dunkel wird.

Nach dem Backen ca. 10 Minuten auskühlen lassen. Mit Mehl bestauben und stürzen, mit der Form bedeckt auskühlen lassen. Danach Backtrennpapier abziehen. Nach Belieben Torte in der Mitte durchschneiden und mit Marillenmarmelade füllen. Torte rundherum gleich schneiden bzw. mit Hilfe einer Reibe (Krenreibe) die Oberkante der Torte etwas abrunden, damit beim Glasieren die Schokoladeglasur gut abrinnen kann.

Torte auf ein Gitter setzen, passierte Marillenmarmelade etwas einkochen lassen und die Torte rundum damit einstreichen. Vorbereitete Glasur großzügig auf die Tortenmitte gießen und mit Hilfe einer Palette rasch verteilen (dabei rinnt die überschüssige Glasurmasse seitlich ab und überzieht so die Torte gleichmäßig mit Glasur).

Für die Glasur alle Zutaten (am besten im Backrohr oder Mikrowellenherd) auf ca. 45 °C erwärmen. Glatt rühren und je nach Verwendung weiterverarbeiten.

TIPP: Die Torte kann auch mit einer Fertigglasur überzogen werden.

Hopfentorte

ZUTATEN

1 Sachertortenboden
aus der halben Menge
(siehe oben)
100 ml dunkles Bier
2 Eidotter
Vanillezucker, Salz
40 g Roh- oder
Malzzucker
3 Blatt Gelatine,
eingeweicht und
ausgedrückt
200 ml Schlagobers,
geschlagen
Marillenmarmelade
Honigschokolade
(s. Sachertorte oben)

ZUBEREITUNG

Aus der halben Menge wie beschrieben einen Sachertortenboden backen und auskühlen lassen. Eidotter über Dampf mit Roh- oder Malzzucker, dunklem Bier, Vanillezucker und Salz heiß aufschlagen, Gelatine langsam einrühren. Vom Dampf nehmen und so lange rühren, bis die Masse abgekühlt ist. Zuletzt das geschlagene Obers unterziehen.

Den Sacherboden durchschneiden, mit heißer Marmelade bestreichen und wieder zusammensetzen. In einen Tortenring stellen. Hopfencreme einfüllen und tiefkühlen. Aus dem Reifen lösen und mit Honigschokolade glasieren.

GARNITUREMPFEHLUNG: Beeren oder Schokospäne von weißer Schokolade

Heidentorte

ZUBEREITUNG

Butter, Dotter und Zucker schaumig abtreiben. Mehl mit Vanillezucker und Backpulver vermischen und einrühren. Eiklar steif schlagen, unterheben und in eine mit Butter ausgestrichene und mit Mehl ausgestreute Tortenform füllen. Im heißen Rohr bei anfangs 175 °C, später bei 150 °C ca. 45 Minuten backen. Tortenring lösen, noch warm mit Staubzucker bestreuen und in Tortenstücke schneiden.

TIPP: Wer dem Originalrezept nicht ganz getreu folgen möchte, der kann die Torte auch durchschneiden, mit Marmelade füllen und glasieren.

ZUTATEN
200 g Heidenmehl
(Buchweizenmehl)
6 Eidotter
6 Eiklar
300 g Staubzucker
300 g Butter
Vanillezucker
1 EL Backpulver
Butter und Mehl
für die Form
Staubzucker zum
Bestreuen

KONFEKT UND SÜSSES KLEINGEBÄCK

Die meisten der folgenden Rezepte sind für größere Stückzahlen gedacht, da Kleingebäck im bäuerlichen, aber auch im bürgerlichen Haushalt niemals nur für die Kernfamilie, sondern vor allem zum Verschenken an Verwandte, Bekannte, Nachbarn und vor allem auch Nachbarskinder hergestellt wurde.

Karottenkonfekt

ZUBEREITUNG

Karotten fein raspeln. Mit Milch langsam 15–20 Minuten einkochen, Kristallzucker einrühren und ebenfalls einkochen lassen. Butter bei nicht zu starker Hitze köcheln lassen, bis sie klar und leicht bräunlich ist (schmeckt besser), abseihen und dabei die eher braunen Eiweißreste entfernen. Abkühlen lassen, dann in die Karotten-Zuckermasse einrühren und dickflüssig einkochen. Masse in ein kaltes Wasserbad setzen und unter ständigem Rühren abkühlen, bis sie nicht mehr fett bzw. glänzend ist (eventuell etwas kalte Butter einrühren bzw. montieren). Auf einem Backblech (oder Arbeitsplatte) ca. 1 cm dick glatt aufstreichen. Über Nacht im Kühlschrank stehen lassen. In Würfel schneiden oder zu Kugeln formen. Ganz nach Belieben in gehackten Kürbiskernen oder Kokosflocken wälzen.

VARIANTE: *Kürbiskonfekt*
Statt Karotten wird die gleiche Menge Kürbisfleisch (Muskat- oder Hokkaidokürbis) geraspelt und wie hier beschrieben mit Milch, Zucker und geklärter Butter eingekocht.

ZUTATEN
für ca. 60 Stk. à 10 g
250 g Karotten
400 ml Milch (400 g)
140 g Kristallzucker
250 g Butter (oder 200 g
bereits geklärte Butter
oder Butterschmalz)
Kürbiskerne oder
Kokosflocken

Foto Seite 398

Apfelkonfekt

Apfelkonfekt

ZUTATEN
für ca. 80 Stk. à 10 g
ca. 1 kg säuerliche Äpfel
ca. 60 ml Apfelsaft
200 g Kristallzucker,
Schale von 1/2 Zitrone,
gerieben
1 KL Zimt
100 g Biskuitbrösel
(oder Kekse bzw.
Biskotten, gerieben)
150 g Mandeln oder
Haselnüsse, gerieben
2 cl Rum
2 cl Apfelkorn
Biskuitbrösel oder
Zimtzucker zum Wälzen

ZUBEREITUNG
Äpfel nach Belieben schälen und schaben (ergibt ca. 700 g). Mit Apfelsaft, Zucker, Zitronenschale und Zimt langsam dick einkochen. Brösel, Mandeln, Rum und Apfelkorn einrühren und abkühlen lassen. Aus der Masse Kugeln oder kleine Zylinder formen und in Biskuitbröseln oder Zimtzucker wälzen.

TIPPS
■ Anstelle von Äpfeln könnten auch Birnen, Zwetschken oder Marillen (aufkochen, pürieren, abseihen und einkochen) und anderes Obst verwendet werden.
■ Das Apfelkonfekt eignet sich auch gut als Fülle für Blätterteig-, Mürbteig- oder Erdäpfelteigtascherln, aber auch als Füllmasse für Knödel.

Kürbiskernkonfekt

Kürbiskernkonfekt

ZUBEREITUNG

Schokolade (im Wasserbad oder Backrohr) schmelzen. Gehackte Kürbiskerne untermischen und auf einem geölten oder mit Backtrennpapier ausgelegten Backblech aus der Masse kleine Häufchen formen.

TIPP: Ersetzt man einen Teil der Kürbiskerne durch zerkleinertes Popcorn oder Cornflakes, so wird die Konsistenz etwas weicher. Die Kürbiskerne können durch Popcorn bzw. Cornflakes (120 g) auch vollkommen ersetzt werden, ebenso durch Mandelstifte oder grob gehackte Nüsse (350 g).

ZUTATEN
für ca. 70–80 Stk. à 10 g
500 g weiße Schokolade
350 g Kürbiskerne, geröstet und grob gehackt
Öl für das Backblech

Mandel-Rahm-Karamellen

ZUBEREITUNG

In einer Kasserolle Zucker karamellisieren. Mit ca. 125 ml Wasser aufgießen, dabei aber nicht rühren! Dickflüssig einkochen. Butter, Schlagobers sowie Vanillezucker einrühren und wiederum dickflüssig einkochen (auf ca. 110–115 °C). Mandelstifte einmengen und alles etwas abkühlen lassen. Zur Probe etwas Masse auf einen kalten Teller geben; ist der Karamell zu hart, noch etwas Butter und eventuell Obers einrühren. In eine geölte und mit Klarsichtfolie ausgelegte Form (oder kleine Konfektkapseln) gießen und kalt stellen. In gewünschte Formen schneiden.

ZUTATEN
für ca. 50 Stk. à 10 g
300 g Zucker
150–180 g Butter
125 ml Schlagobers
1 EL Vanillezucker
40 g Mandeln, grob gestiftet
Öl für die Form

Karottenkonfekt

Marzipan-Krokant-Kugeln

ZUTATEN
für ca. 30 Stk. à 10 g
250 g Marzipan
80 g Staubzucker
2 cl Alkohol (Rum oder
Fruchtbrand, z. B.
Himbeere oder Kirsch)
Dörrzwetschken oder
-feigen zum Füllen
Orangenmarmelade
zum Wenden
Krokantbrösel zum
Wälzen

Für den Krokant
100 g Kristallzucker
100 g Nüsse, Mandeln
oder Kürbiskerne,
grob gehackt
Öl für das Blech

ZUBEREITUNG

Alle Zutaten gut miteinander verkneten und zu einer Rolle formen. Davon etwa 10 g schwere Taler abschneiden, mit Dörrzwetschken oder -feigen füllen und zu Kugeln formen. Orangenmarmelade erhitzen, die Kugeln darin wenden und anschließend in Krokantbröseln wälzen.

Für den Krokant Kristallzucker in trockener heißer Pfanne karamellisieren, mit grob gehackten Nüssen, Mandeln oder Kürbiskernen verrühren. Masse auf ein geöltes Blech auftragen, flach verteilen und abkühlen bzw. hart werden lassen. Fein schneiden, hacken oder eventuell in der Küchenmaschine zerkleinern.

Rumkugeln

ZUBEREITUNG

Geschmolzene Kuvertüre mit Walnüssen und Staubzucker vermischen. Erst dann Rum einarbeiten (Kuvertüre könnte sonst Klumpen bilden!). Alle Zutaten gut durchkneten und rasten lassen. Aus der Masse kleine Kugeln formen, kurz in Rumwasser tauchen und anschließend in geriebenen Kokosflocken wälzen.

TIPP: Anstelle von Rum können auch andere Spirituosen (Himbeer-, Marillen- oder Kirschbrand) verwendet werden.

ZUTATEN

für ca. 50 Stk. à 10 g
200 g dunkle Kuvertüre oder Kochschokolade, geschmolzen
200 g Walnüsse, gerieben
100 g Staubzucker
4 cl Rum, eventuell etwas Wasser
mit Wasser verdünnter Rum zum Eintauchen
Koksflocken zum Wälzen

Dörrobst-Schokowürfel (Fischerbrot)

ZUBEREITUNG

Die Eier mit Zucker, Vanillezucker und Orangenschale über Dunst dickschaumig aufschlagen (Masse sollte hell sein). In ein kaltes Wasserbad setzen und kalt rühren. Rosinen, Feigen sowie Walnüsse mit Rum und Fruchtbrand, marinieren. Kokosfett mit Kuvertüre schmelzen. Mariniertes Dörrobst mit der Schokomasse verrühren, etwas abkühlen lassen und unter die abgekühlte Eiermasse mengen. Zerkleinerte Kekse einrühren. In eine geölte und mit Klarsichtfolie ausgelegte Form gießen und mindestens 24 Stunden (am besten noch länger) kalt stellen.
Mit einem scharfen Messer in beliebige Stücke bzw. Würfel schneiden.

ZUTATEN

für ca. 60 Stk. à 15 g
2 Eier
100 g Zucker
Vanillezucker und Schale von 1 Orange
100 g Rosinen
100 g Feigen, gehackt
100 g Walnüsse, gehackt
2 cl Rum
2 cl Fruchtbrand, z. B. Himbeere oder Kirsch
125 g Kokosfett (Ceres)
125 g dunkle Kuvertüre oder Kochschokolade, geschmolzen
80 g Kekse (Butterkekse), zerkleinert
Öl für die Form

Rohkost (Dörrobst) mit Schokolade

ZUBEREITUNG

Dörrobst fein hacken und mit Rum oder Fruchtbrand sowie Orangensaft einige Zeit marinieren lassen. Helle und dunkle Kuvertüre mit Öl oder flüssiger Butter schmelzen lassen. Dörrobst untermischen. Aus der Masse mit einem Löffel kleine Häufchen bilden oder zu Kugeln formen.
In Kokosflocken, Cornflakesbröseln, geriebenen Kürbiskernen oder Krokant wälzen.

TIPP: Die Rohkost kann freilich auch mit geschmolzener weißer Schokolade bzw. Kuvertüre vermischt werden.

ZUTATEN

300 g Dörrobst
2 cl Rum oder Fruchtbrand, z. B. Himbeere oder Kirsch
4 cl Orangensaft
50 g helle Kuvertüre oder Vollmilchschokolade
50 g dunkle Kuvertüre oder Kochschokolade
1–2 EL Öl oder flüssige Butter
Kokosflocken, Cornflakesbrösel, geriebene Kürbiskerne oder Krokant zum Wälzen

Karamellisierte Haselnüsse

**ZUTATEN für
ca. 40–45 Stk. à 10 g**
ca. 200 g Haselnüsse
50–70 g Zucker
weiße Schokolade
oder Schokospäne
zum Dekorieren

Zum Glasieren
3 Teile Kuvertüre
1 Teil Butter (Öl
oder Kokosfett)

Karamellisierte Haselnüsse mit Schokolade

ZUBEREITUNG

Die Haselnüsse im vorgeheizten Backrohr bei ca. 150 °C 20 Minuten erhitzen, bis sich die braune Haut zu lösen beginnt. In ein Geschirrtuch geben, zubinden und kräftig aneinander reiben, bis die Schale abgerieben ist bzw. die Nüsse geschält sind. In einer Pfanne Zucker karamellisieren, mit etwas Wasser aufgießen, aber nicht umrühren! Zu leicht sirupartiger Konsistenz einkochen lassen. Haselnüsse darin wenden und jeweils 4–5 Nüsse noch heiß zu einer „Gruppe" zusammenfügen. (Die Pfanne dabei am warmen Herdrand stehen lassen.) Kuvertüre mit Butter schmelzen, Nüsse damit glasieren und kalt stellen. Erkaltete Nüsse mit flüssiger weißer Schokolade oder Schokoladespänen dekorieren.

Hasenöhrln aus Blätterteig

ZUBEREITUNG

Blätterteig dünn ausrollen und in ca. 18 cm breite Streifen schneiden. Mit kurz verschlagenem Eiklar oder erhitzter Marillenmarmelade bestreichen und mit Zimtzucker bestreuen. Einschlagen und in ca. 5 mm breite Streifen schneiden. Auf ein geöltes oder mit Backpapier ausgelegtes Backblech legen und im vorgeheizten Rohr bei 200 °C ca. 12–15 Minuten goldgelb backen. Vom heißen Blech geben und auskühlen lassen.

ZUTATEN

Blätterteig (s. S. 347)
oder fertig
Eiklar oder Marillen-
marmelade zum
Bestreichen
Zimtzucker (Kristall-
zucker und Zimt)
zum Bestreuen
Öl für das Backblech

Nusszwieback

ZUBEREITUNG

Eier mit Zucker und Mehl verrühren. Rosinen und die ganzen Walnusskerne zugeben. Mit Salz und einer Prise Zimt abschmecken. Ein Backblech mit Backtrennpapier auslegen, die Masse mit nassen Händen länglich verteilen und in ca. 4–5 cm dicke Würste formen. Die Masse nochmals gut in die Höhe drücken, damit sie beim Backen nicht zu weit auseinander läuft. Im vorgeheizten Backrohr bei 160 °C ca. 30–40 Minuten backen. Auskühlen lassen und in dünne Scheiben schneiden.

TIPP: Dieses Gebäck, das ausgezeichnet zu einem Glas Wein passt, lässt sich in Klarsichtfolie gerollt, trocken und kühl gelagert auch länger aufbewahren.

**ZUTATEN
für 4 Stangen à ca.
25 cm Länge**
3–4 Eier (ca. 200 g)
200 g Staubzucker
240 g Mehl, glatt
(Type 480 oder 700),
oder auch Dinkelmehl
200 g Rosinen (oder
andere Trockenfrüchte
wie Apfelringe,
Zwetschken, Feigen)
500 g Walnüsse
Prise Salz, evtl. Zimt

Gefüllte Mürbteigbecherl

ZUTATEN

für ca. 100 Stk.
100 g Staubzucker
200 g Margarine, kalt,
grob gerieben
1 Eiklar
300 g Mehl
Salz und Vanillezucker
Mehl für die Stoppel
Kuvertüre zum
Ausstreichen
Früchte nach Belieben
zum Garnieren

Für die Vanillecreme
250 ml Milch
50 g Kristallzucker
1 Vanilleschote,
ausgekratzt
20 g Puddingpulver
1 Eidotter
Fruchtbrand, z. B.
Himbeere oder Kirsch,
Amaretto oder Wein-
brand zum Abschmecken
150 g weiße Schokolade,
flüssig
100 g Butter, flüssig

ZUBEREITUNG

Staubzucker mit Margarine, Eiklar, Mehl, Prise Salz sowie Vanillezucker rasch verkneten und ca. 1 Stunde im Kühlschrank rasten lassen. Messerrückendick ausrollen und in Scheiben von ca. 4–5 cm Ø ausstechen. Diese kühl rasten lassen. Teigscheiben auf bemehlte Stoppel mit ca. 5,5–6,5 cm Ø legen, auf ein Backblech stellen und bei starker Hitze 220–230 °C im vorgeheizten Backrohr ca. 8–10 Minuten backen. Abkühlen lassen. Mit etwas flüssiger Kuvertüre oder Schokolade ausstreichen, abstocken bzw. fest werden lassen und mit der vorbereiteten Vanillecreme füllen. Mit Früchten garnieren.

Für die Vanillecreme Puddingpulver mit wenig kalter Milch und Dotter glatt rühren. Restliche Milch mit Zucker und Vanilleschote aufkochen. Puddingmasse einrühren und unter ständigem Rühren 2–3 Minuten kochen lassen. Schote entfernen. Nach Belieben mit Alkohol abschmecken und abkühlen lassen. Mit geschmolzener Schokolade und flüssiger Butter verrühren, über Nacht kühl stellen und bei Bedarf mit dem Mixer kurz schaumig aufschlagen.

TIPP: Wer nicht genügend geeignete Stoppel von entsprechender Größe auf Vorrat hat, kann diese auch durch feuerfeste Tassen oder Geschirr ähnlichen Durchmessers ersetzen.

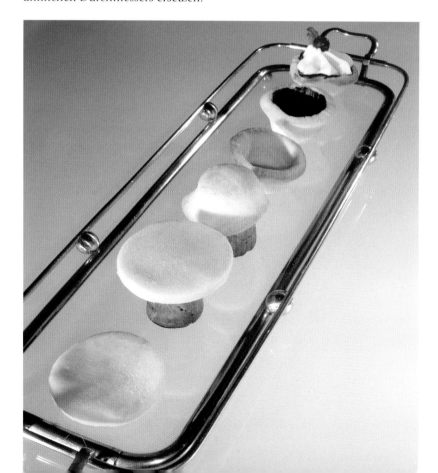

Gefüllte Mürbteigbecher

Nuss- oder Marmeladekipferln

Ein Rezept von Willi Haiders Nachbarin, Frau Anni Nager

ZUBEREITUNG

Milch, Germ, Butter, Zucker, Vanillezucker, Eidotter sowie Geschmackszutaten anrühren und zugedeckt stehen lassen, bis sich das Volumen etwas vergrößert hat. Mehl sowie Salz zugeben und zu einem geschmeidigen Teig kneten. Warm stellen und abermals gehen lassen. Erneut durchkneten, auf einer bemehlten Arbeitsfläche ausrollen und zu länglichen dreispitzförmigen Stücken schneiden. Mit Nussfülle, Marmelade oder Powidl füllen. Zusammenrollen, mit Ei bestreichen und im vorgeheizten Backrohr bei 180 °C ca. 25 Minuten backen.

TIPP: Diese Kipferln können auch gut tiefgekühlt und bei Bedarf kurz aufgebacken werden.

ZUTATEN
für ca. 34 Stk. à 40 g

500 ml Milch, lauwarm
80 g Germ
220 g Butter oder
Margarine, lauwarm
180 g Kristallzucker
1 Päckchen Vanillezucker
8 Eidotter
Rum, geriebene
Zitronenschale und
etwas Weißwein
1 kg Weizenmehl
(Universal)
2 KL Salz
1 Ei zum Bestreichen
Mehl für die
Arbeitsfläche
Nussfülle (s. S. 350)
Marmelade oder Powidl

Gefüllter Lebkuchen

ZUBEREITUNG

Honig, Öl sowie Zucker unter ständigem Rühren aufkochen und anschließend abkühlen lassen. Mehl und Backpulver (gesiebt) gut vermischen, die Honigmischung dazugeben und alles gut verkneten. Teig zugedeckt 1 Stunde im Kühlschrank rasten lassen. Ein Backblech mit Backtrennpapier auslegen, den Honigteig ca. 1 cm dick ausrollen, mit Milch bestreichen (für schönen Glanz) und im vorgeheizten Backrohr bei 160 °C ca. 20–25 Minuten backen. Auskühlen lassen.

Die Hälfte der Lebkuchen mit der faschierten Rohkost-Fülle ca. 1,5 cm dick bestreichen. Zweite Lebkuchenhälfte auflegen und gut anpressen (evtl. beschweren). Einige Stunden rasten lassen. Dann in beliebige Stücke portionieren und mit Schokolade- oder Zuckerglasur überziehen bzw. nach Belieben mit Mandeln verzieren.

TIPPS

■ Der Lebkuchen kann auch mit einer besonders rasch zubereiteten Glasur überzogen werden, für die Milch mit Staubzucker verrührt wird.

■ Wird der Lebkuchen gleich nach dem Backen mit einem feuchten Tuch belegt, so wird er schön weich und ist somit schneller servierbereit.

ZUTATEN
für ca. 120 Stk.
300 g Honig
2 EL Öl
150 g Kristallzucker
480 g Mehl, glatt (Farina Type 480 oder 700)
1/2 Päckchen Backpulver
1 Ei
1 Eidotter
150 g Mandeln, geschält und gerieben
1 gehäufter TL Lebkuchengewürz
Salz
1 TL Vanillezucker
geriebene Zitronenschale
120 g Orangeat (Aranzini), fein gehackt
Milch zum Bestreichen, evtl. Mandeln zum Verzieren
Masse der Rohkost mit Schokolade (s. S. 399), faschiert
Schokolade- oder Zuckerglasur zum Überziehen

Wie man Dämonen nachhaltig besänftigt

In heidnischen und auch noch in abergläubischen christlichen Zeiten waren Lebkuchen und andere Gebildbrote nicht in erster Linie für Menschen bestimmt, sondern dienten dazu, Frau Perchta (die altgermanische Göttermutter Fricka) mit ihrer „Wilden Jagd" während der Raunächte zwischen der Thomasnacht am 21. 12. und der Dreikönigsnacht des Folgejahres davon abzuhalten, sich der Seelen der noch ungetauften Kinder zu bemächtigen oder in Haus und Hof anderes Unheil anzurichten. Man produzierte also Lebkuchen in großen Stückzahlen und legte sie aufs Fensterbrett, wo sie am nächsten Morgen meist tatsächlich verschwunden waren. Die Naschkatzen dürften freilich keineswegs böse Dämonen, sondern harmlose hungrige Landstreicher gewesen sein.

Brotlaibchen

ZUBEREITUNG

Kokos, Schokolade und Nüsse gut verrühren. Eiklar und Kristallzucker mit einer Prise Salz zu steifem Schnee schlagen, Dotter mit Vanillezucker unterheben und die Kokos-Mischung einrühren. Aus der Masse kleine Kugeln formen (à ca. 5 g) und im Vanille-Staubzucker-Gemisch gut wälzen. Auf ein mit Backtrennpapier ausgelegtes Backblech setzen und im vorgeheizten Backrohr bei 160 °C (Ober- und Unterhitze) ca. 15–20 Minuten backen.

Linke Seite: Nußkipferl

ZUTATEN für ca.
160 Stk. (3 Backbleche)
3 Eidotter
230 g Kokosflocken
130 g Schokolade (Kuvertüre), fein gerieben
100 g Walnüsse, fein gerieben
4 Eiklar
200 g Kristallzucker
Vanillezucker, Prise Salz

Zum Wälzen
100 g Staubzucker
1 Päckchen Vanillezucker

Florentiner

ZUTATEN

für ca. 80–90 Stk.

125 g Kristallzucker
125 g Schlagobers
40 g Honig
30 g Glucose
(Traubenzucker)
50 g Butter
150 g Mandeln, gehobelt
und gebrochen
50 g Aranzini, fein
gehackt
Schokoladetunkmasse

ZUBEREITUNG

Zucker, Obers, Honig, Glucose und Butter gut einkochen, bis die Masse dickflüssig wird. Aranzini und Mandeln zugeben und alles gut durchkochen. Auf ein mit Backtrennpapier ausgelegtes Backblech aufstreichen und im vorgeheizten Backrohr bei 170 °C ca. 15 Minuten goldgelb backen.

Noch lauwarm in kleine Quadrate zu je ca. 3 x 3 cm schneiden und kalt werden lassen.

Geschmolzene Tunkmasse auf Backtrennpapier ganz dünn aufstreichen. Bevor diese stockt, die Florentinerquadrate im Abstand von je ca. 4 mm auflegen und mit 2 mm Rand ausschneiden.

Eisenbahner

ZUTATEN

für ca. 40 Stk.

Mürbteig
(s. Grundrezept S. 345)
ca. 400 g Marmelade,
dunkel und eher
säuerlich

Für die Makronenmasse

150 g Rohmarzipan
25 g Staubzucker
15 g Butter
30 g Honig
ca. 1 Eiklar

ZUBEREITUNG

Für die Makronenmasse alle Zutaten in der Küchenmaschine gut vermischen oder verkneten. So viel Eiklar dazugeben, bis eine dressierfähige Masse entstanden ist. Den Mürbteig zu einem Rechteck (ca. 26 x 38 cm und ca. 3 mm dick) ausrollen. Auf ein Blech setzen, mit der Gabel mehrmals einstechen und im vorgeheizten Backrohr bei 160 °C ca. 13–15 Minuten goldgelb bzw. eher hell backen. Den noch warmen Mürbteigboden mit einem Sägemesser in der Mitte der Breite nach auseinander schneiden. Auf eine Hälfte Marmelade streichen, mit der zweiten Hälfte bedecken und in ca. 4–5 cm breite und etwa 26 cm lange Streifen schneiden.

Vorbereitete Makronenmasse in einen Dressiersack füllen und auf die gefüllten Mürbteigstreifen seitlich, nicht zu weit außen (zu einem Schienenstrang) aufdressieren. Etwa 1 Stunde trocknen lassen und dann unter der Grillschlange bzw. bei höchster Stufe kurz überbacken (= flämmen). Achtung, wird rasch dunkel! Marmelade aufkochen und in den Zwischenraum zwischen die Makronenstreifen eingießen, auskühlen lassen und in kleinere Stücke schneiden.

VARIANTE: *Marmeladeecken*

Gebackenen, rechteckigen Mürbteigboden mit heißer dunkler Marmelade bestreichen, mit gebackenem Mürbteigboden abdecken, mit gut eingekochter Marmelade bestreichen und abkühlen lassen. In kleine Stücke schneiden und nach Belieben mit Krokant bestreuen.

Keksebacken mit Omas Segen

In einem seiner beliebten Backkurse erwähnte Willi Haider einmal, es sei für manche schwierige Teige zielführend, sich für die Zubereitung beim nächsten Steinmetz eine Granit- oder Marmorplatte zu besorgen. Darauf ein Teilnehmer: „Bevor ich das schwere Trumm heimschlepp', bring' ich lieber den Teig auf den Friedhof und rolle ihn auf Omas Grabdeckel aus. Die wird sich nur freuen, denn sie war ja auch früher beim Keksebacken immer dabei!"

Heidesand

ZUBEREITUNG

Aus Butter, Mehl, Zucker sowie den Geschmackszutaten rasch einen Mürbteig kneten. Masse in 4 Teile teilen und zu 2–3 cm starken und ca. 25 cm langen Stangen rollen. Mit Eiklar bestreichen, in Kristallzucker oder feinem Hagelzucker wälzen und ca. 30 Minuten rasten lassen. Die Stangen in ca. 5 mm dicke Scheiben schneiden und auf ein mit Backtrennpapier ausgelegtes Backblech legen. Mit einem vorher in Mehl getauchten Kochlöffel eine kleine Vertiefung eindrücken und diese mit Marmelade je nach Wunsch füllen. Im vorgeheizten Backrohr bei 170 °C ca. 15 Minuten backen. Nach dem Backen nochmals mit etwas Marmelade auffüllen.

ZUTATEN
für ca. 100 Stk.
180 g Butter
250 g Mehl, glatt (Farina Type 480 oder 700)
120 g Staubzucker
Vanillezucker, Salz
Zitronenschale
1 Eiklar zum Bestreichen
Kristall- oder feiner Hagelzucker zum Wälzen
Marmelade zum Füllen, wenn möglich mit verschiedener Farbe

Sandmuscheln

ZUBEREITUNG

Marzipan und Butter Zimmertemperatur annehmen lassen und mit Staubzucker schaumig rühren. Vanillezucker, Salz, geriebene Zitronenschale zugeben und nach und nach Eiklar einrühren. Zuletzt das gesiebte Mehl mit einer Gummispachtel oder Kochlöffel unterheben. Masse in einen Spritzbeutel füllen und auf ein mit Backtrennpapier ausgelegtes Backblech kleine Muscheln dressieren. Im vorgeheizten Backrohr bei 170 °C ca. 14 Minuten backen.
Jeweils eine Muschel mit heller Marmelade füllen, zweite Muschel darauf setzen und in geschmolzene Schokolade bzw. Kuvertüre zu einem Drittel eintauchen. Trocknen lassen.

TIPP: Aus dieser Masse lassen sich auch andere Formen wie Rosetten, Stangerln, Ringe oder Kipferln dressieren (Spritzgebäck).

ZUTATEN
für ca. 80 Stk.
100 g Rohmarzipan
300 g Butter
120 g Staubzucker
Salz, Vanillezucker
Zitronenschale, gerieben
2 Eiklar
350 g Mehl, glatt (Farina Type 480 oder 700)
helle Marmelade
Tunkmasse bzw. Schokolade zum Tunken

Schokoladekipferln

ZUBEREITUNG

Die Schokolade langsam auf Körpertemperatur schmelzen lassen. Butter mit Schokolade und Staubzucker leicht schaumig rühren, geriebene Mandeln oder Haselnüsse dazugeben und mit Hilfe eines Spritzbeutels auf ein mit Backtrennpapier ausgelegtes Backblech zu Kipferln dressieren (aufspritzen). Oder aus der gut gekühlten Masse kleine Kipferln formen und diese auf Backtrennpapier setzen. Im vorgeheizten Backrohr bei 160 °C ca. 15–18 Minuten backen.
Die Kipferln zur Hälfte oder ganz in geschmolzene Schokolade tauchen.

ZUTATEN
für ca. 120 Stk.
150 g Schokolade (dunkle Kuvertüre)
150 g Butter
210 g Staubzucker
210 g Mandeln oder Haselnüsse, feinst gerieben und am besten gesiebt
Schokolade zum Tunken

Anisscheiben

ZUTATEN
für ca. 130 Stk.
200 g Kristallzucker
1 TL Vanillezucker
Prise Salz
3 Eier
180 g Mehl, glatt
(Farina Type 480
oder 700)
Anis zum Bestreuen

ZUBEREITUNG
Eier, Zucker, Vanillezucker und Salz in einem Schneekessel über Dampf zu cremiger Konsistenz aufschlagen. Schneekessel vom Dampf nehmen und Creme weiterschlagen, bis diese etwa auf Zimmertemperatur abgekühlt und schön schaumig ist. Mehl sieben und mit Gummispachtel oder Kochlöffel unterheben. Masse in einen Spritzsack mit kleiner Lochtülle füllen und in Form von kleinen Krapferln bzw. Busserln auf das mit Backtrennpapier ausgelegte Blech aufdressieren. Die rohen Teigbusserln mit Anis bestreuen und im vorgeheizten Rohr bei 60 °C ca. 30 Minuten trocknen. Während des Trocknens einen Holzkochlöffel zwischen Backrohrtüre und Rahmen einklemmen, damit die Feuchtigkeit entweichen kann! Herausnehmen, Temperatur auf 180 °C erhöhen und die Scheiben ca. 10 Minuten fertig backen. (Beim Backen hebt sich die helle, glatte Kuppe der Anisscheiben, während der Boden eine etwas dunklere Farbe annimmt, wodurch optisch das Bild von zwei Massen entsteht.)

Vanillekipferln

ZUTATEN
für ca. 150 Stk.
300 g Mehl, glatt
(Farina Type 480
oder 700)
250 g Butter (am besten
kalt, mit grober Reibe
gerieben)
100 g Staubzucker
160 g Walnüsse, gerieben
Salz, Vanillezucker
Staub- und Vanillezucker
zum Wälzen

ZUBEREITUNG
Aus allen Zutaten einen Teig bereiten und nicht zu kühl (Kühlschrank, eher Gemüsefach) einige Stunden rasten lassen (am besten über Nacht). Aus dem Teig Kipferln formen, auf ein mit Backpapier ausgelegtes Backblech legen und bei 160 °C ca. 15 Minuten backen. Noch warm mit der Zucker-Vanillezuckermischung besieben und auf Papier schütteln oder darin wälzen.

Almkaffee
Der ideale Begleiter zu steirischen Keksen

ZUTATEN
500 ml Milch
1 Zimtrinde
1 Vanilleschote
2–3 Gewürznelken
500 ml Kaffee, sehr stark
2 Eidotter
125 ml Schlagobers
6 cl Rum
6 cl Schnaps
Zucker nach Belieben

ZUBEREITUNG
Die Hälfte der Milch mit Zimtrinde, Vanilleschote und Nelken aufkochen. Abseihen. Kaffee zugießen. Restliche Milch mit Eidottern, Obers, Alkohol und Zucker verrühren und beimengen. Alles gut aufsprudeln und nach Belieben mit Zucker süßen.

FRUCHTIGES, G'FRORNES UND „SIASSE SACH'N"

Bratäpfel
Vorweihnachtliche Süßspeise aus dem ländlichen Raum

ZUBEREITUNG
Äpfel gut waschen und Kerngehäuse mit einem Ausstecher entfernen. Weinbeerln mit Zucker sowie Zimt vermischen und in die ausgehöhlten Äpfel füllen. Mit je einem Stück Butter belegen und im heißen Rohr weich braten.

VARIANTE: *Apfel im Schlafrock*
Den rohen, aber gefüllten Apfel in Blätter- oder Topfenteig hüllen und im vorgeheizten Rohr bei 200 °C ca. 20 Minuten backen. Nach dem Backen mit heißer Marillenmarmelade bestreichen und mit gehobelten, gerösteten Mandelblättchen bestreuen. Dazu passen Preiselbeeren.

ZUTATEN
4 Äpfel, gut gewaschen und entkernt
4 EL Weinbeerln, gewaschen (Rosinen) oder Preiselbeeren
2 EL Zucker
Zimt
Butter

Ganztagsschule mit heißen Früchtchen
Wenn es früher im winterlichen Schulhof nach Bratäpfeln duftete, so war kein Schulfest angesagt, sondern es herrschte durchaus ganz normaler Schulalltag. Dieser sah nämlich vor, dass Kinder, die von weither zur Schule kamen, ihre mitgebrachten Äpfel selbst draußen braten durften, weil dies ihre einzige Chance war, zu einem warmen Mittagessen zu kommen. Kinder aus der Nähe mussten ihre Äpfel allerdings ungewärmt verzehren, weil sie ohnedies in der großen Schulpause zu Mittag daheim ein warmes Essen bekamen.

Früchte in Rotwein und Honig

ZUBEREITUNG
Den Zucker leicht karamellisieren und mit Rotwein ablöschen, aber keinesfalls rühren! Zimtstange und Nelken zugeben, einkochen. Maizena mit wenig Rotwein verrühren und die Mischung damit sirupartig binden. Aufkochen und nach Belieben abseihen. Honig zum Schluss einrühren.
Das Obst in der heißen Rotweinmischung je nach Reifegrad bzw. Festigkeit auf kleinster Flamme ziehen und dann wieder auskühlen lassen. (Nach ca. 2–3 Std. sind z. B. Birnen od. Äpfel innen noch hell, am nächsten Tag sind sie vom Rotwein bereits durchgefärbt bzw. dunkelrot.) Je nach Geschmack mit einem Hauch schwarzen Pfeffer servieren.

GARNITUREMPFEHLUNG: Zimt- oder Vanilleeis

ZUTATEN
für ca. 8 Portionen
1 kg Früchte, entkernt (Kirschen, Zwetschken, Birnen oder Quitten)
150 g Zucker
750–1000 ml Rotwein
2 EL Honig
2 kl. EL Stärkemehl (Maizena)
1 kl. Zimtstange und Gewürznelken
Pfeffer aus der Mühle, nach Belieben

Rotweinquitten

ZUTATEN
ca. 600 g Quitten (am
besten Birnen-Quitten),
ersatzweise Äpfel
bzw. Birnen
ca. 100 g Zucker
500–750 ml Rotwein
evtl. 4 cl Quittenbrand
etwas Stärkemehl
(Maizena)
etwas Zimt

ZUBEREITUNG

Quitten waschen, vierteln und das Kerngehäuse ausschneiden, nach Belieben mit der Schale in Spalten und anschließend in kleine Stücke schneiden. Zucker in heißer, trockener Pfanne karamellisieren, mit Rotwein ablöschen (NICHT RÜHREN, sonst wird der karamellisierte Zucker ganz hart!), kurz einkochen. Mit Zimt aromatisieren und die Quitten zugeben. Sobald die Quitten weich werden, etwas Rotwein mit Stärkemehl (Maizena) verrühren und die Rotweinquitten damit sämig binden. (Sollte der Rotwein schon eingekocht und die Quitten noch nicht weich sein, noch Wein nach Bedarf nachgießen.)

Foto rechte Seite

ZUTATEN
für 1 kl. Kastenform
400 g Beeren (Him-, Erd-,
Schwarz- oder Brombeeren, Kirschen, Trauben)
200 ml Hollerblütensaft
(s. S. 450), ersatzweise
Kräuterlimonade, Kompottsaft, Läuter-zucker
oder Fruchtsaft
2 cl Fruchtbrand, z. B.
Himbeere, Kirsch,
oder Cassis
5 Blatt Gelatine
Minze oder Melisse,
frisch gehackt
Öl für die Form

Beeren im Hollergelee

ZUBEREITUNG

Die Beeren nach Geschmack mit etwas Zucker marinieren. Hollerblütensaft und Fruchtbrand erwärmen. Eingeweichte, gut ausgedrückte Gelatine zugeben und darin auflösen. Beeren dazugeben, mit Minze oder Melisse abschmecken und in eine geölte und mit Klarsichtfolie ausgelegte Form gießen. Einige Stunden kalt stellen.

TIPP: Besonders attraktiv sieht dieses Dessert aus, wenn man die bereits erstarrte Beerenterrine (evtl. auch in Würfel geschnitten) abermals auf eine andere Terrinenmasse, etwa die Beeren-Sauerrahm-Sulz, bettet, mit restlicher Masse auffüllt und nochmals kalt stellt. In diesem Fall sollte man allerdings die doppelte Menge an Beeren-Sauerrahm-Sulz verarbeiten.

ZUTATEN
für 1 kl. Kastenform
ca. 100 g Beeren nach
Geschmack (ersatzweise Weintrauben)
250 g Sauerrahm
(oder Joghurt)
4 Blatt Gelatine
4 cl Fruchtbrand, z. B.
Himbeere oder Kirsch,
oder Fruchtsaft
(Kompottsaft)
Zucker nach Geschmack
Zitronensaft und Minze,
gehackt
Öl für die Folie
Minze oder Melisse
zum Dekorieren

Beeren-Sauerrahm-Sulz

ZUBEREITUNG

Gelatine einweichen, ausdrücken und in warmem Fruchtbrand auflösen. Sauerrahm einrühren und mit Zucker, Zitronensaft und frischer Minze abschmecken. Beeren einmengen und in eine geölte, mit Klarsichtfolie ausgelegte Form gießen. Kalt stellen. Kalte Terrine am besten mit einem Elektromesser aufschneiden. Auf kalten Tellern anrichten und mit frischer Minze oder Melisse dekorieren.

GARNITUREMPFEHLUNG: frische Früchte und Fruchtsoßen

TIPP: Werden tiefgekühlte Beeren verwendet, so müssen diese erst in heißer Flüssigkeit (Zuckerwasser oder Fruchtsaft) aufgetaut werden, damit die Gelatine nicht sofort abstockt.

Foto rechte Seite: Rotweinquitten

Spargel mit Rhabarber und Erdbeeren

ZUTATEN

300 g Rhabarber
150 g Erdbeeren
150 g Spargel weiß,
gekocht
etwas Rotwein
2–3 EL Zucker
Zitronenschale,
gerieben
Minze oder Melisse
zum Garnieren

ZUBEREITUNG

Rhabarber schälen und in ca. 1 cm schräge Stücke schneiden. Schalen und Abschnitte mit ca. 500 ml Wasser und etwas Rotwein, Zucker und Zitronenschale auf ca. 250 ml Flüssigkeit einkochen. Abseihen, Rhabarber zugeben, einmal aufkochen und vom Feuer nehmen.

Gekochten Spargel sowie Erdbeeren klein schneiden und in das lauwarme Rhabarberkompott geben.

Einige Stunden durchziehen lassen und nicht zu kalt mit etwas frischer Minze oder Melisse garniert servieren. Bei Bedarf kann der Kompottsaft abgeseiht und mit etwas mit Rotwein verrührtem Stärkemehl (Maizena) gebunden werden.

TIPP: Wenn der Spargel erst kurz vor dem Servieren eingelegt wird, behält er seine weiße Farbe, wodurch ein schöner Kontrast entsteht.

Dörrzwetschken-Terrine

ZUBEREITUNG

Für die Dörrzwetschkenmasse alle Zutaten außer Gelatine vermengen und am besten über Nacht marinieren. Einmal aufkochen und kurz weich köcheln, mit einem Stabmixer etwas zerkleinern. Gelatine in kaltem Wasser einweichen, ausdrücken und zur warmen Masse geben. Etwas abkühlen lassen. In eine gekühlte, geölte und mit Klarsichtfolie ausgelegte Terrinenform einfüllen und kalt stellen bzw. kurz tiefkühlen.

VARIANTE: *Dörrzwetschken-Sterzflammeri-Torte*

Die Dörrzwetschken-Terrine kann mit der Sterzflammeri-Masse (s. S. 414) zu einer Torte kombiniert werden. Wird die Torte oder Kastenform gestürzt, zuerst die Sterzflammeri-Masse einfüllen, kalt stellen bzw. stocken lassen und erst dann die leicht abgekühlte Zwetschkenmasse einfüllen. Nochmals kalt stellen

ZUTATEN

250 g Dörrzwetschken, kernlos
250 ml Rotwein
250 ml Zwetschken-nektar (oder 4–5 weiche Dörrzwetschken, mit 200 ml Wasser gekocht und püriert)
50 g Kristallzucker
30 g Vanillezucker
50 g Walnüsse, grob gehackt
evtl. etwas Aranzini
etwas Orangenschale und Zimt
2 cl Rum
7 Blatt Gelatine
Öl für die Folie

Karamellcreme

ZUBEREITUNG

Milch mit Zucker, etwas Vanillezucker sowie einer Prise Salz erhitzen und abkühlen lassen.

Dotter mit ganzen Eiern verrühren und in lauwarme Milch einrühren, mit Maraschino und Rum abschmecken. Abseihen und an der Oberfläche gut abschäumen.

Für den Karamell Zucker bräunen, mit Wasser ablöschen, aber dabei nicht rühren! Zu einer leicht dickflüssigen Konsistenz einkochen lassen. (Probe: Etwas Karamell auf kalten Teller geben und schräg halten, der Karamell muss beim Abrinnen honigartig, aber noch zähflüssig sein.) Karamell in geölte Souffléeförmchen oder Mokkatassen verteilen, anschließend Eiermilch bis knapp unter den Rand eingießen. Förmchen in ein Wasserbad stellen und im heißen Rohr bei ca. 140 °C (ca. 75 °C Wassertemperatur) zugedeckt (mit Folie oder Backblech) etwa 1 Stunde ziehen lassen bzw. pochieren, bis die Creme fest ist. Gut abkühlen lassen und vor dem Stürzen mit nassem Finger leicht vom Rand lösen! Creme mit der Tasse auf eine flache Schale oder einen Teller stürzen und mit kurzem, ruckartigem und kräftigem Schütteln aus der Form drücken. Dazu den Teller leicht schräg nach unten halten.

GARNITUREMPFEHLUNG: Schlagobersrosette

**ZUTATEN für ca.
1 l (14 kl. Mokkatassen)**
750 ml Milch
200 g Zucker
Vanillezucker, Salz
5 Eidotter
4 Eier
2 cl Kirschwasser oder Maraschino
2 cl Rum
Öl für die Förmchen

Für den Karamell
200 g Zucker
ca. 125 ml Wasser

Sterz- oder Grießflammeri

ZUTATEN
für ca. 6–8 Portionen
250 ml Milch
2–3 EL Zucker
40 g Polenta oder Grieß
Salz, Orangen- und
Zitronenschale
2–3 Blatt Gelatine
200 ml Schlagobers
ca. 30 g Staubzucker
Butter und Kristallzucker
für die Förmchen

ZUBEREITUNG

Milch aufkochen, Zucker und Polenta oder Grieß einrühren. Unter Rühren auf kleiner Flamme ca. 4–5 Minuten köcheln lassen. Mit einer Prise Salz, Orangen- und Zitronenschale abschmecken. Eingeweichte und gut ausgedrückte Gelatine in der warmen Polentamasse auflösen und Masse abkühlen bzw. leicht stocken lassen. Währenddessen Obers halbsteif schlagen. Mit Staubzucker vermischen und die Hälfte locker nach und nach unter die Sterzmasse rühren. Anschließend Sterzmasse kurz unter restliches Obers heben. In gut gebutterte und mit Zucker ausgestreute Förmchen füllen und einige Stunden oder über Nacht kalt stellen. Vor dem Stürzen mit einem scharfen Messer vom Rand lösen oder kurz in heißes Wasser tauchen.

GARNITUREMPFEHLUNG: Heiße Himbeeren, Erdbeerragout (Erdbeermark mit Erdbeerstücken und Zucker verrühren), Hollerröster, Rumfrüchte od. gedünstetes Dörrobst

TIPPS

◼ Der an sich neutrale Flammeri erhält durch die Zugabe von verschiedenen Zutaten wie etwa Mohn, Zimt oder zerkleinertem Dörrobst (Apfelringe, Rosinen, Zwetschken) neue Geschmacksakzente.

◼ Die Masse eignet sich auch als Tortenfülle (s. Sterztorte S. 385).

Schneenockerln mit Hollerröster und Karamell

ZUBEREITUNG

Eiklar mit Staubzucker, eventuell geriebener Zitronenschale und einer Prise Salz steif aufschlagen. Milch aufkochen, abschäumen, leicht salzen und zuckern. Aus der Masse mit einem Löffel Nockerln formen, in die Milch einlegen und ziehen lassen, aber NICHT AUFKOCHEN! Schneenockerln herausheben, auf Hollerröster anrichten und mit flüssigem Karamell begießen (s. Seite 413).

GARNITUREMPFEHLUNG: Beeren-, Marillen-, Weichsel- oder Zwetschken-ragout

ZUTATEN
3 Eiklar
3 EL Staubzucker
Salz und Zitronenschale, gerieben
Milch (oder Wasser) zum Kochen
Hollerröster (s. S. 488) und Karamell (s. S. 413)

Maroni-Törtchen

ZUBEREITUNG

Gelatine einweichen, ausdrücken und mit Rum sowie Staubzucker leicht erwärmen. Rasch mit Maronipüree glatt rühren. Obers aufschlagen, etwas Obers zur Maronimasse geben, kurz verrühren, restliches Obers unterheben. Masse in einen Spritzbeutel geben und in kleine Törtchenringe einfüllen. Schokobiskuit zurechtschneiden und jedes Törtchen mit einer Scheibe abdecken. Gut kühlen oder tiefkühlen. Auf kalte Teller stürzen und beliebig garnieren.

GARNITUREMPFEHLUNG: Honigschokoladeglasur (s. S. 392) und Schokospäne

ZUTATEN
für 6 Törtchen
1 Schokobiskuitfleck (s. S. 348)
140 g Maronipüree, raumtemperiert
40 g Staubzucker
30 g Rum
2–3 Blatt Gelatine
300 ml Schlagobers

Süße Bohnenmousse mit Bohnen-Krokant-Parfait

ZUTATEN

2 kl. Eier
2 EL Läuterzucker
(1 EL Wasser mit 1 EL Kristallzucker aufgekocht)
2 Blatt Gelatine
200 g Bohnen,
eingeweicht, gekocht
und passiert
2 cl Rum
10 g Schokolade,
gerieben
3–4 EL Vanillezucker
250 ml Schlagobers
Preiselbeeren und Melis-
se zum Garnieren

**Für den
Bohnenkrokant**
ca. 100 g Bohnen nach
Belieben
ca. 100 g Kristallzucker

ZUBEREITUNG

Eier mit Läuterzucker (bzw. 1 EL Wasser und 1 EL Kristallzucker) über Dunst schaumig rühren. Eingeweichte, gut ausgedrückte Gelatine zugeben, vom Dampf nehmen und kalt rühren. Gekochte, passierte Bohnen einrühren, mit Rum, geriebener Schokolade und Vanillezucker aromatisieren. Obers halbsteif schlagen, einen Teil zur Masse rühren, Masse mit restlichem Obers kurz aufschlagen. Etwa ein Drittel der Masse mit dem vorbereiteten Bohnenkrokant verrühren, in eine mit Klarsichtfolie ausgelegte Form geben und tiefkühlen. Restliche Masse in eine Schüssel füllen und kalt stellen. Mit einem Suppenlöffel (vorher in heißes Wasser getaucht) schöne Nockerln ausstechen und auf einem kalten Teller mit dem Krokantparfait sowie Preiselbeeren und Melisse dekorativ anrichten.

Für den Bohnenkrokant über Nacht eingeweichte Bohnen im Rohr etwas trocknen und grob hacken bzw. schneiden. Kristallzucker in einer heißen trockenen Pfanne (honigartig) karamellisieren, die gehackten Bohnen einrühren, kurz vermischen und auf geöltem Blech oder Backtrennpapier auskühlen lassen. (Achtung, sehr heiß!) Den abgekühlten Bohnenkrokant grob hacken.

GARNITUREMPFEHLUNG: Schokoladesoße, Rumrosinen, gekochte Bohnenkerne

Birne auf Blätterteig gebacken

ZUTATEN

für 10 Törtchen
10 Scheiben Blätter-
oder Topfenteig mit
ca. 10 cm Ø (s. S. 346)
5 Williamsbirnen
(ersatzweise Birnen
aus der Dose)
Zucker, Zimt, Nelken
Marzipan und Williams-
brand nach Belieben
Williamscreme
(s. S. 350)
flüssige Schokolade,
Minze und Preiselbeeren
zum Dekorieren
125 ml Birnennektar
Schlagobers zum
Vollenden

ZUBEREITUNG

Williamsbirnen schälen, halbieren und Kerngehäuse entfernen. Birnen in Zuckerwasser mit Zimt und Nelken bissfest kochen. Marzipan mit Williamsbrand verrühren und Blätterteig nach Belieben damit bestreichen. Birnenhälften einschneiden und gefächert auf die Blätterteigscheiben legen. Den Blätterteigrand etwas umstülpen, so dass sich ein etwas höherer Rand ergibt. Birne mit etwas Zimt bestauben und mit etwas Williamscreme begießen (etwas Creme aufbewahren). In diesem Stadium könnte der Birnenkuchen auch tiefgekühlt und erst später gebacken werden. Im vorgeheizten Rohr bei ca. 180° C ca. 20 Minuten backen (auch tiefgekühlt).

Restliche Williamscreme mit Birnennektar, etwas Schlagobers, Zimt und nach Belieben auch mit einem Schuss Williamsbrand abrunden. Mit geschmolzener Schokolade auf die Teller dekorative Ornamente, etwa in Form einer Birne, auftragen und diese mit verdünnter Williamscreme ausfüllen. Blätterteigküchlein anrichten und mit Minzeblatt und Preiselbeeren nett dekorieren.

GARNITUREMPFEHLUNG: Sorbet oder Eis
TIPP: Anstelle von Birnen können auch Marillen, Äpfel oder Zwetschken verwendet werden.

Maronimousse in der Strudeltulpe

ZUBEREITUNG

Eier mit Läuterzucker (bzw. mit Zucker und Wasser) über Dampf schaumig rühren. Gelatine einweichen, gut ausdrücken und einrühren. Vom Dampf nehmen und kalt rühren. Passiertes Maronipüree einmengen. Mit Rum, geriebener Schokolade und Vanillezucker aromatisieren. Obers halbsteif schlagen, einen Teil zur Masse rühren, Masse mit restlichem Obers kurz aufschlagen. Kalt stellen. Strudeltulpen wie beschrieben (s. S. 344) vorbereiten. Maronimousse in Dressiersack füllen und in die Strudeltulpen dressieren oder mit einem Löffel (in heißes Wasser getaucht) schöne Nockerln ausstechen.

TIPPS:

■ Statt Maroni können auch passierte Zwetschken, Marillen oder Quitten verwenden werden.

■ Die Mousse eignet sich auch als Fülle für Rouladen oder Torten, kann aber auch zu Parfait gefroren und evtl. mit einem Biskuit- oder Baumkuchenmantel umhüllt werden.

ZUTATEN
für ca. 15 Tulpen
2 kl. Eier
1–2 EL Läuterzucker
(Wasser und Zucker 1:1 aufgekocht)
2 Blatt Gelatine
200 g Maronipüree, passiert
2 cl Rum
10 g Schokolade, gerieben
Vanillezucker
250 ml Schlagobers
Strudeltulpen
(s. Strudelteig S. 343)

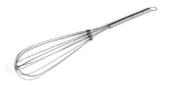

Hollerblütengranité

ZUBEREITUNG

Sekt mit Hollerblütensaft verrühren. Ein geeignetes tiefes Backblech anfrieren lassen und Flüssigkeit nicht zu hoch (5–10 mm) eingießen. Über Nacht tiefkühlen. Dann mit einem Löffel abschaben und sofort in gekühlte Gläser füllen. Nach Belieben mit Fruchtmark, Früchten sowie evtl. frischer Minze anrichten.

TIPP: Die Zusammensetzung dieses Granités kann ganz nach persönlichen Vorlieben auch mit Fruchtsaft, kaltem Läuterzucker, Fruchtsekt, Rotwein, Most oder Sturm (vergorener Traubenmost), Eistee oder Kaffee variiert werden. Wichtig ist, dass das Granité Alkohol und Zucker enthält, damit es nicht ganz hart durchfriert und sich das kristallisierte Eis schön abschaben lässt.

Foto Seite 219

ZUTATEN
1/2 Flasche Sekt
250 ml Hollerblütensaft
Früchte (Erd- oder Waldbeeren, Rhabarber),
Fruchtmark und Minze
zum Garnieren

Kletzensorbet

ZUTATEN

2 Kletzen (getrocknete
Birnen) oder Kletzenlikör
3–4 Birnen, nicht zu fest
Zucker, Zimt
Kletzenlikör und Läuter-
zucker (s. S. 449) nach
Belieben
Birnenwürferl zum
Garnieren

ZUBEREITUNG

Kletzen über Nacht einweichen. Mit Wasser bedecken und mit etwas Zucker
sowie Zimt zugedeckt langsam weich kochen. Am besten in einem Turmmixer fein pürieren und kalt stellen. Birnen schälen, fein raspeln und auf
einer mit Klarsichthülle ausgelegten Form (oder Tasse) im Tiefkühlschrank
anfrieren. Die angefrorenen Birnen mit dem Kletzenpüree und Kletzenlikör
sowie evtl. etwas Läuterzucker in der Küchenmaschine zu einem feinen
Sorbet pürieren.
In eisgekühlten kleinen Gläsern anrichten und mit Birnenstückchen garnieren.

VARIANTE: *Birnensorbet*

Kleinwürfelig geschnittene Birnenstückchen einige Stunden tiefkühlen. Mit
Birnennektar oder -saft (Kompottsaft, Glühwein, kaltem Läuterzucker usw.)
sowie evtl. Williamsbrand pürieren und zu Sorbet aufmixen. Fügt man
Kaffeeobers dazu, so erhält man cremiges Birneneis.

Maroniparfait
mit flambierten Äpfeln
Ein Festtagsdessert aus der altsteirischen Schlossküche

ZUTATEN

120 g Maronipüree
100 g Zucker
3 Eidotter
500 ml Schlagobers,
geschlagen
4 cl Rum
1 kg Äpfel (Golden
Delicious)
8 Stk. Würfelzucker
3 Orangen
3 Zitronen
2 cl Fruchtbrand, z. B.
Himbeere oder Kirsch
4 cl Apfelschnaps
50 g Butter
kandierte Kirschen
nach Bedarf
250 ml Schlagobers
zum Garnieren

ZUBEREITUNG

Dotter mit Zucker über Dampf schaumig schlagen, bis die Masse Körpertemperatur hat. Vom Feuer nehmen und kalt weiterschlagen. Maronipüree
und Rum einmengen. Ein Viertel des geschlagenen Schlagobers einrühren.
Dann Masse vorsichtig unter das restliche Obers heben, in eine mit Klarsichtfolie ausgelegte Rehrücken- oder Schöberlform füllen und mindestens
6 Stunden im Tiefkühlfach durchfrieren lassen.
Äpfel schälen, Kerngehäuse ausstechen und in 2 cm dicke Scheiben schneiden. Je 4 Stück Würfelzucker an den Orangen und Zitronen abreiben. Zitronen und Orangen separat auspressen. In einer Flambierpfanne (oder rost-
freien Bratpfanne) Zuckerstücke zerlaufen lassen, Butter dazugeben und zu
goldbrauner Farbe karamellisieren. Mit Orangen- und Zitronensaft ablöschen. Den Karamell völlig auflösen und zu sirupartiger Konsistenz einkochen. Apfelscheiben einlegen und weich dünsten. Fruchtbrand und zum
Schluss den Apfelschnaps zugießen. Etwas durchrütteln und vorsichtig
anzünden (flambieren). Auf eisgekühlten Tellern anrichten. Eine Scheibe
Maroniparfait daneben legen und mit kandierten Kirschen garnieren.
Einen Löffel der heißen Soße darüber träufeln und mit Schlagobers dekorieren.

Foto rechte Seite: Hollerblütengranité

Bratapfelsorbet

ZUTATEN

1 kg Äpfel (Boskop, Cox
Orange, Jonagold u. a.)
Sonnenblumenöl
oder Eiklar
Kristallzucker
Zimt
Rum oder Apfelbrand

ZUBEREITUNG

Äpfel waschen, abtrocknen und an der Oberseite etwas einritzen, damit etwas Feuchtigkeit austreten kann. Mit Sonnenblumenöl oder Eiklar einpinseln und in Kristallzucker wälzen.

Auf ein Backblech setzen und im vorgeheizten Rohr bei 220 °C ca. 25–30 Minuten braten. Etwas abkühlen lassen und durch ein Passiersieb drücken. Mit etwas Zimt und evtl. wenig Rum oder Apfelbrand abschmecken.

In der Eismaschine oder im Gefrierfach (zwischendurch öfter umrühren oder mit Stabmixer pürieren) ca. 1 Stunde frieren. Sollte das Sorbet zu dick oder zu fest gefroren sein, etwas Apfelsaft oder Läuterzucker (Zucker und Wasser 1:1 gekocht und abgekühlt) zugeben und nochmals aufmixen. In schmalen Gläsern oder Strudeltulpen (s. S. 344), am besten mit Hilfe eines Dressiersackes, anrichten.

Honig-Parfait

ZUBEREITUNG

Eidotter mit Zucker schaumig rühren. Vanilleschote längs aufschneiden, Mark auskratzen und in Milch aufkochen lassen. Schote entfernen, Eiermasse einrühren und bis zur Rose (dickflüssig) kochen, etwas abkühlen lassen. Honig einrühren und kalt rühren. Schlagobers halbsteif schlagen und unter die gut abgekühlte Eiermasse heben.

In eine geölte und mit Klarsichtfolie ausgelegte passende Form füllen und frieren. Vor dem Servieren rechtzeitig aus dem Tiefkühler nehmen und am besten im Kühlschrank je nach Größe 15–30 Minuten temperieren bzw. antauen lassen. In Scheiben schneiden und beliebig garnieren.

TIPP: Statt Honig können auch allerlei Früchte, Krokant, Schokolade, Zimt oder Mohn diesem Parfait ihr Geschmacksaroma verleihen.

ZUTATEN

3 Eidotter
50 g Zucker
125 ml Milch
1/2 Vanilleschote
50 g Honig
200 ml Schlagobers
Öl für die Folie

Schnelles Parfait (Marillenparfait)

ZUBEREITUNG

Schlagobers mit etwas Staubzucker halbsteif schlagen. Marmelade sowie Biskuit- oder Baumkuchenwürfel und evtl. klein geschnittene, weiche, getrocknete Marillenstücke einrühren. Masse in eine geölte und mit Klarsichtfolie ausgelegte passende Form füllen und frieren.

Vor dem Servieren rechtzeitig aus dem Tiefkühler nehmen und am besten im Kühlschrank 15 Minuten temperieren bzw. antauen lassen. Portionieren, auf kalten Tellern anrichten und nach Belieben garnieren.

GARNITUREMPFEHLUNG: Früchte der Saison, Schlagobers, Minze oder Melisse

TIPP: Nach demselben Rezept lässt sich Parfait auf der Basis von Erdbeeren, Äpfeln, Maroni, Krokant, Schokolade, Zimt oder Mohn zubereiten.

ZUTATEN

250 ml Schlagobers
Staubzucker
ca. 2–3 EL Marillenmarmelade
evtl. Biskuit- oder Baumkuchenwürfel und getrocknete Marillenstücke
Öl für die Folie

Eisbombe

Ein Rezept aus der Kornberger Schlossküche

ZUBEREITUNG

Eier mit Zucker und Vanille schaumig schlagen und über Dunst auf Körpertemperatur aufschlagen. Vom Feuer nehmen und kalt schlagen. Obers fest ausschlagen und die Eiermasse darunter heben. Die Masse halbieren und eine Hälfte mit dem Erdbeermark verrühren.

Eine Eisbombenform kalt ausspülen, zuerst etwas Vanillecreme einfüllen, darauf eine Schicht Erdbeercreme geben und damit fortfahren, bis die Form gefüllt ist. Im Tiefkühlfach mindestens 6 Stunden frieren. Dann stürzen und portionieren.

GARNITUREMPFEHLUNG: mit Erdbeermark übergießen oder mit frischen Erdbeeren und Schlagobers servieren

ZUTATEN

500 ml Schlagobers
ca. 125 g Kristallzucker
3 Eier
125 ml Erdbeermark oder frisch passierte Erdbeeren
Mark von 1 ausgekratzten Vanilleschote oder Vanillearoma

STEIRISCHER KÄSE ALS DESSERT

Steirischer Käse als Dessert

Die Steiermark ist aufgrund ihrer vielen Käsemarken eine echte Käsemark. Obwohl viele steirische Käse in bäuerlichen Klein- und Kleinstbetrieben hergestellt und meist auch ab Hof verkauft werden, ist die Steiermark auch ein Land der großen Molkereien, deren Arbeit gerade während der letzten Jahrzehnte von einem konsequenten Qualitätsdenken bestimmt ist.

- So ist die *Obersteirische Molkerei* etwa für Spezialitäten wie Steirischen Bier- und Bergkäse sowie den Mariazeller bekannt.
- Aus der *Berglandmilch Voitsberg* stammt der Moosbacher, eine weststeirische Spezialität im traditionellen Käsetuch. Hier entsteht auch der Asmonte, die steirische Antwort auf den italienischen Parmesan.
- Die *Ennstalmilch Stainach* hat so unterschiedliche Arten wie den Weißschimmelkäse Cambette, den mit steirischem Zweigeltgeläger gereiften Weinkäse und die Grünschimmellegende Österkron im Programm. Hier, wo „das Penicillium Roqueforti in der Luft liegt", entsteht auch die Gourmetspezialität Kracher Grand Cru, ein steirischer Edelschimmelkäse, der mit einer Beerenauslese aus dem Keller des burgenländischen Weltklasse-Winzers Alois Kracher affiniert (verfeinert) wird.
- Die *Weizer Schafbauern* bringen den über Akazienholz geräucherten Steirischen Selchkas aus 100 % Schafmilch auf den Markt, auf Akazienholz nach einer Mindestreifezeit von 12 Wochen vorsichtig geräuchert.
- Die *Hofkäserei Deutschmann* ist mit Kuhmilch-Käsespezialitäten wie ihrem Rohmilch-Camembert, dem Weißen Rohmilch-Brie, dem in Rotweingeläger gereiften Fasslkäs, dem Steirischen Kürbiskernkäse, dem Roten Brie und dem Steirerschimmel (aus Blauschimmel- und Rotkulturen) eine ausgezeichnete steirische Kaserei. Weiters sind neben vielen kleinen engagierten Käsereien ebenso erwähnenswert der Käsehof Abel bei Leutschach und die Hofkäserei Tax in Piebereck (jeweils Schafmilchkäse) sowie die Hofkäserei Reisenhofer bei Bad Blumau (Kuhmilchkäse).

Käsewerkzeug

Leider werden die edlen steirischen Käse im Alltag oft nicht so behandelt, wie es ihnen zustünde. Käse kann und soll man nicht einfach aufschneiden, er gehört, ähnlich wie Wein, zelebriert und bedarf dazu bestimmter Instrumente wie

- Doppelgriffmesser zum Zerteilen von Blöcken und Laiben *(Abb. 1)*
- Eingriffmesser mit seitlichen Rillen und geätzter Klinge zum Schneiden von zerteilten Käsestücken und 1/4-Laiben *(Abb. 2)*

Alle Abbildungen mit freundlicher Genehmigung der BERGLANDMILCH

- Weichkäsemesser mit Wellenschliff und großer Lochung:
Messer für Weißschimmelkäse *(Abb. 3 unten)*, Rotkulturkäse *(Abb. 3 Mitte)*, sowie Blau-, Grün- und Doppelschimmelkäse *(Abb. 3 oben)*
- Käseharfe oder Käsebogen für Weichkäse, gerollten Frischkäse und Edelschimmelkäse *(Abb. 4)*
- Käsehobel zum Abziehen dünner Streifen von ganzen Laiben *(Abb. 5)* und zwecks Abhobelns der Rinde von Hartkäse
- Parmesanstecher zum Abbrechen von Parmesanstückchen vom großen Laib *(Abb. 6)*

Käselagerung

Die ideale Lagertemperatur von Käse liegt bei 3–9 °C. Nur in dieser Temperaturspanne kann der Käse seine optimale Reife erreichen.

Zu kühle Lagerung, Wärme oder Licht schaden der Qualität und dem Geschmack. Geöffneten Käseverpackungen droht Austrocknen und Verschimmeln, daher Alufolie oder atmungsaktive, lebensmittelechte Klarsichtfolie verwenden. Alle Käse sollten gut verpackt oder in einer Käseglocke aufbewahrt und (ausgenommen Frischkäse) eine Stunde vor dem Servieren aus dem Kühlschrank genommen werden, damit sie ihren vollen Geschmack entfalten können.

Tipps für die optimale Käseplatte

- Legen Sie die Käsesorten auf einer runden Platte im Uhrzeigersinn vom mildesten bis zum kräftigsten Käse auf.
- Verzichten Sie auf geschmacksverzerrenden Dekor wie Essiggurkerln, Perlzwiebeln etc. Als Obstdekor eignen sich vor allem Äpfel, Birnen, Trauben und Nüsse.
- Präsentieren Sie die Käse möglichst im ganzen Stück. Da schmecken sie aromatischer, vollmundiger und frischer, vor allem aber trocknen sie nicht so schnell aus wie aufgeschnittener Käse.
- Achten Sie darauf, dass eine Käseplatte mindestens 4–5 Käsesorten umfassen sollte (z. B. Frischkäse, Weichkäse mit Schimmelpilzrinde, Weichkäse mit Rotkulturreifung, Hartkäse, Blau- oder Grün-Schimmelkäse).
- Ordnen Sie Käse auf dem Teller möglichst mit den Spitzen nach außen an.
- Als Faustregel für die richtige Käsemenge gelten pro Person ca. 180–200 g als Hauptgericht und ca. 80–100 g als Dessert.

Schneidetechniken für Käse

Die richtige, klassische Schneidetechnik ist die Basis jeder korrekten Käse-Präsentation. Das wichtigste Ziel dabei besteht darin, dass Käse und Rinde bei jeder Portion im gleichen Verhältnis vorhanden sind. Vor allem gilt es jedoch auch zu beachten, das dicker geschnittene Stücke den Käsegeschmack viel länger halten als dünnere und auch nicht so schnell austrocknen.

GROSSE LAIBE
Optimales Werkzeug:
Doppelgriffmesser
Eingriffmesser

MITTELGROSSE LAIBE
Optimales Werkzeug:
Doppelgriffmesser
Eingriffmesser

BLÖCKE
Otimales Werkzeug:
Doppelgriffmesser
Eingriffmesser

STANGEN
Optimales Werkzeug:
Doppelgriffmesser
Eingriffmesser

ZYLINDER
Optimales Werkzeug:
Weichkäsemesser
Käseharfe

KLEINE LAIBE
Optimales Werkzeug:
Weichkäsemesser
Käseharfe

**BRIESPITZE
(TORTENSTÜCK)**
Optimales Werkzeug:
Weichkäsemesser

FRISCHKÄSE (ROLLINO)
Optimales Werkzeug:
Weichkäsemesser
Käseharfe

VON DER BREINWURST BIS ZUM HOLLERRÖSTER

Ein Blick in die steirische Vorratskammer

VOM SCHLACHTEN UND VOM WURSTEN

Der Schlachttag war in der bäuerlichen Steiermark immer ein Festtag. Er fand ja auch selten genug statt – aus Gründen der Haltbarkeit des Fleisches fast ausschließlich im Winter und da wiederum an zwei traditionellen Terminen: vor Weihnachten und im Fasching. Danach wurde das Schlachtgut, je nach Bedarf, am Hof weiter verarbeitet. Einen geringen Teil – vor allem Innereien und Blut fürs Bluttommerl – verzehrte man noch beim „Schlachtessen" am selben Abend. Auch die Därme wurden gleich nach dem Schlachten gereinigt, gesalzen und zum Wursten vorbereitet.

Die ausgelösten und zugeputzten Fleischstücke wurden, um möglichst lange haltbar gemacht zu werden, in eine Sur (Beize) eingelegt oder geselcht. Anfallender Speck wurde entweder zu Grammelschmalz ausgelassen oder geselcht und in winterlicher Luft getrocknet. Mancher Rohspeck wurde auch verhackt und fermentiert, luftdicht eingestampft, über Monate zum überaus schmackhaften „Verhackert" (s. S. 17). Einen Teil des Specks behielt man für die Wurstverarbeitung zurück: Aus Kopf- und Restfleisch, Innereien und Blut wurden frische Blut-, Brein-, Leber-, Brat- oder Presswurst bereitet. Dauerwürste selchte (räucherte) man, oder sie wurden durch Lufttrocknen noch länger haltbar gemacht.

Grammeln und Schweineschmalz

ZUTATEN
für 200 g Grammeln und ca. 800 g Schmalz
1 kg Speck (Rücken- oder Karreespeck, evtl. auch Bauchspeck)
200 ml Wasser

ZUBEREITUNG

Den Speck ohne Schwarte am besten 1 Stunde tiefkühlen, damit er sich besser schneiden lässt. Je nach gewünschter Größe der Grammeln Speck grob faschieren (kleine Grammeln) oder in kleinere oder größere Würfel schneiden. In einem ausreichend großen, flachen Topf Speck mit Wasser so lange kochen, bis das Wasser verdampft ist. Hitze reduzieren und Speck ca. 45 Minuten ausbraten, dabei häufig umrühren. Sobald die Speckwürfel zu schmelzen beginnen, ständig rühren, damit sie gleichmäßig erhitzt werden. Beginnen die Grammeln braun und das Schmalz klar zu werden, durch ein Metallsieb abgießen und Grammeln gut abtropfen lassen. Schmalz am besten in einem Keramiktopf offen auskühlen lassen, erst dann abdecken und kühl und luftig aufbewahren.

TIPPS

■ Besonders schön braun werden die Grammeln, wenn man das Wasser im Verhältnis 1:1 mit Milch mischt.

■ Gutes Schweineschmalz erkennt man an der gewellten Oberfläche nach dem Erkalten sowie an seinem feinen Duft. Bei vorher tiefgekühltem Speck wird das Schmalz nach dem Auslassen und Abkühlen nicht so fest.

Breinwurst

ZUTATEN

1,5–2 kg Kopffleisch
vom Schwein sowie
magere Fleischab-
schnitte
etwas Kochbrühe
500 g Schwarten
500 g Heidenbrein
(Buchweizen)
Majoran
schwarzer Pfeffer
Knoblauch, Salz
(20 g pro kg Wurstmasse)
Schweinsdärme,
gereinigt
Schweineschmalz
zum Braten

ZUBEREITUNG

Kopffleisch, Schwarten und eher magere Fleischabschnitte kernig weich
kochen. Durch die mittlere Scheibe des Fleischwolfs faschieren. Brein weich
kochen, mit der faschierten Masse und etwas Suppe vermischen. Kräftig mit
Majoran, Pfeffer, Knoblauch sowie Salz würzen und in dickere Schweinsdärme einfüllen. Zu längeren Würsten formen, kranzförmig einrollen und
in heißem Wasser (bei 75 °C) je nach Größe 30–60 Minuten überbrühen.
Über Nacht im Kühlschrank auskühlen lassen. In eine Bratpfanne geben,
mit Schweineschmalz übergießen und im Rohr knusprig braten.

BEILAGENEMPFEHLUNG: Sauerkraut und evtl. geröstete Erdäpfel oder
Braterdäpfel

TIPPS

- Breinwurst sollte rasch verbraucht oder tiefgekühlt werden.
- Dieses Rezept verwendet die klassische Brein aus vorgebrühtem und
  geschältem Heiden (Buchweizen). Man kann diese jedoch auch, vor
  allem aus Preisgründen, durch Rollgerste oder Hirse, ja sogar, wie neuerdings immer wieder zu beobachten, durch gedünsteten Reis ersetzen.

Blutwurst

ZUBEREITUNG

Gekochtes Kopffleisch grob faschieren, gekochte Schwarteln eher fein faschieren und beifügen. Mit Blut und Semmelwürfeln vermischen. Geröstete Zwiebeln sowie gerösteten Speck einmengen, mit Gewürzen sowie Knoblauch würzen und alles gut durchmischen. Bei Bedarf Suppe einarbeiten. (Die Masse sollte leicht breiig werden; ist sie zu dünn, mit Semmelwürfeln festigen, ist sie zu dick, mit Suppe verdünnen.) Dann rasch in Därme abfüllen, abdrehen und abbinden. In siedendes Wasser einlegen und bei ca. 70 °C ca. 30 Minuten ziehen lassen. Dann in kaltem Wasser auskühlen. Auf ein Brett legen und anschließend im Kühlschrank aufbewahren. Rasch verbrauchen oder tiefkühlen.

VARIANTE: Blutwurst und Rollgerstl

Wird die Blutwurst mit Rollgerstl und/oder Reis zubereitet, so wird die Masse kompakter und die Blutwurst eignet sich besonders gut für Blutwurst-Gröstl.

ZUTATEN

1,5 kg Kopffleisch vom Schwein (evtl. auch Lunge und Herz), gekocht
250 g Schwarten, gekocht
500–1000 ml frisches Blut (je nach gewünschter Farbe)
250 g Semmelwürfel (Knödelbrot, trocken)
150 g Zwiebeln, feinwürfelig geschnitten, geröstet
100 g Jausenspeck, fein gewürfelt und angeröstet
250 ml Schweins- bzw. Schwartensuppe (vom Kopffleisch-Kochen)
Majoran, Thymian, Neugewürz (Piment)
Knoblauch
ca. 50–60 g Salz (ca. 20 g pro kg Wurstmasse)
Schweinsdickdärme zum Füllen

Bluttommerl

ZUBEREITUNG

Aus Mehl, Milch, Blut sowie Eiern einen schmarrenähnlichen Teig anrühren. Mit Salz, Pfeffer und Majoran kräftig würzen. In einer ausreichend großen Pfanne (am besten eine Eisen- bzw. Gusspfanne) oder in einem tiefen Backblech das Schmalz erhitzen, Zwiebeln darin hell anrösten und Knoblauch zugeben. Blutmasse ungefähr 1–2 Finger hoch eingießen, am Herd 2–3 Minuten kurz anbacken und anschließend im vorgeheizten Backrohr bei 200 °C ca. 30 Minuten resch backen. Kurz vor dem Anrichten mit etwas stärkerer Oberhitze (evtl. Grillschlange, aber Achtung, nicht verbrennen!) die Oberfläche knusprig fertig backen.

BEILAGENEMPFEHLUNG: geröstete Erdäpfel und Sauerkraut
TIPP: Restlicher Bluttommerl wird oft am nächsten Tag als Suppeneinlage oder für ein Gröstl weiterverwendet.

ZUTATEN

200–300 ml Schweineblut, kräftig gerührt und durchgeseiht
400 ml Milch
250 g Mehl, glatt
200 g Zwiebeln, fein geschnitten
4–5 Eier
2–3 Knoblauchzehen, fein geschnitten
Salz, Pfeffer, Majoran
3–4 EL Schweineschmalz

Hausbratwürstel

ZUTATEN

für 28 Würste

1 kg Schweinefleisch, fett,
1 kg Schweinefleisch, mager
500 g Rindfleisch, mager
evtl. 4 Semmeln, eingeweicht, ausgedrückt
60 g Salz
6 Knoblauchzehen, gepresst
300 g Eiswürfel oder
300 ml kaltes Wasser
Zitronenschale, gerieben
weißer Pfeffer aus der Mühle
Schweinefett zum Braten

ZUBEREITUNG

Schweine- und Rindfleisch durch die mittlere Scheibe des Fleischwolfs faschieren. Ein Drittel der Fleischmasse zweimal durch die feine Scheibe faschieren, mit dem Rest der Masse vermischen. Eiswasser beifügen, mit Salz, Knoblauch, Pfeffer sowie Zitronenschale abschmecken und intensiv durchkneten. Nach Belieben mit den eingeweichten, ausgedrückten Semmeln binden. In Schweinsdärme füllen, abdrehen und in heißem Wasser 10 Minuten schwellen lassen. Anschließend bis zur Abkühlung in kaltes Wasser legen und dann in Schweinefett braten.

TIPP: Werden die Bratwürstl am selben Tag zubereitet, braucht man sie nicht zu überbrühen, sondern kann sie gleich langsam resch braten.

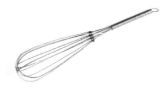

Kalte Leberwurst

ZUTATEN

1 kg Kopffleisch, mager
500 g Kopf- oder Kragenspeck, gekocht, feinwürfelig geschnitten
250 g Schweinsleber, abgebrüht und zweimal faschiert
100 g Zwiebeln, gerieben
Majoran, Knoblauch
Salz, Pfeffer aus der Mühle
Schweineschmalz zum Rösten
etwas Suppe zum Aufgießen

ZUBEREITUNG

Kopffleisch mit gepresstem Knoblauch, Salz sowie Pfeffer einreiben und braten. Auskühlen lassen. Mit der abgebrühten Schweinsleber durch die Fleischmaschine treiben und mit der Schneerute 20 Minuten abtreiben. Speck beifügen und weiterschlagen. Zwiebeln in heißem Schmalz gelblich rösten, beifügen und mit Majoran würzen. Bratenrückstand mit etwas Suppe verkochen und dazugeben. In Keramiktiegel füllen und bald verbrauchen.

TIPP: Möchte man die Leberwurst länger haltbar machen, so füllt man sie in Einmachgläser und sterilisiert sie 30 Minuten. Die Masse kann auch in Schweinsdärme gefüllt und geselcht werden.

Krainerwürste

ZUTATEN

für ca. 10 kg Würste

7,5 kg Schweinefleisch, abgeklaubtes „Schnerkelfleisch" (s. Tipp)
2,5 kg Rindsbrät, feinst faschiert
200 g Salz
160 g Pfeffer, schwarz, gemahlen
Dünndärme zum Füllen

Ein traditionsreiches Rezept für hartgesottene Köchinnen und Köche mit großem Appetit und eigener „Selch"

ZUBEREITUNG

Schweinefleisch in 3–4 cm große Stücke schneiden. Rohe Zutaten vermischen und über Nacht stehen lassen. In Dünndärme füllen und ca. 5 Stunden warm selchen. Krainerwürste können gekocht oder – nach längerer Aufbewahrung (trocken) – roh mit Senf und Kren serviert werden.

TIPP: Als „Schnerkelfleisch" bezeichnet man das Fleisch vom Schweinskopf, das sehr fein und sorgfältig ausgelöst wird.

Bosnisches Mahl

Die Krainerwurst ist im Grunde nur ein Synonym für Räucherwurst. Dennoch ist sie tief auf der Balkaninsel verwurzelt und drang wohl über die windische Untersteiermark auch in die Steiermark von heute vor. Der deutsche Erzähler und Lyriker Georg Britting sang ihr Loblied schon 1930 in der „Frankfurter Zeitung": „Das Mundtuch über die Knie gebreitet, fester auf den Stuhl gesetzt, nun kam der erste Gang: Krainer Wurst in Teig gebacken. Krainer Wurst, rötlich dunkel, fett glänzend, bäuerisch derb hatte ich sie schon auf den hölzernen Verkaufsbänken der Agramer Metzger liegen sehen, vielfach gebündelt, nun, in Scheiben geschnitten, mit krachender brauner Teigkruste gepanzert, eröffnete sie mit einem kräftigen Klang, wie mit einem Paukenschlag, die Musik des Mahls."

VOM EINGESOTTENEN, EINGEMACHTEN UND EINGELEGTEN

In Zeiten, als die Linde'sche Kältemaschine und damit der moderne Kühlschrank noch nicht erfunden waren, wurden Lebensmittel am steirischen Bauernhof außer durch Einsalzen, Pökeln und Selchen vor allem durch folgende Konservierungsarten haltbar gemacht:

- *das Milchsäuern im eigenen Saft, eine Methode, der wir das klassische Sauerkraut verdanken, die aber auch auf anderes Gemüse, wie etwa Rüben, anwendbar ist;*
- *das Dörren, überwiegend bei Obst und Früchten, teils bei Heil- und Würzkräutern sowie Schwämmen und Pilzen. Eine erwähnenswerte Besonderheit alter Zeit waren Kletzen (gedörrte Birnen) oder gedörrte Pressrückstände von Mostbirnen, vermahlen zu Birnenmehl. Als „Birntalggn" wurden sie über Wanderhändler vertrieben und wie (oft nicht zu bekommende) Weinbeerln für Speisen verwendet.*
- *das seit der Erfindung des Rübenzuckers auch breitesten Volksschichten zugängliche Eindicken von frischen Fruchtsäften mit gleicher Menge von Zucker. Heute erreicht man denselben Effekt durch die Zugabe von Gelierzucker. Bei reicher Ernte stellte man früher vor allem Powidl und Mus her. Ohne Zucker wurden süße, entkernte Zwetschken – auch Äpfel – in großen Gefäßen, meist in Kesseln 8–10 Stunden gekocht und unter Wasserentzug eingedickt.*
- *das Sterilisieren durch Erhitzen unter Luftabschluss. Übergangsformen waren etwa das Einrexen oder Einwecken von Dunstobst in Dunstgläsern, das Erhitzen in steril verkorkten Flaschen und Ähnliches.*
- *die seit Ende des Zweiten Weltkrieges zunehmend häufigere Bevorratung in Kühlhäusern und Tiefkühltruhen.*

*Heute kehrt man oft wieder zu älteren Bevorratungsmethoden (Fruchtkonser-
vierung ohne Zucker, Selchen, Einwecken fertiger und feinerer Fleischspeisen)
zurück, dies auch in der Annahme, dass bei längerer Tiefkühlung doch Verlus-
te an Geschmack und Frische auftreten.*

Sauerkraut (Grundrezept)

ZUBEREITUNG

Kraut mit dem Krauthobel fein schaben. Mit 10–12 g Salz pro Kilogramm
Kraut, Kümmel, Wacholderbeeren sowie Lorbeerblättern in ein sauberes
hölzernes Krautfassl geben und gut eindrücken. Mit sauberem Leinentuch
abdecken, mit passend geschnittenen Brettern verschließen und mit einem
Stein beschweren. Mindestens 6 Wochen lagern, d. h. „milchsauer" vergä-
ren lassen. In dieser Zeit soll das Krautfassl bei ca. 4–5 °C dunkel gelagert
werden. (Durch Lichteinfall z. B. in Kunststoffgefäßen könnte das Sauer
kraut eher grau werden.) Den während der Gärung entstehenden weißen
Schaum immer wieder abschöpfen und das Kraut wieder mit feuchtem, sauberem Leinentuch abdecken und beschweren. Nach abgeschlossener Gärung kann das Kraut bei etwa 2 °C noch weitere 6–8 Wochen gelagert
werden. Dabei wird das Kraut allerdings auch etwas saurer.

TIPPS

■ Sauerkraut muss keineswegs immer gekocht werden. Man kann das Sauerkraut auch roh als Salat (mit Kernöl, Sauerrahm und Nüssen) oder mit
geraspelten Gemüsestreifen wie Karotten, Sellerie und Petersilwurzel als
schmackhaften „Vitaminstoß" servieren.
■ Dieselbe Zubereitungsart eignet sich auch für saure weiße Rüben, diese
haben allerdings eine kürzere Reifezeit von etwa nur 3–4 Wochen.

ZUTATEN

vollreifes Weißkraut,
schön mürb, flach
und abgelegen (z. B.
Premstätter-Kraut)
10–12 g Salz pro kg Kraut
Kümmel (ganz)
Wacholderbeeren,
Lorbeerblätter

Essiggurkerln

ZUBEREITUNG

Die sauber gewaschenen und gebürsteten Gurken in Gläser schichten, deren
Boden mit Weinlaub ausgelegt ist. Essig und Gewürze gut aufkochen und
heiß über die Gurken gießen. Überkühlen lassen, Flüssigkeit abgießen,
aufkochen und Gurken wieder übergießen. Gläser gut verschließen und
über Nacht stehen lassen. Am nächsten Tag in ein Wasserbad setzen und
Essiggurkerln bei 75 °C ca. 15 Minuten sterilisieren.

TIPPS

■ Die Essiggurkerln müssen nicht unbedingt sterilisiert werden, aber die
Haltbarkeit ist dadurch garantiert.
■ Auf dieselbe Weise lassen sich auch Pilze einlegen.
■ Für Serbisches Kraut, ein Rezept aus der Zeit der Monarchie, legt man
nudelig geschnittenes Kraut, vermengt mit grünen Paprikaschoten, Para-
deisern und Zwiebeln, ein.

ZUTATEN

1 kg Essiggurkerln
(kleine Gurkerln)
500 ml Wein- oder
Kräuteressig, verdünnt
Pfefferkörner
Koriander, Senfkörner,
Lorbeerlaub
Weinlaub, gesäubert
Zucker
Salz

Senfgurken

ZUTATEN für
ca. 2 Gläser (750 ml)
ca. 2,5 kg Feldgurken
30 g Salz

Für die Marinade
500 ml Wasser
250 ml Weißweinessig
130 g Zucker
3 Lorbeerblätter
1–2 EL Senfkörner
weiße Pfefferkörner
1 kl. Stück Kren
1 Dillzweig bzw.
Dillkrone
1 kl. Zwiebel, fein
geschnitten
etwas Salz
1 Päckchen (8 g)
Einlegehilfe

ZUBEREITUNG

Für die Marinade alle Zutaten aufkochen und abkühlen lassen. Gurken schälen, halbieren und entkernen. Mit Salz vermengen und 1 Stunde ziehen lassen. Dann in kochendes Wasser geben und 2–3 Minuten blanchieren, abtropfen lassen und in Gläser füllen. Mit der abgekühlten Marinade begießen und Gläser gut verschließen. Gläser auf den Kopf stellen und kühl sowie dunkel lagern (bis zu 6 Monaten haltbar).

Süß-sauer eingelegter Kürbis

ZUBEREITUNG

ZUTATEN für
4–5 Gläser (500 ml)
1,5 kg Kürbis (Muskat-
oder Hokkaido-Kürbis)
750 ml Wasser
750 ml Weinessig, 6 %
10–15 Gewürznelken
2 Zimtstangen
3 EL Honig
Salz, Zucker
Sonnenblumenöl
zum Auffüllen

Kürbis vierteln, entkernen und mit der Schale würfelig schneiden. Wasser und Essig mit den restlichen Zutaten aufkochen und abschmecken. (Die Marinade soll gut gewürzt und harmonisch süß-sauer sein.) Kürbiswürfel darin nicht zu weich kochen. In Gläser füllen, mit Gewürzsud begießen und bis zum Rand mit Öl auffüllen. Gläser verschließen und in einer tiefen Wanne, mit Geschirrtuch ausgelegt, auf den Kopf stellen. Auskühlen lassen und kühl sowie dunkel lagern.

VERWENDUNG: zu Terrinen, Pasteten, kalten Vorspeisen, Wild, Lamm und anderen Fleischspeisen

TIPP: Auf dieselbe Weise kann man auch ganze, feste Zwetschken (Essigzwetschken) einlegen.

Süß-sauer eingelegte Zwiebeln

ZUTATEN für 1 Glas (1l)
1 kg Schalotten oder
kleine Zwiebeln
5 cl Sonnenblumenöl
80–100 g Zucker
10 g Salz
250 ml Rotwein
200 ml Rotweinessig
(6 %)
4 cl Apfelbalsamessig
3 Lorbeerblätter
2–3 Knoblauchzehen
Rosmarin, Thymian
Öl zum Auffüllen

ZUBEREITUNG

Schalotten oder Zwiebeln schälen, aber ganz lassen. In heißem Öl anrösten, mit Zucker bestreuen und karamellisieren lassen. Langsam weich schmoren. Mit Rotwein, Rotweinessig und Apfelbalsamessig ablöschen. Sämtliche Gewürze zugeben und heiß in ein Glas füllen. Mit Öl randvoll auffüllen. In einer mit einem Tuch ausgelegten Wanne auf den Kopf stellen und kühl sowie dunkel lagern (im Kühlschrank 3–4 Wochen haltbar).

VERWENDUNG: als kalt oder lauwarm servierte Beilage (etwa zu gebratenem Fleisch) sowie als Garnitur für kalte Platten und Vorspeisen

TIPP: Die Zwiebeln lassen sich leichter schälen, wenn sie vor dem Schälen für einige Minuten in lauwarmes Wasser gelegt werden.

**ZUTATEN
für 2 Gläser (500 ml)**
1 kg Eierschwammerln
(oder Pilze, Champignons, Austernpilze etc.)
Salz
Öl zum Begießen
bzw. Auffüllen

Für die Marinade
750 ml Wasser
250 ml Weißweinessig
(6 %)
2–3 Knoblauchzehen
1 KL Wacholderbeeren
2–3 Lorbeerblätter
40 g Salz
10 g Zucker
100 g Zwiebeln
1 Rosmarin- und
1 Thymianzweig

Sauer eingelegte Schwammerln

ZUBEREITUNG

Eierschwammerln sauber putzen, große Stücke teilen und in leicht gesalzenem Wasser je nach gewünschter Knackigkeit 5–10 Minuten kochen. Abseihen und in Gläser füllen. Für die Marinade alle Zutaten aufkochen. Schwammerln mit heißer Marinade auffüllen, mit Öl bedecken bzw. randvoll füllen und Gläser verschließen. In einer mit einem Tuch ausgelegten Wanne auf den Kopf stellen und kühl sowie dunkel lagern (bis zu 1 Jahr haltbar).

TIPPS

- Legt man größere Mengen von Pilzen ein, so sollte die Kräuter- und Körnerzugabe etwas reduziert werden.
- Die Pilze könnten auch direkt in der Marinade gekocht werden, allerdings müsste dann die Marinade durch ein nasses Tuch abgeseiht werden, um eine schleimige Konsistenz im Glas zu vermeiden.

**ZUTATEN
für 1 Glas (750 ml)**
ca. 400 g grüne
Paradeiser (s. Tipp)
Salz
evtl. Öl zum Auffüllen

Für die Marinade
500 ml Wasser
250 ml Essig (6 %)
10 g Salz
2 Lorbeerblätter
Pfefferkörner, Senfkörner
1 Pkg. (8 g) Einlegehilfe
1/2 kl. Zwiebel,
fein geschnitten
Dillzweig oder Dillkrone

Eingelegte grüne Paradeiser

ZUBEREITUNG

Grüne Paradeiser mit einem Zahnstocher mehrmals einstechen und ca. 3 Minuten in Salzwasser blanchieren (überbrühen). In ein Glas füllen. Mit heißer Marinade auffüllen, abkühlen lassen, eventuell mit Öl auffüllen und Glas gut verschließen. Kühl und dunkel lagern (bis zu 6 Monaten haltbar). Für die Marinade alle Zutaten aufkochen.

TIPPS

- Es sollten nicht unreife Paradeiser verwendet werden, sondern jene Früchte, die – etwa an Schattenplätzen – nicht rot geworden sind.
- Anstelle von grünen Paradeisern könnten auch Karfiol, Karotten, Kohlrabi (einzeln oder gemischt) eingelegt werden.

Eingelegte schwarze Nüsse

ZUTATEN

für 6 Gläser (à 300 ml)
ca. 60 unreife, noch
weiche grüne Walnüsse
200 g Zucker zum
Kochen
1,5 kg Zucker für die
Zuckerlösung
10-12 Gewürznelken
2 kl. Zimtstangen
Zitronen- und
Orangenschale

ZUBEREITUNG

Grüne Walnüsse mit einer Gabel oder Rouladennadel oftmals einstechen. (Dabei am besten Handschuhe verwenden, die Farbe der grünen Nüsse ist schwer zu entfernen!) Nüsse für 14 Tage in Wasser einlegen, währenddessen das Wasser täglich zweimal wechseln. Am 15. Tag die Nüsse in klarem Wasser einige Minuten blanchieren (überbrühen). Kalt abspülen und in etwa 2 Liter gezuckertem Wasser ca. 10 Minuten kochen. Zuckerwasser abgießen und die Nüsse in kaltem Wasser auskühlen lassen.

Etwa 3–3,5 Liter Wasser mit 1,5 kg Zucker, Gewürznelken, Zimtstangen, etwas Zitronen- und Orangenschale aufkochen und heiß über die Nüsse gießen. Über Nacht auskühlen lassen. Am 16. Tag die Zuckerlösung abseihen, aufkochen, abschäumen, kalt werden lassen und über die Nüsse gießen. Diesen Vorgang am 17. und 18. Tag wiederholen. Dann die Zuckerlösung etwas einkochen lassen und die Nüsse darin mehrmals aufkochen (die Nüsse sollten nicht zu weich sein). In Gläser füllen und mit dem sirupartig eingekochten Saft begießen. Gut verschließen und kühl sowie dunkel lagern (1–2 Jahre haltbar).

VERWENDUNG: als Beilage bzw. Dekoration für Desserts, Käse oder Wildgerichte

Paradeiserpüree

Das steirische Ketchup

ZUBEREITUNG

Die vollreifen Paradeiser waschen, würfelig schneiden und 45 Minuten köcheln lassen. Dabei evtl. überschüssige Flüssigkeit abschöpfen. Paradeiser mixen und durch ein Spitzsieb abseihen. Mit Weißweinessig, Apfelbalsamessig, Zucker, Salz, Suppenwürze, Lorbeerblättern sowie dem vorbereiteten Gewürzbeutel gut auf eine Masse von ca. 3 kg sämig einkochen lassen. Noch heiß mit Hilfe eines breiten Trichters in heiß ausgespülte Gläser füllen und gut verschließen. Für den Gewürzbeutel sämtliche Gewürze in einen Teebeutel (oder Tee-Ei) geben und zubinden.

VERWENDUNG: für Nudelgerichte, Salate, zum Marinieren von Gemüse bzw. mit Gemüse vermischt als Grill-Beilage

TIPPS

■ Wenn man 30-40 g Paradeisermark sowie 3-4 rote zerkleinerte Paprikaschoten mitkocht, so erhält das Paradeiserpüree eine noch schönere Farbe. Für Hot-Ketchup (scharfes Püree) werden 1-2 Chilischoten im Ganzen mitgekocht.

■ Soll das Paradeiserpüree besonders lange haltbar sein (bis zu 1 Jahr), so mengt man etwa 8 g Einlegehilfe (1 Packung) bei.

ZUTATEN

für ca. 3 kg Püree
5-6 kg Paradeiser (Fleischtomaten), vollreif
250 ml Weißweinessig (6%)
2 EL Apfelbalsamessig
100 g Zucker
30 g Salz
30 g Suppenwürze
3–4 Lorbeerblätter

Für den Gewürzbeutel
2–3 Gewürznelken
6 Pimentkörner
etwas Zimt, Ingwer
1 KL Senfkörner
weiße Pfefferkörner

Hausangesetzter Gewürzessig

ZUTATEN
für ca. 3 Liter
50 g Salz
30 g Zucker
1/2 Knoblauchzehe
1/2 Zwiebel
1 l Weißweinessig (6%)
2 l Suppe

ZUBEREITUNG

Salz, Zucker, Knoblauch und Zwiebel mit 500 ml Wasser aufkochen, abseihen und abkühlen lassen. Mit Essig und Suppe vermengen, in heiß ausgespülte Gläser füllen und kühl lagern (3-4 Wochen haltbar).

TIPP: Statt Suppe kann auch Wasser verwendet werden, wobei man in diesem Fall mit etwas Streuwürze abschmecken sollte.

Gesundes aus Graz

Die heute häufig geäußerte Meinung, dass die Wellness-Welle ein Kind unserer Zeit sei und Kochen und Medizin früher nichts miteinander zu tun gehabt hätten, lässt sich anhand der steirischen Kochbuch-Literatur leicht widerlegen. Bereits das älteste, 1686 in Graz bei den Widmanstetterischen Erben verlegte Standardwerk zu diesem Thema trug den Titel „Ein Koch= und Artzney-Buch" und spannte von der Ernährung zur Medizin einen, wie man heute sagen würde, ganzheitlichen Bogen. So liefert das Werk (es handelt sich um das älteste gedruckte Kochbuch Österreichs) nicht nur unzählige nützliche Anleitungen, um „Krebs-Pasteteln, gefüllten Hecht, Hirschwürstl, Karbonadeln, Hühnlein in schwarzer Suppe, Schildkröte, Felchen oder Krammetsvögel" zu machen, sondern auch ein ganzes Arzneikästlein voll von „köstlichem Fieberpulver", „guten Pulvern gegen Dörr- und Lungelsucht", „gutem Trink-Tobak", „gutem Zucker gegen Winde und Galle", „guten Salsen gegen die Geschwulst" oder – für Hedonisten besonders nützlich – „eine gute Salben zur Stärkung und Kühlung der Leber."

Himbeeressig
(Grundrezept für Fruchtessig)

ZUTATEN
reife Himbeeren
(oder Erd-, Brom- und
Johannisbeeren,
Marillen, Pfirsiche)
nach Belieben
Rotweinessig zum
Auffüllen

ZUBEREITUNG

Eine weithalsige Flasche oder Karaffe mit reifen Himbeeren oder anderen Früchten anfüllen. Mit Rotweinessig auffüllen, gut verschließen und an einem hellen, jedoch nicht sonnigen Standort ca. 3–4 Wochen stehen lassen. Währenddessen 2–3 Mal pro Woche kurz aufschütteln. (Dabei wird je nach Verhältnis Essig : Himbeeren die Intensität des Fruchtgeschmacks bestimmt.) Abseihen, in Flaschen füllen und gut verschließen. Kühl sowie dunkel lagern (1–2 Jahre haltbar.)

VERWENDUNG: zum Aromatisieren von Speisen oder Salaten, dabei kann der Himbeeressig auch in kleinen Mengen zu Rot- oder Weißweinessig zugemischt werden.

Tipps und Tricks
für süße Früchtchen

- Verwenden Sie nur Früchte, die reif, aber nicht überreif sind. Nicht zuletzt danach richtet sich nämlich auch die Zuckerzugabe von mindestens 20 % bis höchstens 60 % Zucker auf 1 kg Frucht.

- Verwenden Sie anstelle von Zucker getrost auch Honig, Roh-, Rohr- oder Vollwertzucker. Auch mit Süßstoffen und Tiefkühlfrüchten kann problemlos eingekocht werden.

- Marinieren Sie die grob zerkleinerten Früchte vor dem Einkochen mindestens 5 Stunden, besser aber über Nacht mit Zucker, Pektin und Zitronensaft. Das Obst verkocht sich so viel schöner und dankt es später durch Wohlgeschmack.

- Füllen Sie Marmelade, Kompott oder Saft unbedingt in saubere Gläser ab. Gläser, Deckel und Ringe müssen vor dem Befüllen in kochendes Wasser getaucht bzw. sterilisiert werden. Auch Einrexgummi sollte vor der Verwendung immer in Wasser eingelegt und auf Risse kontrolliert werden. Überprüfen Sie auch Glasränder unbedingt auf Risse und Sprünge.

- Füllen Sie die Gläser möglichst randvoll und stellen Sie diese danach auf ein feuchtes Tuch, da sie sonst leicht zerspringen. Nützlich ist es auch, die Gläser beim Abfüllen in eine tiefe Wanne zu stellen, weil dadurch ein zusätzlicher Schutz bei einem möglichen Glasbruch gegeben ist. Große Gläser sollten nach dem Befüllen zum Auskühlen auf den Deckel gestellt werden, um eventuell noch vorhandene Luft herauszupressen. Achtung: Bei heiß gefüllten Gläsern kann in diesem Fall Marinade herausspritzen.

- Achten Sie darauf, möglichst geeignete Geliermittel zu verwenden: Natürliches Geliermittel (Pektin) ist besonders in unreifen, grünen Obstsorten, vor allem in Äpfeln und Quitten enthalten, daher gelieren Marmelademischungen mit diesen Sorten besonders gut. Weitere Geliermittel sind pulverisiertes Citruspektin (Konfigel), Gelatine (tierisches Geliermittel) und Agar-Agar (ein pflanzliches Geliermittel) sowie handelsübliche Geliermittel, z. B. Opekta oder Quittin, die jeweils nach Gebrauchsanweisung verwendet werden sollten. Vorsicht: In fertigen Geliermitteln ist bereits Zitronensäure enthalten, man sollte daher wenig oder fast keine Zitronensäure mehr beifügen, weil dadurch die Gelierkraft herabgesetzt wird.

- Bereiten Sie den Geliervorgang gut vor und vermischen Sie die Geliermittel vor der Verwendung mit Kristallzucker. Agar-Agar wird in Fruchtsaft oder Wasser kalt angerührt und kurz aufgekocht, Gelatine weicht man in kaltem Wasser ein und löst sie danach in warmer Grundmasse auf.

- Machen Sie bei Marmeladen, Säften und Gelees die Gelierprobe: Sie erweist sich als nützlich, da der Pektingehalt in verschiedenen Früchten, etwa durch Reife oder Witterung, sehr unterschiedlich sein kann. Für die Gelierprobe wird vor dem Abfüllen etwas heiße Frucht (Marmelade, Gelee oder Saft) auf einen kalten Teller geleert und kurz in den Kühlschrank gestellt. Ist die Frucht zu dick, kann man sie mit etwas

Wasser verdünnen. Ist die Frucht zu dünn, so sollte man noch etwas Pektin oder Agar-Agar zugeben.

- Marmeladen müssen nicht immer reinsortig sein, die Früchte sollten nur von der Saison her zusammenpassen. Geschmacklich besonders empfehlenswert ist die Kombination von Holunder und Zwetschke, Holunder und Birne oder Erdbeere und Rhabarber.
- Achten Sie darauf, Marmeladen nur in eher kleinen Mengen (ca. 3 kg Frucht) und nicht länger als etwa 4–5 Minuten sprudelnd zu kochen. Nur so bleiben Farbe und Geschmack voll erhalten. Zudem sollte man Marmeladen beim Kochen bzw. vor dem Abfüllen unbedingt abschäumen.
- Halten Sie die fertigen Marmeladen und Kompotte vor dem endgültigen Einlagern im Keller ungefähr eine Woche unter Beobachtung.
- Achten Sie darauf, dass die Haltbarkeit eingelegter Früchte und Kompotte bei kühler und dunkler Lagerung nur ca. 1 Jahr beträgt.
- Beschriften Sie alles Eingelegte und Eingekochte exakt nach Sorte und Abfülldatum.
- Essen Sie niemals Marmeladen, an deren Oberfläche sich auch nur ein Hauch von Schimmel gebildet hat! Die Sporen der Schimmelpilze durchsetzen die ganze Marmelade, auch wenn nur einige kleine Pünktchen davon zu sehen sind. Diese Pilze enthalten Substanzen, die u. a. zu schweren bzw. lebensgefährlichen Vergiftungen führen können.

Stachelbeermarmelade

ZUTATEN

grüne, unreife Stachelbeeren nach Belieben
500 g Zucker (Gelierzucker) für 1 kg Fruchtpüree

ZUBEREITUNG

Von den Stachelbeeren Stiel und Blume entfernen, gut waschen. In eine Kasserolle mit wenig Wasser geben und ins ca. 130 °C heiße Rohr stellen, bis die Stachelbeeren platzen und weich sind. Stachelbeeren passieren und mit 500 g Zucker (Gelierzucker) pro Kilogramm Fruchtpüree aufkochen. Einige Minuten sprudelnd kochen lassen, vor dem Abfüllen evtl. eine Gelierprobe machen (s. S. 441). In sterile Gläser füllen und sofort verschließen.

TIPP: Wird die Stachelbeermarmelade nicht zu sehr gesüßt, so passt sie auch hervorragend zu Wild- oder Rinderbraten.

Marillenmarmelade

ZUTATEN

für ca. 7 Gläser à 200 g
1 kg Marillen (am besten Rosenmarillen)
500 g Zucker
(Gelierzucker)
Geliermittel (Pektin laut Angabe) oder
15 g Konfigel oder 2 gestr. Teelöffel Agar-Agar nach Bedarf

ZUBEREITUNG

Marillen halbieren bzw. vierteln, entkernen und mit Zucker einige Stunden marinieren. (Wird Geliermittel verwendet, vor der Verwendung mit Zucker vermengen bzw. Agar-Agar in Fruchtsaft oder Wasser kalt anrühren und kurz aufkochen.) Marillen aufkochen, 4–5 Minuten kochen lassen, abschäumen und noch heiß in sterile Gläser abfüllen.

TIPP: Bevorzugt man eine leicht säuerliche Geschmacksnuance, so kann man Zitronensäure (pro kg Frucht ca. 10 g) oder Saft von 2 Zitronen zugeben. Marillenmarmelade lässt sich aber auch durch die Zugabe von Vanillezucker oder Zimt sowie Marillenbrand geschmacklich variieren.

Bratapfelmarmelade mit Zimt und Nüssen

ZUBEREITUNG

Äpfel mit Öl bepinseln und in Kristallzucker wälzen oder gut mit Zucker bestreuen. Auf ein Backblech setzen und mit Zimtrinde im vorgeheizten Rohr bei 250 °C ca. 45 Minuten braten, bis die Äpfel schön weich sind. Die Äpfel passieren (ergibt ca. 2,4 kg Mus), mit Zucker und Geliermittel laut Angabe bzw. Gelierzucker sowie Zitronensaft kurz kochen lassen. Walnüsse im Rohr etwas bräunen, reiben und unter das Apfelmus rühren. Mit etwas Zimt abschmecken und noch heiß in saubere Gläser füllen. Kühl und dunkel lagern.

VERWENDUNG: Eignet sich auch sehr gut als Fülle für Palatschinken, Torten und Rouladen.

TIPP: Sind die Äpfel eher trocken und nicht saftig, so kann nach dem Passieren bzw. beim Kochen noch etwas Apfelsaft zusätzlich eingerührt werden.

ZUTATEN für
ca. 14-15 Gläser à 200 g
3,5 kg säuerliche Äpfel
Öl zum Bestreichen
Kristallzucker zum
Wälzen
Zimtrinde
ca. 1,2 kg Zucker
(Gelierzucker oder
zusätzlich Geliermittel)
etwas Zitronensaft
Walnüsse
Zimt

Waldbeermarmelade

ZUBEREITUNG

Brom- und Himbeeren mit Zucker und Geliermittel laut Angabe bzw. Gelierzucker kurz aufkochen. Früchte entweder ganz lassen oder mixen und passieren (wegen der Kerne). Püree nochmals aufkochen lassen, Walderdbeeren zugeben und wieder 2–3 Minuten kochen lassen. Noch heiß in saubere Gläser füllen. Kühl und dunkel lagern.

ZUTATEN für
7 Gläser à 200 g
1 kg Waldbeeren
(Brom-, Him- und Wald-
erdbeeren)
500 g Zucker
(Gelierzucker)
Geliermittel (Pektin laut
Angabe) oder 15 g Konfi-
gel oder 2 gestr. Teelöffel
Agar-Agar nach Bedarf

Kaltgerührte Beerenmarmelade

500 g Him- oder
Schwarzbeeren
(evtl. tiefgekühlt)
ca. 250 g Zucker
oder Honig
1 Zitrone (Saft) oder
1 gestr. TL Zitronensäure
ca. 4 EL Wasser
1 gestr. TL Agar-Agar
(pflanzliches
Geliermittel)

ZUBEREITUNG

Beeren mit Zucker oder Honig sowie Zitronensaft marinieren und ca. 30 Minuten mit dem Mixer (Knethaken) langsam rühren, bis sich der Zucker vollkommen aufgelöst hat. Agar-Agar mit Wasser anrühren und mit etwas Beerenmark aufkochen, nur leicht abkühlen und evtl. mit Zitronensäure zur restlichen Marmelade geben. Je nach Wunsch durch ein Spitzsieb passieren (wegen der Kerne) und in heiß ausgespülte Gläser füllen. Unbedingt im Kühlschrank lagern (ca. 2 Wochen haltbar). Nach dem Öffnen baldigst verbrauchen!

Kaltgerührte Preiselbeeren

ZUTATEN
1 kg frische Preiselbeeren
600–700 g Kristallzucker
Zitronensaft oder 1–2 EL
Rotwein

ZUBEREITUNG

Frische Preiselbeeren mit Kristallzucker und etwas Zitronensaft oder Rotwein in der Küchenmaschine (Knethaken) 30–60 Minuten rühren, bis sich der Zucker vollkommen aufgelöst hat (zwischendurch die Maschine ausschalten). In heiß ausgespülte Gläser füllen und kühl sowie dunkel lagern (6–12 Monate haltbar!).

TIPP: Werden tiefgekühlte Preiselbeeren verwendet, so reduziert sich die Länge der Haltbarkeit etwas. In jedem Fall müssen die Preiselbeeren nach dem Öffnen rasch verbraucht werden.

Traubenkompott

ZUBEREITUNG

Trauben waschen, evtl. vorhandene Stielansätze entfernen und in saubere Gläser füllen. Für den Fond alle Zutaten miteinander aufkochen. Trauben mit heißem Fond begießen, Rand und Gummi sauber abputzen und verschließen. Rexgläser im Wasserbad (auf Geschirrtuch) bei ca. 85 °C etwa 30-35 Minuten pochieren (dabei bilden sich an den Trauben kleine Bläschen).

TIPP: Die Temperatur darf nicht höher sein, da die Trauben sonst aufplatzen würden. Für schnellen Gebrauch könnte man das Kompott auch am Herd ganz langsam ca. 10 Minuten bei höchstens 85 °C ziehen lassen.

**ZUTATEN für
ca. 2 Gläser à 500 ml**
1 kg Trauben, kernlos

Für den Fond
250 ml Weißwein
250 ml Wasser
150 g Zucker
1 kl. Stück Zimtrinde
2 Gewürznelken

Quittenkompott

ZUTATEN
für 2 Gläser à 500 ml
500 g Quitten, vollreif
500 ml Wasser
100 g Zucker
Quittenschnaps

ZUBEREITUNG
Quitten waschen, in Spalten schneiden und das Kerngehäuse entfernen und Quittenspalten in saubere Rexgläser legen. Wasser mit Zucker aufkochen, etwas Quittenschnaps zugeben und über die Quitten gießen. Gläser gut verschließen, in ein Wasserbad stellen und Quitten bei 90 °C zugedeckt oder im Dampf 50 Minuten gar ziehen lassen.

Pfirsichkompott

ZUTATEN
für ca. 2 Gläser à 1 Liter
2,5 kg Pfirsiche

Für den Fond
500 ml Wasser
150 g Zucker
5 g Zitronensäure oder
Saft von 2 Zitronen
1–2 Gewürznelken
auf Wunsch

ZUBEREITUNG
Pfirsiche schälen, entkernen, in Spalten schneiden und fest in saubere Gläser hineindrücken. Für den Fond alle Zutaten aufkochen und über die Pfirsiche gießen. Rand und Gummi sauber abputzen und verschließen. Rexgläser im Wasserbad (auf Geschirrtuch) bei ca. 85 °C etwa 30-40 Minuten pochieren (dabei bilden sich an den Pfirsichstücken kleine Bläschen).

TIPP: Sind die Pfirsiche schon etwas weicher, so lassen sie sich leichter schälen, wenn man sie vorher blanchiert (überbrüht) und dann kalt abschreckt.

Marillenröster

ZUBEREITUNG

Früchte waschen, entkernen und mit Zimt sowie Zucker über Nacht marinieren lassen. Am nächsten Tag bei geringer Hitze und oftmaligem Rühren (brennt leicht an!) gut bzw. sehr dick einkochen, so dass die meiste Flüssigkeit verdunstet ist. Fertigen Röster in sterile Gläser abfüllen und kühl sowie dunkel lagern.

TIPP: Zwetschkenröster und Weichselröster können nach demselben Rezept zubereitet werden.

ZUTATEN
1 kg Marillen
Zimtpulver oder -rinde
200–250 g Zucker

Steirischer Powidl

Wird in der Steiermark manchmal auch Zwetschkenröster genannt

ZUBEREITUNG

Zwetschken waschen, entkernen und mit Zimt sowie Wasser weich kochen. Passieren, mit Zucker so lange kochen, bis ein Brei entsteht, „auf dem man zeichnen kann", bzw. bis beim Durchrühren mit dem Kochlöffel erkennbare Wellen zurückbleiben. In saubere Gläser füllen und luftdicht verschließen.

TIPPS

■ Nach diesem (auch für Füllen sehr gut geeigneten Rezept können Sie auch jederzeit sauber geputzte und geschnittene Äpfel, Marillen, Birnen und Quitten zubereiten und den Zuckeranteil je nach Süße der Früchte individuell variieren. Eine vereinfachte Methode bietet sich durch „Gelierzucker" an.

■ Dieses Rezept unterscheidet sich wesentlich von der Urform des „Powidl", bei dem die entkernten Früchte zunächst ohne jegliche weitere Zutat 8–10 Stunden in einem großen Kessel eingedickt und anschließend im Backofen bei Restwärme getrocknet wurden.

ZUTATEN
1 kg Zwetschken, reif
200 g Zucker (bei überreifen Früchten nur 100 g)
Zimtrinde
125 ml Wasser

Ribiseln auf Preiselbeer-Art

Nach Salzataler Muster

ZUBEREITUNG

Die Ribiseln in einer Kasserolle aufsetzen und 15 Minuten kochen. Dabei nicht umrühren, sondern nur schütteln. Den Zucker beifügen und abermals 15 Minuten weiterkochen. Noch heiß in saubere Gläser füllen und dicht verschließen.

VERWENDUNG: Passt vorzüglich zu Wildbret und Rindsbraten.

ZUTATEN
1 kg Ribiseln, verlesen
700 g Kristallzucker

Hollerröster

ZUTATEN

ca. 400 g frische
(evtl. auch tiefgekühlte)
rohe Hollerbeeren
500 ml Rotwein
100 g Zucker
Zimt
1 kl. Birne (oder Zwetschken, Apfel), geschält
und geschabt

ZUBEREITUNG

Alle Zutaten in einem hohen Topf (Achtung, kocht leicht über!) ca.1 1/2–
2 Stunden köcheln lassen, bis der Röster schön dick eingekocht ist.

TIPPS

- Achtung, roher Holler ist giftig und kann Magenschmerzen oder Übelkeit hervorrufen!
- Um die Kochzeit zu verkürzen, kann der Röster auch mit einer Mischung aus etwas Rotwein und einem Esslöffel Maizena gebunden werden.

Weingelee

ZUTATEN

250 ml kräftige
Kalbssuppe
125 ml Wein (Traminer,
Madeira, Sherry oder
Ruländer), eher süß
Salz, Pfeffer aus der
Mühle
evtl. Essig
14 Blatt Gelatine

ZUBEREITUNG

Die Kalbssuppe auf etwa zwei Drittel der Menge einkochen lassen. Wein ebenfalls auf die Hälfte einkochen und mit der Suppe vermischen. Mit Salz, Pfeffer und nach Geschmack etwas Essig gut würzen. Gelatine einweichen, ausdrücken und einrühren. Über Nacht im Kühlschrank sulzen lassen und dann fein hacken.

VERWENDUNG: als Garnitur für Pasteten, Terrinen und pikante Parfaits

Walderdbeergelee

Ein Rezept aus der Zeit Erzherzog Johanns

ZUBEREITUNG

Die Früchte roh durch ein Haarsieb (Flotte Lotte) passieren. Auf 1 kg passiertes Fruchtmus je nach Süße der Früchte und persönlichem Geschmack 1 1/2–2 kg gesiebten Staubzucker zugeben.

Diese Mischung so lange rühren, bis sich geleeartige Rillen bilden. Gelee in saubere Gläser füllen und luftdicht verschließen. Trocken, kühl und dunkel in einem luftigen Raum aufbewahren.

VARIANTEN

Nach demselben Rezept lässt sich Gelee mit folgenden Fruchtkombinationen herstellen: 2 kg Erdbeeren und 750 g rote Ribiseln, 2 kg rote Ribiseln und 500 g Erd- oder Himbeeren sowie 2 kg Erd- oder Himbeeren und 1 kg vollreife Stachelbeeren.

TIPP: Walderdbeeren sollten nach Möglichkeit nicht erhitzt oder gekocht werden, da sonst ihr feines Aroma verloren geht.

ZUTATEN
3 kg Walderdbeeren
ca. 4,5–6 kg Staubzucker,
gesiebt

Läuterzucker (Grundrezept)

ZUBEREITUNG

Wasser und Zucker zu gleichen Teilen aufkochen und wieder abkühlen lassen.

VERWENDUNG: für Cocktails, Fruchtsalate oder Fruchtsoßen zum Verlängern sowie für Sorbets oder Gelees.

ZUTATEN
1 Teil Wasser und 1 Teil
Zucker (z. B. 250 ml
Wasser und
250 g Zucker)

Steirischer Wermut

ZUBEREITUNG

Zucker in etwas Wein auflösen. Alle Zutaten in einem verschließbaren Glas 2–3 Tage ziehen lassen. Abseihen, in Flaschen füllen und kühl sowie dunkel lagern. (Sollte der Wermut zu bitter sein, kann er mit Wein oder Mineralwasser verdünnt werden.)

VERWENDUNG: Zum Aperitif evtl. mit Soda verdünnen oder als Digestif.

ZUTATEN
1 Fl. (0,7 l) trockener
Weißwein (Welschriesling, Riesling, Morillon, Ruländer)
oder Rotwein
ca. 6 cl Cognac
(40 % vol Alk.)
1 kl. Zimtrinde
2–3 Gewürznelken
Zitronenschale
1–2 frische Zweige
Wermut
ca. 80 g Zucker,
je nach gewünschter
Süße

Hollerblütensaft

ZUTATEN
40–50 Hollerblüten
6 Orangen
6 Zitronen
3,5–4,5 kg Kristallzucker
130–150 g Zitronensäure

ZUBEREITUNG

Hollerblüten säubern und in einem sauberen Kübel (10 l) mit ca. 8 l Wasser begießen. Orangen sowie Zitronen vierteln, etwas ausdrücken und zu den Blüten geben. Mit einem Teller etwas beschweren und mit einem Küchentuch abdecken. Nach 2 Tagen abseihen. Zucker mit etwas abgeseihtem Hollersaft erwärmen und auflösen (oder Zucker direkt in den Kübel geben und unter oftmaligem Umrühren auflösen). Zitronensäure einmengen. In gut ausgespülte Flaschen randvoll füllen, gut verschließen und kühl sowie dunkel lagern. (Nach Belieben auch ca. 30 Minuten bei 80 °C pasteurisieren.)

VERWENDUNG: für Granité, Gelee, Limonaden oder mit Sekt als Aperitif

Hollerblütensekt

Der klassische „Hollersekt" nach traditioneller Zubereitung

ZUTATEN
1,5 kg Zucker
10 l Wasser
40 Hollerblüten
2 Zitronen, in Scheiben
geschnitten
250 ml Weinessig

ZUBEREITUNG

Zucker im Wasser völlig auflösen. Hollerblüten, Zitronen sowie Essig beifügen und 24 Stunden stehen lassen. Abseihen, in dickwandige Flaschen (am besten eignen sich hierfür Sektflaschen) abfüllen und Korken sichern (s.Tipp)! Dunkel und stehend lagern!

TIPP: Mit einem scharfen Messer eine flache Kerbe in die Oberfläche des Korkens schneiden. Einen etwa 45 cm langen Bindefaden in die Kerbe drücken und um den Flaschenhalswulst zubinden. Zur Sicherheit doppelt verknoten. Nach einigen Tagen beginnt eine leichte Gärung. Etwa 1 Monat später kann das leicht moussierende Getränk genossen werden.

Eierlikör

ZUTATEN für 1 Liter
250 g Zucker
200 ml Schlagobers
300 ml Milch
1/2 Vanilleschote (Mark)
oder Vanillezucker
7 (140 g) Eidotter
250 ml Weingeist oder
weißer Rum (40 % vol
Alk.)

ZUBEREITUNG

Halbe Menge Zucker, Milch, Obers und Vanillemark (oder Vanillezucker) aufkochen und etwas abkühlen lassen. Restlichen Zucker mit Dottern über Dunst heiß aufschlagen. Milch zugießen und durch ein Sieb in den Turmmixer gießen. Auf höchster Stufe 1–2 Minuten mixen bzw. homogenisieren, dabei langsam den Alkohol zugießen. (Sollte der Eierlikör zu dick sein, etwas Milch zugießen.) Likör noch eher warm in saubere Flaschen abfüllen und kühl stellen (ca. 2 Monate haltbar).

Weinbrandkirschen

ZUBEREITUNG

Kirschen bzw. Weichseln sorgfältig waschen, Stiele nach Belieben entfernen, die Früchte dabei aber nicht beschädigen. Kirschen in das Glas einschlichten. Zucker mit Wasser aufkochen, abschäumen und auskühlen lassen. Nach Belieben mit Vanilleschote, Zimt oder Gewürznelke würzen. Zuckerlösung mit Weinbrand vermischen und über die Früchte gießen. Glas verschließen und ca. 3 Monate am Fenster (ohne direkte Sonne) stehen lassen.

ZUTATEN
für 1 Glas mit 1 Liter
250 g Kirschen oder
Weichseln
250 g Zucker
100 ml Wasser
evtl. Vanilleschote, Zimt
oder Gewürznelke
200 ml Weinbrand

VOM BROTBACKEN

Körner beim Lohnmüller vermahlen zu lassen und danach selbst Brot daraus zu backen, war in der Steiermark wohl eine häufige, aber keineswegs die einzige, ja oft nicht einmal die wichtigste Form der Getreideverarbeitung. Breie, Muse, Sterze und Schmarren, wie sie in diesem Buch im Kapitel über Zwischengerichte beschrieben werden, waren lange Zeit wesentlich populärer.

Brot markierte aber auch Trennungslinien zwischen Schichten und Ständen: Leichtes, luftiges Weißbrot aus Weizen war stets ein Merkmal der Oberschicht, dunkles, kräftiges Roggenbrot hingegen eines des Bauernstands.

Mittlerweile werden solche Grenzen längst nicht mehr gezogen, und gerade im urbanen Bereich hat man den gesundheitlichen Wert des „vollen Korns" erkannt. Auf der Suche nach höherer, innerer Qualität und Lebenskraft der Nahrung beginnt man heute in vielen städtischen und ländlichen Haushalten daher wieder selbst Getreide zu vermahlen und Brot zu backen. Alte, bewährte Rezepturen können dabei besonders gute Dienste leisten. Der eigenen Phantasie sind indessen ebenfalls keine Grenzen gesetzt. Im Folgenden drei prototypische Beispiele.

Steirisches Vollkornbrot

ZUBEREITUNG

Sauerteig in Wasser lösen, in das vorgewärmte Mehl einrühren und über Nacht stehen lassen. Bei Bedarf Leinsamen über Nacht in 500 ml Wasser einweichen. Am nächsten Tag Mehl, Salz, Sauerteig, aufgelösten Germ sowie evtl. Leinsamen in die Schüssel geben. Handwarmes Wasser zugießen, gut zu einem Teig durchkneten und ca. 40 Minuten gehen lassen. Hat sich das Volumen verdoppelt, den Teig in eine befettete Kastenformen geben (oder als Laib formen) und nochmals 5 Minuten stehen lassen. Im vorgeheizten Rohr ca. 90 Minuten bei 180–200 °C mit Unterhitze backen.

TIPPS

■ Dieser Teig eignet sich auch gut für kleine Weckerln, die am befetteten Blech verschiedenst geformt werden können.

■ Anstelle von Leinsamen kann man entsprechend vorbereitete Kürbiskerne, Sonnenblumenkerne und Walnüsse unter den Teig mischen.

ZUTATEN
1,5 kg Roggenvollkornmehl
500 g Weizenvollkornmehl
100 g Sauerteig
1 Würfel Germ (40 g)
2 EL Salz
1–1,5 l Wasser
evtl. 200 g Leinsamen (s. Tipp)
Butter für die Form

Allerheiligenstriezel

ZUBEREITUNG

Germ mit etwas Milch und vorgewärmtem Mehl zu einem Dampfl ansetzten. Mit den restlichen Zutaten zu einem geschmeidigen Teig kneten und an einem warmen Ort zugedeckt gehen lassen. Erneut durchkneten, in Stränge teilen, zu kleineren oder größeren Striezeln formen und auf ein mit Butter bestrichenes Backblech setzen. Nochmals gehen lassen. Dann mit Milch bestreichen und im vorgeheizten Rohr bei ca. 200 °C goldbraun backen. Wieder mit Milch bestreichen, damit die Striezel ihren schönen Glanz bekommen.

TIPP: Dieses feine, häufig auch mit Rosinen verfeinerte Weizenbrot aus Germteig wird nur zu Allerheiligen in Form eines Striezels gebacken, während des übrigen Jahreslaufs, zumeist an kirchlichen Festtagen, wird es in den unterschiedlichsten Formen aufgetragen.

ZUTATEN
1 kg Weizenmehl
500 ml Milch
50 g Germ
2 Eidotter
Salz
Butter für das Backblech
Milch zum Bestreichen

Erdäpfel-Brioche-Gebäck

ZUBEREITUNG

Erdäpfel kochen, schälen und heiß passieren. Germ mit etwas Wasser und Zucker verrühren, mit etwas Mehl bestauben und Dampfl zugedeckt an einem warmen Ort gehen lassen. Mit restlichen Zutaten kurz verkneten und beliebig formen (kleine Laibchen in Jourgebäck-Größe, Stangerl etc.). Auf ein befettetes Backblech setzen, mit Eidotter bestreichen und gehen lassen. Im vorgeheizten Rohr bei ca. 180 °C je nach Größe ca. 15–20 Minuten goldgelb backen.

VERWENDUNG: als attraktives Gebäck zur Vorspeise sowie als Beilage zu Soßengerichten

ZUTATEN
100 g Weizenmehl, griffig
20 g Germ
etwas lauwarmes Wasser oder Milch
5 g Zucker
5 g Backpulver
40 g flüssige Butter
1 Ei
Salz
ca. 200 g mehlige Erdäpfel
Butter für das Backblech
Eidotter zum Bestreichen

VOM
STEIRISCHEN WEIN

Die Steiermark ist mit Sicherheit nicht Österreichs größtes, aber – auch international – vielleicht sogar profiliertestes Weinland. Die Weinbaugebiete verteilen sich auf folgende drei Regionen:

■ Die Südsteiermark umschließt das wegen ihres landschaftlichen Liebreizes auch „Steirische Toskana" genannte Hügelland zwischen Berghausen und Leutschach. Es wird durch sein mediterranes Klima ebenso charakterisiert wie durch seine extremen Steillagen, die Kitzeck zu Österreichs höchstgelegenem Weinort machen. Weitere wichtige Weinbauorte sind Gamlitz, Ehrenhausen, Silberberg und Leutschach. Die Hauptsorten sind Sauvignon Blanc, Welschriesling, Muskateller und Morillon (Chardonnay), wobei auch dem Rotweinanbau in den letzten Jahren immer mehr Bedeutung zukommt.

■ Die Südoststeiermark hat viele ihrer weit verstreuten Weingärten auf den Basaltböden erloschener Vulkane angelegt. Ein größeres zusammenhängendes Gebiet gibt es nur in der Region um Klöch, wo auch der Klöcher Traminer, auch „Wein mit dem Duft der Rose" genannt, heranreift, der schon in der Donaumonarchie als Welt-Weinspezialität galt. Weitere ebenso wichtige wie malerische Weinorte sind Riegersburg, Straden, St. Anna am Aigen und Kapfenstein. Die Hauptsorten sind neben dem Klöcher Traminer auch Weißburgunder, Welschriesling, Ruländer, Morillon (Chardonnay) und diverse Rotweinreben, vor allem Zweigelt.

■ Die Weststeiermark ist das kleinste, aber vielleicht auch individuellste der steirischen Weinbaugebiete, denn hier gedeiht auf den Gneis- und Schieferböden zwischen Ligist und Eibiswald hauptsächlich die Sorte Blauer Wildbacher, besser als „Schilcher" bekannt, der in der Weststeiermark neben einigen wenigen anderen Rotweinen nahezu ausschließlich angebaut wird. Der Wein schillert in unterschiedlichen Rotstufen von rubin über rosa bis zwiebelfarben, hat hohe Säurewerte und wird in den letzten Jahren sowohl gerne versektet, als auch, nach einem Säureabbau, als Rotwein ausgebaut. Wichtigste Weinorte des Schilcherlands sind Wildbach, Stainz, St. Stefan ob Stainz, Deutschlandsberg und Groß St. Florian.

Steirischer Wein zu steirischen Speisen

Wie kaum ein anderes Bundesland bietet die Steiermark die Möglichkeit, zu jedem Gericht, vom einfachen Verhackertbrot über Fischspezialitäten bis hin zu opulenten Fleisch- und Wildgerichten sowie feinen Desserts, einen optimalen bodenständigen Wein zu offerieren.

Anbei einige Kombinationsvorschläge:

Steirischer Junker (Jungwein): Jause, Grammelschmalzbrot, Backhuhn, Sulz, kalter Schweinsbraten, Schwammerlgulasch, Verhackert, Breinwurst, Sterz, Klachelsuppe, Frischkäse, Kräutertopfen

Welschriesling: Lachsforellentatar, gebackener Karpfen, Steirischer Rindfleischsalat, diverse Aufstriche und Sulzen, Bach- und Regenbogenforelle, Blunzengröstl, Krautstrudel, Surbraten, Brathuhn

Muskateller: Kürbissuppe, Kürbisgemüse, Schwammsuppe und andere Schwammerlgerichte, Fischgröstl, Kaninchen, Geflügelleber, Hühner- oder Gansljunges

Grauburgunder: Spargel, gefülltes steirisches Poulard, Hecht, eingemachte Fisch- und Geflügelgerichte, gebackene Pilze, Kalbsnierenbraten, Siedefleisch, Ziegenkäse

Morillon (Chardonnay): Kalbsbries und andere Innereien, Flusskrebse, Wurzelkarpfen, Zander, Wels, Kalbszüngerl, Kalbsragouts mit Schwammerln oder Morcheln, Rotkulturkäse

Sauvignon Blanc: Räucherforelle, Geflügel- und Fischterrinen, Spargelgerichte, gefüllte Paprika, Paprikahuhn, Fischgulasch, Flusskrebse, Saibling, Hausgeflügel, Wachtel, Kalbsleber oder Kalbsniere in Senfsoße, Kaninchen, Kuttelfleck, Weiß- und Doppelschimmelkäse

Traminer, Roter Traminer: Ganslritschert, Gänsebraten, Gänseleber, Rehleber, Grün- und Blauschimmelkäse, Rotkulturkäse, Schmarren, Koche, Strauben, Spagatkrapfen, Marillenknödel

Schilcher (Blauer Wildbacher), Schilchersekt: Jause, Osterschinken, Surbraten, Sterzgerichte, Forelle, Karpfen, Klachelsuppe, Flecksuppe, Schweinsbraten, Geselchtes, Schlachtplatte, gekochtes Schulterscherzl, Schöpsernes, Schaf- und Ziegenkäse

Blauer Wildbacher (als Rotwein ausgebaut): Fleischpasteten und -terrinen, kurz gebratenes Rind, geschmorte Lammherzen, Wildpalatschinken, Gänsebraten

Zweigelt: Zwiebel-, Girardi- und andere Rostbraten, Wurzelbraten vom Rind, Rindsrouladen, Ragouts, gebratene Entenbrust, Lammripperl, Lammkeule, Fasan, Reh, Damwild

Pinot Noir: geschmorter Ochsenschwanz, geschmortes Styria-Beef, gebratene Ente im Ganzen, Wildhase, Taube, Wildente, Schnepfe und Wildgeflügel aller Art, Gänsebraten, reife Käse mit hoher Fettstufe

Cabernet Sauvignon: Gebratene Lammschulter, Ente, Kalbskotelett, Lammrücken, Schnepfe, Roastbeef, Hochrippe, Hirsch, gereifter Hartkäse

Kleines ABC der steirischen Küchensprache

Abschmalzen · Sterze, Teigwaren u. Ä. durch Zugabe von zerlassenem Schweine-oder Butterschmalz „g'schmackiger" machen und „ins Rutschen bringen"

Almsäuerling, auch Seiling oder Sailing · Mehlspeise aus Sauerteig (Rahmkoch)

Apfelbalsamessig · Steirische Apfelessigspezialität, die, ähnlich wie der Balsamicoessig aus Modena (Italien), oft jahrelang in Holzfässern gelagert wird

Apfelgeschrei · Mus von gekochten Äpfeln

Apfelkater · Apfelpudding

Apfelpalas · Mit geschabten Äpfeln gefüllte Nudeln

Bähen · Rösten bzw. toasten, vor allem Schwarzbrot

Beugel · Mürbes Weißgebäck, seit 1600 in Graz gebacken

Beuschel · Ragout aus Lunge und Herz

Blunzen · Blutwurst

Bluttommerl, Blutsterz · Pudding aus Schweineblut, Milch, Mehl und Eiern

Bockerl · Junges Wildschwein

Brein · ursprünglich Rollgerste, später allgemein für Körner wie Hirse und Heiden

Brennsterz · Koch aus Weizen- und Roggenmehl mit Wasser, gut abgeschmalzen

Durchzogen, Unterspickt, marmoriert · mit Fett durchzogenes Fleisch

Eierschwammerln · Recherln, Pfifferlinge

Eierspeis' · Rührei

Engelschilcher · Schilcher aus dem Engelweingarten

Erdapfelsterz · Erdapfelbrei

Erdbohne · Erdapfel, Grundbirn

Bohnschoten, Bohnschadl' · Fisolen, Grüne Bohnen

Fleck · Kaldaunen, Kutteln (Magen), aber auch ein flacher Kuchen

Fleischkrapfen · Ausseer Spezialität, Krapfen mit Faschiertem als Fülle

Fleischpracker · Schnitzelklopfer

Fletzbir, Fletzbirn · Erdapfel

G'spritzter · Wein mit Sodawasser verdünnt

Gehack · Faschiertes, Hackfleisch

Germnigel · Oststeirischer Germkuchen

Gerstel · Geriebene Gerste oder auch getrockneter Reibteig

Gerstenbrein · Gerstengrütze

Geschneitel, Gschnattl · Gehackte Innereien (Lunge, Herz, Leber, Milz) bzw. Speise aus gekochtem Gekröse

Glöcklerkrapfen · Krapfen, die für die Glöckler im steirischen Salzkammergut zubereitet werden

Gobanze, Gibanze, Gubanitze · Rahmstrudelart mit mehreren Füllungen (Mohn, Nuss, Topfen, Zwetschkenmus)

Grammeln · Fettgraupen, Grieben

Grubenkraut, Gruakraut · Nach dem Sieden in Gruben gestampftes Kohlkraut

Gugelhupf · Napfkuchen

Häfensterz · Sterz, der ähnlich wie der Ofensterz in einem Topf hergestellt wird

Hasenöhrl'n · Bäuerliche Mehlspeise

Heckenklescher · Ausdruck für einen besonders sauren Wein (von der Hecke, Selbstträger)

Heiden- oder Hoad'nmehl · Buchweizenmehl

Hetschepetschen · Hagebutten

Hoadnsterz · Landestypisches Breigericht aus Buchweizenmehl

Holler · Holunder (Blüte oder Beeren)

Irdenes Geschirr · Keramik

Karbonade, Karbonadel · Alte Bezeichnung für Rippen bzw. Kotelett und in weiterer Folge auch für Fleischlaibchen

Karfiol · Blumenkohl

Kernöl · Aus gerösteten Kürbiskernen gepresstes Speise-, vor allem aber Salatöl

Kitzerl · Fleisch vom Ziegenjungen

Klachelsuppe · Schweinshaxensuppe

Klapotetz · Hölzernes Windrad in den Weingärten, mittlerweile auch Buschenschanksymbol

Kletzen · Getrocknete (gedörrte) Birnen

Kren · Meerrettich

Knödelbrot · Semmelwürfel

Kraut · Weißkohl

Linden · In der Pfanne erwärmen (z. B. Mehl, dextrinieren), sanft anlaufen lassen

Marille · Aprikose

Mischung (weiß, rot) · Wein mit Mineralwasser verdünnt

Morillon · Steirischer Ausdruck für Chardonnay

Neunhäutiger Nigel · In Schmalz gebackener Pudding aus mehreren Schichten Weizenmehlteig (ähnlich Schmarrenteig)

Nockerln · Kleine Teigwaren

Obstler · Obstschnaps

Poganze · Flachkuchen aus Butterteig, mit Mus und Äpfeln gefüllt

Pogatsche · Kuchen, auch: Brotlaib

Potitze · Schmackhaftes Gebäck der Wenden (Slowenen) aus Nüssen, Mohnsamen und Honig

Prügelkrapfen · Schmarrenteig mit Zimt auf einer Rolle über offenem Feuer gebacken

Ribisel · Johannisbeere

Schieres Fleisch · Von allen Knochen und Sehnen befreites Fleisch

Schilcher · Zwiebelfarbener, roséartiger Wein aus der Blauen Wildbacherrebe

Schlagobers · Süßer Rahm, süße Sahne

Schöpsernes · Fleisch vom männlichen Lamm

Steirisches Wurzelfleisch · Gekochtes durchzogenes Schweinefleisch mit Wurzelgemüse (Karotten, Sellerie, Petersilwurzel etc.) und geriebenem Kren

Strauben · Gezuckertes Teig- bzw. Butterteiggebäck, wird gern zum Wein gereicht

Strudel · Mit Obst, Topfen (Quark) oder pikant gefüllte Teig- bzw. Butterteigspezialität

Taferner · Schankwirt

Tommerl · Mehlteig mit Milch und Eiern, braun gebraten

Topfen · Quark

Triet · Gebähte Semmelschnitten, mit Wein übergossen

Türkensterz · Landestypisches Breigericht aus Maismehl (Polenta)

Türkentommerl · Tommerl aus Maismehl, mit Äpfeln und Weinbeerln (Rosinen)

Verhackert · Kleingehackter, luftgetrockneter und fermentierter Schweinespeck (Brotaufstrich)

Vogerlsalat · Rapunzelsalat, Feldsalat, Vögerlsalat,

Weckerl · Längliches Brötchen

Woaz · Mais, Kukuruz